三田綱坂前の島原藩邸（ベアト撮影）（横浜開港資料館蔵）

現在の慶應義塾

正面が三田綱坂，右手が慶應義塾大学三田校舎，左手が綱町三井倶楽部。撮影場所は慶應義塾中等部脇

文久2年（1862）欧州派遣中の諭吉

（パリ人類学博物館蔵）

# 刊行の趣意

「学問は歴史に極まり候ことに候」とは、先哲荻生徂徠のことばである。

歴史のなかにこそ人間の智恵は宿されている。人間の愚かさもそこにはあらわだ。この歴史を探り、歴史に学んでこそ、人間はようやくみずからの正体を知り、いくらかは賢くなることができる。新しい勇気を得て未来に向かうことができる。徂徠はそう言いたかったのだろう。

「ミネルヴァ日本評伝選」は、私たちの直接の先人について、この人間知を学びなおそうという試みである。日本列島の過去に生きた人々の言行を、深く、くわしく探って、そこに現代への批判を聴きとろうとする試みである。日本人ばかりではない。列島の歴史にかかわった多くの異国の人々の声にも耳を傾けよう。

先人たちの書き残した文章をそのひだにまで立ち入って読み、彼らの旅した跡をたどりなおし、彼らのなしとげた事業を広い文脈のなかで注意深く観察しなおす――そのとき、はじめて先人たちはいまの私たちのかたわらによみがえってくる。彼らのなまの声で歴史の智恵を、また人間であることのよろこびと苦しみを、私たちに伝えてくれもするだろう。

この「評伝選」のつらなりのなかから、列島の歴史はおのずからその複雑さと奥ゆきの深さをもって浮かび上がってくるはずだ。これを読むとき、私たちのなかに新たな自信と勇気が湧いてきて、その矜持と勇気をもって「グローバリゼーション」の世紀に立ち向かってゆくことができる――そのような「ミネルヴァ日本評伝選」にしたいと、私たちは願っている。

平成十五年（二〇〇三）九月

上横手雅敬
芳賀　徹

ミネルヴァ日本評伝選

# 福澤諭吉

文明の政治には六つの要訣あり

平山　洋著

ミネルヴァ書房

諭吉と一太郎（右），捨次郎（左）

（慶應義塾福澤研究センター蔵）

諭吉の娘たち（個人蔵）

左より，俊（三女），滝（四女），房（次女），光（五女），里（長女）

北澤楽天筆「晩年の福澤先生」(『時事漫画』表紙，1931年)

(さいたま市立漫画会館蔵)

福澤諭吉――文明の政治には六つの要訣あり

# 目次

目次

第十章　文明開化……259

# 図版写真一覧

## 福澤諭吉関係家系図

### 福澤家（下士供小姓格・一三石一人扶持）

- 福澤兵左衛門 ＝ 楽（友兵衛娘）
  - 百助（中津藩大阪蔵屋敷廻米方）＝ 順（橋本浜右衛門娘）
    - 三之助（中津藩大阪蔵屋敷廻米方）＝ 年（藤本寿庵娘）
      - 一（田尻竹之助妻）
    - 礼（小田部武右衛門妻）
    - 婉（中上川才蔵妻）
      - 中上川彦次郎（実業家）
    - 鐘（服部五郎兵衛弟復城妻）
    - 諭吉（慶應義塾・交詢社・時事新報主宰）＝ 錦（土岐太郎八娘）
      - 一太郎（慶應義塾社頭）
      - 捨次郎（時事新報社長）＝ 菊（外交官林董娘）
      - 里（化学者中村定吉妻）
      - 房（実業家福澤桃介妻）
      - 俊（実業家清岡邦之助妻）
      - 滝（銀行家志立鉄次郎妻）
      - 光（技術者潮田伝五郎妻）
      - 三八（慶應義塾教員）
      - 大四郎（実業家）
  - 国（藤本寿庵妻）
    - 藤本元岱（医師）
    - たみ（朝吹英二妻）
    - 年（三之助妻）
  - 律（渡辺弥一妻）
  - 術平（中村家養子）
  - 群平（東条家養子）
  - 登野（荒川彦兵衛妻）

### 橋本家（下士供小姓格・一五石二人扶持）

- 橋本浜右衛門（増田久敬弟）＝ 伝（小田部家）
  - 順（福澤百助妻）
  - 橋本塩岩（儒者手島物斎弟）＝ 志従

**増田家（下士供小姓格・一五石二人扶持）**

- 増田幸七
  - 久敬
    - 久行 ＝ 刀自（渡辺重名娘）
      - 宋太郎（田舎新聞主筆・西南戦争中津隊隊長） ＝ 鹿（水島六兵衛妹）
    - 六助（大橋家養子）
  - 浜右衛門（橋本家養子）

**土岐家（上士供番格・二五〇石）**

- 土岐太郎八
  - とう（今泉郡司妻）
    - 今泉秀太郎（時事新報記者）
  - 錦（福澤諭吉妻）
  - 謙之助

**小幡家（上士供番格・二百石）**

- 小幡篤蔵
  - 孫三郎（服部五郎兵衛弟）
  - 篤次郎（慶應義塾塾長）
  - 仁三郎（慶應義塾教員）

**渡辺家（古表神社神職）**

- 渡辺重名
  - 重蔭
    - 重石丸（道生館主宰）
  - 刀自（増田久行妻）
    - 宋太郎

**水島家（下士小役人格・一三石二人扶持）**

- 富永応助
  - 水島六兵衛（応助次男・中津支庁長）
    - 水島鉄也（経済学者）
  - 鹿（増田宋太郎妻）

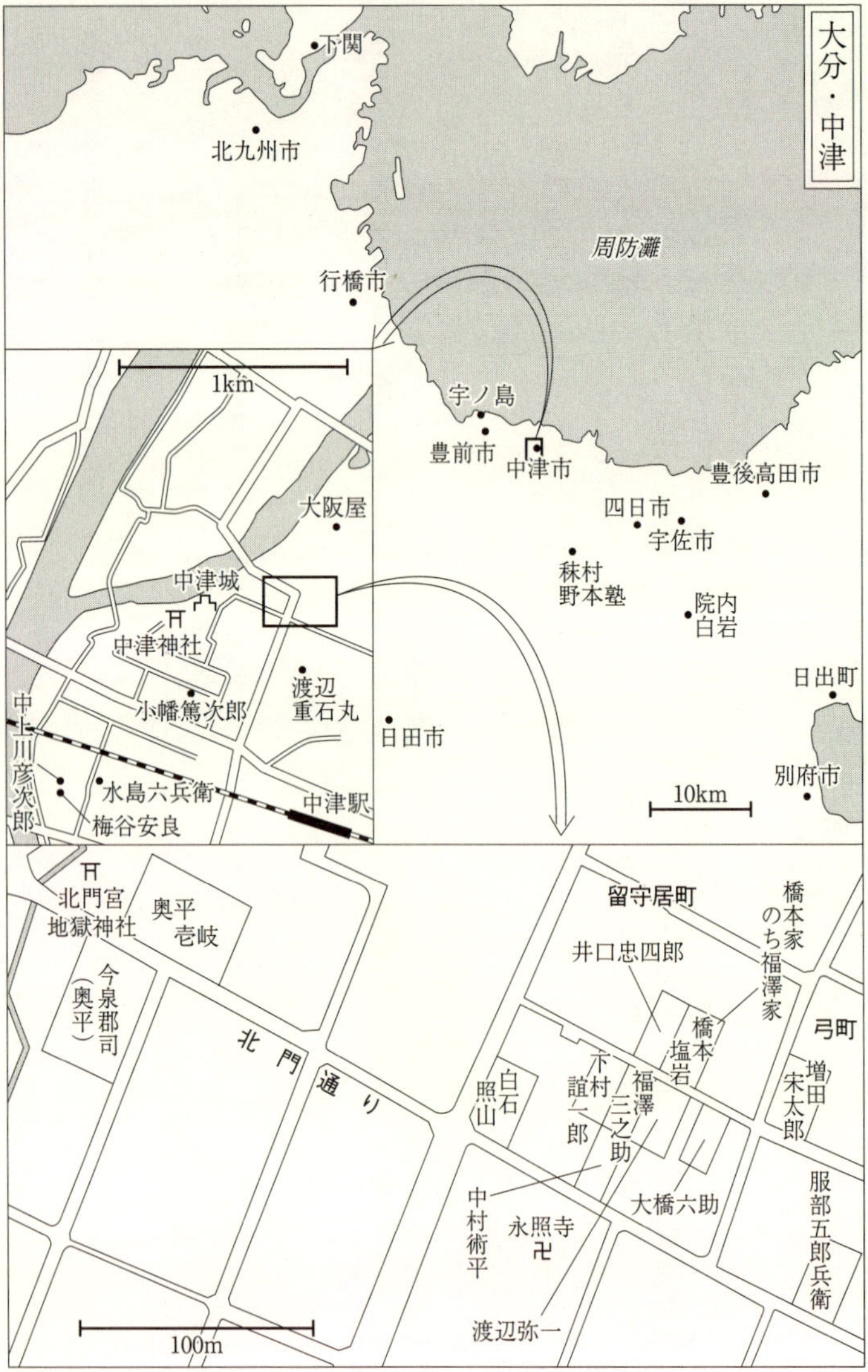
大分・中津
下関
北九州市
周防灘
行橋市
宇ノ島
豊前市
中津市
豊後高田市
四日市
宇佐市
秣村
野本塾
院内
白岩
日出町
日田市
別府市
10km
1km
大阪屋
中津城
中津神社
渡辺
重石丸
小幡篤次郎
中上川彦次郎
水島六兵衛
梅谷安良
中津駅
北門宮
地獄神社
奥平
壱岐
今泉郡司
（奥平）
北門通り
留守居町
橋本家
のち福澤家
井口忠四郎
橋本
塩岩
弓町
増田
宋太郎
白石
照山
下村
誼一郎
福澤
三之助
大橋六助
服部五郎兵衛
中村術平
永照寺
渡辺弥一
100m

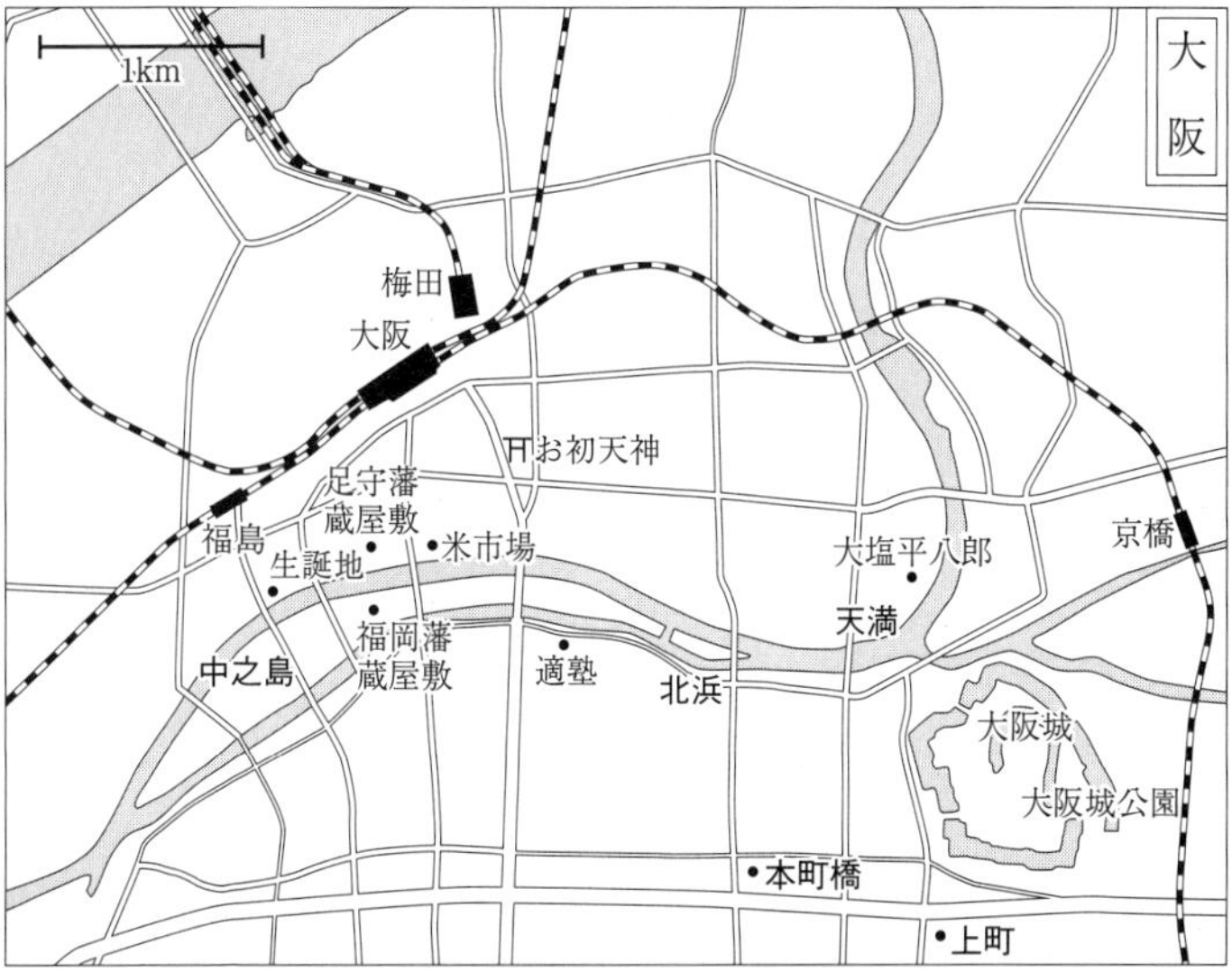
大阪
1km
梅田
大阪
お初天神
足守藩
蔵屋敷
福島
生誕地
米市場
大塩平八郎
京橋
天満
福岡藩
蔵屋敷
中之島
適塾
北浜
大阪城
大阪城公園
本町橋
上町

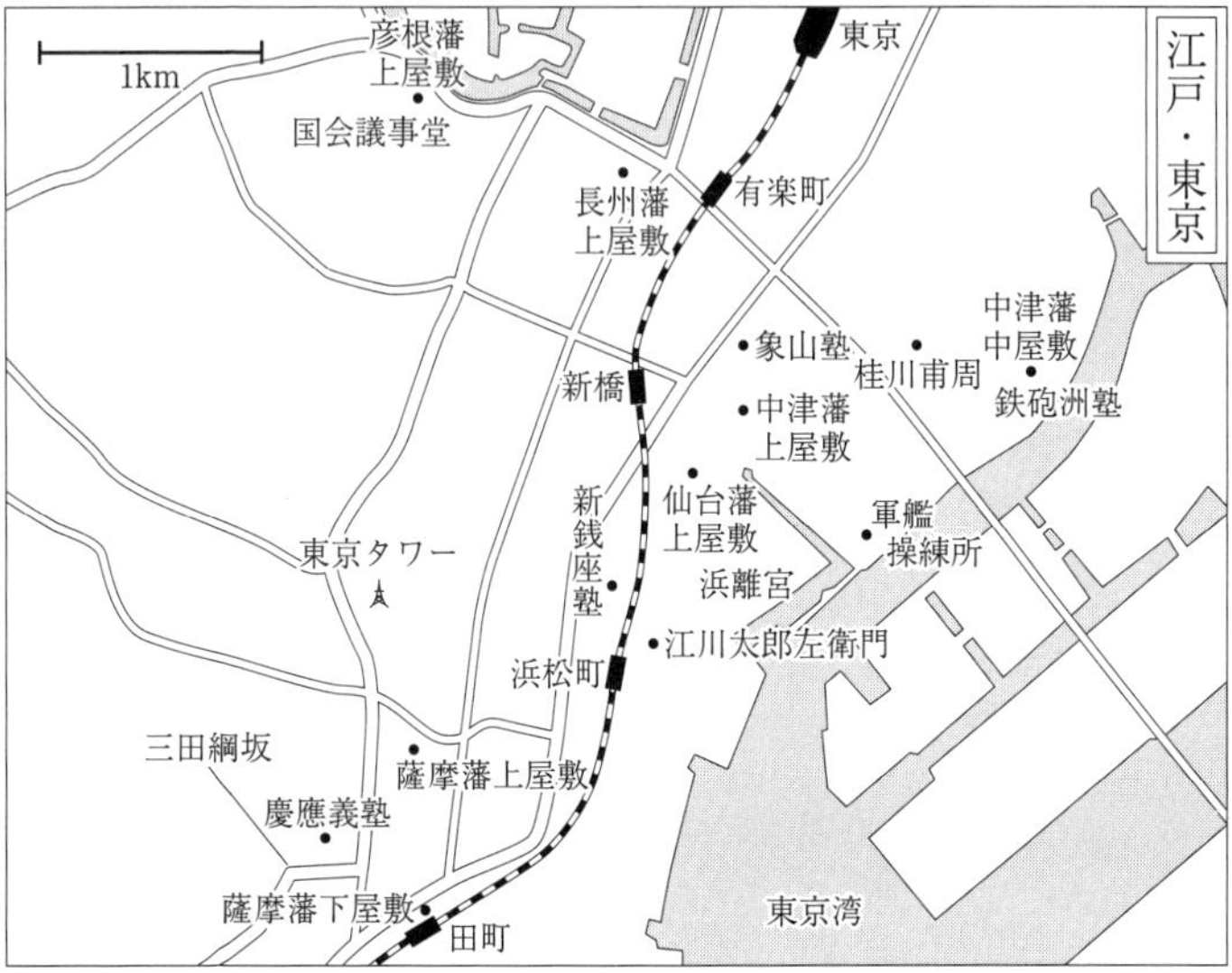
江戸・東京
1km
彦根藩
上屋敷
国会議事堂
東京
有楽町
長州藩
上屋敷
中津藩
中屋敷
象山塾
桂川甫周
新橋
鉄砲洲塾
中津藩
上屋敷
新
銭
座
塾
仙台藩
上屋敷
軍艦
操練所
東京タワー
浜離宮
江川太郎左衛門
浜松町
三田綱坂
薩摩藩上屋敷
慶應義塾
薩摩藩下屋敷
田町
東京湾

## 文明政治の六条件

第一条件「自主任意」　自由を尊重して法律は寛容を旨とすること
第二条件「信教保護」　信教の自由を保障すること
第三条件「技術文学」　科学技術を奨励すること
第四条件「人材教育」　学校を建設して教育制度を整備すること
第五条件「保任安穏」　法律による安定した政治体制のもとで産業を振興すること
第六条件「貧民救済」　福祉を充実させて貧民を救済すること

『西洋事情』初編より

# 凡例

一、福澤諭吉の著作からの引用は、『福澤諭吉全集』（岩波書店・初版一九五八〜六四年・別巻を加えた再版七一年）に基づく。たとえば（全①三頁）は、全集第一巻三頁を意味する。表題直後にある場所の指定は、当該著作の第一頁である。ただし多くの異版がある『学問のすすめ』・『福翁自伝』の二著については、編・章・節までに留める。

一、福澤諭吉の書簡からの引用は、『福澤諭吉書簡集』（岩波書店・二〇〇一〜〇三年）に基づく。所在は原則として発信年月日で示すが、それが不明の場合は『書簡集』の番号で指定する。

一、『全集』・『書簡集』以外からの引用については、単行本の場合は著者名・書名・頁で、論文の場合は著者名・発表年で当該部の所在を示す。書誌については巻末に一覧を掲げる。

一、引用文は、適宜現代仮名遣いに改め、漢字も固有名以外は新字体とし、圏点は省略する。

一、本文中の人名への敬称は省略する。同一人物が複数の通名や号を使っている場合でも、同一人については最も一般化している一つの呼称を用い、必要に応じて当時の通名を補うという方法をとる。

一、人名以外にも、明治維新を境に変化した固有名が存在するが、江戸から東京への場合を除いて現用の表記を用いる。すなわち、維新前の記述でも大坂とはせずに大阪で示すこととする。

一、数字の表記はアラビア方式を基準とするが、簡略化のため百・千・万を使う場合もある。

一、本文中の暦数は和年号及び元号を用い、かっこ内に西暦を補うことにする。日付は明治五年（一八七二）までは旧暦（太陰暦）であるが、洋行中は西暦となっている。混乱を防ぐためその都度注記してある。

# 序章　大阪堂島中津藩蔵屋敷

## 1　痩せて骨太の大きな子——天保五年（一八三四）

### 天保五年一二月一二日

西暦一八三五年一月一〇日のことである。夜半、にわかに産気づいた主人の妻のために、近所の産婆を呼びに大阪堂島《どうじま》五丁目（現・福島一丁目）中津《なかつ》藩蔵屋敷の門を走り出る男がいた。廻米方福澤百助《かいまいかたふくざわひゃくすけ》の従僕武八《ぶはち》である。蔵屋敷は淀川の中州《なかす》である堂島の町屋の中にあったから、堂島三丁目近辺に住んでいたその産婆の家まではほんの二百メートルといったところであった。

同じ日、中津藩蔵屋敷から東へ二キロほど離れた天満《てんま》の大阪東町奉行所役宅で、引退した与力大塩平八郎が、江戸の儒者佐藤一斎《さとういっさい》に宛てて、「厳寒の節に御座候《ござそうろう》」にはじまる書簡を発送している。その年の冬は寒かったのである。西洋では一八三五年が明けていたが、日本では天保飢饉《てんぽうききん》の二年目、天保五年の年の瀬であった。いわゆる大塩の乱の二年一カ月前であるが、この昌平坂学問所学長への書簡にとりたてて不審な点は見られない。学長一斎からの、昌平校の儒者古《こ》賀《が》侗庵《とうあん》との学問論争は避けたほうがよい、という助言に大塩が出した礼状であった。

幕府の町奉行所と諸藩の蔵屋敷は、対立とはいわないまでも、一種の緊張状態にあった。藩地から送られてくる年貢米《ねんぐまい》を売りさばくために設置されていた諸藩の蔵屋敷が、幕府の情報を収集するための拠点になっていたからである。そのためか、一三年もの間、約二キロを隔てるばかりの近さに住まい、同じ往来を行き来していた四三歳の同い年とはいえ、この身分と立場の異なる平八郎と百助に面識はなかったようである。ただ、彼らには丹後田辺藩お抱えの儒者野田笛甫《てきほ》という共通の知人がいたから、平八郎も野田を通して福澤百助の名前を耳にしたことがあったかもしれない。

生誕地から旧淀川を望む（大阪市福島区福島）

百助には三一歳の妻順《じゅん》との間に、長男三之助《さんのすけ》八歳・長女礼《れい》六歳・次女婉《えん》四歳・三女鐘《かね》二歳の四人の子供がいた。彼らの下に生まれたのは、痩《や》せて骨太の大きな男の子であった。この日、百助は永らく探していた『上諭条例』という六四冊の漢籍を手に入れて喜んでいるときに、男児出生と聞いて、その書名の一字をとって諭吉と名付けた。産婆は百助に、「この子は乳さえたくさん飲ませれば必ず見事に育つ」と言った。百助はたいそう喜んで、「これはいい子だ。この子がだんだん成長して十か十一になれば寺にやって坊主にする」と順に語った。後年順は諭吉に、「あの時お父さんはなぜ坊主にするとおっしゃったか合点がゆかぬ」と言ったが、彼は当時の父の気持ちを、僧侶としてなら仏教界での出世が可能だからではないか、と想像している。

百助は諭吉の誕生から一八カ月後に亡くなっているため、彼は父の顔を知らない。直接の感化をまったく受けていないのではあるが、母は何かにつけて父の話をしたので、諭吉にとって、父は死んでも生きているようなものであった。その百助には、中津藩の下級役人としてと、儒学者としての二つの顔があった。

**役人としての福澤百助**

まず第一の顔としての、中津藩の役人福澤百助とはどのような存在であったか。身分としてはまったく取るに足らないものの、個人としては素晴らしい能力を備えていた、というのが妥当な評価である。

江戸時代にあって、生まれた家の格式は越えることを許されない壁であった。武士身分の中にも、上士《じょうし》・下士《かし》・足軽《あしがる》の三身分があった。福澤家の場合、その祖先は一七世紀初頭まで信濃国を主な支配地としていた小笠原《おがさわら》家の足軽であったとされる。その姓も信州にいくつか存在する福澤郷に由来するようだ。主君小笠原長次《ながつぐ》に従って九州は豊前中津に移ったのは、寛永九年（一六三二）のことである。しかし小笠原家はそれから約八〇年後の享保元年（一七一六）に改易《かいえき》（領地替え）されてしまい、新たに中津城主となった奥平昌成《おくだいらまさしげ》に取り立てられたのが、百助の祖父友兵衛である。友兵衛はなかなか有能な働きをしたらしく、晩年になって家格を足軽から下士身分にまで引き上げられている。ただし、家禄は一一石《こく》にすぎない。

一石は人一人が年間に消費する分量を意味していて、中津藩の場合は玄米約九〇キロに相当していた。家禄は百助の父兵左衛門《へいざえもん》の代になって二石の加増《かぞう》があり、さらに百助にはさらに一人扶持《いちにんぶち》（一・七五石分の報償米）が加わったとはいえ、一三石一人扶持で受け取れる玄米は、年間にほぼ千三百キロである。諭吉が生まれて夫婦に子供五人という大家族となった福澤家は、支給される米のほとんどを自家で消費してしまい、実際のところ現金は手内職によって得るしかなかった、ということになる。

諭吉の生まれる一六年前の文政二年（一八一九）七月、二七歳になるまで中津城下留守居《るすい》町の部屋住《へやずみ》の身であった百助は、出仕して元締方《もとじめかた》に所属し、藩の出納に携わるようになった。父親の死に伴《ともな》って文政四年に家督を相続し、翌年四月に北斜向《はす》かいに住む橋本浜右衛門の娘順と結婚した。そして半年後の同年九月に蔵屋敷詰廻米方《かいまいがた》を命じられて単身大阪に赴いた。

廻米方とは、中津から運ばれてくる年貢米を蔵屋敷の倉に納め、さらに蔵元《くらもと》と呼ばれる商人を使って現金に換え、国元や江戸屋敷に送金する役職である。米自体は、中津藩蔵屋敷の東五百メートル程のところにあった堂島米市場で取引されていたから、何時どの程度の量の米を売るかについて、市場での売買を代行する蔵元と打ち合わせるのが本務であった。とはいえ、年貢米の売り上げだけで藩財政が賄《まかな》えるとは限らない。場合によっては掛屋《かけや》と称する金融業者に借金を申し込まなければならないこともあった。

廻米方として有能であったことは、百助の度重なる帰国願いにもかかわらず、その都度《つど》藩が彼を慰留したことから分かる。余人を以て代え難い、というのである。文政五年に大阪に着任してから、帰国できたのは、妻を迎えるため戻った文政九年（一八二六）春と、諭吉が生まれる直前の天保五年（一八三四）夏の二度きりである。一方、主君直々《じきじき》のお召しで、江戸まで呼び出されたことが、天保二年秋と五年春、そして諭吉誕生直後の六年春の三度あった。

## 中津藩の財政改革

この江戸への出張を、西川俊作は、中津藩の財政改革の企てと結びつけることで理解しようとしている。大阪の百助は、江戸詰の改革担当者黒澤庄右衛門《しょうえもん》との協調によって藩財政の立て直しを図ろうとしたのではないか、というのである。

江戸時代の貨幣制度は、西日本が銀使い、東日本が金使いであったが、実態としては一八世紀後半から金貨（小判）が本位貨幣とされていた。ただ、高額貨幣である小判が使われることはまれで、日常生活では全国共通の銅銭が流通していた。一文銭《いちもんせん》はお馴染《なじ》みの寛永通宝《かんえいつうほう》であるが、現在の二五円程度の価値があった。

重い銅銭をいちいち持ち歩いて支払うのは始末が悪い。そこで中津藩では銀一匁《もんめ》札などの藩札を発行した。城内の蔵に備蓄された金（小判）・銀・銅（銭）さらには年貢として収められた蔵米が、藩札の価値を保証することになっていた。ところが、藩財政が傾いて、城内の蔵に財貨の蓄えが乏しくなると、藩札はただの紙切れ同然となる。中津では、文化一三年（一八一六）に銭換算で九〇文であった一匁札の価値が、天保四年（一八三三）には四〇文にまで下落したという。一七年間で二倍強のインフレーションが起こった、ということである。

藩札の価値を引き上げてインフレを収束させるには、実際に中津城の蔵に銭を搬入するしかない。藩命を受けた黒澤と百助は大阪に上り、掛屋《かけや》の加島屋《かじまや》から銭数百函を借りることに成功したのだった。その時の主な交渉役は百助のほうで、おそらく蔵屋敷に搬入される予定の蔵米を担保にすることにより、借金に成功したのであろう。

天保五年四月、黒澤庄右衛門は、船数隻に拝借した銭を積み込んで、中津港に向かった。福澤一家もまた、その船に同乗して一時帰国を果たしている。身重の順にとっては、九年ぶりの郷里で、四人の子供たちはこの時初めて父母の生地を踏んだことになる。そして百助にとってこれが最後の帰省となった。中津のインフレは黒澤庄右衛門の活躍により無事収束、福澤一家も七月には大阪に戻った。諭吉の生まれる五カ月前のことである。

## 2　門閥制度は親の敵——天保六年（一八三五）

### 漢学者としての福澤百助

ここまで述べたように、役人としての百助はなかなかに有能であった。それは、下士身分では一番下の小役人《こやくにん》格を振り出しに、供小姓《ともこしょう》格を経て、ついには最高位の厩方格《うまやかたかく》にまで昇進したことからも明らかである。ただ、藩のために財貨を調達する、というのは大切な仕事なのだが、やはりそれには飽きたらぬものがあったらしい。『福翁自伝』には、父の不平をまるで目撃でもしたように書かれている。そして、「門閥制度は親の敵《かたき》で御座《ござ》る」とまで言っている。

百助は幼少の時から秀才の誉れが高かった。これは、諭吉の父だから、ということで作られた神話ではない。百助の優秀さについては、その父兵左衛門に藩校進脩館《しんしゅうかん》から褒賞《ほうしょう》があった、という藩の記録からはっきりしている。進脩館で彼の学才を見いだしたのは、儒者野本雪岩《せつがん》であった。また、早くから備後福山の菅茶山《かんさざん》のもとで学びたいという希望を抱いていた、との記述が石河幹明著『福澤諭吉伝』（以下『伝』と略・①五頁）にあるが、その出典は不明であるものの、信憑性《しんぴょうせい》は高いように思われる。中津藩庁の記録、文化一一年（一八一四）八月条に、兵左衛門から百平《ひゃくへい》（百助の幼名）の備後へ遊学のため学資拝借の願が出たが、前例がないため聞き届けられなかった、とあるからである。

菅茶山の漢詩集『黄葉夕陽村舎誌《こうようせきようそんしゃし》』の前編が刊行されたのは、文化九年（一八一二）のことである。この詩集はよく読まれて、茶山の廉塾《れんじゅく》への入門者も備後福山の外、西日本全体へと広がりを見せるようになっていた。百助もまた、そうした入門希望者の一人だったのだろう。

菅茶山の本名は菅波百助《すがなみひゃくすけ》である。福澤百助の父の名は兵左衛門、二人の弟の名は術平《じゅっぺい》と群平《ぐんぺい》なのだから、長男である百助の、親から授かった名が百平であったのは確実である。百助という通名は、茶山にちなんで、百助自身で付けた可能性が高い。廉塾に入門して茶山のような田園の漢詩人になりたい、というのが百助の本当の希望だったのではなかろうか。

一三石取の軽輩の倅《せがれ》が詩人になるための経費は出せぬ、というのが藩庁の意向であったようだが、さりとて、百助の高い能力は衆目の一致するところであった。藩命なのかそれとも自らの選択であったのかは分からないが、百助はその後、出仕までの五年間のうち数年を、中津の南東四〇キロほどに位置する日出《ひじ》の儒者帆足万里《ほあしばんり》のもとで過ごすことになる。帆足の専門は究理学《きゅうりがく》といって、現在の数学・物理学・経済学にまたがる分野であった。彼は西洋自然学の概説書である『窮理通《きゅうりつう》』を文化七年（一八一〇）に著していたが、漢訳書からの重訳では不正確な点も多く、新たにオランダ語を学び始めて、天保七年（一八三六）に全面改訂版を出版することになる。

いずれも漢学者とはいえ、菅茶山と帆足万里では研究の方向性が異なっている。茶山はあくまで風流人、帆足は実学を専門とする実践家であった。百助は結局詩人となる夢を捨てたようだ。百助の蔵書と著述を分析した阿部隆一は、彼の関心の中心は社会科学的分野にあった、と結論づけている（「福澤百助の学風」全②付録）。たとえば諭吉の名前の由来となった『上諭条例』は、清朝乾隆帝《けんりゅうてい》治世の法令を編年体に記録したものである。百助の学者としての専攻は、今日の言葉でいえば政治学・政治史・法制史ということになろう。蔵屋敷の会計主任が政治学を勉強してどうなる、という気がしないではないが、私は百助には百助なりの目論見《もくろみ》があったのだと思う。それは友人の野田笛甫《てきほ》や後輩の中村栗園《りつえん》のように、学問によって然るべき藩に召し抱えられる、ということである。

笛甫はもとはといえば田辺藩の下士身分の出、栗園は中津の染物屋の息子である。学問に精進した結果、笛甫も栗園も、早くに一廉《ひとかど》の儒者と認められ、三〇歳前には転身に成功している。先にも述べたように、出仕の遅かった百助は、大阪での仕事が軌道に乗った頃にはすでに三〇代半ばを過ぎていた。蔵屋敷の長屋では子供が増えて落ち着いて勉強もできず、廻米方としての能力がなまじ評価されたために、かえって望みの役職への配置転換の要望書も受理されない。そうした事情は、晩年というには早すぎる四〇歳を過ぎたばかりの百助に焦燥感を生じさせたであろう。

## 父百助の死

福澤百助にとって生涯最後の年となった天保七年（一八三六）、死の直前まで彼は多忙を極めていた。それは主に、前年末になって留守居代《るすいだい》を仰せつかったせいである。留守居は上士が勤める藩の外交官のような役職だから大変な出世ではあるのだが、諭吉が作成した系図には、それに伴う扶持米加増（昇進に応じた報奨）の記載がない。給料は据え置きで仕事の責任だけが重くなったのだとしたら、百助へかかる重圧は相当なものであっただろう。

その年の春、近江国水口《みなくち》藩の儒者になっていた中村栗園が百助のもとを訪ねている。中津藩蔵屋敷は南側の通りに面した部分が長屋門になっていた。その門に向かって左が留守居、右が廻米方の役宅という構造である。正門を潜ると中庭の右手に藩主宿泊用の御殿、左手に米蔵が建っていた。北側は足軽たちが居住している長屋塀が境となっていて、向こうには堂島の町屋が軒を連ねている。栗園にとって、蔵屋敷の長屋は、苦学時代の下宿であった。感慨もひとしおであったろう。

堂島の北を流れる蜆《しじみ》川の向こう側は曽根崎新地の歓楽街である。堂島は一八世紀中葉以降に米市場が発達したため商業地となったが、元禄の頃までは遊び場の中心であった。諭吉が生まれる一三〇年ばかり前の元禄時代に、近松門左衛門《ちかまつもんざえもん》作『曽根崎心中《そねざきしんじゅう》』の主人公初《はつ》が働いていた天満屋《てんまや》は、中津藩蔵屋敷の東約百メートルのところにあった。もちろん天保の頃には跡形もなかったが、それは歓楽街自体が北に二百メートルほど移転したためである（今の北新地）。

さて、福澤百助が急死したのは、夏の暑い盛りの六月一八日のことであった。あまりに突然のことゆえ、国元では自殺の噂《うわさ》がたった。とはいえその噂に確たる証拠はないようで、やはり従来まで言われてきたような、脳卒中がその死の原因であった可能性が高い。その時妻順は三三歳、子供は一一歳の三之助を頭に三歳の諭吉まで五人であった。大塩平八郎の乱で大阪の東半分が焼け野原となる七カ月前のことである。

# 第一章　幼少の時

## 1　兄弟五人中津の風に合わず——天保七年（一八三六）

百助《ひゃくすけ》急死の知らせが近江《おうみ》国水口《みなくち》の中村栗園《りつえん》のもとに届いたのは、天保七年（一八三六）の六月下旬であったと思われる。春に面会したときの百助の健康状態にとりたてて気になるところはなかったので、信じられない思いであった。栗園はすぐに出立し、約八〇キロ離れた大阪に向かった。

### その母叱りかつ泣く

栗園は弔問に訪れた時の残された家族の様子を、五言の古詩「福澤氏を哭《こく》す。詩を以て祭文《さいもん》に代ふ」（『栗園文鈔』所収）の中で次のように描いている。長男はやっと一一歳になったところで、その姿形には故人を彷彿《ほうふつ》とさせるところがあった。悲しみをこらえながらよく喪に服している。他の子供たちは皆五・六歳で、何も知らずに無邪気に遊んでいる。母親は、そうした下の子たちを叱《しか》り、そして泣いた、と。七月六日中津への出港の日、栗園は諭吉を抱いて安治川口《あじかわぐち》船着場まで見送りに行った。幼い子供五人を連れての船旅は、想像以上に大変であったはずだ。中津港への到着はおそらく七月下旬、そろそろ秋風が立つ頃である。

百助には二人の弟と三人の妹がいた。すぐ下の妹国《くに》は医師藤本寿庵《じゅあん》（供小姓格・七人扶持）に、次女律《りつ》は渡辺弥一（厩方格・一三石二人扶持）にそれぞれ嫁いでいた。次男術平《じゅっぺい》は、彼らの父兵左衛門の実家である中村家（小役人格・一三石二人扶持）を継ぎ、三男群平《ぐんぺい》は東条家（供小姓格・一三石二人扶持）の養子となっていた。末娘登野《との》は荒川彦兵衛（供小姓格・二〇石二人扶持）の妻である。一方順《じゅん》には志従《しより》という妹が一人いたが、手島家（儒者格・七人扶持）からの養子塩岩《えんがん》と結婚して橋本家（供小姓格・一五石二人扶持）を継いでいた。これらの人々が、福澤兄弟姉妹にとっての叔父・叔母である。

さらに忘れてはならない肉親に、百助らを産んだ祖母楽《らく》がいた。福澤母子が帰郷したときすでに六三歳とはいえ、その後一六年も生きたところをみれば、まだまだ壮健だったはずである。会田倉吉が最初に指摘したことだが、この楽について、諭吉は著作・草稿・書簡において一度も言及していない。現行版全集にはたった一カ所、「福澤家系図」（全㉑二五三頁）にその死を告げる記述があるだけである。

三之助のみならず諭吉にとっても、数《かぞ》えで一九歳まで存命であった祖母楽が、自伝に何も記述しなくてもよいほど軽い存在であったはずはない。これは、書かれないことによって真実が隠されている一つの例なのではなかろうか。帰郷した福澤一家を取り巻く人情の機微など、今さら想像しても仕方のないことであるとはいえ、興味の惹《ひ》かれる問題ではある。

## 中津留守居町

留守居町《るすい》は現在もなお名を残している町である。その町名の由来は定かではない。そこの一家が帰り着いた屋敷について語る前に、まず豊前中津と中津城下について述べよう。

中津は、現在の福岡県と大分県の県境となっている山国川《やまぐに》の河口近くに開けた町である。大分県の北端にあたり、周防灘《すおうなだ》を隔てて山口県宇部とほぼ南北の位置で正対している。中津近郊の海岸線は東西に開けているが、海沿いに門司《もじ》方面に進むにつれて街道は北の方角を指すようになる。

景勝地耶馬渓《やばけい》に発する山国川は、周防灘まであと一・五キロというところで二つの支流に分かれる。西側の流れが県境となっている本流で、東側の支流を中津川という。河口からはほぼ一キロの地点に築かれた中津城は、緩やかに湾曲した中津川の二カ所から水を引き込んで内堀としたため、上から見ると扇の形をしている。扇城は中津城の別名である。

下士屋敷街である留守居町は、中津城北門から東に約二百メートルほどの所に位置している。その規模は約百メートル四方、当時の単位でいえば一町四方である。さらに留守居町は北門通りと並行に通っている細い道で南側と北側に区切られているので、上から見るとちょうど漢字の「日」のような様相である。東隣の弓町もほぼ同じ。この一町歩（ヘクタール）ほどの面積の土地を短冊状に区切った中に、同じ家格なら同じ仕様の屋敷がずらりと並んでいたのだった。

大阪から戻ったとき、福澤一家の親戚のほとんどが、留守居町と弓町の東西二百メートル、南北百メートルの狭い土地の中に、何代にもわたって住んでいたのである。城勤めといっても家から西に二百メートル、博多町で買い物といえば南に三百メートル、海岸近くで夕涼みなら北に五百メートルである。中津を出られなかった人々にとっては、それが住む世界の全てであった。

旧福澤家（大分県中津市留守居町）

### 福澤家と橋本家

福澤家の屋敷は留守居町南側のやや弓町寄りの場所にあった（本書巻頭地図参照）。順の実家の橋本家は小道を隔てた北斜《はす》向かいの屋敷で、これが現在の史蹟福澤諭吉旧居である。福澤一家が帰り着いた屋敷はすでに無い。ただ、明治一〇年（一八七七）に諭吉が記憶によって作図した平面図によってその家の敷地や間取りは明らかになっている（全②付録八頁）。四五坪（一五〇平米弱）の敷地に建坪わずか一五坪（五〇平米弱）という狭い家で、北側の一二畳を襖《ふすま》で「田」の字に区切り、南の庭に面して八畳の居間がある、というただそれだけの家なのである。

福澤家のような大家族では、これで家財道具でもあれば身動きがとれなくなるが、そこは生活の知恵で、屋根裏に梯子《はしご》をかけて収納とし、階下には家具を置かなかったようだ。屋根は茅葺《かやぶ》きであったと想像される。ともかく風雨をしのぐための家はある、という程度の代物で、それが国元での下士身分の現実なのであった。一方橋本家の家禄は福澤家より二石多い。だが、屋敷の構えの差はそれ以上であるように思われる。敷地は一一五坪強（三八〇平米強）、建坪三一坪（百平米強）、北側の庭には物置に近い二階建ての土蔵がある。敷地は福澤家の二・五倍、建坪は二倍である。

兄三之助は帰郷した直後の天保七年一〇月一五日に、父が到達した厩方《うまやかた》より一段低い供小姓《ともこしょう》格として家督を相続している。その一五年後に橋本家を買い取ったというが、天保七年を起点とすると転居は嘉永《かえい》四年（一八五一）となる。購入の経緯は明らかではないが、ともかく確かなのは、福澤一家は本来の供小姓格の屋敷に住めるまでに、一五年もかかったということだけである。

### 三之助の受けた初等教育

自伝の天保七年（一八三六）から弘化二年までの記述は漠然としているため、この期間の確実な記録は、先に触れた「福澤家系図」（全㉑二五三頁）の簡潔な書き込みと藩庁の書類が主である。自伝によれば、大阪から中津に戻った五人の兄弟姉妹はそこでの生活習慣に違和感を抱いていたようである。

福沢三之助は帰国直後に家督相続を許されたので、ともかく家禄分の扶持米《ふちまい》は確保できた。文政九年（一八二六）一二月生まれの三之助はその時数え一一歳で、満では一〇歳の誕生日も迎えていない。家督は本来なら然るべき年齢になるまで藩の一時預かりとなるのだが、その場合は半分のみの支給である。七石強で六人家族が暮らすのは不可能なのは明らかで、藩庁も温情を見せたのだろう。系図には「幼少に付勤方御免《つとめかたごめん》」（幼少なので勤務は免除）とある。

翌天保八年の二月、三之助は父百助が藩のために尽力した功を以て、紋付《もんつき》・裃《かみしも》・目録金三百疋《ひき》を給わっている。一疋二五文だから七千五百文で、ほぼ二両に相当する。翌天保九年一月になって、御《ご》用所取次《ようしょとりつぎ》なる職を初めて拝命している。三之助は一三歳になっていたが、それまでどのような教育を受けたのかは分からない。蔵屋敷内では父百助が自ら三之助を教えていた可能性が高い。帰国後は順の父浜右衛門の関係から三之助の教師を探したとすると、一番身近なのは妹志従《しより》の夫橋本塩岩ということになる。

## 2 中津藩の保守党と改革党——天保一一年（一八四〇）

天保一一年（一八四〇）九月、三之助は学館御用書《がくかんごようがき》に転出している。これは藩校の事務職で、勤務しながら勉強できるように藩庁が取りはからったのであろう。諭吉は『福翁自伝』に、「わたしの兄ももちろん漢学一方の人で、ただほかの学者と違うのは、豊後の帆足万里《ほあしばんり》先生のながれをくんで、数学を学んでいました」（「幼少の時」の章「兄弟問答」の節）と書いている。父百助や友人中村栗園《りつえん》が帆足の弟子であったことはすでに述べた。次世代である三之助も帆足から直接教わったかといえば、系図に日出《ひじ》遊学の記載がないので、その可能性は薄いようだ。

### 百助の友人野本真城

進脩館《しんしゅうかん》では野本雪岩の息子真城《しんじょう》が教鞭をとっていた。彼もまた帆足のもとで数学を学んでいて、万里門下四天王の一人と目されていた。そして、三之助の父百助と五歳年下の真城は、かつて親しい友人同士でもあったのである。

百助と比べ真城の経歴は華やかであった。まずは文化五年（一八〇八）、一二歳のときに帆足万里に弟子入りしている。五年後の文化一〇年には頼山陽《らいさんよう》のもとで日本史や古文を学ぶため、京都に赴《おもむ》いた。真城一七歳、百助二二歳のときである。翌年百助は備前福山の菅茶山のもとで学びたいと藩庁に申し出たものの却下されている。一方真城は、文化一三年（一八一六）に、京都での修業を終えて儒者見習いとして中津に戻った。

文政三年（一八二〇）の秋に百助が作った漢詩に、「寄野君美《やくんびによす》」というものがある。これは学問の家に生まれた友人に、不本意な小吏としての勤めと、抑え切れぬ儒学・詩文への思いを切々と訴えた作品であるが、その詩の受け手である野君美とは真城のことである。前年に出仕しはじめたばかりの百助はこの時郡方勘定人《こおりかたかんじょうにん》として収穫後の領内を検分していた。秋の夜、宿泊している農家で横たわっていると、前年の初夏に野君美と一緒に行った上方旅行のことが想い出される、という内容である。この旅の途中、真城と百助は京都に頼山陽を訪ねた。山陽は吉野へ向かう真城たちに、「送野本君美遊芳野《のもとくんびよしのにあそぶをおくる》」という七言絶句を贈っている。

野本真城（『野本白岩遺芳』より）

文政五年に百助が大阪へ赴任したため、真城と会う機会は減ったようだ。だが、真城の国元や江戸での重用ぶりを目にしないで済んだのは、百助にとってむしろ幸いであったかもしれない。真城は文政六年には「家業出精《かぎょうしゅっせい》に付」一人扶持が加増され、同一〇年には主君の側近として江戸詰《えどづめ》を命じられる。そして翌年には書物料として三両が下付されている。藩庁としても、主君の補佐官への便宜は最大限図る、というわけである。このとき真城は三一歳になっていた。

天保六年（一八三五）、真城は父雪岩の死にともなって一五人扶持の家督を継いだ。これは二六石強に相当し、福澤家のほぼ倍である。さらに再び書物料三両を給い、中間《ちゅうげん》（足軽身分）を一人家来として付けてもらった。百助が大阪蔵屋敷留守居代になった頃で、死の半年ほど前のことである。翌天保七年に藩校を刷新することを命じられた真城は、後に述べるような事情で免職となる天保一三年（一八四二）まで学長の職にあった。学館御用書となった三之助は真城のもとで主に数学の研鑽《けんさん》を積んだものと思われる。

### 藩政改革者真城

福澤百助の卓越した才能を発見したのが藩校初代学長の野本雪岩で、真城はその息子として百助と親しく交わり、自身が二代目学長となってからは友人の息子である三之助の指導にも携わった。そればかりか後には諭吉本人をも教えているのだが、『福翁自伝』にはその名前は一切記されていない。私の推測では、ここにも語られていない真実が隠されている。真城が帆足の弟子として数学の第一人者であっただけなら、諭吉もその名を消し去りはしなかったろう。しかし真城は、数学者として頭角を顕わしていただけでなく、同時に頼山陽の有力な弟子でもあった。山陽が心血を注いで書きつつあった『日本外史』の初稿完成が文化四年（一八〇七）、刊行は文政一二年（一八二九）であるから、真城は『日本外史』の長い仕上げの期間に、その作業の手助けをしていたことになる。中津に戻ってからの教科書も、この山陽外史が使われていたのである。

情熱的な文体で読者を魅了する『日本外史』の歴史観は、天皇以外はすべて平等であるという一君万民思想を基調としていた。勤王の武士が歴史を切り開いてきたし、これからもそうでなければならない、というその主張は、幕末尊王思想の源流となっている。山陽は天保三年（一八三二）に没したが、その時八歳だった三男の三樹三郎《みきさぶろう》は、後に尊王攘夷《そんのうじょうい》運動に加わったことで、安政六年（一八五九）に処刑されることになる。いわゆる安政の大獄に連座してである。

真城の門下生には、帆足の数学や物理学を引き継ぐ者としての真城を評価する人々と、頼山陽の尊王思想を自らのものにした真城に魅力を感じていた人々の両方がいた。ここで仮に前者を実学派、後者を尊王派と呼ぶことにしよう。もちろん真城が藩校の学長であった天保時代には両派の対立もさほど深刻ではなく、現代の大学での理科系と文科系の差のようなものであったようだ。それに、藩が幕府に従い、幕府が朝廷を尊重するかぎり、一人の武士として藩命を遵守することは同時に尊王でもあるのだから、尊王派の考えが藩庁と必然的に衝突するわけでもなかった。対立が顕在化するのは、ペリーが来航する嘉永六年（一八五三）以降のことである。

### 中津藩天保子年の改革

三之助が真城のもとにいた天保一一年（一八四〇）は、中津藩において天保子年《ねどし》の改革と呼ばれる大改革が断行されようとしていた時期であった。それは財政の抜本的な建て直しのため、従来までの家禄の制度を人別扶持《にんべつふち》という方式に改めることを骨子としていた。人別扶持とは、使用人を含む家族の人数に比例して米を支給するという制度である。これは福澤家のような下士の大家族には有利となるが、少人数なのに高禄を給せられていた上士にとっては大々的な減給となる。当然藩の重役たちを中心として不満の声がわき起こった。

この子年改革を企画したのは、先の藩主昌高《まさたか》直々の取り立てにより財政改革担当となった黒澤庄右衛門であった。黒澤は天保五年（一八三四）の藩札危機を切り抜けた後、翌年には加印札《かいんさつ》という新札を発行して、従来までの藩札の流通を制限し、紙幣の整理を実施した。そして藩士には扶持米の一部上納を依頼し、加えて城下の商人からは重ねての借金をした。そればかりか、献金授格《けんきんじゅかく》といって、名誉欲の高い町人相手に、献金額に応じて苗字などを許すなどということまでしたのであった。そうすることで藩庁の蔵に財貨を集め、藩札の信用度を高めようというのである。

この改革案に賛同したのが経済にも明るい野本真城であった。『中津歴史』（下一三五頁）によると、彼は天能三蔵《てんのうさんぞう》（供番格《ともばんかく》・二百石）、小幡篤蔵《おばたとくぞう》（供番格・二百石）、島津祐太郎《しまづすけたろう》（寄合格《よりあいかく》・二百石）ら上士身分の同志と図って改革を実行しようと図った。彼ら真城を助けた三名のうち、小幡篤蔵は慶應義塾二代目塾長篤次郎《とくじろう》の父、後には家老となる島津祐太郎は、『福翁自伝』で、「すこぶる事のよく分かるいわば卓識《たくしき》の君子」（「品行家風」の章「一身の品行またおのずから効力あり」の節）と評されている人物である。なお上士の身分は、供番格・寄合格・大身格《たいしんかく》の順で高くなる。

### 藩内の保守党と改革党

天保子年の改革は上級の中津藩士たちの激しい抵抗に直面した。彼らは家老山崎主馬《やまざきしゅめ》（大身格・一二五〇石）を核として既得権を守るために団結した。このようにして中津藩の家臣団は天保末期に二つの勢力に分かれたのであるが、ここで後の議論を分かりやすくするため、改革に反対した人々を保守党、改革支持者を改革党と名付けることにしたい。

保守党に属する人々は、上士のうちでも上級の大身格・寄合格などで構成されていたから、人数は少なかったものの、現実に握っている権力は大きかった。改革党は、上士中の供番格を最上位として、下士・足軽層にまで及ぶ大勢力であったが、いかんせん人事権がなかった。とはいえ、それを握っている保守党だけで主要なポストを占めると、今度は部下の改革党員が動こうとしない。また、保守党の人々は伝統と家柄だけに頼っていたから、しばしば肝心の能力に見劣りがした。経済への理解がなければ財政再建などできないのに、頭の中身は三百年も昔の戦国時代から進歩がないのである。

さて、真城らは改革実施を当時の主君昌猷《まさみち》に上申した。家老山崎はそれを僭越《せんえつ》として真城を処罰しようと画策したのであったが、当時真城は藩校の学長だけではなく主君の近習《きんじゅ》（補佐官）でもあった。立場上意見具申は当然のことであるうえ、立案者の黒澤には先の藩主昌高という後ろ盾もある。財政再建は緊急の課題であることは明らかで、家老といえども正面からそれに反対するのは難しい。真城は家老山崎を厳しく糾弾した。

結局、人別扶持制は藩内の混乱を理由に一時中止とされ、小幡篤蔵・黒澤庄右衛門らは隠居させられることになった。改革担当の後任は生田利右衛門《いくたりえもん》（供番格・一三〇石）、津田半三《つだはんぞう》（供番格・百石）、簗紀平《やなきへい》（供番格・百石）の三名であった。いずれも財政に明るい改革党員ではあるものの、上士身分とあっていくらか穏健な考えをもっていた。とりわけ津田半三は、百助が亡くなる直前大阪に赴任してきた留守居役で、『豊前人物志』にも「人と為《な》り温厚篤実《おんこうとくじつ》にして君子の風あり」（四〇八頁）と賞される優れた人物であった。諭吉の弟子となる純一・興二兄弟の祖父である。また、簗紀平は、後年諭吉の有力な支援者となり、終生中津に留まりつつ、人材育成に大きな貢献をした。

真城自身はといえばこの時点では何らかの処罰を受けた気配はないから、保守党の面々から嫌がられつつ、勤務を続けていたのであろう。藩校に詰めていた三之助は、難しい立場に置かれた師匠真城の姿を目にしていたはずである。真城門下生は、実学派も尊王派も皆改革党を支持していた。

**幕府天保の改革と中津藩家中半知令**

翌天保一二年（一八四一）、老中水野忠邦《みずのただくに》によって天保の改革が開始された。その改革は、前年のアヘン戦争における清国の敗北を受けて、財政再建と軍制改革を同時に行うための年貢増徴・領地替えを含む非常に強硬な策を含んでいた。この中央主導の改革が、中津の藩内政治の風向きを変えた。すなわち、前年にはまったく通る余地のなかった大身格の家禄削減が、形を変えて実行可能となったのである。

この時出されたのが家中半知令《かちゅうはんちれい》と称するもので、それまでは一度に支給していた米を月割りで下げ渡す、という方法であった。これで藩の米蔵に常時蓄えが残ることになるので、藩札の信用を維持することが可能となる。逆にいうと、大身格の重臣としてみれば、余剰米を担保にして行っていた資産の運用が不可能となったということである。家中半知令は人別扶持よりはるかに穏健な策であるが、ともかく上級藩士にも痛みをともなう改革が実行に移されたという点で大きな意義があった。

だが、前年に人別扶持令を強行しようとして家老山崎に排除された野本真城は、結局復権できなかった。翌天保一三年九月に二九歳の主君昌猷《まさみち》が中津で没すると、江戸にいた一三歳の新主君昌服《まさもと》のお国入りを待つこともなく、蟄居隠居《ちっきょいんきょ》を申し渡されてしまったのである。真城時に四六歳、文化一三年（一八一六）に召しだされて以来二七年目の秋のことであった。

真城の父雪岩は中津城の南東二〇キロほどの山あいに位置する宇佐郡院内村香下白岩《いんないむらこうしたしろいわ》の出身であった。蟄居の身となった真城は、その地に戻り以後白岩《はくがん》と号することになる。

## 3　始め服部五郎兵衛につき、次いで野本真城に学ぶ——弘化三年（一八四六）

**大阪屋五郎兵衛**

自伝に、留守居町の荒れ果てた屋敷を修理するために、頼母子講《たのもしこう》を組んで数両の借金をした、という話がある。

わたしどもの兄弟姉妹は幼少のときから貧乏の味をなめ尽くして、母の苦労した様子を見ても、生涯忘れられません。貧小士族の衣食住、その艱難《かんなん》の中に、母の精神をもっておのずからわたしどもを感化したことのかずかずあるその一例を申せば、わたしが十三、四歳のとき母に言いつけられて金子《きんす》返済の使いをしたことがあります。

（「頼母子の金二朱を返す」の節）

に始まるエピソードで、「一身一家経済の由来」の章の冒頭に置かれている。

頼母子講とは、金融を目的として出資者を集め、各自が決められた期日に同じ額の掛金を持ち寄り、決められた順番で各回の全掛金を受け取る、という仕組みで運営される。受領の前ならば、それまでの自分の掛金を放棄することを条件に手を引くことは許されるが、入手してから辞めることはできない。順は中津に戻って早々その講を組織し、すぐに全掛金を落としてもらったようである。そのとき一口二朱（一両の八分の一）を掛け捨てにしてくれた回船問屋大阪屋に恩義を感じていた順は、諭吉を使いに出してその借金を返済したのであった。

大阪屋は、港に近い下正路《しもしょうじ》の南端にあった。福澤家からの距離は海に向けて約四百メートル、願慶《がんけい》寺《じ》の斜《はす》向かいである。それはおそらく備後福山鞆《とも》の浦を拠点とした大回船問屋大阪屋の中津支店ともいうべきものだったのだろう。中津祇園《なかつぎおん》は地域を代表する夏祭りであるが、そのとき下正路町から出される舟車「天鳥丸」を、天保三年（一八三二）に建造したときの世話人の中に、大阪屋五郎兵衛の名前がある。順が組んだ頼母子講で五郎兵衛は何とも思わず二朱を掛け捨てにしたのだろうが、そのことによって今日まで名を残すことになったのである。

この頼母子講の話は『福翁自伝』全体を編年順に整理した場合に、年代を確定できる最も古い話である。諭吉は「年月日は覚えていない」と書いているものの、順は諭吉を使いに出すときに「十年前」とはっきり述べているので、返済に出向いたのは弘化三年（一八四六）である。その時諭吉は数えで一三歳であった。そしてこのことから分かるのは、福澤家は、その一〇年の間、わずか二朱（現在の感覚では一万円くらいであろうか）の借金を返済するゆとりさえなかった、という事実なのである。

貧困は修学の困難の原因となる。三之助は幸いにも藩校で野本真城の教えを受けることができた。では諭吉の場合はどうか。経済的な困窮によって、下士身分の者が充分な教育を受けることができなかったことについては、中津藩の身分制度についての分析『旧藩情』(全⑤六四一頁)にある通りである。福澤家は母子家庭の上に子沢山である。自伝には、「坊主にならずに家にいたのであるから、学問をすべきはずである。ところがだれも世話の為人《して》がない」(「幼少の時」の章「年十四五歳にして初めて読書に志す」の節)と、初等教育に関し放置されていたことが示唆されている。

## 諭吉の受けた初等教育

福澤家の跡取りではなかった諭吉は、幼少の時に叔父の中村術平の養子になった。この中村家は祖父兵左衛門が出た家で、百助の弟である術平が養子として入り、さらに諭吉が跡を継ぐことになっていたのである。北門通りに面した南入りの屋敷だが、ちょうど福澤家の真南にあたっていて、垣を跨《また》いで簡単に行き来することができた。

そうであるので、諭吉の教育について真剣に考えなければならなかったのは、順よりもむしろ養父術平であった。彼が諭吉に簡単な読み書きの手ほどきをしたのであろう。後年諭吉が書いた「履歴書」には、「五年の時より藩地にて漢書を学ぶ」(全⑳二五八頁)とある。また、自伝にも、教育を施したのが母順ではなかったことが示されたあとに、「藩のふうで、幼少のときから論語を読むとか大学を読むくらいのことは、やらぬことはないけれども、奨励する者とてはひとりもない」(「年十四五歳にして初めて読書に志す」の節)とあって、やや曖昧な書き方である。誰も教える者がいなければ、論語や大学を読めるようになるはずもないのに、先生の名前は書いていない。

諭吉の受けた初等教育についてのもっともまとまった記述は、明治一一年（一八七八）に書かれた「詩集」の序文である。「経史の学は初《はじめ》中津藩士服部五郎兵衛先生に四書の素読を受け（年十四五の時にて他に比すれば甚だ後れたり）中ごろ野本真城先生、後に白石照山《しらいししょうざん》先生に従学し、前後六、七年にして」（全⑳四二五頁）と、師の名前と学んだ期間が記されている。

四書とは、論語・大学・中庸・孟子のことであるから、自伝で曖昧にされていた最初の師が服部五郎兵衛（供番格・二百石）であったことが分かる。儒学を教わった最後の師が白石照山であるのも確実で、その後諭吉は長崎に行って蘭学を学び始める。自伝には、「最も多く漢書を習ったのは白石という先生である。そこに四、五年ばかり通学して」（「左伝通読十一遍」の節）とある。諭吉が中津を去ったのは嘉永七年（一八五四）二月だから、「前後六、七年」を逆算すると、服部五郎兵衛についた時期は早くて弘化四年（一八四七）、白石に入門したのは嘉永二年（一八四九）と推測できる。

つまり大阪屋五郎兵衛の話の後あたりから福澤家の家計にわずかばかりの余裕が生まれて、それまで肉親からの教育しか受けられなかった諭吉が、素読の稽古《けいこ》などに出られるようになったということである。服部五郎兵衛の屋敷は留守居町の東隣の弓町にあった。五郎兵衛は元締方として三之助の上司だったので、その関係で諭吉を教えることになったのだろう。

**諭吉もまた真城のもとで学んでいる**

服部五郎兵衛の稽古を受けたのは弘化四年の数カ月間と考えられるが、問題は次の、「中ごろ」学んだはずの野本真城は、弘化四年から嘉永三年までの四年間中津にはいなかった、ということである。真城が隠居した父祖の地院内村香下白岩は城下から二〇キロも離れている。諭吉は大事な働き手であったから、部屋住の身分とはいえ中津を離れて遊学することもできない。私淑《ししゅく》ということならまだしも分かるが、「詩集」の序文には実際に教えを受けたように書いてある。

そこで真城の隠居後の動向について調べると、興味深いことが分かる。すなわち、『豊前人物志』に、「弘化四年復童蒙帳《またどうもうちょう》を下毛郡秣村《まくさむら》に設けて学徒を教育せり」（三八一頁）とあって、諭吉が「中ごろ」と述べた時期には宇佐郡院内村ではなく下毛郡秣村に居住していたとされているのである。この事実は嘉永元年（一八四八）に真城が作った漢詩「戊申春寓秣渓《ぼしんのはるまくさけいにぐうす》」（『野本白岩遺芳』一三九頁）によっても確認できる。この秣村は院内村よりはるかに中津城下に近く、現在では市内の三光西秣《まくさ》と呼ばれている地区のことで、『人物志』にある童蒙帳とは、土地の大庄屋深水《ふこうず》荘右衛門《そうえもん》が開設していた西秣寺子屋のことと思われる（現・西秣公民館付近）。留守居町からは南におおよそ一〇キロほどの道のりであろうか。

**野本真城塾跡**（中津市三光西秣，西秣公民館）

当時は青年と見なされていた一四歳の少年にとって、その距離が日帰りできないほど遠い、とは思われない。通える範囲に塾が開かれたのだから、諭吉が真城から直接学ぶことは十分に可能だった。それに、『福翁自伝』には童蒙帳（寺子屋）での学習を語っているとおぼしき部分もある。

それから自分で本当に読む気になって、いなかの塾へ行き始めました。どうも十四、五になって初めて学ぶのだから、はなはだきまりが悪い。ほかの者は詩経を読むの書経を読むのというのに、わたしは孟子の素読をするという次第である。（「年十四五歳にして初めて読書に志す」の節）

ここで、「いなかの塾」というのは、大阪や江戸に比べて中津が「いなか」である、ということではなく、中津城下に比べて秣村《まくさ》が「いなか」だ、ということではなかろうか。

天保一三年に隠居蟄居を命じられるまで、真城は藩内改革党の思想的背景であった。帆足のように蘭学自体にまで手を伸ばすことはしなかったが、残されている史料から判断して、漢文に訳されている西洋の文献を収集してその理解に勉めていたようである。国際情勢の把握についても、長崎に近い中津は、上方や江戸に比べても世界に対してより開かれていたといってよいほどである。要するに、門下生にとって真城は、博識多才、漢学ばかりではなく蘭学についても一通り以上の素養があり、下士身分の若者には今日でいう数学や経済学を伝授することで出世の糸口を見つけてやり、さらに頼山陽直々の日本史の知識まで身につけていた、という魅力的な先生であったのである。

真城が秣村で塾を開いていたのは弘化四年（一八四七）と嘉永元年（一八四八）の二年間だけであった。先の『豊前人物志』には、翌年には城下から南東に約一五キロ離れた宇佐郡四日市村に移って「私塾を開けり」とあるが、実際は地域の人々が設立した伊勢山塾の二代目教授として招かれたのである。この塾は後に四日市郷校と名前も変えて、より学校の体裁を整えてゆくことになる。

## 4　白石照山の門下生となる――嘉永二年（一八四九）

### 昌平校出ながら朱子学を教えず

いかに健康体の諭吉とはいえ、四日市まで徒歩で日帰りをするのは無理だったのだろう。そこで、嘉永二年（一八四九）に、六年前の天保一四年に昌平坂学問所での修業を終えて留守居町で塾を開いていた白石照山に入門したのであった。

照山は師匠の真城より一八歳下で当時三五歳であった。藩校の学長や主君の側近も務めた真城が、藩政にも積極的に発言する行動派の儒者であったのに対し、照山はあくまで中国古代のテキストを忠実に読むことに価値を見いだす地味で堅実な学者であった。西欧の大学におけるギリシャ・ローマ史専攻の教授といったところであろうか。本来なら照山のような学者こそ藩校で教えるべきであったのだが、そこの正規の教員になるためには、儒者格の家格をもつことが必須であった。白石家はもともと小役人格で、そのため照山は主君の近習（補佐官）にも藩校の教授にもなれなかったのである。

後に儒学を完全に否定してしまったため、諭吉のその方面の素養については軽視されがちであるが、

白石照山
（『照山白石先生遺稿』より）

その実力はなかなかのものである。ただし、著作に引用されるのは、自伝にもあるように歴史に関するものが主で、そこに忠孝の美徳など朱子学で重要視される倫理学的要素を見いだすのは困難である。これは、野本真城が実学の帆足万里と日本史の頼山陽という、いずれも朱子学から離れた学者を師匠としていたこと、また白石照山が昌平坂学問所という朱子学の総本山で佐藤一斎や古賀《こが》侗庵《とうあん》に学びながら、中津に戻ったのちに古学に専攻を替えて、そちらの話ばかりしていたからのようである。

**照山の広瀬淡窓・頼山陽批判**

照山が古学を学ぶようになったきっかけは、友人の藩医西秋谷《にししゅうこく》が修業時代、福岡で亀井昭陽《かめいしょうよう》に就いて学んでいたことによる。西が福岡から持ち帰った昭陽の『左伝纉考《さでんさんこう》』（天保二年［一八三一］）は、同時期の清国考証派をはるかにしのぐ精密詳細なものだった。照山自身は昭陽に学んだことはなかったが、このように私淑《ししゅく》することで、外からは亀井派と見なされるようになったのである。『福翁自伝』にも、

私の先生は亀井が大信心で、あまり詩を作ることなどは教えずにむしろ冷笑していた。広瀬淡窓《ひろせたんそう》などのことは、あいつは発句師《ほっくし》、俳諧師《はいかいし》で、詩の題さえできない、書くことになると漢文が書けぬ、

なんでもないやつだといっていられました。

（「左伝通読十一遍」の節）

とある。淡窓の咸宜園《かんぎえん》は中津の南西四〇キロほどの豊後日田《ひた》にあって、大勢の弟子を集めていた。蘭学者の高野《たかの》長英《ちょうえい》や、諭吉にとって適塾の先輩となる大村益次郎《おおむらますじろう》（村田蔵六《むらたぞうろく》）も門下生である。

また、山陽についても、

頼山陽などもはなはだ信じない、まことに目下に見くだしていて「なんだ粗末な文章、山陽などの書いたものが文章といわれるなら、だれでも文章のできぬものはあるまい。たとい舌足らずでどもったところが意味は通ずるというようなものだ」なんて、たいそうな剣幕で、先生からそう教え込まれたから、わたしどもも山陽外史《さんようがいし》のことをば軽く見ていました。

（「左伝通読十一遍」の節）

と手厳しい。

世間的知名度からいって、照山と、淡窓や山陽とはまったく比較にならない。諭吉の伝える照山の有名人批判が妥当であるかどうか私には分からないが、その言動の背後に、身分の壁に阻まれて自己の能力を発揮できないでいる者のルサンチマンを、いかにしても感じてしまう。この照山の山陽批判のあとに、百助も同じだったという記述が続くところから、あるいは諭吉は、そうした照山に父百助の姿を重ね合わせていたのかもしれない。

# 第二章　長崎遊学

## 1　御固番《おかためばん》事件と白石照山の藩追放――嘉永五年（一八五二）

城勤めをしていた三之助はともかくも、福澤家の子供たちは留守居町の家でどのような日常生活を送っていたのであろうか。自伝には、大阪帰りであったため、他の子供たちとはあまり交わらず、芝居などは不健全だということで、見に行くこともなかった、とある。それでは諭吉は勉強以外に何をしていたのか、といえば、それは要するに母の内職の手伝いをしていたのであった。

**卑事多能**《ひじたのう》

自伝に記されている家の手伝いをざっとあげるならば、障子貼《しょうじは》り・下駄の鼻緒立《はなおた》て・畳表《たたみおもて》の付け替え・桶のたが入れなどである。さらに本格的な内職として、下駄の作成・刀剣の細工などをして家計を助けたのである。内職の仕方を教えた人物は、福澤家の北真向かいの井口忠四郎（小役人格・一三石二人扶持）で、諭吉は友人の福見常四郎（小役人格・一三石二人扶持）とともに数々の手作業を伝授されたのであった。さらに嘉永三年（一八五〇）頃のことであるが、白石塾に通っていた二人の若い僧から按摩術《あんまじゅつ》を教わったりもした。

このようにしてみると、諭吉の経済に関する観念は、教室で先生から学んだり、書物から摂取したりして得られたものではないようである。自分で仕上げた下駄の工賃は一足いくらだから、それが巡り巡って店頭に並ぶときには何文となる、といった、感覚的な把握がまずあったとみてよい。西部邁（『福澤諭吉――その武士道と愛国心』）が指摘するような、諭吉も武家の出だから、その根底には武士道があったはずだ、というような予断はあまりあてにはならない。むしろ若いときから商工業に携わっていたのだから、商人の感性を備えていた、といったほうがよほど真相に近いと思う。

さらに卑事ということについて、自伝には、その頃の母順に関して、

母もまたずいぶん妙なことを悦《よろこ》んで、世間並《なみ》には少し変っていたようです。一体、下等社会の者に付合うことがすきで、出入りの百姓町人は無論、えたでも乞食でもさっさと近づけて、軽蔑もしなければ忌《いや》がりもせず、言葉など至極丁寧《ていねい》でした。（「母の人がら」の節）

とあり、さらに、その頃中津にいた女乞食のチエを家の庭まで呼んで、そこで体の虱《しらみ》を取ってやった、という記述がある。この話を諭吉は、単なる「汚い奇談」として語っているのであるが、もし諭

吉が母のこうした行動を、言葉通りに汚らわしいこととして記憶していたなら、彼は後年になってそのことを人に語ったりはしなかったろう。つまり諭吉は、母順が女乞食の虱を取ってやったことを、一種の誇らしい思い出として留めていたのである。

**ペリー来航は諭吉の心を傷つけたか**

さて、諭吉が照山の塾に通うようになって五年目の嘉永六年（一八五三）六月に、アメリカ海軍のマシュー・ペリー提督が来航した。これまでの伝記には、このとき諭吉が屈辱感を感じた旨の記述がなされることが多いようである。証拠として示されるのは、『文明論之概略』巻之六の、ペリーの砲艦外交は、「何ぞ其言の美にして其事の醜なるや。言行齟齬《そご》するの甚しきものと云ふ可し」（全④一九六頁）とある部分であるが、じつはこれは諭吉の意見ではない。弟子の小幡篤次郎《おばたとくじろう》が『民間雑誌』第八編に書いた文章からの抜粋なのである。諭吉本人の言葉としては、すでに巻之二に、「幸《さいわい》にして嘉永年中『ペルリ』渡来の事あり。之を改革の好機会とす」（全④七二頁）とあって、そのときの諭吉が屈辱を受けたと感じたようには書いていない。

ペリー来航は、諭吉はまだ一度も行ったことのない江戸という日本の中心地で起きていた出来事であった。修業途中で二〇歳になったばかりの田舎の青年にとって、その事件が実感をもって受け取られていなかったとしても、さして驚くにはあたらない。むしろこの同じ嘉永六年に故郷中津で起きた事件こそが、諭吉の心を深く傷つけたのであった。

五年もの間師事していた照山のもとをなぜ離れたのかについて、自伝は何も語っていない。「長崎遊学」の章の冒頭に、嘉永七年（一八五四）二月に三之助の供として長崎に向かった、とあることから、読者は漠然と照山の塾は退学したのだな、と思うだけである。ところが真実はそう単純なものではなかった。

**天保子年の改革、しこりを残す**

先にも書いたように、嘉永五年（一八五二）から遡ること一二年になる天保子年の改革は、高給取りから俸禄の一部を取り上げるという強硬な方策を含んでいた。この改革によって、野本真城は藩追放の憂き目にあってしまったのだが、その犠牲は無駄とはならず、家中半知令が実施され、さらに藩士たちの業務についても全面的な見直しが図られたのであった。当時の体制では職は各々の家格に応じて割り当てられていた。所属する身分の戸数が多かったりまた職種が少なすぎたりすると、その家格の藩士たちは当然楽な勤務でよい、ということになる。下士身分にはそうした余剰感があったため、新たに城の門番が下士の仕事として割り振られたのである。天保一一年（一八四〇）のことである。

それまで門番は足軽身分の仕事だった。それを余剰人員がいるということで、下士身分の藩士たちに門番の職を命じたということである。そもそも足軽と下士の身分の差は、職務上肉体労働に携わるか否かというところにあった。下士たちは、上士への昇進はかなわなくとも、肉体労働に従事しない、というところに下級ホワイトカラーとして己のプライドの拠り所を求めていた。ところが改革の名のもとに、下士の者は六尺棒を持って門の警備をしなければならなくなったのである。もちろん仕事としてそれが大きな負担となる訳ではない。単に名誉にかかわることといえばそれまでだが、名誉に関することだけに、かえって深刻な確執を生じさせることになった。

さて、嘉永三年（一八五〇）から四年にかけての凶作は、藩士たちを一層の窮乏に追い込んだ。嘉永五年四月、たまりかねた上士中百石から二百石取程度の、比較的家禄の少ない供番《ともばん》格の家臣たちが連署して、藩に救済を求めた。一方かねてより地位の低下に不満をもっていた下士たちも、門番の勤めを解くよう藩庁に働きかけるにいたった。これが御固番《おかためばん》事件と呼ばれることになる、下士身分の者による職務ストライキ事件である。こうして家中の経済的困窮から端を発して、藩士たちの葛藤《かっとう》に発展してしまった。夜中に城壁に落書きして当局の失政を誹謗《ひぼう》したり、檄文《げきぶん》を撒布《さっぷ》して藩政の改革を絶叫する者まで現れた。一二年前の同じ子年《ねどし》に起こった騒動で野本真城が改革党の中心人物であったように、嘉永五年の藩内葛藤で下士の立場を代弁したのが白石照山であった。

## 白石照山の追放

かつての真城には主君の近習と藩校学長という軽くはない地位があった。それに対して照山は、下士でも最下級の一小役人、藩校で教えることもかなわない私塾教師にすぎなかった。彼は門番の勤務を拒否し、藩庁の処分を待った。ところが彼が受けた仕打ちは、処罰よりもいっそう屈辱的なことであった。彼は黙って追い出されただけだったのである。

照山は嘉永六年（一八五三）一二月一八日に中津を追放された。浦賀にペリーが来航したのは、その半年前、同じ嘉永六年の六月のことである。その情報は月末には中津にも届いたであろう。が、そのときの諭吉が屈辱感を抱いたかどうか。ただ言えることは、数えで二〇歳の小役人格中村家の養子であった諭吉に、ペリー来航が師匠の藩外追放以上の意味をもっていたとは思えないことだけである。

## 2　兄と朋友、海防を論じ合う——嘉永六年（一八五三）

中津を放逐された白石照山は、翌嘉永七年（一八五四）五月、豊後国臼杵《うすき》藩に儒者として召し抱えられた。臼杵藩は代々稲葉家が当主を務める五万石の外様小藩で、藩地は中津から南東に六〇キロほどのところに位置していた。この時期臼杵藩でも藩政改革が進行中で、藩主の側近村井次郎右衛門《じろうえもん》がとくに招請したとされる。まさに捨てる神あれば拾う神あり、である。中津では下士身分小役人格一三石二人扶持の軽輩にすぎなかった照山も、臼杵では一躍《いちやく》上士に列せられ、藩校学古館《がっこかん》の教授となった。

### 蘭学を志すまで

諭吉が蘭学修業のため長崎に向かうのは、照山追放二カ月後の嘉永七年二月のことである。自伝では、「幼少の時」の章の末尾は白石塾を去った理由に触れることはなく、次の「長崎遊学」の章は、「それから長崎に出かけた」で書き始められている。遊学までのいきさつについては、当時の中津には横文字を読むものがいなかったうえ、前年のペリー来航で西洋式砲術研究の必要が唱えられたため、兄の三之助が諭吉に適性があるかもしれないと考えて、とりあえず長崎出張に同行させた、とある。

時系列についてもすっきりと順序だっているし、三之助が諭吉に蘭学を学ばせようとした動機も十分に合理的なので、うっかりすると何の疑問もなく読み飛ばしてしまうところであるが、『福翁自伝』ばかりでなく、『中津歴史』や『中津藩史』を参考にすると、事実関係に単純化があることが分かる。

まず、「その時分には中津の藩地に横文字を読む者がいないのみならず、横文字を見たものもなかった」という自伝の記述は、その限りでは正しいかもしれないが、誤解を招きやすい表現である。というのは、これでは中津藩では蘭学研究があまり盛んでなかったように受け取られてしまうからである。実際は藩全体として見るなら、蘭学は非常に盛んなのであった。そもそも『解体新書』（安永三年［一七七四］）の翻訳者前野《まえの》良沢《りょうたく》は中津藩の藩医であった。諭吉が蘭学を志す八〇年も前に、中津藩関係者は当時としては高い水準を誇る翻訳書を完成させていたのである。

後に触れることになるが、五代目藩主奥平昌高《おくだいらまさたか》の「蘭癖《らんぺき》」（オランダ好き）によって、その系譜は江戸鉄砲洲《てっぽうす》の中津藩中屋敷に脈々と引き継がれていたのであった。さらに、自伝にはペリー来航によって西洋式砲術の研究が開始されたように書いてある。ところが、実際は嘉永二年（一八四九）暮の老中阿部《あべ》正弘《まさひろ》（備後福山藩主・一〇万石）の諸藩海防要請の通達をきっかけとして、三年前の嘉永三年には藩をあげての沿岸防衛の取り組みが開始されていたのである。

**野本真城門下生にとっての英雄たち**

真城の罪は蟄居《ちっきょ》から二年後の天保一五年（一八四四）、すなわち弘化元年に赦《しゃ》されたが、その後も城下への立ち入りは遠慮していたようである。すでに書いたように、最初は先祖の地白岩《しろいわ》で塾を開いていたが、弘化四年（一八四七）から翌嘉永元年（一八四八）には秣村の寺子屋で教えていた。子年の改革をともに推進しようとしながら藩内混乱の責任をとらされて隠居した小幡篤蔵《おばたとくぞう》（篤次郎の父）・古宇田次郎太夫《こうだじろだゆう》・菅沼新太夫《すがぬましんだゆう》ら同志の面々が折々に寓居《ぐうきょ》を訪ねたことは、真城が作った漢詩によって確かめられる。諭吉はその塾に通学したと考えられるが、三之助や奥平壱岐《おくだいらいき》・服部五郎兵衛・中上川才蔵《なかみがわさいぞう》（彦次郎の父）といった他の真城門下生たちも顔を出していたに違いない。そう考える理由は、自伝の「幼少の時」に記述されている、三之助が家に呼んだ友人たちと酒を飲みながら語り合っていた時勢論《じせいろん》と、真城の著作に相似した点があるからである。

それはおおよそ嘉永六年（一八五三）秋頃のエピソードで、

わたしの兄は年をとっていていろいろの朋友《ほうゆう》がある。時勢論などをしていたのを聞いたこともあるけれども、わたしはそれについてくちばしをいれるような地位でない。ただ追い使われるばかり、そのとき中津の人気はどうかといえば、学者はこぞって水戸のご隠居様、すなわち烈公《れっこう》のことと、越前の春嶽《しゅんがく》様の話が多い。学者は水戸の老公といい、俗では水戸のご隠居様という。ご三家のことだから譜代大名の家来はたいへんにあがめて、かりそめにも隠居などと呼びすてにする者はひとりもない。水戸のご隠居様、水戸の老公と尊称して、天下一の人物のように話していたから、わたしもそう思っていました。ソレカラ江川太郎左衛門《えがわたろうざえもん》も幕府の旗本だから、江川様と陰でもきっと様《さま》づけにして、これもなかなか評判が高い。

（「江川太郎左衛門に負けぬ気」の節）

とある部分である。

時勢論を話題としていながら、肝心のその中身についてはよく分からない書き方になっている。ここに登場する三名はそれぞれに有名であったから、後年の読者も、当時彼らは偉人と見なされていたのだな、と何とはなく納得してしまうのであるが、重要なのは、何を以て偉大とされたか、ということである。

### 徳川斉昭

寛政一二年（一八〇〇）生まれの水戸藩前藩主烈公徳川斉昭《とくがわなりあき》は、嘉永六年当時五四歳であった。文政一二年（一八二九）に家督を相続して以来、藩校弘道館《こうどうかん》を創設し、門閥によらない人材登用を行って藩政改革に務めた。天保八年（一八三七）に示された改革の指針は、(1)総検地を行って収穫高を確定しさらに増収を図る、(2)藩士を農村に土着させる、(3)学校を領内各地に設立する、(4)藩士の江戸定府《じょうふ》（定住制）を廃止して水戸からの交代制とする、の四点であった。これらの改革は幕府の天保改革にも影響を与えたと言われる。そればかりでなく斉昭は、密かに軍備増強をも実行に移していたのであるが、それは弘化元年（一八四四）に幕府の知るところとなり、隠居蟄居《いんきょちっきょ》を命ぜられてしまった。

幕府が斉昭の先見の明をはっきりと認識したのは、嘉永六年のペリー来航によってであった。九年前、斉昭は、日本にとってまさに必要なことをしていたことによって、蟄居を命じられていたのである。当時の老中首座《しゅざ》阿部正弘は、その非礼を詫《わ》び、三顧《さんこ》の礼をもって斉昭を幕府の海防参与《かいぼうさんよ》に迎えた。日本の沿岸防衛の責任者である。斉昭は水戸に使者を出して、大砲三四門と多量の弾薬を江戸に送らせた。江戸の市民は斉昭のこの迅速な対応を称賛し、彼を「世直し大明神《だいみょうじん》」ともてはやした。嘉永六年の秋には、江戸で水戸のご老公の錦絵《にしきえ》が飛ぶように売れたというが、支配側の人間を、風刺ではなく純粋に賛美する刷り物が多くの人々に渇望された、という話は、この他には聞いたことがない。

### 松平春嶽

この徳川斉昭の一番弟子ともいうべき人物が、文政一一年（一八二八）生まれで当時二六歳の福井藩主松平《まつだいら》春嶽《しゅんがく》であった。田安《たやす》徳川家の出であったが、天保九年（一八三八）に松平家の養子となり家督を継いだ。天保一四年（一八四三）、春嶽は初のお国入りを前に、藩主としての心得を徳川斉昭に尋ねた。

松平春嶽（福井市立郷土博物館蔵）

福井で春嶽が行った改革は、水戸藩の改革とほぼ同じである。あえて違いを言うなら、春嶽は洋学の摂取により積極的であったところであろうか。彼は洋学所を設置し、高島秋帆《たかしましゅうはん》の西洋砲術を導入し、大砲や小銃を製造しようとしたのである。その腹心となったのが、大阪適塾《てきじゅく》で緒方洪庵《おがたこうあん》に学んだ蘭方医で、砲術家佐久間象山《さくましょうざん》の門下生になった橋本《はしもと》左内《さない》であった。

海防にも積極的な意見を有していた春嶽ではあったが、ペリー来航後は、政権の中心となっていた老中阿部正弘の外交政策に協力して、漸進的《ぜんしんてき》に開国を進めながら海防を強化する、という現実策を以て幕府の一翼を担うことになった。

### 江川英龍

亨和元年（一八〇一）生まれの伊豆韮山《にらやま》代官江川太郎左衛門《えがわたろうざえもん》英龍《ひでたつ》は、当時五三歳であった。天保六年（一八三五）に家督を相続した後は、農学者二宮尊徳《にのみやそんとく》を招聘《しょうへい》することで、支配地内の生産性を高める方法を探った。

代官に就任したすぐ後の天保八年（一八三七）に起こったモリソン号事件によって、日本もまた外国船の脅威にさらされていることが、改めて認識された。そこで彼は、管轄する伊豆・相模・武蔵の沿岸地域が海防上重要であることに鑑み、天保一二年（一八四一）には自ら高島秋帆に弟子入りして、西洋砲術の修得を図ったのであった。翌年高島流砲術伝授を許可された英龍は、韮山の代官屋敷に砲術塾を開いたが、そこで学んだ一人に佐久間象山がいた。この英龍の活動に目をつけたのが老中阿部であった。ペリー来航を契機に、阿部は英龍を海防掛《かいぼうかかり》勘定吟味役格《かんじょうぎんみやくかく》に任じ、さらに江戸湾防衛の責任者とした。いわゆる品川のお台場の造築を始めていた英龍が、安政二年（一八五五）に死去した翌年、跡継ぎの英敏は、幕府の命により江戸芝新銭座《しばしんぜにざ》に砲術塾を開設したのであった。

以上が、兄三之助が朋友たちとの間で交わしていた時勢論で、すぐれた指導者と見なされていた人々の、嘉永六年（一八五三）の時点での事績であった。すなわち三人に共通するのは、領地（支配地）の生産性を高めて増収を図ろうとしたこと、そのために低い身分の者の登用を積極的に行ったこと、さらに西欧諸国の脅威に対抗するため、軍備の強化を実行しようとしたところ、であった。

### 野本真城の「海防論」

野本真城もまた、これら三人の指導者と同様、日本の伝統を尊重しつつ、西洋文明を日本に移入することで国力の増強を図るべきだ、という考えをもっていた。中津藩天保子年の改革は、彼が抱いていたその遠大なプランの第一歩なのであったが、それは藩内保守党の抵抗により、最初の蹴《け》り出しで躓《つまず》いてしまった。弘化年間から嘉永年間にかけて、秣《まくさ》村や四日市村で教鞭をとっていた真城は、各地からもたらされる異国船到来の報を、隠居を強いられて後もなお中津城下に留まっていた改革党のかつての同志から受け、祖国防衛のための軍事力の実現について、自分たちの次の世代に期待を寄せていたのである。

話は少し遡る。真城が引退して八年後の嘉永二年（一八四九）三月、アメリカ軍艦ブレブル号が長崎に来航した。前年に漂着した遭難者の引き取りのためである。また直後の四月にはイギリス軍艦マリナー号が相模の三浦半島のすぐ沖まで来て江戸湾への進入経路を測り、伊豆の下田に強制的に入港した。代官江川英龍は退去を勧告したが、容易には出てゆかない。この年英米の差し遣わした船がいずれも軍艦であったのは、両国が国をあげて日本に圧迫を加えるようになった、ということを意味する。とりわけ、イギリス軍艦が江戸湾口を測量したということは、彼らが品川沖まで進出し、そこから艦砲射撃をするための準備をしている、と解釈された。

真城は居ても立ってもいられなくなった。翌嘉永三年、彼は当時としては高い水準にあった西洋の知識を駆使して、「海防論」を書いた。それは、大型船に大砲を積むことでより機動的な防衛を行うべきだ、という提言を含む、近代的海軍創設を強く希求した内容であったのである。

## 3　その時の砲術家の有様を申せば——嘉永七年（一八五四）

先にも述べたように、中津藩において西洋砲術導入の機運が高まったのは、自伝のいうペリー来航より三年も前のことだった。嘉永三年（一八五〇）の時点での藩政の主導権は保守党に復していたと考えられるが、保守党員には砲術を学ぶ適性をもった者が少なかったようである。そのためであろうか、砲術修業のため中津から長崎や鹿児島に派遣されたのは、奥平壱岐・浜野《はまの》覚蔵《かくぞう》（定四郎の父）・服部五郎兵衛そして諭吉など、いずれも改革党員の子弟で野本門下生であった。

**野本真城の弟子奥平壱岐**

自伝には、兄三之助に勧められるままに長崎に赴いたように書いてある。しかし、この遊学が藩の意向に沿ったものであったことは、一足先に長崎で砲術を学んでいた元家老奥平与兵衛《おくだいらよへえ》の息子壱岐（当時は十学《じゅうがく》を名乗る）と宿舎を共にしたことと、その後の経緯からみてほぼ確実である。

主君と姓を同じくする奥平家は、本来の姓を中金《なかがね》といって、七百石取りの大身《たいしん》格であった。父与兵衛はかつて進脩館《しんしゅうかん》で野本真城・福澤百助らと机を並べていた改革党の同志、というより事実上の指導者であった。文政八年（一八二五）五月に家老に就任したが、どうやら財政上の失政があったらしく、二年後には未だ幼少であった壱岐に家督を譲って引退している。西洋砲術の導入に伴う改革で、三之助と同年代の壱岐は、新たに組織されることになった中津藩砲兵隊の隊長となることを予定され

光永寺（長崎市桶屋町）

ていたのであろう。

一方、姉たちが結婚により実家を離れたために家計への負担が軽減されたとはいえ、二一歳となった諭吉は福澤家にとって大事な働き手である。遊学の経費を福澤家が出せるはずもない。諭吉は壱岐の従者として身の周りの世話をすることを条件として、長崎遊学を許されたものと思われる。

長崎は中島川の河口付近に扇状に広がる町である。奥平壱岐が宿舎にしていたのは、長崎でも高い格式をもつ浄土真宗大谷派の光永寺《こうえいじ》であった。壱岐の母親の実家で、住職は彼の叔父でもあった。諭吉が兄とともに中島川右岸に面した桶屋《おけや》町《まち》の光永寺に荷を解いたのは、嘉永七年（一八五四）二月のことである。その翌三月には、ロシアのプチャーチンが樺太《からふと》の帰属をめぐる交渉と和親を求めて三度目の訪問をし、さらに閏七月には英国東インド艦隊のスターリングまでやって来て、長崎はそれなりに騒々しかったはずである。

諭吉が長崎で蘭学の手ほどきを受けたのは、最初は壱岐の紹介した松崎鼎甫《まつざきていほ》という薩摩人であった。だが彼は五月頃に大阪の適塾に入門するため去ってしまったので、後はオランダ通詞楢林栄七郎《ならばやしえいしちろう》と蘭方医の楢林健吉・石川桜所《いしかわおうしょ》の三名から教えを受けた。この三名のうち石川桜所は、長崎を去った後幕府に召し抱えられ、幕末には徳川慶喜の侍医となっている。楢林栄七郎とは後の栄左衛門高明《えいざえもんたかあき》のことで、嘉永三年（一八五〇）の「別段《べつだん》オランダ風説書《ふうせつがき》」を翻訳した際に、アメリカの対日政策についての記載を発見し、ペリー来航を予言した人物である。また、従来まで明らかではなかった蘭医楢林健吉とは、嘉永二年七月に日本で最初に牛痘種痘《ぎゅうとうしゅとう》を成功させた楢林宗建《そうけん》の弟子蒼寿《そうじゅ》のことらしい。ただ、長崎にいた一年の間にオランダ語を十分に修得するまでにはいたらなかったようである。

## 砲術家山本物次郎

壱岐が砲術を学んでいたのは、長崎奉行所の役人山本物次郎《やまもとものじろう》の家であった。山本家は大井手《おいで》町にあったが、そこは光永寺から二五〇メートルほど北に行ったところである。五月頃、諭吉は壱岐の世話でこの山本家の書生として住み込むことになった。そこでしたのは、目の悪い山本のために書物を代読する、一八歳くらいのそこの息子の家庭教師をする、金策をする、さらには下男のかわりの水くみや掃除、風呂での背流し、飼い猫の世話まで何でもした。

山本は砲術家といっても、幕府の役人として砲術を他人に教えるということをしていたわけではない。個人的に関係書籍を収集していただけのことである。諭吉は書生として山本家所蔵の砲術書を管理し、そこから学び、分からないことは師匠に聞きながら、その技術を自分のものとしていったようである。山本は目が不自由であったため、それらの本を借りたいとか写したいとか申し出られた場合は、皆書生である諭吉の手を経ることになった。

それでわたしは砲術家のいっさいの元締《もとじめ》になって、何もかもわたしがいっさい取り扱っている。その時分の諸藩の西洋家、たとえば宇和島藩、五島藩、佐賀藩、水戸藩などの人々が来て、あるいは出島のオランダ屋敷に行って見たいとか、あるいは大砲を鋳《い》るから図を見せてくれとか、そんな世話をするのが山本家の仕事で、その実は皆わたしがやる。

（「奥平壱岐にねたまれる」の節）

大村益次郎
（『近世名士写真』其２，より）

文政七年（一八二四）周防国《すおうのくに》に生まれた大村益次郎《おおむらますじろう》（当時村田蔵六）が、広瀬淡窓の咸宜園《かんぎえん》・緒方洪庵の適塾を経て宇和島藩に仕官したのは嘉永六年（一八五三）の秋であった。翌嘉永七年八月、藩主伊達宗城《だてむねなり》より蒸気船建造の命を受けて長崎に来た大村は、山本物次郎から技術を伝授されている。諭吉に教えを請うた宇和島藩の西洋家とは大村益次郎のことだったのである。大村は安政二年（一八五五）初め頃帰藩したから、ほぼ五カ月の間諭吉と交流をもっていたはずで、そればかりか大村の部下である前原《まえはら》嘉蔵《かぞう》と諭吉は、八月から一〇月までの間共に山本家に寄宿していた書生仲間でさえあった。諭吉は何らかの理由で、この明治陸軍の立役者大村益次郎との出会いの経緯を秘匿している。

五島藩から派遣された人物は明らかではないが、佐賀藩については、おそらく江川英龍の門下生本《もと》島藤太夫《じまとうだゆう》である。嘉永七年にオランダ商館長クルチュースを訪ね、鋳砲について質疑した、という記録が残っている。水戸藩に関しては、その時期徳川斉昭が大島高任《おおしまたかとう》らに命じて反射炉を築造しつつあったことから、その関係者が山本家を訪問した可能性が高い。

## 4　長崎に居ること難し——安政二年（一八五五）春

**従兄弟藤本元岱からの手紙**

長崎には一年間留まったが、山本家での働きぶりがやや詳しく記述されているものの、肝心の学問の進捗《しんちょく》状況についてはよく分からない。ただ、奥平壱岐よりも相当に上達が早かったということだけが強調されている。「奥平壱岐はお坊さん貴公子だから、緻《ち》密《みつ》な原書などの読めるわけはない。そのうちに此方《こっち》はよほどエラクなったのが、主公と不和の始まり」（「奥平壱岐にねたまれる」の節）。こうするうちに諭吉のことがうっとうしくなって、中津に帰すような計略を巡らせた、と話は進んでいく。

それから先の、安政二年二月に長崎を去るまでのエピソードは大変興味深いのであるが、以下では事実経過だけを述べた後、諭吉の考えと私の推測を明らかにしたい。

諭吉が長崎に赴いてから半年経った嘉永七年八月、三之助は廻米方《かいまいがた》を拝命し、結婚したばかりの妻を伴って大阪に上っていった。三人の娘たちは近所に嫁いでいるのだから、まったくの一人きり、というわけではないのだが、女手ひとつで五人の子供を育てあげた順も五一歳にして留守居町の家に独居することになったのである。

嘉永七年は一一月に安政へと改元された。その翌二年の二月初旬、従兄弟《いとこ》で医者の藤本元岱《ふじもとげんたい》から、順が病気なので至急帰郷するように、との手紙が届いた。ところが同封の別紙には、病気というのは虚偽で、じつは奥平与兵衛からの指示で仕方なく書いただけだ、と記されていたのである。元岱は与兵衛の主治医だったのだろう。別紙自体は残されていないので、その内容は自伝から推測するよりほかない。おそらく、「その隠居がいとこの藤本を呼びに来て、隠居の申すに『諭吉を呼びかえせ。アレがいてはせがれ壱岐の妨げになるからそうそう呼びかえせ。ただしソレについては母が病気だと申しつかわせ』というお直《じき》の厳命が下ったから、もとより否むことはでき」(「長崎に居ること難し」の節)なかった、とあるのが、その別紙の内容である。

母病気の手紙と同封されていたその別紙によって、当然ながら激しく憤る。藤本の別紙には、壱岐の差し金とまでは書いてなかったようだが、諭吉はそのように推測したようだ。どうしてくれよう、と考えた末、諭吉は元家老の倅《せがれ》とことを構えるのは得策ではないと気づいた。さりとて策略に乗って帰省するのも面白くない、ということで、壱岐には通常のいとまごいをし、実際は黙って江戸へ転学する決心をしたのだった。

藤本からの手紙の通りのことを壱岐に伝えると、壱岐は大いに驚いた顔色をつくり、「そうか、ソリャ気の毒なことじゃ、さぞ心配であろう、とにかくに早く帰国するがよかろう。しかし母の病気全快の上はまた再遊のできるようにしてやるから」と慰めた。翌朝光永寺に行くと、壱岐は与兵衛への手紙と、順の従兄弟である大橋六助への手紙を渡して、「これを六助の所に持って行け、そうするときさまの再遊に都合がよかろう」と言った。諭吉はすべて壱岐が図ったことと思っていたから、ますます腹立たしく思った。

そこで諭吉は中津城下桜町から商いのために来ていた福澤家出入りの鉄屋《くろがねや》惣兵衛《そうべえ》とともに長崎を出立したのだった。長崎半島の付け根に位置する諫早《いさはや》に着いたのが、出発当日の月の明るい晩であったというから、それは恐らく二月一五日前後のことである。道中については後で述べることにして、ここではこの長崎出奔《しゅっぽん》について何事が起こったのかを考えてみたい。

### なぜ中津に召還されそうになったのか

自伝で諭吉は、壱岐による彼の長崎追放の陰謀があったということを信じて疑っていない。だが、子細に読んでみても、そのような企みがあったという根拠は示されていないようだ。確実なのは、与兵衛が元岱に諭吉を召還する手紙を書かせた、ということだけで、そこに壱岐の自らの学力に対する嫉妬心をかぎ取ったのは諭吉本人にすぎないのである。

この事件を回想した四〇数年後の諭吉にとってすれば、その後の人生の転変からいって、壱岐が自分に嫉妬心を抱いたと推測するのに何の不自然さも感じなかったのかもしれない。後に触れることになるが、壱岐の末路は相当に不幸であった。しかし、安政二年の段階では、まだ何事も起こってはいなかったのである。当時彼らの置かれていた場所は、まったく異なっていた。壱岐は、中津藩家老職を約束された七百石取り大身の跡取りで、諭吉は小役人格一三石二人扶持の中村家の養子にすぎない。学力に違いがあるのは明白だったとしても、壱岐にとって諭吉は脅威でも何でもなかったはずである。また、与兵衛にしても、倅《せがれ》壱岐の部下となるべき人材が優秀であることは喜ぶべきことではあれ、諭吉の勉学を妨害する動機などがあるとは思えない。

とはいえ、与兵衛が元岱に嘘の手紙を書かせたのは事実である。それをどのように解釈すればよいのであろうか。すでに隠居していたとはいえ与兵衛は藩の有力者であったから、正式な手続きを踏んで諭吉を長崎から呼び戻すことなど、造作もなかったはずである。にもかかわらずあのような手紙まで使って諭吉を帰郷させようとしたのは、誰にも不審に思われずに長崎を退去させたい、という意向があったからであろう。

諭吉の長崎遊学が、西洋砲術修得の藩命によると推定できることはすでに述べた。そのことを示しているのが、別れ際壱岐が諭吉に託した大橋六助への手紙である。大橋は順の実父橋本浜右衛門の兄増田久敬の息子であるが、それ以上の説明がないため、なぜその手紙を届けると諭吉の再遊に好都合になるのかが分からない。この件について調査した小久保昭弘（『塾の水脈』三三頁）によれば、大橋は中津城下における野本真城門下生グループの世話人として、藩士のうち砲術を学ぶ適任者を選任していたらしいのである。つまり壱岐は、諭吉に代わって誰かが推薦されることのないよう、わざわざ一筆したためた、ということである。

もしすべてを壱岐が謀ったなら、相当に手が込んでいる。諭吉はそのように解釈してますますプライドを傷つけられたのだが、この事が起きてから一五〇年以上が経過した今日、冷静に『福翁自伝』を読み返してみると、壱岐は実際に何も知らなかったのではないか、という印象を受ける。思うに、与兵衛は諭吉からある種の情報を引き出そうとしていたのではないか。

諭吉が山本家の書生となるにあたって世話をしたのは壱岐であった。そこにすでに与兵衛の深謀遠慮が介在していたのかどうかは分からない。ともあれ事実として諭吉は山本家に有能な書生として入り込み、物次郎の砲術の技術だけではなく、家内の様子や、そこを訪ねる他藩の洋学家が何を求めているかを知りうる立場にあった。諭吉が山本の代理として大村益次郎や本島藤太夫に教えた、ということは、宇和島藩や佐賀藩の西洋砲術の水準を測ることができた、ということでもある。情報収集を目的として、福岡・佐賀・薩摩・長州など西国一四藩は、長崎に聞役《ききやく》という専門の担当者を派遣していたが、中津藩にはそうした役職はなかった。与兵衛が諭吉から密かに聞き出そうとしていたのは、他藩の長崎聞役が集めているような軍事・外交情報だったのではなかろうか。

## 長崎を出奔する

話は安政二年（一八五五）二月上旬まで戻る。従兄弟の藤本元岱から寄こされた手紙の別紙に腹を立てた諭吉だったが、長崎を出て江戸へ行くと決心したものの、どのようにすればそれが可能かと考えて、はたと困惑してしまった。そこで蘭学修業をしていた江戸出身の岡部同直《おかべどうちょく》に相談をもちかけて、日本橋で開業している岡部の父親への紹介状を書いてもらった。江戸でのあてはそれしかなかったが、仕方がない。

とにかく奥平壱岐とのやりとりの後、一五日頃、鉄屋惣兵衛《くろがねやそうべえ》と一緒に諫早《いさはや》に向けて出立した。中津に帰るのなら、そこから有明海を渡って筑後川を豊後日田まで遡る。現在の大分県ではもっとも内陸部に位置した盆地で、檜《ひのき》の特産地である。そこが分水嶺になっているので、今度は山国川を下ることになる。諫早に着いた二人はとある飲み屋に入った。そこで壱岐の手紙を託された鉄屋は、諭吉が故郷には戻らず、そのまま江戸に出るつもりであることを聞いて呆《あき》れてしまった。それまで関門海峡を渡ったことのない諭吉は、鉄屋から下関の船宿船場屋寿久右衛門《せんばやすぐえもん》の名前を聞き出した。

長崎を出発して四日目の夕方、おそらく二月二〇日前後に、諭吉は小倉に着いた。そこから関門海峡を渡って下関まで来て、鉄屋が懇意にしているという船場屋の名前が役にたった。じつは、小倉到着前に、諭吉は鉄屋の名前で船場屋にあてた身元保証の手紙を作っておいたのである。この若侍は金はないが鉄屋の昔からの知り合いで、大阪に着いたら必ず船賃の不足分は受け取れるので心配ない、という文面である。船場屋は諭吉の乗船を快く認めてくれた。

諭吉が乗った船はどうやら大阪丸亀間を往復していた金比羅船《こんぴらぶね》の拡大版で、上方へ花見に向かう団体旅行の一行を乗せていたようだ。『福翁自伝』のこの部分は幕末の旅行の実際を余すところなく伝えていて、興味深いのであるが、ここでは詳述しない。自伝で途中立ち寄った湊《みなと》として挙げられているのは、岩国・安芸の宮島・讃岐の金比羅様、そして播州明石《ばんしゅうあかし》である。明石には長崎を出発して一五日目に着いた。

明石から大阪までは約六〇キロであるが、そこで風待ちということになって、諭吉は船頭に下船をかけあった。明朝出帆ということならば、そこで下りて歩いて大阪に行くほうが早いからである。船頭は諭吉から賄代《まかないだい》を受け取っていないので、大阪まで一緒に行かないと承知しないという。そのとき同行していた下関の商人風の男が掛け合ってくれて、無事上陸することができた。それから歩き詰めで歩き、日が暮れてから闇夜になった、とあるから、それはおそらく二月の月末か三月初めのことである。朝明石を出立したのと同じ日の晩の一〇時頃、堂島の中津藩蔵屋敷に着いたのだった。

# 第三章　大阪修業

## 1　緒方の塾に入門——安政二年（一八五五）夏

### 再会

諭吉が大阪に到着したのは新暦では四月上旬にあたっていて、桜も散りかける頃であった。兄三之助は前年の八月から廻米方《かいまいがた》として蔵屋敷で勤務していた。長崎からやっとたどり着いた諭吉から、このまま江戸に向かうつもりである、とうち明けられた三之助は、中津にも立ち寄ることもせずにいきなり大阪まで来て、もしそのまま江戸に見送ったなら兄弟共謀になる、だからともかく大阪で蘭学を学ぶがよい、と言った。諭吉は、それももっともと思って、「兄の所にいて先生を捜したら、緒方という先生のあることを聞き出した」（「大阪着」の節）と話は続いている。

このように自伝には、大阪に来て初めて緒方洪庵のことを知ったように書かれているが、長崎では前年の秋からつい二カ月ほど前まで適塾《てきじゅく》出身の大村益次郎と交流していたはずだから、それはいさ

適塾（大阪市中央区北浜）

さか不自然なように思われる。それに、諭吉は移動するにあたって、すでに知人となった相手から先方への紹介状を書いてもらうのを常としているのだが、この自伝の記述によると、彼の人生でも大きな通過点である適塾入門にあたって、誰の紹介もなく突然その戸を叩いたことになる。洪庵は諭吉を門下に加えるにあたり、基礎学力試験のようなものでも行ったのであろうか。

堂島の中津藩蔵屋敷から見て適塾は、淀川の対岸南東約一キロの距離にあった。その入門帳「適々斎塾姓名録」には、「同年三月九日入門豊前中津中村術平倅《せがれ》中村諭吉」とあって、これが諭吉の現在まで残る最初の筆跡である。ともかく諭吉は蔵屋敷から通学することになったのであるが、自伝は最初の一年の間にあった重要なことに触れていない。すなわち、入門帳によると、諭吉入門三カ月後の六月四日に、中津から奥平与兵衛の陰謀について知らせてくれた従兄弟の藤本元岱《ふじもとげんたい》が、また翌安政三年一月二八日に、長崎で紹介状を書いてくれた岡部《おかべ》同直《どうちょく》が、相次いで入門しているのである。藤本は三之助の妻年《とし》の兄でもあったから、諭吉と一緒に蔵屋敷に下宿することになったのであろう。岡部もまた、適塾はよいぞ、という諭吉の言葉に惹《ひ》かれて入門を決意したように思われる。

## 適塾の教育方法

そこで適塾の教育はどのようなものかというと、新入門の初学者に対しては、まず文法書である『和蘭文典』の前編通称「ガランマチカ」と、構文読解であるその後編「成句論」通称「セインタキス」が上級生によって講義される。この『和蘭文典』前後編二冊は木版本があったので、入門は自分で購入するか、あるいは塾に複数あるものを借りたのだろう。諭吉はそれまで一年間長崎で勉強していたのだから、文法の初歩までは修得していたと考えられる。それ以上は未知の世界で、優秀な学友たちと切磋琢磨《せっさたくま》しながら読解力をつけていったことになる。

さて、文法と構文の初歩が修了すると、講義形式の授業はなくなり、会読というゼミナール形式の方法がとられるようになる。すなわち、同じ学力水準の塾生を一〇名程度の組に分け、各組には会頭という上級生が指導のためにつく。その場で順番を決めて割り当てられたところを解釈する。これに対して他の塾生が質問をし、討論することによって勝敗を決める。勝った者に白玉を、負けた者に黒玉をつける。疑問の余地のないほど立派な解釈には白の三角がつけられて、それは白玉の三倍くらいの価値があるとされた。そうして相撲の星取り表のようなものができあがってくるのである。この方法により塾生の組内での学力水準は一目瞭然となるので、会頭がこの二冊を完全に修得したと判断すると、上級に進むことを許された。

緒方洪庵　藪長水筆
（適塾記念会蔵）

それ以後の勉強はまったくの独力で行わなければならない。自伝には、緒方の蔵書は物理書と医書の二種が合わせても一〇部足らずしかなく、文典を終えたのちは、それらの一部を筆写して上級生の会読に臨む、とある（「原書写本会読の法」の節）。もっとも、この原典一〇部というのは誇張で、塾生向けに教科書として用いていたのがそれくらいという意味である。ともかく同じくらいの学力の者同士で、一六《いちろく》（毎月一と六のつく日）とか、三八《さんぱち》とか定められた日に一月六回集まって、会読を行うのである。この会読は独力で解釈しなければならないとされていて、他人への質問は恥とされたのである。頼りは文典二冊と辞書だけであった。

辞書は二種類あって、一つはズーフハルマという紙数三千枚ほどの蘭日対訳の写本であった。これはフランソワ・ハルマの蘭仏辞書を長崎のオランダ商館長ヘンドリック・ズーフと日本人通詞とともに和訳したもので、当時は未刊行であったため写本を用いた。もう一つはウェーランドというオランダ語の原書六冊ものであって、要するに蘭蘭辞典である。難しいオランダ語の用語が平易に説明されているのであるから、その読解にもズーフハルマが必要なのであった。

適塾にはズーフ部屋というものがあって、そこに辞書が置いてあった。もちろん禁帯出であるから、そこで引かなければならない。翌日は定例の会読日という前の晩は、誰もが必死になって辞書をめくりつつ勉強する。こうして会読で一番の上席を三カ月占めると昇級するという仕組みであった。等級は七・八級あったというから、すべてを最短で通過したとしても最低二年はかかったことになる。最上級の上席が塾長であった。

## 2 師野本真城と兄三之助、相次いで亡くなる──安政三年（一八五六）

年も改まった安政三年（一八五六）は諭吉にとって人生の大きな曲がり角となった。まず一月に三一歳になった三之助がリューマチにかかって身動きがとれなくなる。そして二月には、適塾の先輩岸直輔《きしなおすけ》が腸チフスに罹患《りかん》したため、諭吉と友人の鈴木儀六《すずきぎろく》が看病したが、三月七日に死亡した。岸と鈴木は加賀出身で諭吉と同じ真宗門徒であったから、諭吉は鈴木と相談のうえ、岸の死骸を大阪千日《せんにち》の火葬場まで運んで焼いた。その遺骨を国元に送ってまもなく、今度は諭吉自身が腸チフスに罹《かか》ったのである。

**諭吉の病気と洪庵の診察**

大阪に来てちょうど一年たった頃であるが、諭吉は図らずも生死の境をさまようことになった。蔵屋敷の長屋で寝ていた諭吉を洪庵が見舞いに訪れ、ばかにならぬ病気である、と言った。そして、自分で処方すると迷ってしまうので、診察はするが実際の投薬は友人である内藤数馬《ないとうかずま》が行うように取りはからった。この諭吉にとって生涯の師である緒方洪庵とはどのような人物であるか。

緒方洪庵は、備中足守《あしもり》藩士佐伯瀬左衛門《さえきせざえもん》の三男として文化七年（一八一〇）七月に生まれた。文政八年（一八二五）から一一年まで、大阪留守居役であった父とともに堂島四丁目にあった足守藩蔵屋敷で育っている。福澤百助はまったく同じ時期に堂島五丁目の中津藩蔵屋敷に詰めていたのであるから、洪庵の父と百助とは仕事の上で面識があった可能性が高い。少なくとも諭吉の兄三之助が生まれた文政九年には、中津藩蔵屋敷から東に約二百メートルしか離れていない足守藩蔵屋敷にいたことを、諭吉は洪庵から聞いていたであろう。

その中津藩蔵屋敷は、諭吉の生まれる五年ほど前に百助の差配によって建て替えられた。生まれて一八カ月の間、諭吉は確かにその同じ長屋で百助とともに生きていたはずだが、その記憶は諭吉にはない。それを補う思い出としてか、診察のため毎日訪問してくれる師洪庵に、諭吉は実の父の姿を重ね合わせていたのである。師洪庵の適切な見立てによって、四月にはどうやら快復したのであった。

## 野本真城と兄三之助の死

中津藩では江戸や大阪勤番の一任期は二年と決まっていた。三之助は嘉永七年八月着任であったから、安政三年の七月には離任して帰国する予定であった。が、年明けからの病気である。五月頃には三之助の病状も安定したので、妻子や諭吉とともに中津に戻ることになったのである。その年の暑い盛り、六月から七月にかけて、中津には順と五人の子供たちが全員揃《そろ》ったことになる。諭吉が長崎に旅立って以来二年半ぶりのことで、二人の息子の病気に気をもんでいた順もさぞや喜んだことであろう。六月一八日は父百助の二〇回忌にあたっていた。

三月に還暦を迎えていた野本真城が没したのは、たまたま福澤兄弟が帰省していた七月三日のことである。その時真城は四日市の郷校も辞して白岩（現・宇佐市院内町香下白岩）に引退していたが、三月一六日に近所の鷹栖《たかす》観音堂《かんのんどう》（大悲閣）で開かれた還暦の祝宴まではいたって元気であったから、その死はどうやら突然だったようである。兄弟の友人で真城の息子の野本三太郎が中津藩儒者格の家を継いでいたので、その知らせは約二〇キロ離れた中津まで直ちに届けられたことだろう。諭吉は愛弟子であった兄とともにその葬儀に出席したと思われる。

七月も下旬となり、いつまでも休んでいられない諭吉は、適塾への復帰を養父の中村術平に相談すると、大阪で蘭学修業を続けるなどもってのほか、というたいそうな剣幕である。それを何とか説き伏せて藩庁に願書を出すと、名目は蘭学修業ではだめで、西洋砲術修業としなければならない、という。適塾は蘭方医学の教育機関なのであるから、そこで砲術など学べるはずもない。とはいえつまらないことで藩庁ともめるのは得策ではない、ということで諭吉も折れ、「私儀大阪表《わたくしぎおおさかおもて》緒方洪庵のもとに砲術修業にまかりこしたい」（「医家に砲術修業の願書」の節）という願いを出して事なきを得たのだった。中津藩の公文書「留守日記」安政三年八月四日条に、中村諭吉に砲術修業のため一年間の大阪滞在を許可し三両を貸与する、という記録が残されている。

諭吉は八月中旬頃に大阪へ戻り、蔵屋敷の長屋に間借りして自炊生活を始めた。ところがその諭吉を追いかけるように兄三之助の訃報が届いたのである。自伝には、「ところがまた不幸な話で、九月十日ごろであったと思う、国から手紙が来て九月三日に兄が病死したから即刻帰って来いという急報」（「家兄の不幸再遊困難」の節）とある。当時の交通事情からいうと、大阪に手紙が到着したのが早すぎるようではあるが、ともかく諭吉は中津に戻ることになった。

## 福澤家の家督を相続

中津に帰り着いたのは九月下旬であったろうか。戻ってみればすでに葬式も済んだあとで、兄の位牌《いはい》と対面するばかりである。未亡人となった兄嫁の年《とし》は藤本元岱の妹で、従兄妹でもあった。姪の一《いち》は三歳であったから、百助と死に別れたときの諭吉と同じ年齢である。一もまた実の父の思い出を持たぬまま生きてゆく定めである。

若くして未亡人となった年《とし》は、喪明け早々に再婚することが決まっていた。そのとき諭吉が再び大阪に出れば母と幼い姪が残るばかりである。長男が亡くなってすぐで断腸の思いではあったろうが、母は、「兄が死んだけれども、死んだものはしかたがない。おまえもまたよそに出て死ぬかも知れぬが、死生《しにいき》のことはいっさい言うことなし。どこへでも出て行きなさい」(「母と直談」の節)と答えた。

そのとき福澤家には四〇両ほどの借金があった。兄の病気の治療代や勤番中の入費である。そこで母と相談の上、諭吉の名前の由来となった『上諭条例』を含む蔵書千五百冊と、天正祐定《てんしょうすけさだ》の脇差しその他の値のつく家財道具をいっさい売り払うことにしたのだった。刀や掛け軸などは城下の古道具屋で売却できるが、いかに値打ちがあるとはいえ書物はそれを使う人が限られている。そのとき援助してくれたのが、豊後臼杵《うすき》藩の儒者となっていた白石照山《しらいししょうざん》であった。臼杵は中津の南東約六〇キロに位置していたから、片道おおよそ一泊二日の行程であったろう。諭吉はそこに白石を訪ねて委細を説明し、百助の蔵書を臼杵藩に一五両で購入してもらうことになった。

大阪から中津に戻って二〇年、帰郷直後の苦しい時期でさえも頼母子講《たのもしこう》でしのいだ順は、夫百助の大切な形見である蔵書をこのとき手放したのである。夫百助は友人野本真城と同じ儒者となることを願いつつ、大阪の町々を歩き回っては、それらの書籍を集めたのだった。順は白石と同じく家塾で教えるしかなかった下士橋本浜右衛門の娘であった。彼女の手元には、亡夫が大切にしていた伊藤東涯《いとうとうがい》書き入れの『易経集註』一三冊が残るばかりである。

蘭学修業を続ける決意をした諭吉が中津を離れる段になって、百助形見の蔵書の売却を許したことから、自伝にはまったく触れられていない、順の諭吉に寄せていた希望とでもいうべきものが、ほの見えてくる。おそらく順は諭吉が、洋学者ではなく、儒学者になることを期待していたのである。

### 『ペル築城書』を書写する

蔵書の売却を決めたのと同じ頃、諭吉は福澤家から西に約一五〇メートルほどの中津城北門近くにあった奥平《おくだいら》壱岐《いき》の屋敷を訪ねている。長崎から戻っていた壱岐は、そこで入手したというオランダ語の築城書を諭吉に見せた。二三両もの大金を払って購入したというその『ペル築城書』を借りたいと申し出ると、意外にも壱岐は諭吉にそれを許したのであった。自伝には、それから二百頁ほどの本を一カ月以内に書写し終えた、とあるから、喪中の期間は慎んでいなければならない、という慣習を逆手にとって、自分の勉強を進めていたものとみえる。ただ、喪明けまでに完成させることはできなかったらしく、下士身分の勤めとしての門番の勤務も併せてすることになった。

写本完成の目処がついた一〇月下旬頃、正式に福澤家の家督を継いだ諭吉は、藩庁に大阪再遊の許可を願い出た。福澤諭吉となった以上故三之助の職務を引き継ぐのが筋ではあるが、藩はすでに八月に大阪での修学を認めていたためであろう、その継続を許した。

さて、無事に『ペル築城書』を写し終え、壱岐にその本を返却して大阪に戻ろうとしていた矢先、今度は母順が病気になってしまったのである。時期はおそらく一〇月末である。もともと頑健な体をもっていた順であったが、九月初めの長男の死から二カ月弱で今度は次男の出立である。やはり参ってしまったようだ。医者によれば回虫による病気でセメンシーナが妙薬だそうだが、田舎の薬店では入手し難くしかも高価であった。借金を払ったばかりなのでまとまった金もなかったが、とにかく薬代をひねり出してセメンシーナを買い求め、投薬の結果二週間ほどで母も快方に向かった。そして一一月の初め頃、ようやくいっさい片がついて、諭吉は大阪行きの船に乗り込んだのである。

中津藩蔵屋敷に着いた諭吉はその足で適塾に向かい、洪庵と面会してことの次第を洗いざらい話した。そして、『ペル築城書』について話が及ぶと、洪庵は、「そうかソレはちょいとの間に、けしからぬ悪いことをしたような、またよいことをしたようなことじゃ」などと言い、それから諭吉の健康の快復を祝ったのち、

「ソコデおまえは、いっさい聞いてみると、いかにしても学費のないということは明白にわかったから、わたしが世話をしてやりたいけれども、ほかの書生に対して、何かおまえ一人にひいきするようにあってはよくない。待て待て、その原書はおもしろい。ついてはおれがおまえに言いつけてこの原書を訳させると、こういうことにしよう。そのつもりでいなさい」

（「先生の大恩、緒方の食客となる」の節）

と諭吉に課題を与えたのだった。このようにして諭吉は適塾の内塾生（寄宿生）になったのである。

## 3　緒方の食客となる――安政四年（一八五七）

### 緒方の塾風

この頃の適塾については、諭吉より一年ばかり後に入門した広島出身の小川清介《おがわせいすけ》が、「老いのくりごと」という回想録を残していて、『福翁自伝』には書かれていない内塾生の生活が分かる。それによると、寄宿生たちは、八級から四級までの初学者が四〇畳敷の「大部屋」と一〇畳敷の「自然窟《しぜんくつ》」、三級から一級までの上級生が一〇畳敷の「清所《きよどころ》」の、計三つの部屋で寝起きしていたという。

自伝には安政三年（一八五六）一二月から翌四年二月までに起こった出来事は取り上げられていないようである。おそらく会読のための勉強や『ペル築城書』の翻訳に忙しくて、遊ぶ暇も金もない、という状況であったろう。諭吉はそれまでに長崎で一年、大阪で一年余り蘭学を学んでいたため、中津から戻ったときにはかなりの読解力がついていたと考えられる。内塾生となったときには、部屋は「清所」で、クラスも三級あたりだったのではないか。一月に六回会読に参加し、三カ月の間に出題された原文を滞りなく読解して上席を占めると昇級であるから、順調にいったとして、安政四年春に二級、夏に一級というのが最短というところである。一級の主席が塾長であるが、諭吉がその職に就いたのは安政四年の秋であった。

適塾内塾生になって後の、時期を確定できる最初のエピソードは、自伝の「黒田公の原書を写し取る」の節である。この話は重要なので、少し詳しく述べたい。

### 原書を写したのはいつか

従来の研究でも、福岡藩主黒《くろ》田《だ》長溥《ながひろ》が緒方洪庵に貸し出したワンダーベルトという物理書を、適塾生が二晩三日のうちにその主要な部分を書写して学問に役立てた、という話は、緒方の塾風をよく示す実例として重要視されてはいた。ところが黒田が八〇両もの大金を払って手に入れたというその本の正確な題名が分かっていなかったこともあり、そのもつ意味は十分には理解されてこなかったのである。ところがつい最近になってその書誌が明らかになったため、このエピソードに改めて光をあてる必要が生じてきた。

この話は「緒方の塾風」の章のうちでも最後の方に出てくるのであるが、「安政三年か四年」とあって、比較的早い時期のことであるようである。洪庵は黒田家のお出入り医として、参勤交代のおり大阪に宿泊するときに挨拶《あいさつ》に伺《うかが》うのが通例であった。そのときも洪庵は中之島白子島町（現・中之島三井ビル付近）の福岡藩蔵屋敷に行って、帰宅早々諭吉を呼んだ。何ごとかと思って行ってみると、洪庵は一冊の原書を出して見せて、「今日筑前屋敷に行ったら、こういう原書が黒田侯の手にはいったといって見せてくれられたから、ちょいと借りてきた」と言う。それはワンダーベルトという最新の英書をオランダ語に翻訳した物理書で、エレキテルのことが詳しく書いてあるようである。

そこにはファラデーの電気説を土台にして電池の製造法が出ているので、諭吉はいっぺんに魅入られてしまった。そこで、洪庵にいつまで拝借していられるかを尋ねると、出立は二日後であるという。諭吉が塾の方に持って行くと、塾生が集まってきて、それを写そうということになった。ただ千頁すべてを写すのは無理なので、最後のエレキテルの部分だけ、手分けしてすることになった。書籍を分解することが可能なら簡単に済むことだが、それはできない。そこで、原書を読み上げる者と、それを聞いて書き写す者とに分け、いずれかが疲れてきたら交代というしかたで、昼夜の別なく作業することにした。そして刻限までにおよそ百五六〇枚を、図の複写や読み合わせもぜんぶ済ませることができたのだった。

ここまでが自伝の伝えるエピソードの概略であるが、今述べたように、「安政三年か四年」とやや幅のある書き方となっている。とはいえ福岡藩主黒田長溥の大阪通行という手がかりによって時期を確定できる。すなわちこの参勤交代には侍医として洪庵の弟子武谷祐之《たけやゆうし》が随行していて、後に『南柯《なんか》一夢《いちむ》』（明治二六年［一八九三］）という回想記を書いているのだが、そこには安政四年（一八五七）三月、福岡藩大阪蔵屋敷での出来事として、「洪庵を召し診察を受られ西洋各国の事情御聴あり」とある。洪庵がワンダーベルトを借りたのはこの時であろう。

## ワンダーベルトとは何か

長らくつまびらかでなかったこのワンダーベルトが、Eerste grondbeginselen der natuurkunde（第三版・一八五四年刊）という本であることを突き止めたのは東田全義《ひがしだまさよし》であった（「ワンダーベルトと云ふ原書」『福澤手帖』一一三号）。ワンダーベルトとは書名ではなく、その作者名 Pieter van der Burg（一八〇八〜八九）に由来していたのである。適塾における原書の略称は、ズーフ・ハルマ・ウェーランドとみな作者名が使われていたのであった。

諭吉自身も二晩三日の間しか手にすることができず、「いよいよ今夕《こんせき》侯のご出立ときまり、わたしどもはその原書をなでくりまわし、まことに親にいとまごいをするように別れを惜しんで返したことがございました」というこの本は、その後の維新の混乱で黒田家にも見当たらなくなってしまった。「まことに因縁のある珍しい原書だから、その後たびたび今の黒田侯の方へ、ひょっとあの原書はなかろうかと問い合わせましたが、あっちでも混雑の際であったから、どうなったか見当たらぬという。惜しいことでございます」と諭吉も残念がっている。

諭吉は二度とその本を目にすることはできなかったが、彼が適塾を去った後の安政五年(一八五八)一一月に、洪庵は江戸にいた弟子の箕作秋坪《みつくりしゅうへい》を介して代金一〇両でワンダーベルトの注文をし、その本は翌安政六年一月に大阪まで届いている。また、後にも触れることになるが、嘉永三年(一八五〇)七月から同七年(一八五四)一月まで中津藩の軍事顧問をしていた佐久間象山《さくましょうざん》は、郷里の信州松代《まつしろ》で謹慎していた安政六年(一八五九)二月、弟子で親戚の幕臣勝海舟《かつかいしゅう》にワンダーベルトの入手を依頼し、同年冬にその本を精読している。どうやらこの時期、ワンダーベルトは日本中の蘭学者にとって注目の的だったようだ。

同じ本を慶應義塾図書館が所蔵しているというので、さっそく閲覧することにした。貴重書なので貸出もコピーもできないとのことで、諭吉たちが筆写してからちょうど一五〇年にして、私もその主要な部分を手で写すことになった。実物は黄土色の小型の本で、本文は全八〇八頁である。背表紙には、P. v. D. BURG, NATUURKUNDE と印字されている。Galvanismus(ガルバニ電気説)は六五五頁から巻末までで、彼らが写したと思われる頁数は全部で一五三頁分である。適塾生たちは行数まできっちり合わせて写本したようで、この頁数は諭吉が回想していた枚数と一致する。まさにプロフェッショナルの仕事といえよう。

内容については、電気に関する六五五頁から最初の三〇頁ほどがガルバニ電池の仕組みと製法、次の二〇頁が直流電流の電圧を測定する倍率器について、その次の二〇頁が電信システムの説明、そして七二三頁以降がモールス式電信機の仕組みと製法が美しい図入りで詳細に説明されている。

「ワンダーベルト」（慶應義塾図書館蔵）

**諭吉たちは電信機を作ろうとしていた**

このワンダーベルト原本と、自伝の「緒方の塾風」を照らし合わせると興味深いことが分かる。自伝の「黒田公の原書を写し取る」の直前にある、「工芸技術に熱心」の節でのいくつかの実験が、ワンダーベルトの記述に基づいているのである。

すなわち、「工芸技術に熱心」の節は、A塩酸・Bヨード・C塩酸アンモニア・D硫酸の四つの製造について触れていて、Aについては、できた塩酸に亜鉛を溶かしたものを鉄に流してメッキを試みて成功し、Bについては、海草からヨードを抽出しようとして失敗し、Cについては、どう砂（塩化アンモニウム）の製造の一過程として、アンモニア抽出には成功したものの、塩酸との化合にあたってあまりの臭気のために断念し、Dについては、製造には成功したものの、鶴田仙庵《つるたせんあん》がそれを茶碗に入れて棚の上に保存していたところ、間違って頭から被ってしまった、というエピソードが書かれている。

このうち、殺菌薬ヨードチンキを作るためのBは、蘭方医学塾の塾生として当然の実験である。それに対し、残りの医学とはあまり関係がなさそうなA・C・Dの三つは、ワンダーベルトの中にガルバニ電池の製造法として掲載されている実験なのである。そして、未だ電灯も電気モーターも開発されてはいなかった一八五〇年代の当時、ガルバニ電池を使った電気製品として実用化されていたのは、ただ一つ電信機だけなのであった。実際、ワンダーベルトの最後の八〇頁ほどは、モールス式電信機の仕組みと製作方法に割かれている。自伝にはぼかして書いてあるが、要するに、安政四年の初夏、適塾生たちは自分たちの力だけで電信機を作ろうと悪戦苦闘していたのである。

### 最新兵器としての電信機

黒田長溥が八〇両もの大金を払ってまで欲していた情報は、この電信機の製造法についてであったのであろう。すでに嘉永三年（一八五〇）頃、薩摩藩主島津斉彬《しまづなりあきら》が緒方洪庵と弟子の川本幸民《かわもとこうみん》にその研究を依頼したことがあったが、実現できないままになっていた。島津斉彬は蘭癖《らんぺき》（オランダ好き）で有名な重豪《しげひで》の曾孫であったが、島津家から福岡藩黒田家へ養子に入った長溥はその重豪の九男であった。薩摩藩の研究所「集成館」で電信機の開発が進められていることを、黒田は又甥（甥の息子）の斉彬から聞いていたのかもしれない。

ペリーが来航したとき、つとに海防の重要性を説いていた福岡藩主黒田は、現実的な策として、幕府に条件付きの開国を建白している（嘉永六年［一八五三］七月）。結果として幕府の採った方策は黒田案に近いものであった。また、佐賀藩は、藩立近代技術研究所である「精錬方《せいれんかた》」を拠点に、西洋式大砲・蒸気機関、さらに電信機の開発を進めていた。諭吉が山本家の書生をしていたときに接触した佐賀藩の関係者は、本島藤太夫ら精錬方の大砲製造担当者であったと思われる。

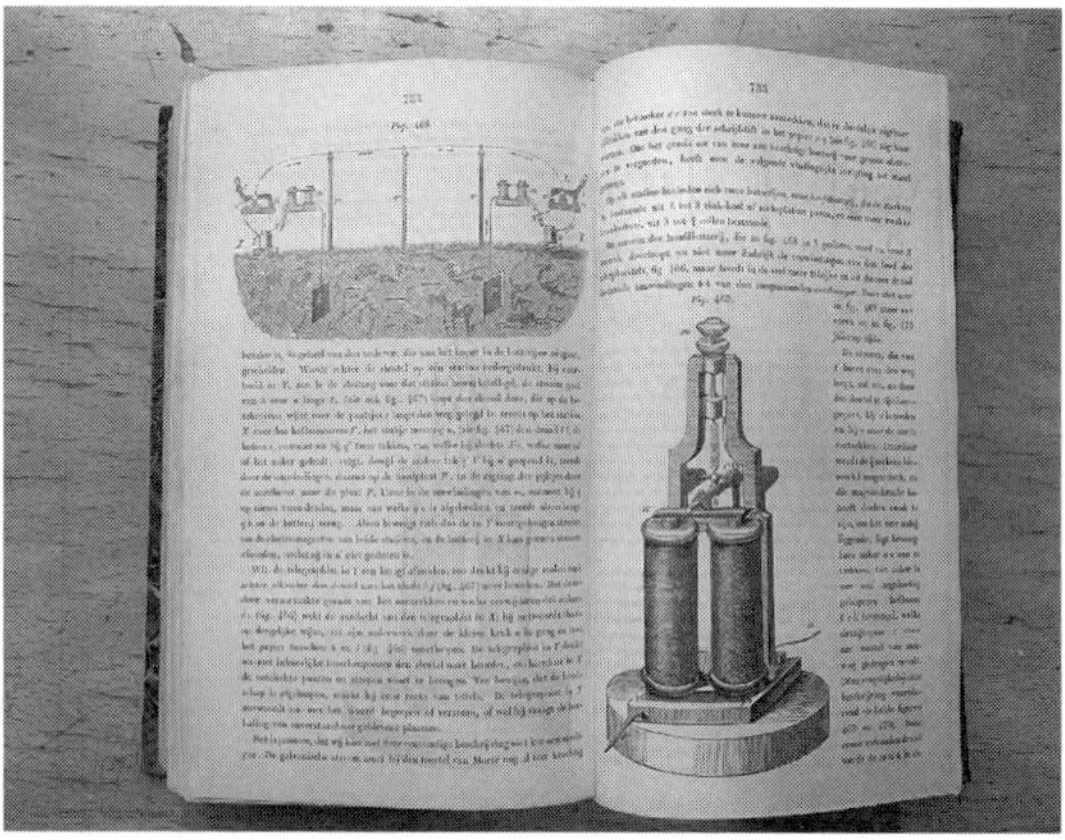

電信システムに関する挿絵（慶應義塾図書館蔵）

このようにしてみると、佐賀藩鍋島家と福岡藩黒田家が電信機の開発に血道をあげていたのは、単なる殿様の趣味のためではなかったことが分かる。江戸時代を通して佐賀藩と福岡藩は交代で長崎警護番を勤めていた。許可なく長崎港に立ち入ろうとする異国船を退去させるには、沿岸砲台相互や本陣（司令部）とを繋ぐ通信網が必要である。それまでは伝令や狼煙《のろし》がその役割を担っていたのだが、伝令は人馬以上の早さで情報を伝えることはできないし、狼煙では単純な信号しか送れない。電信技術はそれらの欠点を補って余りある当時最新のシステムであったのである。電信機はちょうどその頃ロシアとイギリスとの間で行われていたクリミア戦争において、最初に軍用通信として使われていた。

こうした蘭癖大名の系譜について一応押さえた上で、『福翁自伝』中の「工芸技術に熱心」にある、塩化アンモニウム製造のために臭気にもめげず悪戦苦闘する彼らの姿を想像するなら、それは決して興味のおもむくままの気楽な悪戯《いたずら》ではなく、おそらくは福岡藩主黒田長溥の依頼による、大真面目な最新技術器械の国産化実験であったことが分かる。

そうした努力も空しく、適塾生たちは電信機を製造できなかった。自伝において諭吉が本当は何をしようとしていたかを明かさなかったのは、結局その試みが失敗したプロジェクトになってしまったからなのだろう。福岡藩にとってライバルであった佐賀藩と薩摩藩が、自力での電信機の開発に成功したのは、この同じ安政四年のことであったと伝えられている。

## 諭吉の露悪趣味

自伝の「緒方の塾風」の章では夏の出来事が多く取り上げられている。諭吉が適塾で夏を過ごしたのは安政四年と五年の二回であるので、「塾生裸体」「裸体の奇談失策」「豚を殺す」「熊の解剖」「喧嘩の真似」「チボと呼ばれる」「料理茶屋の物を盗む」「難波橋《なんばはし》から小皿を投ず」といった節で語られている回想は、このいずれかの夏に起きたことである。どの話も他愛のないもので、屈託のない青春記ともいえる。こうしたエピソードを諭吉自身ほどに生き生きと記述することなどは不可能なので、お知りになりたい方はぜひ『福翁自伝』にあたってほしい。

とはいえ、夏場の適塾生は、褌《ふんどし》もつけない真っ裸だっただの、豚を淀川に沈めて殺しただの、因縁をつけて薬屋や医者を強請《ゆす》っただの、気晴らしに商家の前で喧嘩のまねをしただの、夜中に難波橋の上から飲み屋で盗んだ小皿を投げて、屋形船で三味線を弾いている芸者を驚かせただの、どうにも行儀がよろしくない。とかく成功者の自伝というのは、若い時の自分は傍若無人で、豪放磊落《ごうほうらいらく》さでは学友からも一目置かれた、さほど勉強もしなかったのに成績は非常によかった、などと書きがちなのであるが、諭吉の場合はそれに加えて露悪趣味が行き過ぎているようである。

これらの話は、嘘ではないだろうが、自伝をより面白くするために、ものごとを大仰に仕立てているように感じられる。先にも書いたように五日に一度は会読が巡ってくるのである。遊びに出かけたのは会読があった日の晩だけで、あとの四日は勉強に明け暮れていたのが真実だったのだろう。

## 諭吉塾長となる

安政四年の秋、それまで塾長を務めていた松下元芳《まつしたげんぽう》が、故郷久留米で開業するために去って、諭吉が後任の塾長となった。そのため、松下が登場する「弁天小僧」と「アンモニア製造の騒動」の二つの節は安政四年夏の話であることが分かる。この松下は非常にユニークな人物であったようだ。その後久留米藩の医師となり、江戸に詰めていた慶應二年（一八六六）六月から四年三月まで鉄砲洲の福澤塾で英語の勉強をしていた。久留米に戻ってからはあまり大きな仕事もできぬまま、明治二年（一八六九）に三九歳で没している。

その頃から急速に親しくなったのが、長与専斎《ながよせんさい》と松岡勇記《まつおかゆうき》の二人、さらに高橋順益《たかはしじゅんえき》・山田謙輔《やまだけんすけ》・手塚良庵《てづかりょうあん》らである。諭吉の迷信嫌いは「幼少の時」にもあったが、山田は蘭学者のくせに何ごとにつけて縁起を担ぐので、そのことを揶揄《やゆ》したという「御幣かつぎをひやかす」話がある。その中に、「いまの市川団十郎の親の海老蔵が道頓堀の芝居に出ているときで」という一節があるので調べてみると、七代目海老蔵は、道頓堀角《かど》の座に、安政四年の七・八月には「助六」で、翌五年の一・二月には「鼠小僧」で出ていることが分かった。諭吉も見たという海老蔵の芝居は「助六」か「鼠小僧」のいずれかとなろう。

また、漫画家手塚治虫《てづかおさむ》の先祖である良庵を「遊女のにせ手紙」でからかった話は、どうやら「難波橋から小皿を投ず」の後日談であるらしいので、安政四年秋の可能性が高い。「禁酒からたばこ」は、あるとき一念発起して禁酒した諭吉に、高橋順益が、「酒の代りにたばこを始めろ」と勧め、試みに吸い始めると今度は酒も飲みたくなって、結局禁酒も失敗してしまった、という話である。諭吉が安政四年の夏にも翌年の春にも酒を飲んでいることははっきりしているので、このエピソードも安政四年秋の出来事のようである。塾長就任を期に酒を断とうとしたのかもしれない。

## 4　条約勅許と将軍継嗣の二大問題——安政五年（一八五八）春

### 条約交渉協奏曲

自伝には大阪適塾での楽しい日常が綴《つづ》られているが、この頃江戸では、日米修好通商条約の締結を巡っててんてこ舞いの大騒ぎが始まっていた。それまで大きな影響力を有していた徳川斉昭が、安政四年夏の老中阿部正弘の死に伴って下野した結果、全面的な開国を意味する通商条約の締結への障碍《しょうがい》もなくなったかに見えた。ところが、あくまで攘夷を求めた在野の勢力は密かに策を練って、西洋諸国との交易を再開するというのは、内政問題ではなく外交問題であるから、新たに天皇の許可すなわち勅許《ちょっきょ》が必要だ、と言い出したのである。

年が明けた安政五年一月一二日、米国総領事ハリスと幕府全権井上清直《いのうえきよなお》との間で交渉が妥結した。老中首座堀田正睦《ほったまさよし》は勅許を得るため上洛し、宿舎の本能寺に入った。二月九日に参内するも、孝明天皇《こうめいてんのう》への目通りはかなわない。征夷大将軍徳川家定の名代とはいえ、従四位下侍従兼備中守《じゅしいげじじゅうけんびっちゅうのかみ》にすぎぬ堀田などと会う必要はない、というのである。

当時二八歳で在位一三年目の孝明天皇は、強硬な攘夷論者だった。そればかりか親藩の徳川斉昭・松平春嶽、外様の島津斉彬らと同様、開府以来二六〇年もの長きにわたって、政治が江戸城黒書院《くろしょいん》溜間詰《たまりのまづめ》の一部譜代大名によって牛耳《ぎゅうじ》られてきたことを、快く思ってはいなかったのである。老中首座って何でっしゃろ。そんなもん官位にはおまへん。そんなことより、肝心なときに征夷大将軍が征夷せんでどないするのや。私の想像する孝明天皇心中の声である。

正睦は京都所司代《きょうとしょしだい》を経ずに老中になった。堀田家からその職に就いた者は伯父正順《まさあり》だけだったが、それは正睦が生まれる前のことである。公家との交渉がこれほど難儀であったとは、何ごとも合理的に物事を処理してきたこの能吏には想像のできないことであったろう。下総《しもうさ》国佐倉藩一一万石の城主である彼は容姿の悪い男だった。素晴らしく明晰な頭脳を備えていたにも関わらず、外見は猪首《いくび》の上に饅頭《まんじゅう》のような頭が載っている、といった案配《あんばい》で、とても大名には見えなかったという。

京都の公家衆にとって、彼の所領である下総国などというのは夷狄《いてき》の地も同様であった。しかも堀田は関東の譜代大名には珍しく蘭癖《らんぺき》で知られていた。西洋の技術を藩政に役立てようとしていて、とくに現在まで残る順天堂《じゅんてんどう》医院は、彼の肝いりで創建された医学校である。そうした優れた実績でさえ、堀田は西洋贔屓《ひいき》で、何もかも向こうの言いなりだ、という根も葉もない噂となって、日米修好通商条約の勅許を得る、という大きな問題の解決を困難にさせていた。

**桃山から帰って火事場に働く**

老中首座が蘭癖ならば、適塾生は大蘭癖である。堀田正睦が京都で恥をかかされていたその頃、すぐ近所の大阪では、政治には何らの責任も負わない適塾生たちが花見に興じていた。「桃山から帰って火事場に働く」の節は、安政五年二月二五日夕方と日時を確定できる話である。そこには、適塾から東に六キロほど、京都の御所からは南西に四〇キロほど離れた稲田桃林（現・東大阪市稲田本町桃の里幼稚園付近）に花見に出かけ、その帰りしな、角《かど》の座を火元とする道頓堀《どうとんぼり》火災に遭遇して消火活動に協力したことが描かれている。自伝には長与専斎がちょうどそのとき芝居を見ていた、とあり、その演目はおそらく海老蔵の「鼠小僧」である。その日道頓堀は丸焼けになってしまったが、そうならなくともその公演が大阪での海老蔵の見納めなのであった。

洪庵の書簡によれば、諭吉は、その後三月中旬に、書籍と師匠の伝言を弟子の池田良輔に伝えるため和歌山まで出張している。おそらく塾長としての務めだったのだろう。この時期の諭吉の動静はわずかにこの洪庵の手紙によって知られるだけであるが、あくまで推測に留まるものの、安政五年三月二三日には大阪に来た福井藩士橋本左内《はしもとさない》と面会したようだ。

松平春嶽の腹心であった橋本左内は、薩摩藩士西郷隆盛らと連携して、徳川斉昭の息子である一橋家当主慶喜《よしのぶ》を将軍継嗣とするべく、諸藩や宮中にいた一橋派の糾合を図っていた。当初は和歌山藩主徳川家茂《いえもち》を推す南紀派であった堀田正睦でさえも、条約勅許のためには次期将軍は慶喜で、と考えを改めようとしていたが、それは彼らの裏工作があったからなのである。左内の京都における活動は表向きはただの物見遊山にすぎなかったから、幕府の目を欺くため、かつて学んだ大阪適塾まで足を延ばしたのである。左内の工作も結局失敗に終わり、四月には江戸に帰っている。

左内が去って後、四月上旬に、諭吉は家老となって江戸に赴任する途中の奥平壱岐と、一年半ぶりの面会を果たしたはずである。記録によれば壱岐の江戸到着は四月二一日なので、その月の初めには大阪を通過していなければならない。

自伝には、安政五年晩秋の江戸着任に際して、中津藩江戸鉄砲洲中屋敷の岡見彦三《おかみひこぞう》が大阪にいる諭吉をやっと捜し出したように書かれているが、そこには脚色があるように思われる。蔵屋敷留守居《るすい》も廻米方も、諭吉が適塾の塾長になっていることを知っていたはずである。江戸家老として着任途中の壱岐がすでに中津でその情報を得ていた可能性は高いし、大阪まで来て誰も教えないなどということがあったとしたら、それこそ奇妙な話である。端から見て諭吉は、ご家老様の長崎遊学に一年も仕えた忠実な部下以外の何者でもなかったからである。

## 井伊大老の登場

老中堀田は条約の勅許を得られないまま空しく江戸に戻ることになり、一方江戸では老中首座が不在であったのをよいことに、四月二三日、彦根藩主井伊直弼《いいなおすけ》（三五万石）が大老に就任するという政界の変動が起こっていた。それまで老中首座である堀田は京都にいたのであるから、在江戸の老中が首座の許しも得ないまま井伊を大老に推挙したことになる。その就任の手続きには瑕疵《かし》があった可能性がある。

江戸に戻った堀田を待ち受けていたのは、老中の罷免《ひめん》と事実上の隠居であった。条約勅許が果たされなかったのだから仕方のないこととはいえ、たとえ上洛したのが井伊だったとしても、結果は同じであったろう。誰にもできぬことができなかったからといって辛くあたるのは、正しいあり方とはいえない。しかし、その時点ですでに幕府は余裕を失っていた。ことは外交問題である。約束を果たさねば、政府としての正統性への疑念を、条約締結国に抱かせることになる。

井伊大老のその後の行動は果敢であった。六月一九日、江戸湾に停泊中の米艦上で、日米修好通商条約および貿易章程の調印式が行われた。勅許もないまま条約を結んだことで、当然に尊王派は憤激し、以後は外敵を打ち払うという意味の「攘夷」を標榜してテロリズムも辞さない集団へと変質して行くことになる。六月二四日、水戸前藩主徳川斉昭、現藩主徳川慶篤《よしあつ》、名古屋藩主徳川慶勝《よしかつ》は突如登城して、条約締結について井伊大老を糾問、さらに将軍継嗣として一橋家当主徳川慶喜を推挙した。

条約はすでに結ばれてもはやどうすることもできない。将軍継嗣については、病弱な一三代将軍家定には実子がいなかったため、早くから一橋（徳川）慶喜と和歌山藩主徳川家茂が競っていたが、慶喜が阿部正弘の病没後放逐された斉昭の実子とあっては、すでに望み薄であった。家定と家茂は年齢こそ二二歳も違っていたが、ともに一一代将軍家斉《いえなり》の孫すなわち従兄弟であったのに対し、同じ徳川家を名乗っているとはいうものの、家定と慶喜との血縁など無いも同然であった。南紀派の首魁井伊大老はもとより、それまでの安泰を築いてきたと自負する溜間詰《たまりのまづめ》の譜代大名も、そして何より現職将軍が家茂を推していたのである。

# 第四章　大阪を去って江戸に行く

## 1　大獄のさなか、江戸に向かう――安政五年（一八五八）秋

### 内憂と外患

大老井伊《いい》直弼《なおすけ》による尊王派の排斥が開始されようとしていた。尊王派とは、狭義には前水戸藩主徳川斉昭の尊王攘夷思想に共鳴する人々の集団を意味していたが、より広くは、阿部正弘時代に登用された、親藩の福井藩主松平春嶽《しゅんがく》、外様である薩摩藩主島津斉彬《なりあきら》らの、藩軍を西洋式に換えることで海防を強化し、もって西洋諸国との条約交渉を有利に展開するべきだ、という考えに共感する人々も含んでいた。彼らは尊王を標榜していたわけではなかったが、将軍継嗣については必ず一橋派であった。この広義の尊王派は、軍事力の十分な裏付けがないままに結ばれた通商条約は、必ず日本にとって不利な条約にならざるをえないことをよく理解していたのである。

一方条約締結に積極的であった井伊大老とて、その危険性を認識してはいたのである。彼は不平等

な条約を結ぶことによる不利益よりも、拒否した場合に起こるかもしれない軍事衝突によって、結果として日本が独立国としての当事者能力を失ってしまうことを恐れていたのである。

内紛につけこんで植民地化を進めるというのは西洋諸国の常套手段であった。二年前の安政三年(一八五六)の秋にアロー号事件をきっかけにして開始された第二次アヘン戦争は、日米修好通商条約が締結された六月一九日の一カ月ほど前に、清国とロシア・アメリカ・イギリス・フランスとの間に結ばれた天津《てんしん》条約によって終結していた。天津条約で約束させられた賠償金支払いの義務が含まれていないだけ日米修好通商条約はましといえた。

また、前年の安政四年初夏に現地人傭兵《ようへい》セポイの反乱として始まったインド独立戦争は、結局当初の目的とは逆に、ムガール帝国の滅亡という結果をもたらしていた。イギリスがインド統治法を公布してその直接支配に乗り出したのは、日米修好通商条約調印四日後の和暦六月二三日のことで、海防参与を辞していた徳川斉昭らが慶喜の擁立を図って無許可登城する前日にあたっている。

古来日本にとって、世界とは、天竺《てんじく》(インド)・中華(中国)・本朝(日本)の三つの地域で成り立っていた。一六世紀になるまで、その外側にヨーロッパがあるなど、一般の日本人は意識したこともなかったのである。ところが、一九世紀中葉のその時期、「天竺」はとうとうイギリスの直轄領となり、「中華」もまた西洋諸国の支配下に入りつつある。昔ながらの日本人にとって、伝統的な世界はどんどん狭くなっていたのである。井伊ら幕閣は、そのとき下野していた斉昭らよりも世界情勢をよく知っていた。アメリカ側はそうした状況を引き合いに出しながら日々条約締結を迫ったからである。調印はやむを得ぬとしたものの、日本の置かれた危機的状況に鑑みて、井伊は、権力の集中が何より必要だと考えたのであった。

井伊は大老として、自らに実権があることを天下に示さねばならなくなった。徳川斉昭・慶勝らは無許可登城の不届きをもって七月五日に処罰を受けることとなったが、計らずもその翌六日、三五歳の将軍家定が亡くなったのである。さらに悪いときには悪いことが重なる。その一〇日後の一六日には、五〇歳の薩摩藩主島津斉彬が国元で死去する、という双方にとって手痛い打撃があった。斉彬の死は尊王派にとっての損失であるばかりではなく、井伊ら幕閣としても、対立を深めつつあった水戸藩との貴重な調停役を失うことを意味していたからである。

それればかりではない。時を同じくして疫病コレラの大流行という極め付きの災厄が日本中に広まりつつあった。そのコレラも、もとはといえば五月に長崎に入港したアメリカ海軍のフリゲート艦ミシシッピ号が感染源というのだから、外交問題としての外患が、国内に本物の患者を作ってしまったことになる。

## 中津藩江戸屋敷からの招請

自伝には江戸からの呼び出しが何時あったかについての記述がない。安政五年のこととして、「同年江戸の奥平の邸《やしき》から、ご用があるから来いといって、わたしを呼びに来た」（「江戸出府の藩命」の節）とあるばかりである。その後中津に「コレラのまっ盛り」のとき帰って、母順はじめ親類縁者に暇乞《いとまご》いをし、それから大阪から江戸に向かったのが一〇月下旬とあるため、おおよそ九月頃ではないか、との印象を受ける書き方となっている。

松木弘安（寺島宗則）
（『甦る幕末』より）

この点については、後年発見された一一月二二日付書簡の中に「十月中旬着府」とあって、移動は全体に半月ほど繰り上げられるようである。自伝には江戸定府の上士岡見彦三が、もともと「どうかして江戸の藩邸に蘭学の塾を開きたい」という願望をもっていて、その熱意が藩を動かしたように書いてある。あるいは江戸に着いた諭吉が初対面の岡見からそのような話を聞いたのかもしれない。しかし、伝記以外の史料を検討するならば、諭吉の江戸招請は、岡見の個人的な希望よりもむしろ藩の都合によると見るほうが適当である。

そもそも中津藩の鉄砲洲中屋敷内の蘭学校は、たとえ特定の名称では呼ばれていなかったにせよ、諭吉の着任前から存在はしていたのである。自伝にも、「その前、松木弘安《まつきこうあん》、杉亭二《すぎこうじ》というような学者を雇うていたようなわけで」と書いてある。その学校で杉が教えたのは嘉永六年（一八五三）のことで、『杉亭二自叙伝』には、「奥平では月二両の手当で、一軒の宅を与へられ、一僕を置いて、ここに居住し、邸内の若い人に蘭学を教へた」（二二頁）とある。杉は嘉永六年中には去ってしまい、松木はその二年後の安政二年（一八五五）一〇月から安政四年三月まで授業を受け持っていたが、薩摩藩の侍医であったため、主君島津斉彬に従って同年四月に帰国してしまった。なお、この松木弘安とは、後年の外務卿寺島宗則《てらじまむねのり》のことである。

すでに書いたように、大阪で砲術修行を行う旨の届けは、江戸着任二年前の安政三年八月四日に中津藩庁に提出されている。藩としては、たとえ蘭方医学塾に在籍しているにせよ、諭吉は砲術を修得するために大阪にいる、というのが公式の見解である。「わたしが大阪にいることがわかったものだから」というのは岡見にとってはそうかもしれないが、江戸家老奥平壱岐にとっては周知の事実なのであった。中津藩では人事異動を八月を起点として二年単位で行っていた。その年季がきた諭吉に、壱岐を中心とする藩首脳は、次の任地として江戸を指定した可能性が高い。彼らはすでに江戸にいた洪庵門下生布野雲平《ふのうんぺい》も招請した模様である。

### 大阪から江戸へ

安政五年九月初め、諭吉は適塾を辞し、コレラ真っ盛りの中津に帰省した。それは母に出仕を報告するためでもあった。その後江戸に向かう途中大阪に立ち寄ったのは、おそらく九月の下旬である。中津藩庁は江戸での公務を果たすにあたって家来分の旅費も用意してくれたので、安芸国出身の適塾生岡本周吉（後の古川節蔵）を連れて行くことになった。それからもう一人、備中出身の原田磊蔵《はらだらいぞう》も江戸に行きたいというので、結局同行三人となった。盛夏から初秋にかけて猛威を奮ったコレラも、その後秋の深まりとともに治まりつつあった。

伝記はこの時期の政治状況にまったく触れていないため、気楽な旅のような印象を受けてしまうが、実際は違う。六月一九日の日米修好通商条約調印をきっかけにした一連の出来事は、コレラとも相まって幕府内の政治的葛藤を起こし、さらにそのことが人心を動揺させていた。将軍家定の死（七月六日）を公にするのは市中の混乱に拍車をかけると判断した井伊ら幕閣は、その公表を八月八日まで遅らせた。

ところがこの八月八日には、朝廷が水戸藩に直接勅諚《ちょくじょう》を遣わすという、江戸幕府開府以来の名分《めいぶん》を揺るがす大事件が発生してしまったのである。その内容は、違勅調印と徳川斉昭・慶篤・慶勝の処罰について、幕府を批判するものであった。たとえ御三家の一つといえども、水戸藩は本来将軍の家来筋にすぎない。朝廷からの命令は必ず将軍を通すというのが鉄則である。ところが、その勅諚は幕府だけではなく朝廷にとって陪臣《ばいしん》である水戸藩主徳川慶篤《よしあつ》にも下されたのである。孝明天皇は幕府が勅諚を秘匿してしまうのではないかと恐れ、諸藩へのその伝達を水戸藩に命じたのであった。当然に水戸の人々は感激した。

水戸藩主は「天下の副将軍」と俗称されている。それは、参勤交代を義務づけられた和歌山藩紀伊家や名古屋藩尾張家とは違い、水戸家の当主は常に江戸にいて、将軍に不測の事態が生じた場合にいつでも将軍職を代行できるようにするため、とされていた。勅諚がもたらされた八月八日は一三代将軍家定の死が公表された発喪《はつも》の当日であった。和歌山藩主徳川家茂が正式に一四代将軍となるのは、喪が明けた一〇月二五日のことである。

つまりこの期間将軍職は空位で、水戸藩主がその職を代行しているという解釈も可能なわけである。将軍あっての幕閣であり、大老である。存在しない将軍を補佐することなどできぬ、と水戸藩内の尊王攘夷派は、井伊大老の権力には正統な根拠がない、と考えた。将軍職臨時代行は我が君徳川慶篤公であり、朝廷は勅諚をただの水戸藩主にではなく、真の征夷大将軍に遣わしたのである、と。それはそれで一つの名分論ではある。

## 安政の大獄始まる

一方井伊直弼らはまったく別のことを考えていた。彼らは将軍家定の死が徳川斉昭の差し金ではないかと疑っていたのである。いかに病弱とはいえ、斉昭らを処罰した翌日に将軍が死ぬなど話が出来過ぎている。勅諚も水戸家が無理に出させたものではないか。井伊大老と、腹心である老中間部詮勝《まなべあきかつ》や京都所司代酒井忠義《さかいただよし》は、水戸藩を中心とするクーデタ勃発の危険が高まりつつあるのを感じていた。その場合水戸藩に与《くみ》する恐れがあったのは、阿部政権で重用され、その後排除された福井藩と薩摩藩を筆頭に、斉昭の実子が藩主を務める鳥取藩であった。井伊らは焦った。尊王攘夷派が結集し内戦に突入ということになれば、収拾のつかない状態になるかもしれぬ。要注意人物をリストアップした彼らは、九月七日、京都での小浜《おばま》浪士梅田雲浜《うめだうんぴん》の逮捕を皮切りに、核になりそうな人々の摘発に踏み切った。安政の大獄の始まりである。

諭吉が、大阪から中津、さらに中津から大阪を経て江戸に旅していた安政五年九月初旬から一〇月中旬にかけてというのは、幕吏による尊王攘夷派の逮捕が続出していた時期だったのである。立ち寄った宿場ごとに、厳しい宿改めがあったはずだ。諭吉らの思想信条は尊王攘夷とは対極といえたから、取り締まりを受けるいわれはない。とはいえ、大阪から江戸に向かう若侍三人組というのは、幕府の役人からは疑いの目を向けられるような人物像ではある。諭吉のもつ中津藩の公用書類、そして彼の中津弁と岡本の広島弁や原田の播磨《はりま》弁が、嫌疑を解く決め手となったであろう。役人たちは水戸弁や薩摩弁を話す者を追っていたのである。

窮地に陥った水戸藩への支援を一橋派の西国諸藩に求めるため、同藩士関鉄之介《せきてつのすけ》らが江戸を発したのは一〇月一一日のことであった。一年半後の桜田門外の変で井伊大老襲撃の指揮をとることになる彼は、翌安政六年二月二三日の江戸への帰着まで、詳細な日記『西海転蓬日録《せいかいてんほうにちろく》』を記している。福井藩・鳥取藩・長州藩などの尊王攘夷派と連絡をつけた彼は、井伊を排除しさえすれば一橋派がまた勢力を盛り返して攘夷の正道を実現することができる、との確信を抱いたのだった。

一方、攘夷よりも開国こそが日本のとるべき道だという信念をもつ諭吉たち三人が江戸に到着したのは、一〇月中旬のことであった。残念ながらその日付を確定することはできない。いずれにせよ関一行が出発して間もなくのことで、後の洋学の大家福澤諭吉と維新の志士関鉄之介は、江戸近郊のどこかの街道筋ですれ違った可能性がある。

## 2　慶應義塾以前——安政五年（一八五八）冬

中津には中津、大阪には大阪の物語があるように、江戸には江戸の物語がある。

### 中津藩鉄砲洲中屋敷

安政五年一〇月の中旬に江戸に着いた諭吉は、まずはその足で木挽町汐留《こびきちょうしおどめ》の中津藩上屋敷に出頭した。そこは中央区銀座八丁目にあたり、現在は銀座郵便局が建っている場所である。上屋敷は正室や嗣子《しし》の住まいにして、参勤した主君の宿泊する屋敷であるから、造作も豪華にできている。江戸家老奥平壱岐の御用部屋もそこにあるのだが、壱岐は七月二日に主君昌服《まさもと》が江戸城大手門警備を仰せつかったため、それに付随する仕事に忙殺されていたはずである。何しろ安政の大獄が始まっていて、水戸浪士が外桜田の井伊家上屋敷に討ち入るとの噂がたっていた。担当箇所の大手門前でことでも起こされては大変である。

上屋敷の者から、鉄砲洲の中屋敷に長屋があるのでそこを貸す、といわれて、汐留の東一キロほどに位置する明石町まで行くことになる。そこは現在の聖路加《せいろか》国際病院とほぼ重なる百メートル四方の敷地である。今はあかつき公園となっている南側は、築地本願寺を囲んで掘られた築地川の一部で道路はなかったため、正門は看護大学と病院を東西に分けている道に設けられていた。

門をくぐると右手の築地川に近いほうに御殿、川に面して釣殿、そして敷地北側に当たる左手の奥に二階建ての長屋があった。この長屋は東隣の旗本榊原《さかきばら》家との境の塀に沿って建てられていて、南北五五メートル、東西（奥行き）七メートルほど、尺貫法でいうと三〇間四間の規模であった。一軒あたり間口二間奥行き四間の一五軒長屋で、一階の入口脇が三畳の台所、その奥に六畳の座敷、突き当たりが縁側と便所、二階が一五畳ほどの座敷である。この上下合計約一六坪（五〇平米強）が慶應義塾の出発点ということになる。現在ならさしずめ、集合住宅の一部屋を借りて始められた小さな学習塾、というところであろう。

諭吉が安政五年一〇月何日から授業を始めたのか、その時の最初の塾生は誰であったのか、またどのようなカリキュラムであったのか、詳しいことは何も分かっていない。翌安政六年に弟子入りした足立寛《あだちかん》（後年の軍医監・陸軍少将相当）は、当初桂川甫周《かつらがわほしゅう》のところで蘭学を習っていたが、諭吉が大阪

から出てきたという評判を聞いて鉄砲洲まで出向き、弟子入りを申し込んだところ、

其（長屋の）二階には岡本周吉（古川節蔵）、山口良蔵などいふ元緒方塾に居た者等が七八人出入してをりました。下の六畳の間には畳が三畳敷いてあつて、二畳の所に先生が座つて、片隅の一畳に私が居りました。

（『福澤諭吉伝』第一巻二二六頁）

と述べている。

諭吉の前任者でしかも同じ適塾の出身でもある杉亨二は、嘉永六年（一八五三）のことを、使ったのは「ガランマチカとセーンタキスで、以前は写したものだが此時分には版になつた、それから又物理学の本などを教へた」（『杉亨二自叙伝』二二頁）と回想していて、六年の間にずいぶん様子が違ってきたようである。つまり当初のオランダ語の入門塾は、諭吉によって翻訳工房のような役割に変化した、ということである。彼には、初学者向けの蘭語塾は他にもあるのだから、入門者を絞り、もっと水準の高いことを目指したい、という願望があったのではなかろうか。

### 江戸佐久間象山門下

話は九年ばかり遡る。諭吉が塾を開くに至る遠因となったのは、先にも触れた嘉永二年（一八四九）一二月の老中首座阿部正弘による海防通達であった。翌三年二月に布告されたその通達の施行細則は、日本国民は一致団結して外国からの侵略を防ぐべきことを説き、そのために諸藩が自ら海防の策を建て、研究し実行に移すことを要求している。この海

防通達とその細則は献金を募るために中津城下でも周知されたらしく、町方からの寄付金や鉄砲の献納が相次いだという。

この通達によってであろうか、奥平壱岐や諭吉の師匠である野本真城《のもとしんじょう》は、嘉永三年（一八五〇）に先にも触れた「海防論」を著している。その内容は、移動できない沿岸砲台は国防上不利であるから、西洋式砲艦を大量に建造するべきである、というものであった。そして、自分自身でより影響力のある人物に知らせたいと考えた真城は、嘉永四年（一八五一）二月に五五歳にして江戸に赴《おもむ》き、同年三月一五日、徳川斉昭が謹慎していた駒込の水戸藩中屋敷（現・東京大学農学部）の門前に立って、老公との面会を求めたのである。

斉昭が阿部正弘によって処罰を解かれ、海防参与となるのは二年後のペリー来航がきっかけである。面識もない一介の儒学者との目通りに、未だ謹慎中の斉昭が応じるはずもない。もとより真城とて、それは承知していたであろう。水戸老公に面会を求めるというのは、豊前の老儒者が江戸に出るための名目にすぎなかった、と私は考える。おそらく真城は鉄砲洲のご隠居、かつての主君奥平昌高《まさたか》と直談判して、自らの「海防論」を藩政に反映させたかったのである。

実際の中津藩政は、真城の予想よりも早く展開していた。海防通達によって藩は西洋砲術の導入の必要性を感じ、通達から約半年後の嘉永三年（一八五〇）七月、江川英龍門下の砲術家である信濃国松代藩士佐久間象山《さくましょうざん》を軍事顧問として採用していたのである。その時の世話人は、江戸詰の軍学者島津良介《しまづりょうすけ》を中心として、良介の跡取りである島津文三郎《ぶんさぶろう》、さらに岡見彦三・土岐太郎八《ときたろはち》らであった。

諭吉はその八年後岡見の周旋で江戸に着任し、さらにその二年後島津夫妻の媒酌のもと土岐の娘と結婚することになる。

西洋式砲艦を建造することは中津藩には荷が重い。また譜代の奥平家としては、幕府の疑念を招くこともできかねる。しかし西洋砲術の軍事教練ならば、経費を捻出するのも可能とされたのであろう。中津藩の厚遇もあって、象山は、嘉永三年から六年までの四年間、二本榎（現・高輪）の下屋敷において藩兵の指導を行った。象山の門人帳『及門録《きゅうもんろく》』に見える中津藩士の姓名は島津・岡見のほか、古田権次郎・横山犀蔵など百人近くにも上る。

### 勝海舟・吉田松陰・橋本左内は同門

そればかりではない。江戸最高の砲術家ということで、『及門録』には驚くような名前が並んでいる。嘉永二年以来の入門順に列挙するならば、木村軍太郎（佐倉藩）・山本覚馬《かくま》（会津藩）・勝海舟《かつかいしゅう》（幕臣）・津田《つだ》真道《まみち》（津山藩）・小林虎三郎（長岡藩）・吉田《よしだ》松陰《しょういん》（長州藩）・加藤弘之（出石藩）・河井《かわい》継之助《つぎのすけ》（長岡藩）・橋本《はしもと》左内《さない》（福井藩）などである。

象山は、嘉永四年（一八五一）六月から嘉永七年（一八五四）四月まで木挽《こびき》町五丁目（現・銀座六丁目）で塾を開いていた。中津藩士にとってそこは上屋敷の真北二百メートル、中屋敷の西一キロとごく近所である。江戸時代の武士は数日に一回の勤務しかなかったから、岡見彦三・島津文三郎らが象山の塾に行く時間は十分にあったはずだ。それは海舟や松陰、さらに左内にとっても同じことで、要するに彼らは、砲術を通して、諭吉が江戸に来る七・八年前からの知り合いであったのである。

象山の書簡によれば、嘉永四年には月に三度づつ中津藩下屋敷に出向いて教練を担当している。その成果について触れた嘉永五年三月一八日付竹村金吾宛書簡の一部を、現代語訳してみる。

先日二本榎《にほんえのき》の下屋敷での稽古《けいこ》日のことでした。島津良介という兵学者に私は、「以前、戦場でどのような状況でも対応できるように訓練いたしましょう、と約束しましたが、その成果をお見せできるまでになりました、お好みのままに指揮して下さい」と申し上げたところ、島津は他の兵学者と相談の上、さまざまな命令を発しました。すると中津藩兵は指揮に従ってきびきびと自由自在に隊形を変えることができたので、島津をはじめその藩の指導者たちは教官である私に感謝しました。ただ惜しいのは、隊の総勢が百人にも満たない少人数であることです。（『象山全集』第四巻六九頁）

翌嘉永六年（一八五三）四月一五日、島津良介の倅文三郎は、象山から「西洋三兵法術真伝免許状《せいようさんぺいほうじゅつしんでんめんきょじょう》」を授与されている。島津は歩兵法・騎兵法・砲兵法を完全に修得した、ということである。

象山は、嘉永六年六月のペリー来航に際して、松代藩上層部に出兵の建議をしたため、かえって疎まれることになった。松代藩から塾を閉鎖せよ、という通達が出されたのは六月二四日のことである。さらに翌嘉永七年三月には、吉田松陰のアメリカ密航未遂事件に手を貸したかどで幕府によって逮捕され、九月には国元での蟄居《ちっきょ》を命じられて江戸を去ることになった。

その頃杉田成卿《すぎたせいきょう》（玄白の孫）の塾にいた杉亭二は、象山門下生でもある友人下国殿母《しもくにとのも》（松前藩）に岡見彦三を紹介されたことが、鉄砲洲中屋敷で教えるきっかけになった、と述べている。岡見が砲術だけではなく蘭学も学んでいる下国に、蘭学教師の周旋を依頼したようだ。蘭方医の杉には西洋砲術の知識はないものの、岡見は、象山の塾の閉鎖後、同じ門下生の島津や古田権次郎《ふるたごんじろう》らと協力して原典を読もうとしたのではなかろうか。せっかく引き上げた中津藩兵の練度を落とさないようにするためには、西洋最新の軍事知識を身につけておく必要があったからである。

## 『ペル築城書』の翻訳

このような次第で、安政五年（一八五八）一〇月中旬に諭吉が着任したとき、中津藩から求められたのは、オランダ語の教育というよりもむしろ軍事書原典の翻訳にあったと推測できる。彼はなにより砲術の専門家として扱われた。それゆえに中屋敷に来ていたのはすでに蘭学を修めた適塾出身者が主で、諭吉の弟子となりたいというような人ばかりではなかったのである。そこでいったい何を訳していたのか、については、その後諭吉が出版した翻訳書のリストが参考になる。

すなわち、ライフル銃の取り扱いを説明した『雷銃操法《らいじゅうそうほう》』三巻（慶應二年［一八六六］～明治三年［一八七〇］）、歩兵マニュアルである『兵士懐中便覧《へいしかいちゅうびんらん》』（慶應四年［一八六八］）、陸軍部隊の運用方法全般について解説した『洋兵明鑑《ようへいめいかん》』五巻（明治二年［一八六九］）の三つが軍事関連のものとして確認できる。このうち『雷銃操法』巻之二・三と『洋兵明鑑』が熊本藩の、また『兵士懐中便覧』が仙台藩の依頼による仕事であることが明らかとなっている。明治維新後の出版とはいえ、明治四年の廃藩置県より前であるから、各藩とも自前で軍隊を養成しなければならなかった時代の翻訳である。

ただ、いずれも英語から訳されたものなので、足立が安政六年に手伝ったというオランダ語の本ではない。藩内かぎりということで出版されなかったテキストでもあるのか、あるいは『ペル築城書』であったのかもしれない。それというのも、自伝にはそれを適塾にいた安政四年頃に訳し終わっていたように書いてあるのだが、実際の完成は江戸に移って四カ月後の安政六年二月だと、後になって明らかになったのである。

従来まで、『ペル築城書』は、諭吉が安政三年冬に奥平壱岐から借りて盗み写し、適塾で翻訳を終えてからも原本訳書ともに江戸に持ってきて、そこで砲術家に見せるだけにしていたが、初期の塾生である米村鉄太郎が兵学を学んでいたので、伊勢の津藩に帰省するときに欲しいというので贈呈した、明治一四年（一八八一）になって米村の所在が判明したので、連絡をとって返却してもらった、ととされてきた。『福翁百余話』の「貧書生の苦界」（全⑥四二〇頁）にそう書いてある。ところが、中津の郷土史家稲葉倉吉が『ペル築城書』の写本『経始概略』を所持していて、そこに『ペル築城書』にはない「例言」が付されていたことから、かってきた。

その一つが「例言」中の、「去年の秋曾君《そくん》より洋学に従事せよとの命有りて、江都《こうと》に召され十月邸に至り乃ち復《ま》た旧業を継ぐ。今年二月始めて脱稿するを得たり」という部分で、どうやら『経始概略』は、福澤塾の最初の仕事として、安政六年二月に江戸家老奥平壱岐に提出されたものらしい。つまり壱岐は『ペル築城書』を盗み写されたことを知っていた、ということである。

さて、米村に譲られるまで『ペル築城書』の自筆訳は諭吉の手元にあったわけだが、『福翁百余話』（全⑥四二四頁）にはその間に江戸の砲術家に見せた、とある。

## 砲術家大鳥圭介

この砲術家とは大鳥圭介《おおとりけいすけ》のことである。日清戦争開戦時の特命全権公使にして枢密顧問官《すうみつこもんかん》となる大鳥も、当時は芝新銭座にあった江川太郎左衛門英敏《ひでとし》の砲術塾・縄武館《じょうぶかん》の二八歳の教師であった。岡山出身で諭吉より二歳年長の大鳥は、適塾の三年先輩でもある。江戸に来た諭吉はこの先輩にも挨拶しに行ったのだ。なお、『ペル築城書』を参考にして訳された大鳥の『築城典刑』は翌万延元年（一八六〇）に出版されているが、日本の活版印刷として最初期のものであるとされている。

明治政府の顕官になっている大鳥の幕府任用時代のことを書くのがはばかられたのであろうか、自伝では大鳥圭介について一言も触れていない。出府当初に江戸の蘭学研究者と面会したことは、安政五年一一月二二日付の書簡にもある。この書簡は江戸藩邸への着任を適塾の学友に知らせたもので、宛先は分からないものの、全体の調子から大村益次郎と同じ長州の出身者ではないかという印象がもたれる。そうだとすると宛先として大村と同郷の松岡勇記が浮かび上がってくる。

ただ、安政の大獄が進行中に書かれた手紙であるということを勘案すると、単なる着任の挨拶なのかどうか疑問が残る。諭吉が原文で「江戸之人物」と書いている人の範囲が適塾関係者だとするならば、ちょうどその頃彼らにとって身近な人物が逮捕されていたのである。それは福井藩士橋本左内である。

## 橋本左内の逮捕

越前公とも称される松平家が治める親藩であるから、福井藩の格式は高く、その上屋敷は大手町にあった。現在の地下鉄丸の内線大手町駅付近である。安政五年春の上方での徳川慶喜擁立工作に失敗した左内は、隠居謹慎中の主君松平春嶽《しゅんがく》の汚名をすすぐべく策を練っていたのであったが、九月七日に京都で逮捕された小浜浪士梅田雲浜《うめだうんぴん》らの自白により一橋派の一員であることが露見、一〇月二二日に北町奉行所与力の尋問を受けることになったのである。なお、北町奉行所は福井藩上屋敷の真南二百メートル、現在の東京駅丸の内北口付近にあった。

左内の逮捕前に諭吉が福井藩邸を訪れたかどうかは分からない。鉄砲洲からは北西に約二キロの距離であるから、行くのは簡単である。左内の政治工作への従事を知らなかった諭吉が、三月末の適塾来訪の答礼のつもりで到着早々に出かけた可能性はあると思う。一〇月二二日の取り調べで、左内が所持していた京都の風聞書《ふうぶんしょ》が大鳥圭介のものだということが明らかになっている。左内も大鳥も適塾の出身者で、諭吉は最近そこから出府してきたのである。諭吉に疑いの目が向けられたとしても不思議ではない。

橋本左内
（『橋本景岳全集』より）

諭吉が奉行所の尋問を受けたかどうかはともかく、左内の逮捕によって、井伊大老の決意が並々ならぬものであることを改めて認識したはずだ。それから間もなく書かれた手紙は、故にその安政の大獄が進行中という政治状況を踏まえて理解しなければならないのである。諭吉が一一月中旬頃面会した大村益次郎は、三年前の安政三年（一八五六）三月に宇和島藩主伊達宗城《だてむねなり》の参勤に従って江戸に到着、同年五月に下谷の大槻俊斎《おおつきしゅんさい》のところに寄寓し、同年一一月には麴町《こうじまち》一番町に私塾鳩居堂《きゅうきょどう》を開いている。その同じ月には幕府の蕃書調所《ばんしょしらべしょ》（東京大学の前身の一つ）でも教え始め、さらに安政四年一一月には幕府の講武所《こうぶしょ》（後年の陸軍士官学校に相当）教授になっている。

つまり安政五年一一月の大村益次郎は、宇和島藩士の身分はそのまま、私塾の主宰者にして幕府立の学校二つを掛け持ちしているという、まことに多忙な日々を送っていたことになる。しかも大鳥圭介とも親しい間柄にあるのだから、左内に関係する人々を追っていた幕吏の目を惹かないはずはなかった。先にも書いたように、南紀派が仕切っていた当時の幕府の関心は、水戸藩に同調して福井藩や薩摩藩が何かことを起こすのではないか、ということであった。そうした幕府に対する潜在的不満分子として、長州藩は第一番目である。

その当時大村は幕府に再三帰省の願いを出していたが、聞き入れられずにいた。安政五年の段階では長州藩は未だ攘夷を旨としてはいなかったが、幕府は寝返りを警戒していたのである（後に事実そうなった）。長州内部はどのような様子なのか、関心をもっていたのは大村だけではなく、諭吉も同様であったろう。「其後《そのご》御国元《おくにもと》之都合《つごう》如何《いかが》に御座候《ござそうろう》や」（その後国元の様子はどうでしたか）という、一一月二二日付推定松岡勇記宛書簡の一文には、そうした意味合いが込められているように思われる。

## 3　英学発心——安政六年（一八五九）春

### 福地源一郎の証言

安政五年一一月から翌年一月までについては、足立寛の証言にもあったように、『ペル築城書』の翻訳に没頭していたようである。「江戸に学ぶにあらず教うるなり」の節にある適塾の先輩島村鼎甫《しまむらていほ》とともに『生理発蒙《せいりはつもう》』で解読しがたい部分を考えたのは、この時期のことであろう。

ところで、蘭学から英学への転学はこの安政六年とされているのであるが、それは何時のことなのであろうか。自伝では英語を学ぼうと決心したのは、開港した横浜に行ってオランダ語が通じないことを知ってから、となっている。つまり安政六年六月以降のこととされているが、どうやらここにも記憶違いがあるようなのである。というのは、通詞森《もり》山《やま》多《た》吉郎《きちろう》のところで一緒に英語を勉強した福地源一郎《ふくちげんいちろう》が、「余（福地）が君（諭吉）を識る、安政六年の春に在り」（「旧友福澤諭吉君を哭《こく》す」『福澤先生哀悼録』一一五〜一一六頁）と明言しているのである。横浜の開港は、明らかに安政六年の夏の終わりである六月二日であるから、開港前を示すこの春という証言は重要である。

福地源一郎
（『甦る幕末』より）

英語の勉強を始めたのが開港以後だとするならば、森山のところに「二月か三月通」い（「小石川に通う」の節）、辞書を引くため「蕃書調所に入門」し、ホルトロップ辞書を使えるようになってからは「辞書をたよりに独学」し、それではだめで神田孝平・大村益次郎・原田敬策らに「英学の友を求む」という一連の出来事が、わずか半年の間に起こったことになる。咸臨丸に乗ってアメリカに向かうのは、翌安政七年、すなわち万延元年の一月である。いかに従僕としての乗船とはいえ、せっかくサンフランシスコに着いてもそればかりの英語ではまったく使い物にならなかったであろう。

一方年初から英語を学び始めていたとすると、「英学発心」から「英学の友を求む」までのこれら五節の時系列の混雑が解消できる。また、原田と一緒に勉強をしていたときのこととして、「漂流人が着くとその宿屋に尋ねて行って聞いたこともある」という記述が自伝にあるが、この漂流人とは中《なか》浜万次郎《はままんじろう》のことである。

### アメリカに行きたい

この英語学習の経過をたどると、諭吉の目的が、英文の読解よりもむしろ、英会話の上達を主目標としていたことが分かる。読解が目的ならば、発音は重要ではないはずである。ところが、「英学で一番むずかしいというのは発音で、わたしどもは何もその意味を学ぼうというのではない、ただスペルリングを学ぶのであるから、子供でもよければ漂流人でもかまわぬ」（「英学の友を求む」の節）とか、開港早々横浜に行って、買ったのは「蘭英会話書」であった、とか、当初から外国人と会話することにのみ関心が向けられている。日本に来る英米人と話したかったのではない。諭吉はアメリカに行きたかったのだ。

開国までは、難破して偶然外国船に救出されるか、あるいは密航するかのいずれかしか、外国に行く方法はなかった。吉田松陰はペリー来航時に密航という手段をとって捕縛され、以後牢屋の中にあった。中津藩の佐久間象山門下生は皆松陰の知り合いである。諭吉は彼らから話を聞き、同じ間違いはしたくない、と考えたことだろう。開国すれば渡航は自由化されることになるが、その旅費は非常に高価になると予想された。

幕府や藩の留学生制度が整うまで待っていられるほど諭吉はおっとりとはしていない。いったん欧米に行く、という決心を固めたら、どのようにすればそれが可能となるかを真摯《しんし》に考えるのである。その結論は、幕府は必ず国家の面子《めんつ》をかけて日本人を欧米に派遣するだろうから、その下役としてでも連れていってもらう、ということであった。思えば長崎遊学も、奥平壱岐の家来ということにして無料で蘭学を習得するとっかかりを得たのだった。同じことである。

森山多吉郎のところで一緒になった福地源一郎は諭吉よりも先に英語を始めていた。彼も同じことを考えていたようだ。翌年の咸臨丸《かんりんまる》太平洋横断で司令官を務めた木村喜毅《きむらよしたけ》は、当初は中浜万次郎ではなく福地が乗り組む予定だった、と述懐している（「咸臨丸船中の勝」『海舟座談』二四五頁）。福地は一生懸命英語を勉強し、幕府の通弁方（通訳官）に採用されたのだったが、英会話力を比較したら先生である中浜万次郎にかなうはずもなく、結局咸臨丸に乗船できなかったのである。諭吉は英語では福地より後輩であったが、木村の従僕としての渡航であるから、英語力を問われることはなかった。諭吉の作戦勝ちである。

自伝に書かれていないこうした事実を考慮して安政六年春から夏にかけての諭吉の行動について整理してみると、「英語発心」と「小石川に通う」の節に書かれている、開港直後の横浜に行ったところオランダ語が通じなくて落胆した、という述懐は、相当に脚色があると推測できよう。蘭学の大家である師匠の洪庵ですら、前年安政五年の秋には英語の勉強を始めているのである。江戸に着いてすぐに、今やオランダ語の時代ではない、と気づかなければおかしい。

## 将軍の侍医桂川甫周

自伝には、英語を勉強し始めたのが偶然であったように、たまたま軍艦奉行の木村喜毅の親戚である蘭方医桂川甫周《かつらがわほしゅう》の知遇を得ていたので、その紹介によって咸臨丸に乗り組むことになったかのように書いてある。その記述が真実を伝えているなら、日本船のアメリカ派遣が決まったのは安政六年一一月二四日のことであるから、諭吉はそれより後に情報を得て準備をはじめたことになる。咸臨丸出港のわずか一カ月半前である。

桂川家は代々の将軍お抱えの蘭方医の家柄で、諭吉が言うように「日本国中蘭学医の総本山」とでもいうべき名家であった。緒方洪庵とも親しかったので、諭吉は師匠の紹介状を持って出府早々挨拶に出かけたはずである。その屋敷は中津藩中屋敷の西四百メートルという至近にあった。安政二年(一八五五)に生まれ、昭和一二年(一九三七)まで生きた甫周の次女今泉みねによれば、その屋敷は行けば必ず蘭学研究者の誰かがいる、というような、にぎやかな家であったらしい(『名ごりの夢』五頁)。木村喜毅は甫周の亡妻久邇《くに》の弟であるから、みねにとっては母方の叔父である。諭吉が始終出入りしていた蘭学者の義理の弟が咸臨丸を率いてアメリカに向かった、ということになる。

木村は安政五年秋には長崎海軍伝習所の取締役（校長）として出張していたため江戸にはおらず、諭吉が英語の勉強を始めた当初は軍艦奉行（後年の海軍大臣に相当）ではなかった。木村がサンフランシスコに向かうとは予想できなかったはずで、そうなると諭吉は、安政六年初めに、アメリカ行への漠然とした期待だけで森山の所に通ったことになる。そうでないとすれば、諭吉には木村ではないつてに思い当たるふしがあって、そちらの方向からその実現の見通しがあった、ということになろう。

## 4 幕府海軍は一橋派の巣窟――安政六年（一八五九）秋

**軍艦操練所教授勝海舟**

私は、諭吉は当初、勝海舟に依頼してアメリカに行くつもりだったのだと思う。海軍伝習所の一期生である勝が日本人による遠洋航海を熱望していて、長崎では艦長となるための訓練を受けていることを、諭吉は桂川甫周経由か、または伝習所に入学していた中津藩士浜野覚蔵（厩方格・一三石二人扶持）を通して知っていたはずだからである。なお、後年慶應義塾の初代塾長となる定四郎は彼の息子である。

安政六年正月に海軍伝習所の閉鎖が決まり、勝の指揮する朝陽丸（咸臨丸の同型艦）が江戸に着いたのは、一月九日のことであった。一方閉校のための残務整理をしていた木村が陸路江戸に戻ったのは六月二五日である。その時点で勝が日本人による太平洋横断を指揮することは既定であったのに対し、木村が遣米使節の副使となることは未定であった。私は、勝が江戸に戻って早々に、諭吉は勝に面会を申し込んだと思う。諭吉にとっては好都合なことに、彼らには多くの共通の知人がいたのである。

勝が剣客島田虎之助《しまだとらのすけ》の弟子であったことはよく知られている。「剣は心なり」をモットーとし、中里介山《かいざん》の小説『大菩薩峠《だいぼさつとうげ》』の中では、架空の主人公机龍之助《つくえりゅうのすけ》と対決までしている直心陰流《じきしんかげりゅう》の使い手だが、その島田虎之助は中津藩士だった。勝の自伝『氷川清話《ひかわせいわ》』には、「島田の塾へ寄宿して、自分で薪水の労を取つて修業した」（勝全集㉑二七三頁）とある。その期間はおおよそ天保一〇年（一八三九）から一三年、勝の一七歳から二〇歳の頃である。島田は天保九年に江戸に来て、天保一二年に自らの道場を開いた。

島田は出府前の天保五・六年頃は畿内で修行していて、中津藩大阪蔵屋敷にいた福澤百助《ふくざわひゃくすけ》や、やはり中津の出身で水口《みなくち》藩の儒者となった中村栗園《なかむらりつえん》と交流があったのである。諭吉の誕生は天保五年（一八三四）一二月であるから、島田が近畿を巡っていた時期とちょうど重なる。そしてその数年後には浅草に開いた自分の塾に、若き日の勝海舟を住まわせたのである。

島田虎之助については余談であるが、勝海舟は中津藩に他にも多くの知己がいたのである。砲術の師匠佐久間象山は勝の妹を娶《めと》っていた。つまり両者は師弟であるばかりではなく親戚でもあった。そして象山の門弟には百名近くの中津藩士がいたからである。その一番弟子は島津文三郎であった。『及門帳』でもすぐ近くに記載されている勝と島津とは、入門した嘉永三年（一八五〇）以来の知り合いだったはずである。出府した諭吉は島津とことに親しくなり、結婚の際には媒酌人を頼んでいる。

また、中津藩以外でも、嘉永六年（一八五三）に岡見彦三が中屋敷に招いた適塾の先輩杉亭二は、同年中に鉄砲洲を去って勝塾に入り、そこで塾長になっている。安政二年（一八五五）に勝が長崎海軍伝習所に入学することになって、杉は勝の推薦で阿部正弘の侍講（顧問）となり、さらに翌年には蕃書調所に移っている。このように、安政六年（一八五九）春に諭吉が勝と面識を持ちたいと思ったならば、共通の知人を介することで、その方法はいくらでもあったのである。

### 一橋派活動家の処刑

さて、安政六年の秋から冬にかけて、前年以来逮捕されていた一橋派の尊王攘夷論者たちが続々処刑されていた。八月二七日には水戸藩士安島帯刀《あじまたてわき》・茅根伊予之介《ねいよのすけ》らが、本来幕府に回送すべき勅諚を不当に受け取ったという罪状で、一〇月七日には福井藩士橋本左内・儒学者頼三樹三郎《らいみきさぶろう》らが、水戸藩尊王派の策動に共鳴して京都で慶喜擁立工作を行ったという罪で、また、一〇月二七日には長州藩士吉田松陰が、井伊大老の腹心である老中間部詮勝《まなべあきかつ》暗殺を企てたという罪によって処刑された。さらに前後するが、最初に逮捕された梅田雲浜は、九月一四日に獄死していた。

なお、ここで注意すべきなのは、安政の大獄によって処罰された薩摩藩関係者が一人もいないことである。一橋家第三代斉敦《なりあつ》の娘を正室とする島津斉彬《なりあきら》が、一橋派の急先鋒であることは誰もが知っていた。その代理人であった西郷隆盛が、安政五年（一八五八）の春から夏にかけて慶喜擁立に奔走し、後に処刑されることとなる他藩の一橋派と接触したのは事実で、彼らは隆盛から、慶喜の将軍継嗣を確実なものとするため、薩摩から京都に三千の兵を向かわせる手はずとなっている、という話を聞いている。それが本当なら、謀反を企てているのはまずは薩摩藩ということになり、斉彬以下西郷ら藩内急進派の厳罰は免れなかったであろう。

実際には、大獄が始まる直前の安政五年七月に斉彬が急死したため、井伊直弼らは処罰のしようがなくなってしまったのであった。薩摩藩では斉彬の異母弟久光《ひさみつ》の長男忠義《ただよし》（当時・忠徳）が藩主となり、久光が実権を握ったが、この久光は兄斉彬よりも幕府に従順で、粛正を示すために藩内急進派の処分を行った。そのため帰国した西郷は奄美《あまみ》大島に島流しになってしまうのである。

薩摩藩主の急な交代は、長崎海軍伝習所の突然の閉鎖とも関係している。海軍伝習所は幕府の学校とはいえ、海防に熱心な薩摩藩や佐賀藩から財政的な支援も受けていて、それらの藩からも学生を受け入れていた。幕府立というより一橋派諸藩共同立の学校であったのである。そのため安政五年秋、井伊らは、伝習所関係者が薩摩の側につくかもしれない、という疑いを深めていたのであった。その遠因はおそらく、半年ほど前の同年三月と五月に、練習航海途上の咸臨丸が鹿児島を訪問し、木村や勝それに教官のオランダ海軍士官らが、斉彬直々の招待を受けていたことにあるのだろう。

## 呉越同舟の船、咸臨丸

このような政治状況を踏まえると、幕府の咸臨丸派遣は、井伊ら南紀派にとっては、薩摩に寝返るかもしれない伝習所関係者の、体の良い厄介払いの性格を帯びていたことが分かる。江戸築地にあった軍艦操練所（現・中央卸売市場）に移籍した勝が有能な士官をアメリカに連れて行けば行くほど、国内で西洋式軍艦を運用できる人材は減るのだから、そのぶん海から一橋派の攻撃を受ける危険性が低くなるというわけである。

おそらく勝は自分が疑われていることを薄々感づいていた。そのことをはっきり悟ったのは、派遣準備の指示が出された安政六年九月よりも後の一〇月に、それまで自分を可愛がってくれていた外国奉行兼軍艦奉行水野忠徳《みずのただのり》が更迭され、一一月に目付から軍艦奉行に昇進した木村喜毅《きむらよしたけ》が、自分を監督する役目として再び任用されたときであったろう。勝にとって、そんな中に出世してきた新任の木村は、南紀派の手の者に見えたはずである。

　水野に替わって木村が航海を監督することになって、勝のそれまでの準備に狂いが生じることになった。木村が新たに決めたことは、まず第一に、ブルック大尉ら一一名のアメリカ海軍軍人の同乗、第二に、彼らの意見を採り入れて派遣船を外輪装備の観光丸からスクリュー推進の咸臨丸に換えたこと、そして第三に、同伴する通詞を中浜万次郎としたこと、の三点である。もともと勝は、より大きな観光丸を使って、しかも日本人だけで行きたかったのだから、これは重大な変更点といえる。木村は俺の技量を信じていないのだな、と勝は思ったはずである。

木村喜毅
（横浜開港資料館蔵）

　しかし、結果からいうと、木村の判断は正しかった。日本人のみで大型外輪船を操り太平洋を横断する、というのは確かに望ましいことではあったが、実際に出航してみると、ブルック大尉がアドバイスしたように、外輪船のため重心の高い観光丸ではとてももたないような荒天が続いたのである。また、前もって通詞を福地源一郎から中浜に換えたのも、アメリカ軍人たちとの意思疎通の点からいって非常に有効であった。

ともかく、日本開闢《かいびゃく》以来の遠洋航海だというのに、江戸出港の安政七年一月一三日まで相当な混乱状態なのであった。全長七〇メートル、六百トンの船に乗員が百名弱、司令官の木村と艦長の勝は最初から仲が悪く、彼らの不仲は船内の雰囲気に影響した。諭吉はといえば、後からやってきた木村に、ひっついて乗り込んだ私設秘書といった役回りである。幕府海軍軍人をもって自認する伝習所出身者たちとうまくいくはずもない。諭吉の口吻《こうふん》から推測して、木村側に良い感情をもっていたのは、船医と公用方役人（事務官）くらいのものである。彼らは仕方なく行くことになった人々だから、自然と木村にすり寄ってきた。

「咸臨」とは君臣互いに親しみ篤いさまを意味する『易経』からとられた言葉だそうだが、その名ももはや皮肉でしかなかった。今でこそ誰もが知っている咸臨丸も、実のところは呉越同舟である。だがそれは相当にスケールの小さな話だ。それというのも本当は、彼らが後にしてきた島国日本それ自体が、巨大な呉越同舟の船だったからである。

# 第五章　初めてアメリカに渡る

## 1　咸臨丸、太平洋を横断す——安政七年（一八六〇）春

### 一路サンフランシスコへ

咸臨丸《かんりんまる》の太平洋横断についての書物は数多い。『福翁自伝』でも、その他の伝記でもこの最初の訪米については多くの頁が割かれていて、諭吉自身はさほどの同時的記録を残さなかったにもかかわらず、木村はじめ他の人々の日記によって日単位の行動が明らかとなっている。現代の研究書としては、山口一夫の『福澤諭吉の亜米利加体験』がとくに優れていて、この本を読んでしまうと、今さら何かを加えようとする気を無くしてしまう。そこでここでは、二七歳の諭吉が船中で何に関心をもったかに焦点を当てて、そのことが以後の諭吉にどのような影響を与えたか、という方向から話を進めたい。

咸臨丸は安政七年一月一九日に浦賀から太平洋の外海に出た。太陽暦では二月一〇日のことで、春

**太平洋を渡る咸臨丸**

鈴藤勇次郎筆「咸臨丸難航図」（横浜開港資料館蔵）

一番が吹く季節である。木村の日記によれば、もうその日から海は荒れ模様だったようである。船は揺れるばかりでなかなか前には進まない。諭吉は船酔いしにくい体質であったから、「これは何の事はない、生まれてからマダ試みたことはないが、牢屋に這入《はい》って毎日毎夜大地震にあっていると思えば宜《よ》いじゃないか」（「牢屋に大地震のごとし」の節）と笑っていたくらいのものであったが、操船を担当する運用方は、甲板上の狭いブリッジの中で最初から困難に直面していた。四方八方から吹き付ける風雨に対して、どのように操作すれば船を安定させられるのかについて、十分な経験がなかったからである。

　勝艦長は体調不良で船室から出られなくなり、結局操船は同乗したブルック大尉らアメリカ海軍軍人の手に委ねられることになった。彼らは、荒天の場合は帆を絞り、船首を風上に向ける、という仕事をてきぱきと行い、船体の左右の揺れは治まって、正面から波を受けることによる上下の動きだけとなった。そうやって船を安定させて嵐が治まるのを待つのが、古来からの海の掟《おきて》であった。

咸臨丸の太平洋横断については、ブルック大尉自身の日記が発見されるまで、彼らアメリカ海軍軍人の果たした役割は知られていなかった。その他のことでは反目していた木村と勝も、彼らの手を借りることはなかった、としておくことについては共通の利害があったからである。その他、日本人乗組員の日記にも、アメリカ人が登場することはほとんどない。ただ同乗していたお客さんであったような扱いである。諭吉もまた、自伝に「日本国人の大胆」という節をわざわざ設けて、「決してアメリカ人に助けてもらうということはちょいとでもなかった」と書いて、日本人独力の航海であるかのような印象を与えている。

諭吉は荒天のとき甲板下の食堂にいて、明かり取りの天窓を通して大波が襲いかかって来るのを見ていただけであったため、ブリッジとデッキで実際に働いているのが米水兵であることを知らなかったのかもしれない。だが、気づかなかったというのはやはり不自然である。船酔いしにくい彼は、どんなに海が荒れても冷静に周囲を観察できる目をもっていた。運用方の人々がほとんど動けなくなっているのに、船が安定を取り戻したなら、それを誰が行ったかくらい、簡単に想像できたはずである。自伝の記述は、やはり日本人の名誉を守りたい、という心情から出た弁護であったように思われる。

ジョン・マーサー・ブルック大尉

つまりは同乗のブルック大尉がいなかったなら、咸臨丸は海の藻屑《もくず》となっていた可能性が高かったというわけだ。しかも、自伝の記述からも、諭吉はこの人物を大変高く評価していたことがうかがわれ、いっそう興味が惹かれる人物である。

ブルック大尉
（『「福翁自伝」の研究 註釈編』より）

ジョン・マーサー・ブルックは、一八二六年（文政九）、フロリダ半島のタンパ湾にあった陸軍基地に生まれた。父は陸軍軍人であったが、自身は一四歳でメリーランド州アナポリスに新設された海軍兵学校に進み、卒業後は地中海に派遣、一八四九年（嘉永二）からは測量隊に所属して主に海図の作成にあたっていた。フェニモア・クーパー号という百トン弱の帆船に乗って日本を訪れたのは安政六年（一八五九）のことで、開港する港周辺の測量のためであった。ところが、七月に横浜港内で暴風に遭い、船が損傷したため、帰国の便船を待っていたのである。一二月になってから、木村の依頼に応えたハリス公使の推薦により、咸臨丸に乗り込むことになった。三三歳の彼は当時としてはベテランの船乗りであった。彼はサンフランシスコで下船した後に数奇な運命をたどることになるのであるが、それはまた後で語ることになる。

砲術と測量を専門とするブルックは、軍人であるとともに科学者でもあった。諭吉が最初に親しくなったアメリカ人が、彼と同じ分野を専攻していた優秀で立派な人物であったことは、彼のアメリカ観に重要な役割を果たしたと考えられる。ブルックは測量隊に属していたため、世界の地理や政治情勢を知悉《ちしつ》していた。浦賀を出て一〇日目の和暦一月二八日（西暦二月一九日）の暴風雨が去ってから、航海は平穏なものとなる。私は、嵐が過ぎ去った後の船内で、とくに仕事を割り当てられていなかった諭吉は何をしていたのだろうと思っていたのだが、そんな時はブルックらを相手に英会話の練習をしていたのではなかろうか。どんな場合にも時間を無駄にしないのが諭吉なのである。

咸臨丸は先遣隊としての任務もあったので、後発のポーハタン号に乗船している正使一行より先に、サンフランシスコに着いておく必要があった。そのため一直線に太平洋を横断する大圏コースをとっていたのだが、なにぶん小さな船に百名弱の乗員ということで、途中水が足りなくなるという事態が生じてきた。ハワイに寄港すれば物資の補給ができるが、寄るとすれば大きく南に迂回しなければならない。そんなとき事件が起こったのだった。アメリカ海軍の水夫らが、ややもすると水を使うので、ブルック大尉に苦情を申し立てると、大尉は、水を無駄遣いする水夫は共同の敵だからすぐに撃ち殺してくれ、と答えた。そうやって全員無事にアメリカに着くことができたのである。

### サンフランシスコに到着

浦賀出発以来三七日目にして、咸臨丸がサンフランシスコ湾に着いたのは、乗員の記録では和暦二月二六日（西暦三月一七日）のことだった。投錨《とうびょう》してすぐに、土地の新聞記者と、日本に通商上の関心のあった実業家のチャールズ・ブルックスが乗り込んできた。洋上で出会ったアメリカ商船が先に入港して日本人来航を伝えたため、数日前から到着を待っていたのだという。諭吉はその時初めて新聞記者や実業家を見たわけだが、後には自身がその両者を兼ねることになる（以後はアメリカでの出来事なので、西暦を主、和暦を従にして記述する）。

カリフォルニアがアメリカ合衆国の州となったのは一八五〇年（嘉永三）のことで、その時点では一〇年しか経過していなかった。一八四九年に始まったゴールドラッシュのために人が増えたとはいえ、一八六〇年のサンフランシスコ市の人口は約六万人である。百万人以上もの住民を抱えながらも、よく整備された大都会江戸からやってきた咸臨丸一行にしてみれば、ほんとうの新開地に見えたはずである。電信は通じていたから東部との連絡は迅速に可能であったものの、大陸横断鉄道は開通する前であるから、人の移動は主に中米パナマ経由で、船便を乗り継ぐという方法がとられていた。

諭吉らにしてみれば、サンフランシスコとはどんな大都会か、という期待があったのだが、何のことはない、規模からいえば開港したばかりの横浜とあまりかわらず、拍子抜けした、という印象であったようだ。もちろん驚いたことも多くて、まずは人々の歓迎ぶりに感激したのであった。

**一八六〇年三月一八日日曜日**

咸臨丸がサンフランシスコ港沖に投錨した翌三月一八日は日曜日であった。昼過ぎに市長テッシェメーカーが市会議員を伴ってやってきて、歓迎の挨拶を述べた。そして市長が木村に向かって、とりあえず市内のホテルで休息するように勧めると、木村はその招待に従って士官とともに上陸することにした。小船に乗り移って着岸したのは、現在の第九番埠頭《ふとう》であったようである。彼らは埠頭に待機していた馬車に乗って、一キロも離れていないジャクソン通りに向かった。そこは現在の金融街フィナンシャル・ディストリクトで、今はトランス・アメリカ・ピラミッドという四八階建て、高さ二六〇メートルの高層ビルがそびえているあたりである。

彼らが招かれたインターナショナル・ホテルは地上五階建て、一三六の客室をもち、六百人の客を収容できる当時市内一流の大ホテルであった。船から下りてアメリカの土を踏んだ諭吉は、まず馬車に驚き、それから石造りの高層建築に驚き、さらに屋内でも靴を脱がないことに驚いている。だがそれは新奇な事柄に対してびっくりしただけであって、質的に異なるより優れた事象に直面しての驚きというものではなかった。彼が何に驚嘆したのかについてはこれから追々述べることになる。

市長の案内でホテルに入った一行は、まず二階の大広間へ進み、そこでサンフランシスコを訪問中のカリフォルニア州知事ドーネーをはじめ、参会の名士たちと会った。木村はさっそくドーネー知事に咸臨丸の修理を依頼した。広間には着飾った女性たちがたくさんいて、次々に木村の前に現れて歓迎の言葉を述べた。こうした場には夫人同伴で招待されるという習慣を知らなかった木村は、サンフランシスコの淑女たちを芸者のようなものと勘違いした。

咸臨丸が到着したのは前日の午後一時であったから、インターナショナル・ホテルに招かれるまで二四時間しか経過していない。そのわずかの間にこうした人々を集めることができたのは不自然である。この最初の歓迎会は、もともと州知事のためのレセプションとして企画されていたのだと私は思う。咸臨丸が到着した三月一七日は聖パトリックの日であった。翌日曜日のミサの後に、知事を迎えての会を開催することは前々から決まっていて、そこに急遽《きゅうきょ》日本からの珍客を招いたということなのではなかろうか。市長や市会議員、さらに名士たちにとって、ぜひとも接待しなければならないのは知事のほうで、咸臨丸一行ではなかったはずである。市主催の正式な歓迎会は四日後の三月二二日に開かれることになる。

木村は整った顔立ちをした大柄な男だった。最初の上陸であったから身だしなみは最低限ではあるものの、それでも絹の羽織袴に二本差しという衣装は、女性たちの関心を惹《ひ》くのに十分であった。通訳の中浜は、木村の官名である摂津守をロード・オブ・セッツと訳した。彼はその官名を軍艦奉行に昇進した四カ月前に使い始めたばかりで、もとよりその所領が現在の大阪府にあったわけではない。ところがロードのもつ荘重な響きは、英国貴族やインドのマハラジャを想起させてしまい、ますますアメリカ女性の興味をかきたてる結果となるのだった。

## 2 メーア・アイランド海軍工廠の日々——万延元年（一八六〇）春

### サンフランシスコ市主催の歓迎会

自伝ではサンフランシスコ到着について記した「米国人の歓迎祝砲」の節と、歓迎会について描写されている「敷物に驚く」の節が続いているため、この歓迎会が、到着翌日の三月一八日のインターナショナル・ホテルの様子を描いているように受け取られてしまう。山口一夫もまたそのように理解している一人だが、当時のアメリカ人が日曜日の午後にシャンパンの栓を抜いたりダンスに興じたりする、というのはいささか不自然であるように思われる。さらに諭吉はその時の様子について、「三、四月暖気の時節に氷があろうとは思いも寄らぬ話」と回想しているが、三月二二日にジョブ・ホテルで行われた歓迎晩餐会《ばんさんかい》についての新聞記事に、振る舞われたアイスクリームについて触れたものがある。その盛大ぶりからいって、「敷物に驚く」で描かれている歓迎会とは市主催の会のほうであろう。

木村はこの歓迎晩餐会の様子を日記の安政七年三月二日のところに記している。アメリカ西部と日本との時差は一七時間である。もしこの日付が正しいとすると、晩餐会が始まった午後三時は日本時間三月三日午前八時となる。すなわち、咸臨丸一行がシャンパンの栓を抜く音に驚いて、思わず刀の柄に手をかけたのと、関鉄之介の指揮のもと、江戸城桜田門外で大老井伊直弼の行列を待ち受けていた水戸浪士ら一八名が、大老の駕籠《かご》に向けて放たれた短銃の発射音を合図に一斉に斬りかかったのとは、ほぼ同時刻ということになる。

ところが調べてみると、木村は太平洋上で日付変更線を越えているにもかかわらず、日記では同じ日を重複させることをせずに、そのまま翌日の分を書いていることが分かった。つまり、正確にはこの歓迎晩餐会のあった日は、和暦三月一日とするのが正しいのである。この日付のずれに木村が気づかなかったのは、帰国時も同じ経路をたどったため、時差が自動的に調整されたためと思われる。どうやら、ジョブ・ホテルでの歓迎晩餐会は、桜田門外の変の二四時間前のことであったようである。

### 義勇兵

七年後の二度目のアメリカ来訪のときに再会して知ったことであるが、この時の盛大な歓迎会を陰で演出したのは、じつはブルック大尉だった。ブルック自身は一海軍士官に過ぎなかったが、彼の父ジョージは、一〇年前の対メキシコ戦争で、陸軍少将としてテキサスの要塞を守りきった英雄であった。対メキシコ戦争に勝利した結果として、カリフォルニア州のアメリカ帰属が決定的となったのだから、サンフランシスコ市民にとっても、ジョンは英雄の息子だったのである。

一八日に上陸してすぐ、ブルックは現地の陸軍駐屯地《ちゅうとんち》におもむき、日本国軍艦の正式な入港に際しての歓迎式典の開催を要請した。すなわち祝砲と儀仗《ぎじょう》の実施である。駐屯地司令はワシントンの許可がなければできないと回答したため、おりからサンフランシスコを訪問中のドーネー知事に、州兵

（義勇兵）による儀仗を依頼したものとみえる。州兵は州を守るための軍隊であるため、その最高司令官は州知事である。

身分制度にとらわれていた咸臨丸一行が、戦時にだけ軍人となる州兵の制度を最初に知ったときの衝撃は、相当に大きかったと考えられる。農民を主な出身母体とする長州藩の奇兵隊《きへいたい》の創設は、三年後の文久三年（一八六三）のことで、それも正規の藩兵に対して珍奇なる兵という意味をもっていた。ところがカリフォルニア州兵は、平時には一般の仕事に携わり、戦時には現役軍人として職務を遂行する正規軍なのである。

諭吉が中津で直面した御固番《おかためばん》事件はわずか一〇年前のことである。あのような事件が起こってしまうそもそもの理由は、生来の身分が硬直化して動かしがたいうえ、仕事がその身分に応じてしか割り振られることがない、という当時の日本の社会制度に起因していた。身分制度の廃止と職業選択の自由を認めるだけで、人は最適な仕事に就けるはずである。諭吉は到着して早々この州兵制度を知って、そのことに初めて気づいたのではなかろうか。

### メーア・アイランド海軍工廠

三月一七日に到着してからの諭吉の動向は、木村に随伴した翌一八日のインターナショナル・ホテルでの歓迎会へ出席したこと、また二二日の市公会堂での歓迎会とその後のジョブ・ホテルでの歓迎晩餐会に参加したことついてははっきりしている。自伝にはサンフランシスコ市街探訪について書かれているが、どうやらそれは滞米後半になってからのことで、この時期は木村の従僕として彼に付き従うのに精一杯であったようである。咸臨丸は歓迎会の翌二三日に、サンフランシスコから東北に約四〇キロ離れたメーア島の海軍工廠《こうしょう》へ修理のため移動した。一行はそれから帰国まで大部分の時間をそこで過ごすことになる。

メーア島はサンフランシスコ湾の北部分を占めるサンパブロ湾の東隅にある。島といっても湾に流れ込むナパ川の三角州のような場所で、東対岸にあるバレーホは五〇キロほど上流の州都サクラメントとサンフランシスコの中継地点でもある。ここにアメリカ第七番目、そして西海岸としては初の海軍工廠としてメーア・アイランド海軍工廠が創設されたのは、一八五四年（嘉永七）のことであった。バレーホは咸臨丸一行が滞在したときには未だ小集落にすぎなかったため、工廠関係者の生活は大部分サンフランシスコに依存していた。メーア島周辺は内海にあるため波も静かで、サンフランシスコ湾沿岸の諸方へ向かう連絡船が頻繁に行き来していた。サンフランシスコ市までは海路約二時間の距離である。

**バレーホから見たメーア・アイランド海軍工廠**
咸臨丸が訪問した頃。中央やや左に修理を実施したドック，右には視察した工場が見える。

海軍工廠の浮ドックはナパ川右岸（西側）

に設けられていて、咸臨丸はそこで修理されることになった。岸壁近くの機械工場の煙突からは黒々とした煙が吐き出されていた。そのさらに西側にはまばらな木立があって、その中に工廠を管理する海軍士官たちの宿舎が一列に並んでいた。咸臨丸の士官のために用意された宿舎は三階建てで、周囲に花壇がしつらえてあった。彼らがカリフォルニアの春の盛りにその地に滞在できたことは、まことに幸いであったといわねばならない。そして諭吉にとってもっとよかったことは、このメーア島とその周辺に住むアメリカの中産階級の家庭を、身近に観察することができたことである。

隣の宿舎には工廠の長官ロバート・B・カニンガムが住んでいた。そして近くにはデヴィッド・マクドーガル海軍大佐、およびソーヤーやタッツナーという士官の宿舎もあった。さらに近隣の町ベニシアには、オランダ人医師ヘルファーが住んでいた。咸臨丸士官はメーア島を引き上げる五月一日まで、そこでアメリカ人たちと親しく交流することになる。

### ブルック大尉の送別

宿舎に荷をほどくと、木村は正使新見正興《にいみまさおき》や目付小栗忠順らを出迎える準備に、勝ら伝習所出身者はアメリカ海軍の現状を知るための調査活動に、それなりに忙しい日々を過ごしはじめる。三月二六日には、それまで咸臨丸の航海に多大な貢献をなしたブルック大尉の送別会が宿舎で開かれた。ジョンが生まれたのはフロリダだが、父ジョージ将軍の地元はバージニア州レキシントンということで、そこまで戻ることになったのである。

一八六〇年は大統領選挙の年だった。共和党のエイブラハム・リンカーンが選出されるのは同年一一月である。ところがその直後、一二月のサウスカロライナ州を皮切りに、翌年には奴隷解放に反対する南部諸州が続々合衆国を脱退し、アメリカ連合国（南部連合）に合流し始めた。バージニア州が南部連合に加わるのは南北戦争開戦直後の六一年春のことで、ブルック大尉の送別会が開かれてちょうど一年後である。咸臨丸の一行は内戦前夜の日本から平和なアメリカに来たつもりだったのだが、皮肉なことに、実際に内戦へと突入したのはアメリカのほうだったのである。その戦争にブルック大尉が巻き込まれるのはまだ先のこと、諭吉のアメリカ体験を続けよう。

後発のポーハタン号がサンフランシスコに到着したのは、咸臨丸に遅れること一二日の、三月二九日であった。船は所定の手続きを終えるとすぐさまメーア島に向かった。正使の一行と咸臨丸の乗員たちは、ポーハタン号がパナマに向けて出港する四月五日までそこで一緒になった。

諭吉が滞米中発信した唯一の手紙は、後に岳父となる土岐《とき》太郎八《たろはち》に宛てて三月三〇日（和暦三月九日）に書かれているが、これはどうやら正使一行の本国への報告に同梱されたものらしい。この時ポーハタン号と入れ違いに日本に向かった船の名前は明らかではないが、咸臨丸とポーハタン号が無事アメリカ西海岸に到着した、との情報は、西暦六月一日（和暦四月一四日・浦賀帰着二〇日前）には確実に日本にもたらされている（『桂川家の人々』最終篇一四一頁）。

## マクドーガル大佐

諭吉が最も強い印象を受けたのは、工廠の実質的な責任者であったマクドーガル大佐であった。「ワシントンの子孫如何と問う」の話は自伝でもよく知られているが、どうやら諭吉が尋ねた相手はこの大佐であったらしい。木村がマクドーガル大佐の宿舎に招かれたのは四月三日のことで、諭吉はその時同席していたのである。

マクドーガル大佐

諭吉がジョージ・ワシントンの子孫がどうしているかについて関心をもったのは、前年日本であった将軍の代替わりに際し、征夷大将軍職の就任資格について、最低限徳川家康の子孫でなければならない、ということについて、誰もまったく疑問をもっていなかった、ということにおそらくは由来している。将軍職とはいえ、天皇を任命権者とする朝廷内の官職にすぎないのだから、徳川家以外の者が就任してもかまわないはずである。諭吉も選挙で選出されるアメリカ大統領が四年任期であることは知っていたが、ワシントンの子孫について何とも思っていないことについて、「これは不思議と思うたことは今でも能く覚えている」と書いている。

マクドーガル大佐は咸臨丸修理の責任者でもあって、その時期木村や勝と毎日顔を合わせている。勝もまた大佐について、その公明正大さに感銘を受けた一人である。勝は、『海軍歴史』の「甲比丹《カピタン》マツキ氏の注意」の節で、大佐が全ての検討を終えた後でなければ、修理に取りかからなかったことを記した後に、「私が常々軍艦の運用についてどんな激論もいとわないのは、十分に議論を尽くすべきだ、というこの大佐の言葉を肝に銘じているからだ」（勝全集⑧三四六頁・現代語訳）と述べている。

完璧な修理が終わった後、その代金を支払おうとしてちょっとしたトラブルがあった。アメリカ側がどうしても受け取ろうとしないのである。工廠の長官や大佐の一存でできることではないから、ワシントンの海軍省の指示によるのであろうが、このことも諭吉に強い印象を残した。

木村たちは結局修理費を支払うことをあきらめ、日本語と英語でアメリカ政府への感謝状をしたためた。そしてマクドーガル大佐と相談の上、代金に相当する金額をサンフランシスコ市の未亡人団体に寄付することに決めたのだった。帰国直前の五月五日に、木村や勝がサンフランシスコ市長をモンゴメリー通りのユニオンクラブに訪ねているが、それは滞在中の親切に感謝するためと、寄付の申し出のためであったのだろう。そこには諭吉も同行していたので、社交クラブがどのような機能をもっているかについて、いくらかの知見を得たはずである。

## 3　カリフォルニアの青い空——万延元年（一八六〇）夏

オランダ人医師ヘルファー

四月五日に正使一行を乗せたポーハタン号がパナマに向かったことで、木村の副使としての仕事はとりあえず完了した。修理が済んで補給と休養が終われば、あとは日本に戻るだけである。四月中頃から咸臨丸一行の日常は穏やかなものとなる。ところが、彼らの知らないこととはいえ、日本では桜田門外の変の余波で、ますます不穏な情勢となりつつあったのである。「安政」から「万延」への改元は、桜田門外の変半月後の三月一八日、西暦では四月八日のことであった。

自伝では、歓迎晩餐会の次に「女尊男卑の風俗に驚く」の節が置かれている。そこにはこうある。

メーア島の近くのバレーホにオランダ人の医者がいて、その人物が木村を自宅に招きたいというので、諭吉も木村ほか三名の士官に同行する形で迎えの馬車に乗った。この医者はヘルファーという人物で、住んでいたのはメーア島の対岸にあるバレーホではなく、一五キロほど南東にあるベニシアであった。思うにヘルファー夫人はアメリカ人であったのだろう。木村の日記によればそれは四月一五日の日曜日のことで、同じ日に、測量方の小野友五郎はマクドーガル夫妻に誘われて教会に行っている。

女性論は諭吉にとって生涯のテーマとなった。アメリカでの女性の地位を知った諭吉は、そこに日本にはない女性の能力を引き出す可能性を見いだしている。食後の運動だったのだろうか、ヘルファー夫妻は彼らを乗馬を勧めた。木村は旗本だから乗馬はうまいのだが、日本人が馬に乗れるとは知らないヘルファー夫妻は、馬を自在に操る木村に驚嘆の目を見張った。ヘルファー夫人は快活な女性だったようだ。馬にはスカート姿のまま横座りで乗り、器用に走り回るのを見て、今度は日本人たちが仰天した。諭吉は述べている。「そういう訳けで、双方共に事情が少しもわからない」。

### 事物の説明に隔靴の嘆あり

自伝ではヘルファーに招かれた話の後に、アメリカ人の案内で製作所などを見学したことが書かれている。この時に諭吉が見たであろう製作所は海軍工廠内の機械工場で、そこでは船の艤装《ぎそう》に不可欠な技術である電気メッキが行われていたはずだ。また、海軍の施設に電信局がなかったとは考えがたく、望みとあらばその内部を見学できたに違いない。さらに砂糖の製造所では、骨炭で純度を高める方法を見学したことが帰国後の報告書に書かれている。

全般的に、物質文明・科学技術については日本で勉強していたため驚くようなことはなく、奇異と感じたのは生活習慣や社会制度のほうであった。そして重要なのは、諭吉はそこで体験したアメリカの風習を、ほぼ全面的に肯定している、ということである。要するに諭吉は、日本ではずっと圧迫されて不愉快だったところ、アメリカに行って、その自由さにほっとしたのであった。この感覚を、諭吉は生涯保ち続けたように思われる。

三月二三日にメーア島に着いてから、木村は数回サンフランシスコに出張しているが、諭吉は随行しなかったようだ。諭吉が市街を散策したのは、四月一八日水曜日から二一日土曜日までと、咸臨丸が帰国の準備のためサンフランシスコ沖に停泊していた五月一日火曜日から、出港する八日火曜日までの二つの期間である。「初めて日本に英辞書入る」の節と「少女の写真」の節に書かれた話は、このいずれかの時期の出来事ということになる。

## 少女との写真

四月一八日からの三泊四日は休暇のようなもので、諭吉は五人の咸臨丸士官と連れだってサンフランシスコに行き、ジャクソン通りのインターナショナル・ホテルに泊まっている。そこは到着した翌日歓迎を受けた場所で、その関係もあって咸臨丸の乗組員が市内見物に行く場合の宿所として指定されていたようだ。自伝にはこの四日間のことは書かれていない。諭吉は日記をつけていなかったので詳しいことは分からないが、他の人々の記録や回想によると、観光ガイドブックを使ってのありきたりな見物だったようである。

諭吉の生涯最初の写真は四月二〇日か二一日にモンゴメリー通りのショー写真館で撮られたもので、羽織袴姿六名の集合写真のうち、向かって右端に椅子に腰掛けた諭吉の姿がある。他の五名とは浜口

少女との写真
（慶應義塾福澤研究センター蔵）

与右衛門《よえもん》・肥田浜五郎・小永井五八郎・根津欽次郎・岡田井蔵《せいぞう》である。修学旅行の自由行動のようなものだから、彼ら六名はそれなりに気の合う仲間だったのだろう。このうち英語を学んでいたのは諭吉だけで、彼には通訳としての役割もあった。

そして有名な少女との写真は、ショー写真館を二度目に訪れた五月二日か三日に撮られた。この写真については中崎昌雄の『福澤諭吉と写真屋の娘』に詳細な考証がある。この少女は写真家ウィリアム・ショーの娘ドーラで一二歳であった。

**初めて日本に英辞書入《はい》る**

ウェブスターの辞書について、自伝には、「その時に私と通弁の中浜万次郎という人と両人が、ウェブストルの字引を一冊ずつ買って来た。これが日本にウェブストルという字引の輸入の第一番、それを買ってモウ外には何も残ることなく、首尾よく出帆して来た」とある。この辞書については、山口一夫が『福澤諭吉の亜米利加体験』で調べているが、この時諭吉が購入したのは、大辞典ではなく、全部で六百頁ほどの中辞典だったようである。

二人が辞書を購入したという書店はどこなのか分かっていない。一八六〇年四月四日付『サンフランシスコ・ヘラルド』紙に、咸臨丸の通弁が流暢《りゅうちょう》な英語でウェブスターの辞書を購入した、との記事が掲載されているが、この人物は中浜である。諭吉はメーア島に戻った中浜から辞書を見せてもらい、自分も購入したいと思ったのだろう。その時期は帰国直前のようで、そうなると出港前日の五月七日に諭吉とブルックスの店に行った、という長尾幸作の日記が参考になる。

咸臨丸乗組員にサンフランシスコ市見物の便宜をはかったのは、入港して早々やってきた土地の実業家チャールズ・ブルックスであった。彼は貿易商であると同時に商業図書館の理事でもあって、その店舗はショー写真館と同じモンゴメリー通りにあった。帰国前日に長尾と諭吉はそこに立ち寄ったのである。商業図書館とは有料で本を貸し出す私立図書館のことだが、現在ある公立図書館の多くはそうした商業図書館を起源としているという。ブルックスが書籍の販売にも携わっていたのはまず間違いないから、諭吉はその時ブルックスからウェブスターの辞書を買った可能性が高いと思われる。

一八六〇年五月八日、きれいに修理された咸臨丸はサンフランシスコ湾を後にして、再び太平洋の外海に出た。この年は西暦だけではなく和暦でも閏《うるう》月があり、出港日は和暦では万延元年閏三月一八日である。もっとも彼らは桜田門外の変もその直後の改元のことも知らなかったから、相変わらず安政七年が続いていると思い込んでいたのではあったが。

帰りの航海は、行きとは違って快適であった。晴れて無風の日が多かったため出港一〇日で石炭を使い果たしてしまい、途中五月二三日にハワイ・オアフ島のホノルル港に入った。とくに必要でもない寄港であるが、要するに見聞を広げたかったのであろう。ここで一行はハワイ王国の国王カメハメハ四世に謁見《えっけん》している。二六日に出港、諭吉はその後に集合写真を撮った仲間たちに写真屋の少女との写真を見せてうらやましがらせた。そしてホノルル出港二九日目の和暦五月五日（西暦六月二三日）端午の節句に、土岐太郎八に送った手紙に予告した通り、浦賀沖に帰着したのであった。

入浴のため小船に乗って陸に着くと、そこには木村家の用人島安太郎が待っていた。自伝には、

### 不在中桜田の事変

ヒョイと浦賀の海岸で島に会うて、イヤまことにお久しぶり、ときになにか日本に変ったことはないかと尋ねたところが、島安太郎が顔色を変えて、イヤあったともあったともたいへんなことが日本にあったというそのとき、わたしが「ちょいと島さん待ってくれ、言うてくれるな、わたしがあててみせよう。たいへんといえばなんでもこれは水戸の浪人が掃部様《かもんさま》の邸《やしき》にあばれこんだということではないか」というと、島はさらに驚き、（「不在中桜田の事変」の節）

諭吉に桜田門外の変の顚末《てんまつ》を語った、とある。

ところが勝は『氷川清話』の「咸臨丸で渡米」の節で、事件を知ったのは上陸前だった、としている。すなわち、浦賀沖に着いて上陸の準備をしていたところ、

浦賀奉行の命令だといって、捕吏《ほり》がどやどやと船中へ踏みこんで来た。おれも意外だから、「無礼者め、何をするのだ」と一喝《いっかつ》したところが、捕吏がいうには、「数日前、井伊大老が桜田で殺され

たについては、水戸人は厳重に取調べねばならぬ」というから、おれも穏やかに、「亜米利加には水戸人は一人も居ないから直ぐに帰れ」と、冷やかして帰らしたヨ。（勝全集第二一巻二二頁）

と述べている。この話が本当だとすると、諭吉がすでに船上で事件を知っていた可能性がでてくる。富田正文は『考証福澤諭吉』（上一六九頁）でそのような考えを述べているが、河北展生《かわきたのぶお》は、咸臨丸乗組員の日記を調査して、上陸前に浦賀奉行所の小船が来たという記録を誰も残していないうえ、彼らが桜田門外の変を知ったのは上陸後であったことを示して、勝の記憶違いではないかとしている（『「福翁自伝」の研究』一〇一頁）。

勝はこの話を明治三〇年（一八九七）一一月二日付『国民新聞』の「海舟翁の咸臨丸渡米談」でしていて、それはちょうど、諭吉が『福翁自伝』を口述し始める頃にあたる。徳富蘇峰《とくとみそほう》の『国民新聞』は、諭吉の『時事新報』のライバル紙でもあるし、咸臨丸以来諭吉は勝を嫌い続けたから、そのインタビュー記事を読んでいた可能性は高いと思われる。つまり、自伝の「不在中桜田の事変」の節は、もともと勝への反論として語られていたのである。そうなら、なおさら諭吉が虚偽を語ることはあるまい、ということになる。では勝が嘘を言っているのかというと、私はそうではないと思う。

### 井伊暗殺の容疑者勝海舟

誰も記録していないが、投錨《とうびょう》した咸臨丸に浦賀奉行所の小船がやってきたのは確実である。というのは、奉行所の許可がなければ下船は許されなかったからである。

ミシシッピ号によって持ち込まれたコレラで全国に数一〇万人の死者が出たのは、わずかに二年前のことであった。幕府は伝染病を水際で防ぐため検疫体制を強化していたのである。その手続きはあまりに自明であったため、乗組員は誰もそのことを日記に記さなかったのだと思われる。つまり、私の考えでは、奉行所の者が乗り込んできて、勝に井伊暗殺の事実を告げたのは、実際にあったことである。そしてそれはおそらく、艦長室で勝個人に密かに明かされたのである。

桜田門外の変を起こしたのは主に水戸藩士とはいえ、井伊の首級を挙げたのは薩摩藩士有村次左衛《じざえ》門《もん》であった。有村は事件当日に自害したので、その身元はすでに割れていた。そして井伊の命を奪ったのは刀傷ではなく、銃弾であったことも判明していた。つまり捜査当局は、薩摩と銃砲という有力な手がかりを摑《つか》んでいたのである。そして勝はその両方と深いつながりがあった。

長崎海軍伝習所が薩摩藩主島津斉彬の強力な支援を受けていたことはすでに書いた。勝が率いる咸臨丸が、練習航海の途上鹿児島を訪問したのは、二年前の安政五年三月と五月のことである。その五月の訪問の前、四月一二日付の島津斉彬の勝宛て書簡には、勝を通して発注した五百挺の小銃がまだ届かないがどうしたのか、という看過できない一文がある（勝全集㉒二一頁）。勝がもしその要求に応えたのだとしたら、安政五年五月の鹿児島訪問は小銃の納品が目的であった可能性がある。

さらに勝は井伊に個人的な恨みもあった。すなわち井伊のお陰で、吉田松陰・橋本左内という二人の象山門下生が処刑され、せっかく軌道に乗って優秀な士官を輩出しつつあった長崎海軍伝習所は廃校に追い込まれ、それまで勝を引っ張ってくれていた、大久保忠寛《おおくぼただひろ》・永井尚志《ながいなおゆき》・水野忠徳《みずのただのり》・岩瀬忠震《いわせただなり》らの一橋派幕臣は、ことごとく左遷されてしまっていたのである。勝自身が処罰されなかったのは、彼以外に日本人による渡米を指揮できる人材が見あたらなかったためである。

咸臨丸は五月七日に品川沖に到着、乗組員は下船してそれぞれもといた場所に戻っていった。帰国の挨拶《あいさつ》のため登城した勝は、老中から、「その方は一種の眼光を具《そな》えた人物であるから、定めて異国へ渡りてから、何か眼を付けたことがあろう。詳《つぶさ》に言上せよ」との諮問を受けた。最初は人間世界のことだからそれほど違いはありません、と当たり障《さわ》りのない返答をしていたが、老中はそれでは不十分と思ったものか、再三尋ねるので、勝は、「左様、少し眼に付きましたのは、アメリカでは、政府でも民間でも、およそ人の上に立つものは、みなその地位相応に怜悧《れいり》でございます。この点ばかりは、全く我国と反対のように思いまする」と答えた(『氷川清話』「亜米利加人は上の人が怜悧」の節・勝全集㉑二四二頁)。

こうした態度が災いしたものか、後になって井伊暗殺への関与についての疑いは晴れたらしいが、アメリカから帰ってからの処遇はひどいもので、勝は軍艦操練所からも追い出され、まったく仕事のない蕃書調所頭取助《とうどりのすけ》という閑職に就かされるのである。勝が復権するのは二年後、文久二年(一八六二)閏八月に、軍艦奉行並《なみ》となってからである。

## 4　アメリカで学んだことは――万延元年(一八六〇)秋

### アメリカの印象

幕臣ではなかった諭吉は登城の必要もないので、品川に上陸してそのまま鉄砲洲中屋敷に帰ったものと思われる。万延元年五月の日付で中津藩に提出された報告書は無味乾燥なもので、当時の諭吉がアメリカで受けた衝撃といったものは伝わってこない。それから四〇年近くも経ってから書かれた自伝には、後日の記憶の変容とでもいうものがあるかもしれないが、とりあえずその記述から諭吉のアメリカ観を推測してみよう。

私の考えでは、諭吉がアメリカに抱いた印象というのは、おおむね以下のようなものであった。物質文明の水準については、サンフランシスコにはとくに目新しい事物はなかった。諭吉が驚いたのは、そこにいる人々が享受している自由と、にもかかわらず社会は混乱することもなく運営されていることのほうにあった。日本では身分制度があるから秩序が保たれていると思っていたのだが、それがなくても社会は成り立つし、むしろそのほうが合理的な発展が可能なのである。諭吉は中津藩の重役からの質問に対し、米国は「極楽世界」のようだった、と答えたという。この「極楽世界」を実地に見聞した諭吉は、いかにすればアメリカ流の考え方を日本に根づかせることができるか、ということについてより強い関心をもつことになったのである。

また、諭吉はその短い滞在の期間に、帰国後の自分自身が今後何をすればよいか、についても重要なヒントを得たように思われる。咸臨丸がサンフランシスコに到着して、最初に接触したアメリカ人は新聞記者であった。新聞という報道機関の存在を、諭吉はそれまでに知っていただろうが、実際に取材を受ける立場となったのは、それが最初である。咸臨丸到着の記事の載った新聞は、翌日に初めて上陸したときには、すでに店頭に並んでいた。ニューズ・ペーパーとはこういうものなのか、と諭吉は実物を手にとってその速報性に感じ入ったにちがいない。

二番目に乗艦してきたのは土地の実業家ブルックスであった。彼はすでに香港でのビジネスを始めていて、中国に続く進出地として日本に照準を定め、公使ハリスと連絡を保ちながら、日本人の第一陣を待ちかまえていたのである。一行の滞在中ブルックスが非常によくしてくれたことは、乗組員の日記にも触れられていることであるが、もちろんそれは単なる親切心からばかりではない。未開拓の日本市場への野心があったのは当然のことだが、それが分かったとしても嫌な感じはしなかったようである。なるほどこれがビジネスマンというものなのか、と諭吉は得心したことであろう。

三番目に咸臨丸を訪問したのは、到着翌日のテッシェメーカー市長と市会議員であった。日本に当てはめれば町奉行と与力なのであるが、なんと市長の本職は商人で、議員たちも市内各区から選ばれた主に商工業に携わる人々なのだという。彼らへの手当はわずかなものなのに、粉骨砕身して市政を向上させようとしているのには、商人とは自分の利益しか考えない人々のことだ、という既成概念をもっていた諭吉には、やはり驚きであったことだろう。

それから、帰国の直前、市長らに別れの挨拶をするため、サンフランシスコの社交場ユニオンクラブに足を踏み入れたことも、後の諭吉にとっては重要な経験であったと思われる。そこで実際にどのようなことが行われているかを知ることがなければ、交詢社《こうじゅんしゃ》の構想そのものも湧かなかったであろうからである。

他にも咸臨丸の船内ではブルック大尉、メーア島に移ってからは、カニンガム長官、マクドーガル大佐、さらにヘルファー夫妻など、有能で尊敬できる人々と交流することができた。「アメリカでは、政府でも民間でも、およそ人の上に立つものは、みなその地位相応に怜悧でございます」という勝の感想は、諭吉としてもまったく同感というところであったろう。

## 石河明善の水戸藩への上申

カリフォルニアの自由な空気を吸ってきた身にとってみれば、江戸の状況は、なんだこれは、といったところであったはずだ。井伊大老としては攘夷派の処刑で決着をつけたつもりだったのかもしれないが、そのわずか五カ月後には、自分自身が水戸藩と薩摩藩の浪士によって暗殺されるという大どんでん返しとなっていたからである。桜田門外の変の首謀者関鉄之介は未だ潜伏中で、幕府の役人たちは必死の探索を続けていた。じつは逃亡中の関は、いったんは薩摩まで行ったものの、反幕府的色彩の強い斉彬から融和派の久光へと藩の指導者が交代していたため領内に匿《かくま》ってもらえず、やむなく水戸藩領で弟の恕《じょ》が手配した民家に隠れていたのであった。

水戸の藩論はもともと攘夷を旨としていたが、幕府の命令に逆らってまで攘夷を貫くべきかどうかについては意見の対立があった。もしそうするなら、幕府と一戦交える覚悟を決めなければならない。井伊の暗殺は徳川斉昭の命令によるわけではなく、脱藩浪士が勝手にしたことであった。水戸学者会沢正志斎《あいざわせいしさい》の高弟である弘道館助教石河明善《いしかわめいぜん》は、井伊が殺されたことはよかったが、水戸藩が関わったわけではないことを証明するため、関など暗殺犯人の追及に手を貸すべきだ、と藩に上申している。その建白は藩の方針となり、関鉄之介は翌文久元年に捕縛され、翌年五月に処刑されている。

攘夷は是か非かなどという論争は、水戸藩ばかりではなく長州藩でも中津藩でもあったことだが、実地にアメリカを見てきた諭吉にとっては、そのようなことを議論するのも馬鹿らしい、ということと考えたところにあった。

ろであった。西洋諸国から日本を守らなければならないとする点において、諭吉も攘夷派も帰するところは同じである。違っていたのは、攘夷派は開港後日本に入ってきた外国人にテロ襲撃することで目的を達しようとしたが、諭吉は、それではかえって西洋諸国の介入を招くから、まずは通商をして経済力を高め、それを元手に軍事力を増強することが、独立を保つため必須の手順である、と考えたところにあった。

## 幕府に雇わる

六歳の今泉みねが、諭吉に背負われて桂川の屋敷から中津藩中屋敷まで行ったのは、帰国して間もない頃のことである。みねはそこで、諭吉が住んでいた長屋の様子をかなり細かく記述している。おおむね足立寛の回想と同じであるが、そこには玄関がなく入り口から入るとすぐに土間になっていること、入り口脇に流しがあって、その横にはぴかぴかの釜が置いてあったこと、一階奥の座敷に机があって、その引き出しからアメリカ土産の石鹸とリボンを取り出してみねに与えたこと、座敷の縁に張り出す形で便所があったことを思い出している。

これが鉄砲洲の中屋敷に最初に開いた塾の姿でもあるわけだが、その年の内に、諭吉は住まいを新《しん》銭座《ぜにざ》の木村喜毅の屋敷（現・東新橋二丁目一四番地）近くに移している。そこはどうやら木村家の家作（貸家）であったようだ。

自伝では、帰国してからはもっぱら英学を志したが、「教授とはいいながら実は教うるがごとく学ぶがごとく、ともに勉強しているうちに、わたしは幕府の外国方（いまでいえば外務省）に雇われた」（「幕府に雇わる」の節）とある。大名や旗本の家来たちが幕府の機関や学校に雇われることは、すでに

**木村喜毅屋敷跡**
（第Ⅰ期新銭座塾跡，東京都港区東新橋）
なんとイタリア街になっていた。

珍しいことではなくなっていた。その最初が中浜万次郎で、もとは土佐の漁師であった彼も、江川太郎左衛門（英敏）の手付という扱いで、軍艦操練所の教員となっている。続いて中津藩士島津文三郎も同所に採用となり、さらに適塾出身の川本幸民・杉亨二・大村益次郎（村田蔵六）・布野雲平らが蕃書調所に勤めている。

人脈からいってこのいずれかに出仕するのが順当なのだが、とくに外国奉行支配の外国方というのは、諭吉のオランダ語と英語の両方の翻訳能力が認められた、ということなのだろう。就職の時期は万延元年一一月下旬である。推薦者は軍艦奉行木村喜毅であったとされているが、その申し出を受け入れた外国奉行は、おそらく小栗忠順《おぐりただまさ》である。上野介《こうずけのすけ》の官名の、幕府に殉じた旗本として有名な小栗は、ポーハタン号に目付として乗艦、三月に咸臨丸一行と別れた後は、ワシントンでブキャナン大統領に謁見《えっけん》し、そのまま東回りで地球を一周して九月二八日に江戸に帰着、一一月八日に外国奉行に就任していた。幕府に雇われたことで、諭吉の人生はそれまでとはまったく異なる道が開けたのである。

# 第六章　ヨーロッパ各国に行く

## 1　幕府外国方に雇われ、妻を娶《めと》る――文久元年（一八六一）

### 自伝一年半の空白

咸臨丸が万延元年（一八六〇）五月五日に帰着してから、翌文久元年一二月二二日に、芝田町船着場からヨーロッパ各国に向かうまでの一年半の諭吉の動向は、自伝にはほとんど記されていない。書簡も桂川甫周宛の短い礼状（英文）のみである。何をしていたかについては、帰国直後の五月中は、中津藩に提出する「万延元年アメリカハワイ見聞報告書」（全⑲三頁）を作成し、続いて八月までは『増訂華英通語』（全①二四頁）を訳し、続けて九月には古川節蔵（岡本周吉）に翻訳を任せた『万国政表』を出版し、一一月からは幕府外国方に出仕して、以後は全集の『幕末外交書訳稿』（全⑦七一三頁）に収録されている外交文書の翻訳にあたっていた、ということははっきりしている。島津文三郎が佐久間象山に宛てて書いた六月五日付の書簡には、福澤は目下詳細なアメリカ見聞記を準備中である、とあるという（伊藤弥之助［一九六九］）。これが五月の簡単な報告書とは別のものであるのは明らかで、あるいは七年後に出帆される『西洋旅案内』（全②一一三頁）と『西洋衣食住』（全②一八七頁）の元になる草稿であったかもしれない。

小栗忠順
（『小栗上野介忠順公を憶ふ』より）

## 幕府外国方

万延元年一一月からは、外国奉行支配翻訳御用御雇《ほんやくごようおやとい》として、その年新築されたばかりの江戸城本丸御殿内の御用部屋に出仕したのであるが、その時どのように感じたか、についても自伝は触れていない。本当は大変うれしかったはずである。というのも、もともと中津藩では一三石一人扶持の下士身分に過ぎなかった諭吉が、二〇人扶持御手当金《おてあてきん》一五両という破格の待遇で江戸城城勤めをするなど、当時としては目もくらむような大出世であるからである。二〇人扶持とは米三五石の支給を意味していたが、実際には相当する現金が年三回分けて支払われた。収入だけでいうと、これは知行約九〇石の旗本に取り立てられたのと同じ待遇であった。

当時の外国方は、安藤信正《あんどうのぶまさ》（磐城平《いわきたいら》藩主・五万石）と久世広周《くぜひろちか》（下総関宿《しもふさせきじゅく》藩主・五万石）の二人の担当老中の下に、小栗忠順《おぐりただまさ》・松平康英《まつだいらやすひで》ら総勢九人の外国奉行が実務を分担する、という体制だった。老中の二人は、安政の大獄でこじれてしまった朝廷と幕府の関係を修復するため、公武合体政策を推進していた有能な人々だったが、肝心の奉行衆は、小栗と松平以外は聞いたこともないような小者ばか

松平康英（『甦る幕末』より）

りである。

幕府外国方に雇われて意気揚々と登城したものの、『幕末外交書訳稿』を読むかぎり、仕事の中身は暗澹《あんたん》たるものだった。各国公使館から寄せられる苦情を日々翻訳させられるはめになったからである。攘夷派のテロは外国人外交官に向かい、着任早々の万延元年一二月五日には、アメリカの通訳官ヒュースケンが芝三田で薩摩浪士に斬殺された。この事件に抗議するフランスやプロイセンの公使館からの書簡を翻訳したのは、諭吉をはじめ箕作秋坪《みつくりしゅうへい》・杉田玄端・高畠五郎ら四名であった。

また、高輪東禅寺《たかなわとうぜんじ》内のイギリス公使館が水戸浪士の襲撃を受けたのは、翌文久元年（一八六一）五月二八日のことであった。この第一次東禅寺事件に際し、テロに対して幕府は有効な手だてをとることができないのか、このままでは日本は西洋諸国から軽蔑を受けることになるがそれでよいのか、という厳重な抗議文が公使オールコックの名前で出されたが、それを訳したのも諭吉・杉田・高畠に村上英俊・手塚律蔵を加えた五名である。彼らは西洋諸国が日本に向けた厳しい評価を、ひしひしと感じたはずである。

### 用人土岐太郎八次女錦

諭吉は自身の結婚について、自伝「品行家風」の章「妻をめとって九子を生む」の節に、「文久元年旧同藩士の媒酌《ばいしゃく》をもって同藩士族江戸《えど》定府《じょうふ》土岐《とき》太郎八《たろはち》の次女をめとり、これがいまの老妻です」と書いている。その年の何時のことであったか永らく分からなかったが、第二次世界大戦後に「福澤諭吉子女之伝」（全別巻一二一頁）が発見されて、式は冬にあったことが判明した。私は、それをヨーロッパに旅立つ直前の一二月のことと推定するが、その前に、諭吉と錦《きん》がいかにして知り合うことになったかについて述べたい。

江戸定府の土岐家は、家禄二五〇石に役高五〇石という上士身分供番格の家柄であった。職分は家老のもとで江戸屋敷全般の運営にあずかる用人《ようにん》である。諭吉自身が語っているように、本来なら身分違いのため縁のない者同士なのであるが、障碍《しょうがい》を乗り越えての結婚であった。錦の父太郎八が福澤家について知ったのは、三之助・諭吉兄弟の父百助が国元の経済混乱を収束させた天保五年（一八三四）のことと思われる。その後嘉永七年（一八五四）頃、国元の財政状況の調査のため立ち寄った大阪蔵屋敷で廻米方《かいまいがた》福澤三之助と出会い、その仕事ぶりに感心したのだという。

江戸に戻った太郎八は、できれば三之助を呼び寄せて中央の仕事をさせたい、と同僚に話し、また三之助も諭吉に、江戸に出るようなことがあったら土岐様を頼るように、と言っていた。実際に諭吉と太郎八が面識をもったのは安政五年（一八五八）冬のことで、諭吉はほどなく太郎八の酒飲みの相手となったようだ。諭吉がアメリカから太郎八に書いた手紙には、こちらでは思うように酒を飲むことができません、とあり、帰国後は家老逸見《へんみ》から、娘のいる家で酒盛りとははけしからん、という小言を頂戴《ちょうだい》した（自伝「品行家風」の章「醜声外聞の評判かえって名誉」の節）。とにかく諭吉は太郎八に気に入られたのである。

太郎八には長女とう・次女錦・次男謙之助の三人の子供がいた（長男は早世）。諭吉がアメリカから戻ったとき、錦は養女に入っていた今泉家（供番格・三五〇石）の当主と祝言をあげるばかりとなっていた。ところが相手の今泉四郎が万延元年（一八六〇）一二月二七日に二三歳の若さで死去したため、錦は土岐家に戻り、かわって姉のとうが北門奥平家（供番格・五五〇石）から今泉家に養子に入った郡司と結ばれたのである。諭吉が錦の婿候補として急浮上したのは文久元年になってからで、太郎八本人は、とうが片づいたので次は錦を諭吉の所へ、と思っていた矢先に亡くなってしまったのであった。媒酌人となった島津文三郎は佐久間象山に宛てた文久元年一二月一日付書簡の追伸に次のように書いている。

奥平壱岐が宜しくお伝え下さいと申しております。岡見彦三はもはや三年になりますが、少しも快方に向かう気配がなく、大小便とも便所ですることができないほどで、とくに病名があるわけではないのですが、老病なのでしょうか、苦しんでおります。横山犀蔵《よこやまさいぞう》はとくに変わったところはありません。土岐太郎八は壮健な者だったのですが、この夏頃に病気になり、八月に死去しました。だんだん知っている者が少なくなってきております。新たな情報が入りましたら、来春早々にお伝えします。

（『象山全集』第五巻七九八頁・現代語訳）

象山の高弟で西洋砲術の専門家である島津は幕府の軍艦操練所に教師として雇われていた。諭吉とも近い立場にあったのだが、もしこの手紙が書かれた一二月初めにすでに式が挙げられていたなら、共通の知人の娘が自分の媒酌《ばいしゃく》で結婚したことに言及がないのは奇妙である。しかも『華英通語』と『万国政表』の翻訳（校閲）者である諭吉はすでに洋学の世界では有名人で、象山は親戚筋である勝海舟とともに渡米した諭吉のことも知っていたのである。その象山への書簡に触れられていないのは、まだ媒酌人を頼まれていなかったから、ということのようで、諭吉と錦の結婚式は、欧州派遣が本決まりとなった一二月一〇日前後のことなのではないかと思う。

**新銭座借家での結婚式**

太郎八は二人の結婚を遺言しつつ亡くなったというが、土岐家の親戚筋はもともと賛成ではなかったと伝えられている。死んだ今泉四郎の家禄は三五〇石、諭吉は旗本格に出世したとはいえ、もとは一三石一人扶持の下士の出である。身分違いも甚だしい、というわけである。これで諭吉が一年もの間不在となったら、どうなるか分からない。岡見彦三・島津文三郎そして義兄となる今泉郡司らが後押しして、ともかく祝言だけは、というふうにもっていったのではなかろうか。岡見と島津は江戸に来てからの知人であるが、今泉はその年北門奥平家から養子に入ったばかりで、壱岐・三之助そして諭吉とは、野本真城門下生として古い友人だったのである。

結婚式は、新銭座の借家で挙げられた質素なものだったという。主宰したのは中津出身の豊前屋周蔵で、彼は鉄砲洲中屋敷内に居を構えて、米ばかりでなく諸産物の売買に与り、さらに金銭の出納を代行していたようである。参列者もごく少なかったようで、木村喜毅《きむらよしたけ》日記には諭吉が結婚した事実の記載はなく、一二月二一日の欧州派遣拝命だけが記録されている。その後新銭座で一七歳の花嫁が一人諭吉の帰りを待っていたのだとしたら、相当に物騒な話である。私は諭吉不在の間、錦は実家預かりという形で、そのまま汐留の上屋敷内に、実母や弟と一緒に住んでいたのだと思う。新銭座では古川節蔵（岡本周吉）が塾を守っていたのではなかろうか。

幕府からは四百両もの支度金が支給された。途方もない金額で、現在の貨幣価値に換算して四千万円ほどにもなる。諭吉はそのうち百両をアメリカで撮った写真とともに国元の順に送った。中津ではちょうどその時期、長州から青木周蔵《あおきしゅうぞう》（後年の外務大臣）が諭吉の叔父橋本塩岩《はしもとえんがん》のところに弟子入りしていた。福澤家を訪ねたとき順からその写真と百両を見せてもらったことが、青木の洋学を志すきっかけになったのだという。

## 2　大英帝国の勢力を見せつけられる――文久二年（一八六二）春

### なぜ遣欧使節は派遣されたのか

日米修好通商条約をはじめとするいわゆる安政の五カ国条約は、一定の期限内に神奈川・長崎・函館・新潟・兵庫の五港と、江戸・大阪の二市を開く約束になっていた。最初の三港についてはどうにか開港できたものの、攘夷派の妨害などにより、残りの条件を果たすことができないでいた。そこで幕府は諸外国公館に対して、その延期を申し入れたところ、イギリスとフランスの公使から、ヨーロッパ諸国に使節を派遣して直談判《じかだんぱん》してはどうか、という提案が出された。経費も相手国が負担し、イギリスから迎えに来る軍艦オーディン号でヨーロッパまで送ってもらえるという願ってもない条件である。こうして幕府は、開市開港の延期と、そしてロシアについては樺太《からふと》の国境線確定を交渉するため、遣欧使節派遣を決めたのだった。

この第二回の洋行については、諭吉自身の日記や資料が残っていて、その様子を詳しく知ることができる。また諭吉を含む文久遣欧使節に関する研究も数多くあり、私がここで付け加えられることはそれほどはない。諭吉個人の西欧体験に絞った研究について言えば、山口一夫の『福澤諭吉の西航巡歴』と『福澤諭吉の亜欧見聞』が優れているので、そちらを読むほうが有益である。私としては、総花的にこの旅行について書くのではなく、一年半前のアメリカ訪問に続いて、そこで諭吉が何を知り、何を得たのか、という方向から話を進めたい。

### 偶然長崎に立ち寄る

文久元年一二月二二日正午、一行三〇数名は田町《たまち》船着場から小船に乗り、イギリス軍艦オーディン号の客となった。オーディン号は約二千トン、咸臨丸より容積で三倍、長さで一・四倍ほどもある大型外輪船で、日本の使節を乗船させるために改装したこともあって、咸臨丸とは比較にならない快適さであった。諭吉の身分も前回は木村喜毅の従僕というわば員数外であったが、今度は下級とはいえ正式な随員である。ただ問題は、オランダ語通詞という扱いにもかかわらず、諭吉は蘭会話が不得手だったことである。

航海は最初から強い向かい風に見舞われた。蒸気船だからそれでも前には進めるが、機関を使って航行するうちに燃料が底をついてしまったため、急に予定外の長崎に寄ることになったのであった。

そこに多くの知己がいた諭吉としては思わぬ幸運である。

一二月二九日に長崎に入港し、上陸した諭吉はその足で砲術家山本物次郎の家を訪問した。七年ぶりに突然姿を現した諭吉に、当然ながら山本は驚いた。そこで書生をしていたころ、諭吉は禁酒していたので、山本は諭吉が酒飲みだということを知らなかった。山本家で歓待を受けたときに実は酒豪だということを知った山本は、二度驚いたのであった。

山本家は大井手町にあったが、そこから八百メートルほど長崎街道を下った外浦町では、オランダ軍医ポンペの医学所（長崎大学医学部の前身）で研修をしていた長与専斎《ながよせんさい》が塾を開いていた。長与の所在を山本から聞いたのであろうか、午後に山本家を辞した諭吉は、出島にも近いその長与の家に向かったようである。諭吉来訪の知らせはすぐに在長崎の適塾門下生の間に伝わり、その日の夕方には祝宴が張られることになった。出席者は二〇余名で、最初は諭吉の歓迎会であったはずが、多額の支度金を受領して江戸を出てきた彼は、逆に友人たちに馳走《ちそう》するのだった。

### 大英帝国の支配下

石炭を積み込んだオーディン号は、文久二年元旦に長崎港から外海に出た。この日は西暦では一八六二年一月三〇日木曜日である（以後は海外での出来事なので、西暦を主とし、和暦を適宜補うことにする）。次の寄港地である香港に到着したのは西暦二月四日で、長崎から五日であった。この寄港から四月三日にフランスのマルセーユに到着するまでは、イギリスの統治下にある諸地域の現状を観察しながら移動したのだが、どうやら英側には、自らの国力を日本の使節に見せつけようとする意図があったようだ。暖かい歓迎を受けた二年前のアメリカとは違って、今度は一種の威圧を感じたようである。

二月一七日にシンガポールに到着し翌日出港、二五日にセイロン島に到着し、三月一日に出発してアラビア半島南端の港アデンに着いたのは、三月一二日であった。そこからは紅海を北西に進み、三月二〇日にアフリカ大陸とユーラシア大陸を区切っているスエズに上陸した。

スエズ運河の開削はすでに三年前の一八五九年に開始されていたが、完成は一八六九年であるから、諭吉たちが通過した七年後である。ここでオーディン号に別れを告げた彼らは、翌二一日、鉄道に乗って西に約一二〇キロ離れたカイロに向かった。諭吉にとってそれが生まれて初めての鉄道利用で、所要時間は約五時間半であったが、アフリカ南端の喜望峰周りで欧州に向かうことを考えれば、それでも大幅な時間短縮である。

カイロには二泊してピラミッドやスフィンクスを見物した。三月二四日、ナイル川を下って地中海に面したアレキサンドリアに到着した。ここまで来ればヨーロッパは目と鼻の先である。翌二五日、一行の乗った三千四百トンの大型輸送艦ヒマラヤ号はアレキサンドリアを出発し、二八日から三一日まではマルタ島に滞在、そこを出発して四月三日にはついにフランスのマルセーユに着いた。江戸を出発してから二カ月余りであった。

## 一八六二年春の国際情勢

四月五日朝にはマルセーユから鉄道でリヨンに移動、ここで二泊して七日朝出発し夕方六時にパリに到着した。パリはスエズから約三千八百キロ離れているが、この間船や鉄道を利用したのは全部で一二日間なので、移動日には一日平均三百キロ以上動いたことになる。しかもその間、電信によって英仏両政府およびその出先機関との連絡もついていたので、立ち寄った先々での受け入れの準備は万全であった。この経験によって、諭吉は、蒸気船・鉄道・電信が一九世紀物質文明の本質である、と捉えることになった。

パリで分かったことは、西欧列強などと十把一絡《じっぱひとから》げに恐れていた国々が、じつは一枚岩でも何でもなく、彼らが日本で生きていた徳川時代の幕府や諸藩と同様に、互いに利害関係をもちながら牽制し対立しつつ活動している、ということだった。それまでの二カ月余りの旅行で、一行は西欧諸国の勢力を嫌というほど見せつけられてきたのだが、それらの国々もそう簡単には団結はできない、ということを知って、いくらか安堵を覚えたのであった。

当時アメリカは南北戦争中で日本には介入しづらい状況にあり、フランスはベトナムの植民地化を進めている。英国は第二次アヘン戦争とクリミア戦争が終わったばかりで、しばらくは勢力圏内の維持安定に追われそうだ。ドイツはプロイセンを中心にまとまりつつあったが、未だ統一国家にもなっていない。ロシアはクリミア戦争の敗戦で国内ががたがたになっている。これがそれから半年のうちに彼らが訪れるであろう国々の内情で、いずれも極東まですぐにはやって来られない以上、我国にも軍備増強の時間的猶予があるかに見えた。

## ナポレオン三世統治下のフランス

パリで諭吉の泊まったホテル・デ・ルーブルの部屋は旧王宮の見える南側であったようで、諭吉の日記『西航記』西暦四月九日付には、「毎朝帝宮護衛兵の交代するを見るべし」（全⑲二〇頁）とある。その後しばらく記述がなく、一三日の日曜日に竹内保徳・松平康英・京極高朗の三使節がナポレオン三世に謁見したことが記されている。活動を本格化させるのは一五日からで、かなり大規模な病院の視察をし、尼僧が看護をするノンという制度を詳細に書き留めているが、この病院はパリ北駅に近いラリボアジェル病院であったことが分かっている。

その二日後の一七日、日記に初めて二六歳のフランス人東洋学者レオン・ド・ロニのことが記されている。「支那語を学び又よく日本語を言ふ」（全⑲二二頁）とある彼は、一八三七年に考古学者の息子として生まれた。一八四八年の二月革命に賛同して政治活動をしていた父は、大統領だったルイ・ナポレオンがクーデタにより皇帝に即位した一八五二年に、身の危険を感じてイギリスに亡命してしまった。この年ロニは東洋現代語学校に入学し、卒業後は中国と日本の研究者として論文を発表しつつ、新聞記者として活躍していた。フランス本国には日本語を解する者がいなかったため、政府からの依頼で使節の世話役になったのである。

一行がパリで泊った「ホテル・デ・ルーブル」（1877年）

諭吉が記録したロニとの最初の対話は、前年ロシアが対馬を全島占領したというのは本当のことか、というものであった。フランスもまたクリミア戦争の参戦国で、南西方向への版図拡大をあきらめたロシアが極東方面へ出てくると踏んでいたのである。万延二年（一八六一）二月三日、対馬にロシアの海軍軍人が上陸してきたのは事実で、五月に現地まで出向いた外国奉行小栗忠順《おぐりただまさ》と交渉をしている。島の一角に陣地を構築したロシア軍人たちはしばらく居座っていたが、英仏両国の圧力によって八月には退去していた。諭吉は占領ではなく占拠である、と説明したところ、一八六二年四月二〇日付の『ル・タン』紙にそのことを伝えるロニの記事が掲載されたという。

それから二六日に諭吉は、ホテルからセーヌ川を渡って西に八百メートルの至近にあった立法院（国民議会）について調べている。議会の仕組みは、当時の日本人にとってもっとも理解しがたい事柄であった。行政府の機構は日本も西欧諸国も大した違いはなかったが、日本には議会に相当するものはなく、国民は一方的に支配される存在として位置づけられていたからである。『西航記』（全⑲六頁）に記された国民議会の説明は簡にして要を得たもので、帰国二年後に写本で流布された写本『西洋事情』（全⑲一七六頁）や、四年後に刊本となって爆発的に売れることになった『西洋事情』初編（全①二七五頁）でも、ほぼそのまま踏襲されている。日本人が議会とは何かについて受けた最初の説明は、諭吉によるものだったのである。

## 3　ヨーロッパもまた呉越同舟——文久二年（一八六二）夏

遣欧使節が元々目的としていた開市開港時期の延期交渉は、はかばかしい進展をみなかった。日本は一〇年の延期を求めたのに対して、フランス側は三年が限界と突っぱねて、膠着《こうちゃく》状態となってしまったからである。この状況に困り果てた一行は、当時対日外交の主導権を握っていたイギリスとの交渉を先にすることにして、パリを発ってロンドンに向かった。四月二九日のことである。

### ビクトリア朝中期のイギリス

三〇日にロンドンに到着、ブルック通りのクラリッジ・ホテルに投宿した。ナポレオン三世のもとで大々的な都市建設が行われていたパリから移ってきた一行の目には、ロンドンは相当にみすぼらしく見えたようである。何となく煤《すす》けていて、物価も高いという感想を記した者がいたが、それは前年に起こったロンドン大火のせいでもあった。

当時の英国は、セポイの乱（インド独立戦争）・アロー号事件（第二次アヘン戦争）・クリミア戦争に勝利したため国威ますます高揚の時期だったのだが、秩序は回復されたもののすぐに戦費を回収できるはずもなく、国内的には停滞感が漂っていたのである。治世二五年目のビクトリア女王は前年に伴侶アルバート殿下が死去したことによって消沈し、スコットランドの別荘に行ったままロンドンに戻ろうとしなかった。首相は自由党のパーマストン子爵で、彼は同盟関係も国益次第という、場当たり的で優柔不断な外交姿勢をとっていたのであった。

実際の交渉担当者は外相のジョン・ラッセルであった。ラッセルは首相経験もある老獪《ろうかい》な外交の専門家で、使節たちを単なる友好親善のための使者として扱って、交渉のテーブルになかなか着かなかった。英側は日本の足下《あしもと》を見たのである。使節団は、丁重なもてなしを受けながら、相手にはされない、という現実に愕然《がくぜん》とした。だが、先方は親切なばかりではなく、どのような所でも事前に申し込めば見学させてくれたため、最初の意気込みもだんだん弱ってきてしまい、やがて向こうのペースになってしまうのだった。

使節たちは遠くスコットランドまで視察に行ったが、諭吉は六月一二日に出発するまでずっとロンドンを見て回った。五月五日のロンドン橋、翌六日のキングズ・コレッジ病院、七日の電信局、そして一一日にはセント・メリー病院など、日記には行った場所が細かく記されている。

オランダ人医師シンモン・ベリヘンテ

諭吉が残した同時的記録としては、『西航記』のほかに、『西航手帳』（全⑲六六頁）というものがある。四月一六日頃パリのフォンタン文房具店で購入した細長い手帳で、諭吉はそこに日々の取材メモを書き留めている。この手帳の一二五頁から一三五頁までに、文明政治の五条件について、ともいうべきまとまった記述がある。その文明政治の五条件とは、⑴自由の尊重、⑵法治主義、⑶信教の自由、⑷学校教育の拡大、⑸科学技術の導入のことで、これに福祉の充実という第六条件を加えるならば、後年の『西洋事情』のテーマをほとんどすべて含んでいるのである。

この文明政治の五条件について最初に着目したのは松沢弘陽《まつざわひろあき》であった。松沢は、『西航手帳』の記述が福田作太郎筆記の「英国探索」（日本思想体系六六『西洋見聞集』四九〇頁）と類似していることを発見し、福田が英国逗留のオランダ人医師シンモン・ベリヘンテより聞いた、と書いていることから、諭吉もまた文明政治の条件を彼の講話から受容したのだろう、と推測した。松沢に示唆されてこの人物に関心をもったアルバート・クレイグは、このベリヘンテ医師が、シーモン・ベリンファンテ（Simon Belinfante）なる人物であることを突き止めた（クレイグ［二〇〇二］）。

クレイグによれば、ベリヘンテ（以下でも研究史上の慣用に従う）は、一八三一年にアムステルダムで生まれ、五三年にウェールズのセント・エドモンド・カレッジに入学している。五六年からはロンドン大学に在籍して教養学を修め、五九年にロイヤル・コレッジの外科学科に入学して六一年に医師の資格を修得している。その後いずれの病院で勤務していたかは不明であるが、探索にあたっていた日本人の誰かと接点をもったことにより、彼らの前で西洋文明についての講話をすることになったわけである。

クレイグはこの講話を諭吉自身が聴いたかどうかについて懐疑的であるが、私は英語にもオランダ語にも熟達していた諭吉が、その機会を逃したはずはないと思う。あくまで推測だが、私は、諭吉が五月六日にキングズ・コレッジ病院に行ったのは、もともとベリヘンテ医師と面会するためだったと思う。諭吉は何ごとについても無駄を嫌う人間で、別の場所に移動する際には、前もって現地の人への紹介状を書いてもらうことを常としていた。フランスで病院視察を担当していた彼は、イギリスでも同様のことを滞りなくするため、パリで知り合った人物に仲介を依頼した可能性がある。その場合ロンドンの病院に連絡をしたのは、おそらくロニであったろう。

先にも書いたように、ロニの父親は二月革命の挫折に伴い、一八五二年にイギリスに亡命していた。父親は翌五三年には客死したようだが、後にロニは新聞記者になったことでもあるし、ロンドンには多数の知己がいたはずである。ロニなら、諭吉からの、ロンドン在住の勤務医で、西洋文明概説の講義もできる人物を紹介して欲しい、という難しい注文に応えることができただろう。

ベリヘンテ医師を紹介したのがロニであったかどうかはともかく、諭吉は彼の講話によって、文明の水準を測る尺度を獲得したのである。以後生涯にわたって、その基準がぶれることはなかった。

### ロンドン万国博覧会と大英図書館

ナポレオン三世がパリの改造を進めていたのは、二月革命の経験から、狭い路地がデモ隊のバリケードによって封鎖されるのを防ぐためであった。その余波としてパリは豪華で見通しの良い街に変貌を遂げつつあったのだが、ロンドンは大火の後に都市計画が策定されるわけでもなく、外見は何だかみすぼらしいままであった。一行はそこに来るまでアジア各地で富が収奪される現状を目の当たりにしてきたので、ロンドンはさぞや絢爛《けんらん》たる大都会であろうと密かに期待していたのであったが、その予想はまったく外れたのである。

では、集められたはずの富はどこへいってしまったのか。結局それは建築物の外ではなく内に、また、人間の外面を飾るためのファッションではなく、内面を養うための教育や福祉の側面に費やされていたのである。諭吉は五月中旬も精力的に病院や孤児院、そして福祉施設を巡ったが、富が豊かな

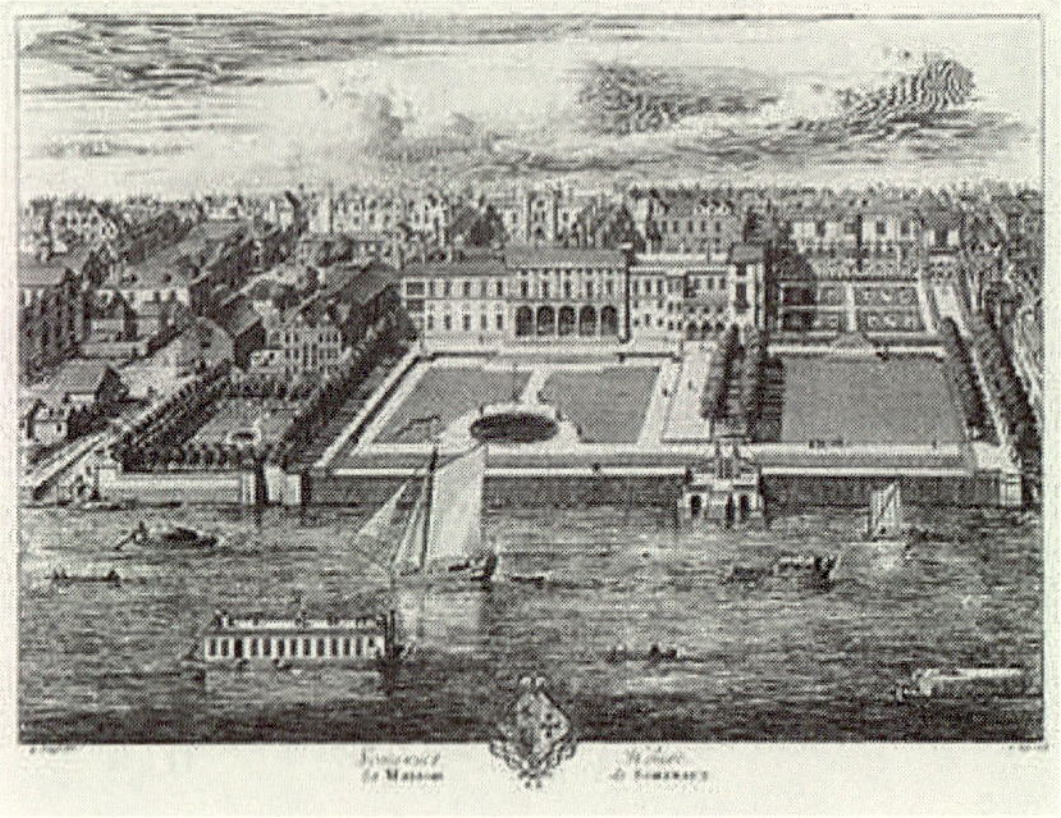

ロンドンのサマーセット・ハウス

階層の生活向上に使われるばかりではなく、貧しい階層のセイフティ・ネットとしても費やされていることに感心している。ベリヘンテは文明の政治として五つの条件を挙げたが、諭吉が最後に第六条件として福祉の充実を加えたのは、このロンドン視察が直接のきっかけだったようである。

五月一四日には、おりしも開催中であった第四回万国博覧会に出かけている。ロンドンがどこもかしこも観光客だらけであったのはこの万博のせいで、使節団にとっては当時最新の技術を集中して観察できる絶好の機会であった。翌一五日はテムズトンネル・グリニッジ天文台・海軍局を見ている。

また、一九日には、ホテルの東二・五キロほどのテムズ川北岸に建つサマーセット・ハウスを訪れている。ハウスといっても、かつては王宮として使われていた建物で、一八二八年にキングス・コレッジが入居して現在に至っている。ただ諭吉が見学したのは後のロンドン大学ではなく、二〇世紀になってウィンブルドンに移った付属の中高等部のほうであった。『西航手帳』には、「九歳から十八歳まで、四百二十人、九時より三時まで」（全⑲一三九頁）と英語を交えたメモが記されている。キングス・コレッジ中高等部は慶應義塾のモデルとなった学校である。

五月二〇日はセント・ジョージ病院、福祉施設を見、五月下旬は一般の観光名所を巡ったようである。六月に入ってからは、まず一日にロンドンドックで船の建造と荷揚げを視察していたが、翌二日になって在日本の英国公使オールコックが通詞の森山多吉郎らを伴ってロンドンに到着したため、諭吉も公務に戻ることになった。オールコックの日本での振る舞いは傍若無人で、応対していた幕府の役人たちも密かに憤っていたのであったが、そのオールコックを告発する建言が彼の帰国と同時に英国人によって議会に提出されたので、諭吉も、「公明正大、優しき人もあるものだ」と感心したのだった（松沢弘陽［二〇〇七］）。

六月九日にはアームストロング砲の製造工場を訪問し、一一日に大英博物館を見学している。その時期は『資本論』の草稿を執筆中であったマルクスが、付属図書室で「悪魔の手を借りて書きまくっている」（五月二七日付エンゲルス宛書簡）状況であった。一八六二年六月一一日は、福澤諭吉とカール・マルクスが最も接近した一日である。

## ウィレム三世統治下のオランダ

英国との開市開港交渉は、五年延期ということで六月六日に妥結した。このロンドン覚書は、その前のフランスは三年が限界と主張していたので、それよりも緩やかな条件ではある。日本側は頭を下げる立場だったので、それ以上は強く出ることもできず、その結果を江戸に持ち帰ることになった。一行は荷造りをし、六月一二日に次の訪問地オランダから迎えに来たアルジュノ号に乗り込んで、ロッテルダムに向かった。

一六世紀末にスペインから独立した共和制オランダは、一七世紀には通商と金融によって繁栄を極めたが、一八世紀初頭にはスペイン継承戦争に巻き込まれて国土が荒廃、同世紀末のフランス革命に際してはそのフランスに併合されるという亡国の悲運を味わっていた。再独立を果たすのは一八一四年のウィレム一世の即位に伴うオランダ王国の成立からで、その後は民主的立憲君主制によって徐々に国力も回復しつつあった。

江戸時代を通じて交流のあった唯一の欧州の国で、一八四六年（弘化三）に江戸幕府に対して開国を奨励したのは、一世の息子のウィレム二世であった。一八六二年の国王はそのまた息子のウィレム三世で、国王はマース川河口まで王室ヨット・レーウー号を差し遣わし、そこで一行を移乗させると、最高の礼遇をもってロッテルダムでの歓迎式典まで導いた。そこまでのフランスとイギリスでは比較的あっさりした扱いだったので、日本側は当然非常に良い感情をもった。

ロンドン覚書によって最初の課題である開市開港問題は決着を見ていたので、日本としてはオランダに対して長年の厚誼《こうぎ》に感謝する、という親善訪問の体裁をとることになった。ロッテルダムで盛大な歓迎を受けた一行は、その後汽車でハーグへ向かい、宿舎のホテル・ベルビューに入った。六月一四日のことである。

オランダは金融が盛んな国で、諭吉は主にその方面の探索を行った。また、英仏両大国から移動してきて不思議に思ったのは、このように平坦な土地で軍事的にも弱体な国が独立を保つことができるのはなぜかということであった。そこで諭吉は、周辺国がその国の独立に共通の利益を見いだしている場合、最小限の軍事力でも国の独立が可能であることを得心したのだった。

なお、この滞在中に交わされた会話として、自伝には、諭吉があるオランダ人に、土地の売買が自由であるとしたら、外国人が土地を購入してそこに軍事拠点を築いてもかまわないのか、という質問をしたという記述があるが、それは前年のロシア軍対馬占拠事件を念頭に置いてのことであろう。

オランダ滞在は、ユトレヒトからプロイセン王国のケルンに向かう七月一七日までであった。

**ウィルヘルム一世統治下のプロイセン**

それまでの日本にとって、大陸国プロイセンは重要な意味をもつ国ではなかった。先にも述べたように、使節が訪れた一八六二年夏というのはビスマルクが宰相となる直前の時期で、後発国としてのプロイセンが日の出の勢いになるのは、日本国内で長州の持つ意味が大きくなっていくのと歩調を合わせていたからである。したがって、オランダからプロイセンに一行が移動したときにも、彼らはとくに何の期待もしていなかった。

七月一七日にケルンから入った使節団は、そこで大聖堂を見物して翌日ベルリンに出発することになった。その日の夕刻、シーボルト夫人が宿舎まで訪ねてきたのである。『西航手帳』には、「コールンにてシーボルトの妻及其二女一子に遇ふ」（全⑲一一二頁）とある。一七九六年生まれで六六歳のフィリップ・フランツ・フォン・シーボルトは、一八二八年のシーボルト事件で日本を追放後、開国に伴い再来日していた。シーボルト夫人は夫の日本での様子を尋ねるために使節に面会に来たのだった。一行のうち数名は、欧州に向けて出発する直前に立ち寄った長崎でシーボルト本人と会っていた。

翌一八日、使節団はベルリンへ向かい、宿所のホテル・ブランデンブルグに入った。名前の通りブランデンブルグ門近くの大規模なホテルであった。プロイセンは日本との条約交渉について後からやってきたため、とくに開市開港の期日にこだわってはいなかった。したがって使節には外交上の任務はほとんどなく、友好親善のための歓迎の宴出席が主な仕事となった。彼らがそれまで通過してきた仏英蘭三カ国はすでに東アジアとの交流を百年以上前に始めていて、東洋人の来訪など珍しいことではなかったのに対し、大陸国プロイセンの人々にとって、日本からの珍客を迎える、ということは大きなイベントだったからである。

ベルリン王宮（1862年頃）

プロイセンではこの年の四月に下院選挙があって、保守党が惨敗し、進歩党が躍進した。この選挙結果によって、自由主義勢力は政府に議院内閣制度を要求した。首相の任命権は国王の専権事項であったから、これは王権と議会の全面的な対決を意味した。日本では第一次護憲運動として大正時代初め（一九一二年）に起こることになる事態が、ちょうど五〇年前にあたる一八六二年夏のベルリンで繰り広げられていたのである。この自由主義勢力の運動を押しとどめたのが、小さなプロイセンに留まるのではなく大きなドイツを目指すべきだ、と主張する民族主義者の活動であった。

当時のドイツ連邦は、一八〇六年に解消された神聖ローマ帝国の後を継ぐ、ゆるやかに結びついた共同体にすぎなかった。そこに加盟する諸領邦国家（現在のドイツ連邦共和国の各州）を一つにまとめるには、強力な権力をもつ指導者と、ドイツ連邦にとっての共通の敵との戦いが必要であった。一八六二年九月に宰相ビスマルクが登場し、八年後の一八七〇年七月にはドイツ人共通の敵であるフランスとの戦争が開始される。その普仏戦争にドイツ連邦が勝利した結果として、プロイセン国王ウィルヘルム一世がドイツ皇帝に即位するのは、一八七一年（明治四）一月一八日のことである。

## 4　攘夷事件報道到来して使節苦しむ——文久二年（一八六二）秋

### アレクサンドル二世統治下のロシア

一八六二年八月五日、使節団一行はベルリンを出発し、次の訪問国であるロシアに向かった。当時すでにベルリンからペテルブルクまでは鉄道が開通していたが、ロシア政府はなぜかプロイセンの港スウィンミュンデまで軍艦スメロイ号を差し遣わし、バルト海を四日近くもかけて移動することを選んだのであった。

私は、ロシア政府が使節団を陸路ペテルブルク入りさせなかったのは、西ヨーロッパ諸国に比べて明らかに貧しいロシアの車窓風景を彼らに見せたくなかったからだと思う。日本人に合うように改装された迎船から直接首都に降り立つような経路をとれば、ロシアの弱点を使節に悟られないですみ、そのことによって外交交渉を有利にすることができる、とおそらく接待委員は考えたのである。

八月八日の夜、スメロイ号はクロンスタットに入港した。和暦では七月一三日で、満月に近い月の光が軍港と要塞を照らしていた。一行は艦内に更に一泊し、翌九日の昼に小船に乗り移ってネヴァ川を遡り、夕刻にはペテルブルクの迎賓館（予備宮殿）に入った。北緯六〇度近い高緯度ということで、その日降った冷雨は長い旅をしてきた使節団の骨身に染みたという。ロシアではすでに秋が始まりつつあった。

当時のペテルブルク・ネヴァ川のほとりの風景

使節団がペテルブルクでしなければならなかったのは、他国と同様の開市開港の延期交渉以外に、樺太における国境線確定の交渉があった。クリミア戦争の敗北の結果、黒海での艦隊保有を禁じられたロシアが極東方面に進出して来ることは予想できたことで、相手がどのように交渉してくるかは、今後のロシア全体の政治の方向性を占ううえで重要な情報となるはずであった。

国際的信義という点で開市開港の期限を守るということは日本としては重要な案件であった。そこで、ロシアが開港延期について譲歩をするかわりに、国境線をより南に引く案を出してきたなら、それは不凍港を確保し、極東艦隊を増強するためと考えられ、清国以南に軍隊を配備している西ヨーロッパ諸国にとっての脅威となる。逆に、早期の開市開港を求めて国境線を重要視していないようなら、それは軍備増強より通商を優先させることを意味していたので、今度は、開港を予定されていた新潟での貿易をロシアに独占される恐れがあった。

交渉を開始して間もなく、八月一七日にロニがペテルブルクまでやって来た。ハーグで別れてから一月余りで、また使節団と合流したわけである。パリで待っていれば一カ月後には再会できるというのに、これは奇妙なことである。この一連の行動から、ロニがフランス政府の派遣した諜報員だったことが推測できる。フランスはロシアが次にどう出てくるかを、日本に対するロシア政府の態度によって占おうとしていたのである。もちろんそうした情報活動をしていたのはフランスばかりではなく、その他の国も同じで、その内容が一世紀も経ってから明らかになる場合がある。

その一つとして、ロンドン駐在のブランデンブルグ伯爵がプロイセン政府に提出した五月一七日付の報告書には、日本人がヨーロッパの食事作法に慣れるためにホテルのロシア風ディナーを好んで食べている、と記載されているという（山口一夫『福澤諭吉の西航巡歴』一七三頁）。ベルリンに着く二カ月も前に、使節団はクラリッジ・ホテル内で監視されていたのである。イギリスやオランダの諜報活動については不明だが、要するに分からないように情報を取られていた、ということなのであろう。

こうした活動については日本側も先刻承知のことであった。自伝には、どこにも小人目付《こびとめつけ》が着いてきて容易に外国人と会うことができず、まるで鎖国を背負っているようだった、とあるが、それは松平康英ら上役が、寺島宗則（松木弘安）・箕作秋坪・諭吉ら陪臣の下級随員から情報が漏れることを警戒しての処置だったのである。このように息苦しい状況にあったためか、諭吉の筆致からは、先のアメリカ訪問に比べてこのヨーロッパ歴訪があまり楽しくなかったという印象を受ける。

### 使節下級随員からの情報漏洩を恐れる

このつまらなそうにしている通訳官に、ロシアの接待委員が眼をつけたのだった。時期は八月二四日にエラゲン島の夏の園に行き、夜に日露交渉の責任者コルチャコフ侯爵の別荘に招かれた頃であろうか。詳しいことは「露国に止まることを勧む」の節に書いてあるが、要するに日本にいても出世の見込みは無いだろうから、このままロシアに留まって働かないか、というのである。諭吉はその申し出を断り、自伝で語るまで秘密にしていた、と書いている。

外交交渉は、開市開港の延期については英国と同じ五年で話がついたが、樺太の国境線については、北緯五〇度を主張する日本側と、四八度を主張するロシア側との間で膠着《こうちゃく》状態に陥り、まとまらなかった。北緯五〇度ではハバロフスクより北となるので、少しでも南進したいロシアにとっては意味のない国境線となる。四八度はヨーロッパではミュンヘンやプラハと同じ緯度で、ロシア人にとっては相当に温暖な地域に領土をもったという気分にさせたであろう。それは、クリミア戦争敗北の消沈した国内の気分をいささかなりとも回復させる効果があったはずである。

とはいえ日本も譲ることはできず、開市開港五年延期については調印し、国境については、境界線を北緯五〇度としたうえで継続協議とする、という内容のペテルブルク覚書をもってパリに引き上げることになった。九月一七日、使節団は鉄道で中継地ベルリンに向かった。一カ月半前に乗った迎船スメロイ号は、日本人をもてなすための念入りな工夫が凝らされていたが、国境線交渉が未決着となった今は、ペテルブルクの瀟洒《しょうしゃ》な迎賓館を早々に追い出され、狭い列車に四四時間も揺られるという苦行を強いられることになったのである。

### ベルリン・パリ・リスボン

ベルリン到着は九月一九日の午前八時であったが、そのときこのプロイセンの首都は騒然としていた。それというのも、下院で多数派となった進歩党が、国王に自分たちが推薦する候補を首相に任命するよう要求する一方、首相の任命権を何としても手放したくない国王ウィルヘルムは、保守派の中から候補を選ぶべく苦慮している最中であったからである。

国王と議会の対立が決定的となった場合は、一四年前の三月革命が再現される恐れがあった。議会の言いなりにはなりたくなかった国王が強い指導力をもった宰相として選任したのは、駐パリ公使オットー・フォン・ビスマルクであった。それが九月二二日のことで、この日の夜九時、文久遣欧使節団を乗せた列車はパリに到着している。

**ビスマルク**
（『ビスマルクの研究』より）

使節団はパリで思わぬ侮辱を被ることになった。彼らが冷たくあしらわれたのは、本国で発生したテロ事件が原因だった。

ペテルブルク滞在中の『西航記』和暦八月一六日（西暦九月九日）条には、「江戸に変事ありと聞く。乱暴人英国のミニストルを犯したりと。但しテレガラーフの通報にて未だ詳なるを得ず」（全⑲五〇頁）とある事件が原因である。自伝では諭吉はなぜかこの変事を生麦事件（和暦八月二一日発生）と勘違いしているが、日付と内容から、この変事とは、松本藩士が英国公使館を襲撃した第二次東禅寺事件（和暦五月二九日発生）であることは明らかである。

再三のテロ取り締まり要求にもかかわらず、一向に有効な手だてを打つことのできない幕府に、怒り心頭に発したフランス政府は、折から訪問中の使節団に対して一種の報復の挙に出たのであった。そこで使節は英蘭露の三カ国に認めてもらった五年延期の案をもって再びフランス政府と交渉したのだが、相手は難癖をつけてなかなかそれを認めようとしなくなり、滞在はずるずる延びて一三日に及ぶことになったのである。五カ月前の丁寧なもてなしとはうってかわった様子である。

やっと交渉が妥結した一〇月五日午後九時、一行はパリ発の夜行列車でイギリス海峡に面したロシュフォール軍港に向かった。そこへは六日午前八時に到着したが、駅から岸壁に接岸しているライン号までの一キロ以上の間には千名ものフランス兵がずらりと並んでいていた。『西航記』には、「敬礼を表するに似て或は威を示すなり」（全⑲五三頁）とある。諭吉がフランスに好感をもっていないことは、その後の言葉の端々からもうかがえることなのだが、その原因は存外こうした仕打ちにあったのかもしれない。

一〇月七日に出帆したが、大西洋は荒れ模様でなかなか前に進めず、一六日にやっとリスボンに到着した。『西航記』には、「日本を辞し航海に苦むは此度を最とす」（全⑲五四頁）とある。ポルトガルと日本とは三百年ほど前の一六世紀中葉までは密接な関係があったものの、江戸時代になって永らく交流の途絶えたままであった。今度の遣欧使節でもポルトガルとは交渉の予定はなく、帰国途上の親善訪問にすぎなかった。二五日にリスボンを発して、一一月一七日にアレキサンドリアに到着した。パリ出発からここまで四三日間もかかっている。行きは同じ行程を一八日間で移動しているから、リスボン滞在の九日間を差し引いても大変な遠回りであったことが分かる。

**帰国途上**

諭吉たちが欧州を訪問した一八六二年は、中欧とりわけプロイセンにおいて、一四年前の二月・三月革命に引き続く政治変革の時期であった。ビスマルクへの首班指名が一行のパリ到着と同じ九月二二日であったことはすでに書いた。同月三〇日、新首相ビスマルクは、下院において、「現下の重要問題は演説や多数決ではなく、鉄と血で解決される」といういわゆる鉄血演説を行って、議会に対する超然主義を表明している。以後一九世紀末までの大陸の政治は、ドイツ連邦の後身であるドイツ帝国を中心に動いてゆくことになる。

自伝「王政維新」の章「洋行船中の談話」の節には、「文久二年欧行の船中」で、寺島（松木）・箕作・諭吉の三人がいろいろ日本の時勢論を論じていたときに、諭吉が、「ドウダ、とても幕府の一手《いって》持《もち》はむずかしい、まず諸大名を集めてドイツ連邦のようにしては如何《いかん》」というと、残りの二人もそれに同意した、とある。話の内容からいって、これは行きではなく帰りの船中で交わされた会話のようだ。彼らが帰りつつあった日本は、いわゆる幕末の動乱期に差しかかっていた。諭吉は、二年前の桜田門外の変時にはカリフォルニアにいたように、今度の不在の間にも、大きな事件の報道を外国で知ったのである。

まず、遣欧使節一行にとって直属の上司である老中安藤信正《あんどうのぶまさ》が、坂下門外において水戸浪士によって襲撃されたのは、彼らが長崎を出発して半月後の文久二年一月一五日（西暦二月一三日）であった。ついで、公武合体路線への不評と、第二次東禅寺事件の責任をとる形で、久世広周《くぜひろちか》が免職となったのは、六月二日（西暦六月二八日）のことである。要するに帰国したとしても遣欧使節を送り出した二人の老中は、いずれも辞職しているのであった。

西暦六月二六日（和暦五月二九日）に起きた第二次東禅寺事件の第一報を耳にしたのは、ペテルブルク滞在中の西暦九月九日（和暦八月一六日）で、発生から二カ月半経過していた。文久二年上半期に起こった坂下門外の変と第二次東禅寺事件というこれら二つのテロ事件が、結果として政局を大きく動かしたというのは皮肉なことである。井伊によって取り立てられた安藤と久世が閣外に出たために、江戸の政治は五年前の阿部正弘の死まで逆戻りすることになった。すなわち、これらの事件によって、一橋派が完全に復権したのであった。

ただ、登場人物の顔ぶれは大いに異なっている。その派閥の重鎮であった徳川斉昭・島津斉彬《なりあきら》らはすでに亡く、かわって島津久光・松平春嶽《しゅんがく》・松平容保《かたもり》・伊達宗城《むねなり》が指導的地位につくことになるのだが、わけてもその立役者は、薩摩藩主の父とはいえ無位無冠の身の上である島津久光であった。

## 帰国・生麦事件の余波の中で

南紀派の勢力が安藤信正の失脚によって大きく削がれたため、新たに権力の中心となった島津久光は、亡兄斉彬《なりあきら》が築いた朝廷との太いパイプを利用することで、一橋派登用を幕府に命じる勅諚《ちょくじょう》を下すよう働きかけた。その運動は奏功し、朝廷は公家大原重徳《おおはらしげのり》を勅使として江戸に下向させることを決めた。京都まで出向いていた久光は、大原勅使に随行することになった。

大原重徳と島津久光が江戸に着いたのは文久二年六月七日（西暦七月三日）で、久世広周が免職された直後であった。在府の老中が手薄となっている中で、久光は幕府との交渉を始める。その結果、徳川（一橋）慶喜を将軍後見職（後年の外務大臣相当）、松平春嶽《しゅんがく》を政事総裁職（内閣総理大臣相当）、さらに会津藩主松平容保（二三万石）を京都守護職（京都府警本部長相当）に宛てる人事が決まった。それと同時に制度改革も行われ、参勤交代を隔年から三年に一度とし、江戸滞在期間も百日とする緩和措置や、従来まで江戸住まいを義務づけられていた大名の妻子に帰国を許すことになった。

徳川（一橋）慶喜
（茨城県立歴史館蔵）

事件は八月二一日（西暦九月一四日）、京都に向けて進んでいた勅使一行の前方を、横浜在住の四人のイギリス人が乗馬のまま横切ったことから起こった。それに怒った薩摩藩士が斬りかかり、商人チャールズ・リチャードソンが死亡、二人が負傷してしまったのである。刀を抜いた薩摩藩士は警護担当者として当然のことをしたまでで、職務中の藩士とイギリス人との間で起こった単なる不幸な事故にすぎなかった。勅使一行は、乱入者をうち払ったのち、何ごともなかったようにそのまま通り過ぎていった。

生麦事件が起こったのは、遣欧使節がペテルブルクを出発する三日前のことであったが、その事件を彼らが知ったのは、セイロンのゴール港まで来た西暦一二月二〇日（和暦一〇月二九日）のことであった。この時点ですでに三カ月が経過していたが、民間人を殺害した薩摩藩を一向に処罰しない幕府に、イギリス側は業を煮やしていた。幕府としても勅使警護の侍が乱入者を切り捨てたという本件について、薩摩に罪ありとすることはできなかった。そもそも幕府内にも、薩摩はむしろ立派なことをした、という意見があったほどなのである。幕府は、自らの謝罪と賠償金支払いでことを収めようと模索していた。

文久二年一二月一〇日（西暦一八六三年一月二九日）夕刻、使節団を乗せたフランス船エコー号は品川沖に到着した。翌一一日、軍艦操練所が出した小船数隻に分乗して、三八〇余日ぶりに、全員無事芝田町船着場に上陸したのだった。

# 第七章　攘夷論

## 1　将軍上洛中、英艦隊江戸に来たる——文久三年（一八六三）春

### 英国公使館焼き討ち

諭吉たちが芝田町船着場に下り立ったのは、文久二年一二月一一日の朝だったが、一年ぶりの妻との再会に安堵する間もなく、外地で側聞《そくぶん》していた日本国内の騒擾の詳細を否応なく知らされることになった。すなわち帰朝翌日の一二日に、新銭座《しんぜにざ》から南に約五キロの品川御殿山に建築途中だった英国公使館が、近くの遊郭土蔵相模《どぞうさがみ》を根城にしていた長州藩攘夷派によって焼き討ちされたのである。吉田松陰の門下生である高杉晋作・久坂玄瑞《くさかげんずい》ら犯人の多くは五年後の維新まで生き延びることはできなかったが、加わっていた伊藤博文と井上馨《かおる》は、その後四〇年以上も永らえて明治政府の立役者となった。

ロンドンで大量に書籍を買い込んで意気揚々と戻ってきた諭吉だったが、攘夷派の跋扈《ばっこ》は、二年半

前にアメリカから帰ってきたときよりもさらに激しくなっていた。自伝「暗殺の心配」の章「疑心暗鬼互に走る」の節には、桂川甫周《かつらがわほしゅう》の実弟である藤沢次謙《ふじさわつぎかね》の深川六間堀（現・墨田区千歳）の屋敷で洋学者たちの集会が開かれたとき、夜分大変怖い思いをしながら新銭座まで帰った、という話がある。深川から新橋までは舟で送ってもらったが、新橋から新銭座までの一キロ余りは徒歩で行かなければならない。冬の月が煌々《こうこう》と照らす午前一時頃、現在の中央通り（第一京浜）を南下してしたところ、源助町の半ば（現・新橋五丁目の日本テレビ前）あたりで南からやって来る大柄な男と出会った。身構えながら注意深くすれ違って、その直後にどんどん逃げて、しばらく行ってから振り向くと、向こうも遁走していくところだった、という話である。

自伝では「文久三、四年のころ」とあるが、文久三年の冬には鉄砲洲に居住していたので、この話は帰国直後の文久二年一二月中旬のことと思われる。この日付の確定が重要なのは、諭吉の記憶よりも早い時期に、攘夷派の活動が江戸市中を恐怖に陥れていた、ということを確認できることにある。なぜテロは激化したのか。その理由は、坂下門外の変と第二次東禅寺事件という文久二年前半の二つのテロ事件が幕府の政策変更に大きく与《あずか》ったのと、もう一つ、水戸藩・薩摩藩に加えて、高杉ら長州藩出身の攘夷派が活動を盛んにさせていたためであった。

### 緒方洪庵の出府

不在の間に外務担当老中が交代したことはすでに書いたが、それ以外に諭吉にとって大きな出来事があった。それは、文久二年八月に、師匠緒方洪庵が将軍の蘭方医として江戸に召されたことである。渡航中に洪庵出府の情報に触れることができたとは考えがたく、諭吉がそれを知ったのは、近所の木村喜毅《きむらよしたけ》邸に挨拶に行った一二月一二日の朝のことと思われる。洪庵の日記によれば、八月一九日に江戸麻布南部坂《あざぶなんぶざか》足守藩下屋敷に到着して早々、出世頭の弟子大村益次郎が挨拶に来ている。この日はペテルブルク覚書が調印された日で、生麦事件の前々日のことである。大村ばかりでなく、高橋順益《じゅんえき》・原田磊蔵《らいぞう》・原田水山《すいざん》・布野雲平《ふのうんぺい》などかつて適塾でともに学んだ門下生たちも、多くは諸大名に召し抱えられ、主君の侍医として出府していた。五年前大阪で遊女の偽手紙の悪戯《いたずら》をされた手塚良庵も江戸にいて、洪庵から、新設の歩兵屯所（現・靖国神社）付医師の推薦を受けている。

医学所頭取も兼ねることになった洪庵は、諭吉の帰国五日後の一二月一六日に法眼《ほうがん》に叙せられたが、これは法印《ほういん》伊藤玄朴《げんぼく》に次ぐ侍医次長の地位に就いたということを意味する。蘭方医学が高い評価を受けるようになったのは祝うべきことであったが、当時としては高齢の五三歳になってこのような重責を担うことになったのが、結果として洪庵の寿命を縮める結果をとなったことは否めない。

## 文久亥年の建白

明けて文久三年も事件続きであった。まず正月に国元中津で、亥年《いどし》の建白と呼ばれる江戸家老奥平壱岐《いき》の排斥運動が起こった。主君奥平昌服《まさもと》は安政五年（一八五八）六月以来四年半もの間帰国することができなかったため、国元への指示は江戸の主君から城代家老を経由して下されていたのだが、このことが誤解を生み、万延元年（一八六〇）秋に江戸家老再任となった壱岐が君側《くんそく》の奸《かん》と目されたのである。

文久三年正月は、参勤交代の制の緩和に伴って、江戸の家臣が続々帰国していた時期であった。この時中津に戻った家来たちは、江戸の首脳とはそりの合わぬ人々で、壱岐のやり方に不満を抱いていた。さらに三三歳になっていた主君昌服には世継ぎがなく、宇和島藩主伊達宗城《むねなり》の息儀三郎《ぎさぶろう》を奥平家の嫡養子とする手続きが進められていたが、その交渉を担当していた壱岐に疑いが懸けられたのでもあった。すなわち、養子縁組後に主君を隠居させ、幼君を擁《よう》した壱岐が藩政をほしいままにするのではないか、という疑念である。

三月一五日、水島六兵衛《みずしまろくべえ》（小役人格・一三石二人扶持）ら国元の下士一五名が連名して藩庁に奥平壱岐の家老罷免を要求する建白書を提出した。それを受理したのは城代家老奥平図書《ずしょ》（大身格・二千六百石）であったが、藩の重役たちは、水島らの、罷免が果たされないなら壱岐を殺害する、という激しい口吻《こうふん》に愕然《がくぜん》とした。そこで図書は主君昌服と壱岐が滞在していた京都に、目付服部五郎兵衛を派遣することにしたのだった。なぜ彼らは京都にいたのか。それは中津藩の御家騒動とはまったく別次元の、日本の国政上の重大事がそこで起きていたためである。

### 奥平壱岐の排斥

将軍家茂が朝廷の攘夷実施の求めに応じて江戸を出発し京都へ向かったのは文久三年二月一三日である。前年孝明天皇の妹である和宮《かずのみや》が公武合体の象徴として家茂のもとに輿入《こしい》れしていたが、安政五カ国条約の破棄または攘夷の実行は、その時朝廷から出されていた条件であった。四月二〇日に将軍は朝廷に対して、攘夷実施の期限を五月一〇日とする約束を結ぶことになる。中津藩は三月四日以来京都に滞在していたその将軍の警護を命じられた。

主君奥平昌服《まさもと》と家老奥平壱岐が率いる中津藩兵は総勢一六〇名余り、三月一三日に拝命して、一八日に江戸を出発、四月二日に京都に到着した。顧みれば壱岐にとって、弘化三年（一八四六）に開催された孝明天皇即位式典への出席が初めての公務だった。その時、すでに院内村白岩で隠居の身となっていた恩師野本真城《のもとしんじょう》は、京都に向けて出発する壱岐にはなむけの漢詩を贈っている。

真城と壱岐の父与兵衛は藩校進脩館で級友だった。中金《なかがね》奥平家という大身格の家に生まれながら、なかなか藩政に参与できなかった壱岐初の晴舞台を、真城は我が子のことのように喜んだ。それから一七年を経て、同じ京都で家老職を解任されようとは、上洛直後の壱岐は知るよしもなかった。

京都に向かう将軍一行　一蘭斎国綱筆

家老壱岐は主君昌服を無理に隠居させるつもりだ、という水島六兵衛らの申し立てに根拠があったのかどうかは分からない。自伝では随分な言い方で壱岐の悪口を書いている諭吉も、この件に触れている『旧藩情』において、壱岐に謀反《むほん》の意図があったとは述べていない。主君昌服と家老壱岐の関係が悪かったという記録は見あたらないどころか、むしろ昌服より少し年長の壱岐は、昌服にとって頼れる兄のような存在であったような印象を受ける。

奥平家の嫡養子候補として伊達儀三郎が指名されていたが、それまで奥平家と宇和島藩主伊達家とは何らの血縁もなかった。伊達宗城《むねなり》は旗本山口家から養子に入った人物で、その息子儀三郎も側室が産んだ子である。昌服の二人の妹は武蔵国忍《しのぶ》藩主松平忠国（親藩・一〇万石）と美作国津山藩主松平慶倫《よしとも》（親藩・一〇万石）に嫁いでいたので、血筋からいって両家いずれかの男子を養子とするのが順当ではある。とはいえ、幕末の四賢侯の一人に数えられる伊達宗城は、高野長英を招いて軍の洋式化を図ったうえ、大村益次郎に蒸気軍艦の建造を命じた先見の明のある人物であったから、その子息を養子に迎えるという選択はむしろ卓見というべきであった。壱岐を誹《そし》った人々にはそれが分からなかったのであろう。

目付服部五郎兵衛が京都に到着し、出水《でみず》堀川東（御所南東）の中津藩京屋敷に入ったのは、主君昌服が将軍警護の任を解かれ、改めて御所警護を拝命した四月二〇日頃のことと思われる。服部によってもたらされた水島らの建白書を読んだ昌服は、家臣たちに動揺しないよう命じた。五月初め、服部に続いて国元の最有力者である奥平図書と生田四郎兵衛《いくたしろべえ》（大身格・千八百石）も入洛、主君に国元の状況を説明し、「壱岐に諭して其職を停《や》む」（『中津藩史』三八〇頁）という措置をくだしたのだった。壱岐は免職となり、家禄も二百石削減されたものの、処罰されたのではないようである。

五月七日、主君昌服は参内して孝明天皇に拝謁《はいえつ》し、一四日に伊達儀三郎を世嗣とすることを発表した。翌一五日に御所朔平門《さくへいもん》警備を命じられ、一カ月ほど任務に就いた後、六月二二日に京都を出発、七月七日に中津に到着している。安政五年五月に国元を離れてから、丸五年が経過していた。

## 生麦事件の賠償金支払い

同じ頃、将軍家茂も主君昌服《まさもと》も不在となった江戸新銭座で、諭吉は新婚生活を送っていた。将軍に随行して、徳川慶喜・松平春嶽・松平容保・伊達宗城ら公武合体派（一橋派）の大物、さらに彼らを付け狙っていた高杉晋作・久坂玄瑞ら攘夷派の面々まで京都に行ってしまったので、江戸も静かになるかと思いきや、入れ替わりに英国艦隊がやって来たのだった。その話をするためには、五カ月ばかり前の文久三年二月まで話を遡らせる必要がある。

先にも書いたように、前年八月に起こった生麦事件について、幕府は英国から要求されていた謝罪と犯人処罰をずるずると引き延ばしていた。文久三年二月一九日、とうとう我慢できなくなった英国の代理公使ニールは、幕府に一〇万ポンド、薩摩に二万五千ポンドの賠償金を要求したうえ、首謀者の処刑が果たされなければ戦争も辞さない、との公文を外国方老中に提出した。自伝によれば、その日の夜中に外国奉行松平康英の屋敷から迎えが来て、同僚とともに明け方まで翻訳にあたったのだという（「英艦来たる」の節）。

将軍の京都への出発は二月一三日、公文書の到着は一九日であったから、当時江戸の政府はもぬけの空であった。回答期限は三月一〇日で、それまでに東海道上のどこかにいる幕府首脳の指示を仰がねばならない。将軍が京都に着いたのと同じ三月四日、今度はフランス公使ベレクルから、英国の要求を受け入れなければフランスも攻撃に参加する、という公文書が届いた（「仏国公使無法にいばる」の節）。この文書の翻訳も諭吉が担当している。外国方勤務として英仏両国からの強圧的な書簡を翻訳して、諭吉は情勢の緊迫を誰よりもよく知っていたのだった。

新銭座の借家は海岸に面した江川太郎左衛門英敏の砲術調練場（現・浜松町駅北側）のすぐ脇にあった。四月頃そこに行くと、大砲を海に向けて撃つ構えになっている。ここが艦砲射撃の目標となるのは明らかで、戦争になれば近所が主戦場になる可能性があった。万一の場合に備えて、諭吉は新銭座から北西約五キロの穏田《おんでん》（現・北青山三丁目付近）居住の医師呉黄石《くれこうせき》に相談して疎開する手はずを整えた。

幕府は返事を引き延ばす一方で、攻撃を受けた場合に備えて市中に触れを出した。それは、戦争となったら、浜御殿から火矢を上げるので、それを合図に用意せよ、というのだった。口の悪い江戸市民が、「瓢箪《ひょうたん》の開けはじめは冷やでやり」という川柳を詠んだが、これは「兵端《へいたん》の開けはじめは火矢でやり」という意味である（「事態いよいよ迫る」の節）。また、米と味噌も備蓄していたが、疎開となれば残しておくしかないので、それは失敗だった。それから、新銭座の家には学生が四・五人いたので、諭吉が刀剣を売り払って作った百両以上の金を頭割りにする段取りまでしたのが、五月初めのことである（「米とみその大失策」の節）。

五月九日、それまで病気のためと称して出仕していなかった老中小笠原長行《おがさわらながみち》（肥前唐津藩嗣子・五万石）が、日本の軍艦蟠龍丸《ばんりゅうまる》に乗って品川沖を出ていった。江戸湾に停泊していた英国の砲艦はその船を追尾しつつ、砲の照準をそこに合わせた。上方にいる幕府中枢に援軍を求めようとしていると推測されたからである。ところが小笠原は船の舳先《へさき》を外海ではなく横浜の方向に向け、そこに着くや英国代理公使ニールに一〇万ポンド分の賠償金を支払ったのだった。

## 2　長州は攘夷を実行し、薩英も会戦す——文久三年（一八六三）夏

### 下関砲台の攘夷実行と薩英戦争

この日が五月九日であったのは偶然ではなかった。翌日の攘夷期限までに解決しなければ戦闘開始の危険があったのである。ともかく小笠原の果敢な行動によって江戸での戦争は回避されたのではあったが、翌一〇日には本州最西端の下関で、長州藩の砲艦がアメリカ商船ペムブローク号に向かって攻撃を行うという事件が起こった。

幕府が出した攘夷の命令には、「襲来《しゅうらい》候《そうろう》節《せつ》は掃攘《そうじょう》」とあって、商船への攻撃はもともと想定外だったのだが、京都から戻っていた久坂玄瑞《くさかげんずい》があえて軍事的挑発を行ったのだ。長州藩兵はその後二三日にはフランス軍艦キンシャン号を、二六日にはオランダ軍艦メディウサ号を攻撃している。この直ぐ後、アメリカ軍艦ワイオミング号とフランス軍艦が長州の軍艦三隻を沈め、さらに下関近くの長州藩砲台を占領している。この時の長州海軍の艦長は長崎海軍伝習所出身者で勝海舟の友人、一方ワイオミング号の艦長は、メーア島で咸臨丸一行が世話になったマクドーガル大佐であった。

英国との戦争の危機が去ってほっとする間もなく、幕府は関門海峡で長州からの攻撃を受けたという英米仏蘭四カ国の厳重な抗議の矢面《やおもて》に立たされた。六月一四日付のアメリカ公使館からの公文書には、四カ国連名での、速やかに長州を懲罰せよ、さもなくば連合艦隊を組んで下関を攻撃する、との決議文が含まれていたが、それを翻訳したのは諭吉であった。

その八日後の六月二二日、それまで横浜沖に停泊していた七隻の英国艦隊は薩摩に向けて出発した。犯人処刑と残りの賠償金を受け取る必要があったからである。二七日に鹿児島湾に到着した艦隊は、薩摩藩の使者に賠償金の要求をしたが返答がなかったため、七月二日になって湾内に停泊していた三隻の西洋式艦艇を捕獲するという実力行使にでた。この時英国側は戦争をするつもりはなく、賠償の受領が主たる目的であったのだが、薩摩側はそのようには思っていなかった。というのは、諭吉たちが二月一九日に訳した外交文書の中身が間違って伝わっていて、薩摩側は英国が島津久光の処刑を要求していると勘違いしていたからである。

ところで『福翁自伝』「攘夷論」の章には、「鹿児島湾の戦争」の節から六節にわたって薩英戦争の様子が書かれているのであるが、当事者であった寺島宗則（松木弘安）と五代友厚の二人から後年になって聞いた話を見てきたように語っているためか、間違いが多い。そこで以下では確実な事実の経過のみを簡単に記すことにしたい。

寺島と五代は、このとき拿捕《だほ》された西洋式艦艇の船奉行（艦長）であった。英艦は彼らを乗せたまま曳航していったため、捕虜となってしまったのであった。自分たちの船が英側の手に落ちようとしているのを見ていた薩摩の砲兵は憤激し、七月二日正午頃にわかに開戦となったのであった。その日は雨で視界が悪かったうえ、陸地の砲台は停泊していた旗艦ユライアラス号にあらかじめ照準を合わせていたのに対して、英艦隊はまだ戦争が起きるとは思っていなかった。そのため、陸からの最初の射撃が旗艦の司令所に命中し、艦長のジョスリング大佐と副長のウィルモット中佐が戦死するという思ってもいない展開となった。

薩摩が戦争をするつもりであることを理解した英側もすかさず反撃し、搭載されていた二一門のアームストロング砲によって薩摩の砲台を破壊したうえ、さらに鹿児島市中を炎上させた。ところがその新兵器も、一〇数発撃ったところで自爆してしまい、かえって自軍に多数の死傷者を出してしまうという結果を招いたのだった。薩摩側は船を奪われたため英艦に近づくことができず、また英側も上陸要員を用意していなかったため鶴丸城《つるまるじょう》を落とすことはできない。戦闘は同日夕方には終結し、どうすることもできなくなった英国艦隊は、七月八日から一一日にかけて横浜に帰投した。

## 緒方洪庵の急死

江戸での戦争の危険性が遠のき、長州と薩摩でことが生じていたこの文久三年五月から七月までの三カ月間、諭吉はやきもきしながら城中外国方に出仕していた。何しろ外交上のすべての情報が、彼のいた翻訳方を経由して上層部に伝えられ、またしかるべき部署に達せられていたのである。諭吉が得た情報そのものは翌年後に述べる事情で彼自身が処分してしまったので分からないが、それを補うものとして木村喜毅日記は重要な記述を含んでいる。

木村日記では、五月一〇日の長州藩による米国商船攻撃の知らせは同月二五日に記されている。二八日に出発したアメリカ軍艦は下関を六月一日に報復攻撃したが、その知らせが木村のもとに届いたのは五日後の六月六日のことであった。このように、長州藩が仕掛けた攘夷事件のニュースが次々と入ってくる中、六月一〇日に恩師緒方洪庵が死去したのである。

五四歳になっていた洪庵は、その日午後からの出勤に備えて昼寝をしていたところ、午後一時頃突然喀血《かっけつ》して、ほどなく亡くなったのであった。住まいの下谷御徒町《したやおかちまち》医学所内頭取役宅（現・台東区台東一丁目付近）は、新銭座から七キロほど北に位置していた。夫人は洪庵が倒れてすぐ医学所の職員に弟子たちを呼ぶように指示したらしい。たまたま自宅にいた諭吉のもとに知らせが届いたのが三時頃、取るものも取りあえず、すぐさま家を飛び出して、緒方の家に着いたのは四時頃であろうか。夏の日長であったから、まだ明るかったはずである。近くに住んでいた弟子たちはもう着いていて、後から来る者も多い。その晩は総勢五〇名ほどで通夜をすることになった。

狭い家に多数の弟子が詰めかけたため、座る場所さえなく、暑苦しい夜とて、座敷を出た諭吉は玄関の式台に腰掛けていた。そして隣にいた大村益次郎に、下関での攘夷実行は狂気の沙汰だと話すと、大村はむきになって反発し、「防長の士民はことごとく死に尽しても許しはせぬ、どこまでもやるのだ」と大変な剣幕で怒ったのだった。その様子は昔の大村からかけ離れていたので、諭吉は、長州の攘夷派に脅されて心にもないことを言っているのではないか、と箕作秋坪ら友人たちと噂し合った。

## 大村益次郎豹変の原因

この自伝の記述には明らかな錯誤があって、大村が、オランダ商船を攻撃したことについて長州藩の正当化を行ったように書かれている。実際には五月一〇日に攻撃を受けたのはアメリカ商船であり、米海軍の報復より前の五月二六日にオランダ軍艦との交戦があったのである。木村日記によると、六月一〇日には同月一日までの下関の情報が入っているから、通夜にやってきた弟子たちもオランダ海軍との戦闘は知っていた可能性が高い。

正当化したのが商船への攻撃なのかそれとも軍隊との交戦なのかによって、大村の印象は相当に変わってくる。自伝で諭吉の大村への人間的評価がうかがえる記述はここにしかないが、このエピソードから、諭吉は大村を内心快く思っていなかったことが分かる。それも当然のことで、諭吉や箕作らが属していた幕府外国方は、長州藩が独断で行っている攘夷に対する外国公館からの苦情の窓口になっていたからである。この通夜の会話だけでは、大村の愛国心が際立つようにも読めるが、もとはといえば一介の町医者にすぎなかった彼が出世できたのも、宇和島藩主伊達宗城に見いだされたことによってであったことを思い出す必要がある。文久三年六月にそのかつての主君は、公武合体派の有力者として、何とかして攘夷実行を止めさせようと各方面に周旋している最中なのであった。

それればかりではない。大村は、安政三年（一八五六）からは蕃書調所《ばんしょしらべしょ》に、翌四年からは講武所《こうぶしょ》に出仕していて、幕府の学校での講義は三年前の万延元年（一八六〇）まで続いていた。その時期の長州藩は幕府に恭順していたから問題はないのだが、前年文久二年七月に藩論が公武合体から尊王攘夷へと交代して後も、大村がそのまま召し抱えられているのは不自然だと、諭吉たちは考えたのである。

大村は安政六年（一八五九）七月に始まる長州藩邸内の蘭書講読会の主宰者である。長州出身で幕府の翻訳方に出仕していた手塚律蔵と東条礼蔵は、その会の前からの参加者で、とりわけ手塚は木戸《きど》孝允《たかよし》の蘭学の師匠であった。文久二年（一八六二）一二月、この会に出席していた手塚と東条の二人は、帰途長州の攘夷派に襲われたのであるが、それは彼らが洋学者であるためなどではなく、藩論転向後の本藩に帰順することを拒んだためと思われる。

西洋に対抗するためには洋学の修得が必要であることは藩政を掌握した攘夷論者たちもよく心得て

いて、井上馨・遠藤謹助《えんどうきんすけ》・山尾庸三《やまおようぞう》・伊藤博文・井上勝ら五名がロンドン留学に赴いたのは、通夜の一カ月前、攘夷実行三日前の五月七日であった。このうち伊藤と山尾は文久二年一二月二二日に国学者塙二郎《はなわじろう》（保己一《ほきいち》の息子）を暗殺した犯人であった。彼らの留学にはテロリストの国外逃亡の意味もあったのだが、その手配をしたのは大村であった。

前にも書いたように、諭吉にとって大村は、九年前の長崎で最初に出会った適塾出身者の可能性が高い。ともに適塾塾長を経験した彼らは、自伝に書かれている以上に親しい間柄であったようだ。専門知識によって大名に出仕し、また幕府の学校で教えていた大村は、つい三年前の咸臨丸での訪米の頃までは、諭吉にとっての目標でさえあった。ところが久しぶりに本人に会ってみると、大村はすっかり宗旨替えしてしまい、出来るはずもない攘夷を声高に唱えている。理論的に不可能なことを信念によって可能だというのは、科学者として口に出してはいけないことである。諭吉は大村の豹変の背後に、目的のためには暗殺も辞さない攘夷派の影を感じとったのだった。

洪庵の葬儀は六月一一日に行われ、遺骸は翌一二日に駒込高林寺（現・本駒込駅付近）に葬られた。そこは御徒町の洪庵宅からは上野の山を北西に越えたところで、その葬送の列に加わっていた諭吉は、江戸に来て五年にして初めて上野を見た。木村の日記によれば、この日は晴れた暑い日で、南風が吹いていたという。

### 薩摩藩、難局に立たされる

文久三年の夏は、諭吉にとって、江戸での戦争の危機が去ったかと思えば、下関での攘夷実行の報とともに、恩師洪庵の死去という突発事態が起き、さらに薩摩では英艦隊との交戦がいつ始まるかもしれない、という目まぐるしい毎日であったが、続く後半も、公私ともに重大事の連続であった。

家老を解任された奥平壱岐が江戸に戻ったのは、六月下旬頃だったようだ。城代家老奥平図書が京都まで同行させた生田は江戸家老含みであったらしく、その後同職に就いていることが確認できる。壱岐の処分については五月下旬には諭吉たちも知っていたであろうが、どういうことなのか理解に苦しむ、というところではなかったか。壱岐は汐留上屋敷の役宅を出て、二本榎《にほんえのき》の下屋敷（現・高輪四丁目付近）に移された。壱岐の妻は同年七月に自害しているが、その経緯については今もってつまびらかではない。

さて、日本国政上の重大事として、七月二日に薩英戦争が起こってから、英軍の負傷者を乗せた第一陣が横浜に帰投したのは八日のことであった。六月二二日に艦隊が出発したとき、もし交戦となれば戦いは一方的なものとなり、薩摩は滅ばされてしまうのではないか、と江戸の市民は案じていたものだったが、英側にジョスリング大佐とウィルモット中佐という高級士官の戦死者を含む六三名もの死傷者が出ていると聞いて、存外良く戦ったのではないか、とも推測された。しかし英側の損害に鑑みて、鹿児島は過大な報復を受けたかも知れず、在府の薩摩関係者は気を揉《も》んだ。国元にいるはずの島津久光はどうなってしまったのであろうか。薩摩海軍の寺島宗則（松木弘安）・五代友厚らは捕虜になったというが、横浜で解放されてからの彼らの足取りも分からなくなっていた。

このままではただでは済まぬ、と誰もが思った。『福翁自伝』には、戦死したかのように書かれている英国東洋艦隊司令官クーパー提督はじつは生存していて、横浜上陸後、上海からの援軍が到着次第再度鹿児島に向かうつもりである、と日本側に通告した。

当時の幕府にとって、薩摩は公武合体運動を共に担う盟友であった。幕府は、前年七月に長州で起こったようなクーデタが薩摩内部でも起きて、五年前に急死した島津斉彬《なりあきら》の遺臣たちが政権を掌握し、薩摩藩自体が攘夷派に与《くみ》することを恐れていた。それまでも島津久光は、幕府への協力にあたって相当な犠牲を払ってきた。前年四月に起きた第一次寺田屋事件は、久光配下の大久保利通ら公武合体派が、大山巌《おおやまいわお》・西郷従道《さいごうじゅうどう》・三島通庸《みしまみちつね》らを含む斉彬直系の攘夷派を力で押さえ込んだ事件である。

### 幕府、薩摩を支援す

この薩摩藩の内訌《ないこう》や、長州藩での藩論交代からも分かるように、いずれの藩も二つないし三つの勢力を内に抱えていて、それらの派閥が藩政の主導権を握るべく暗闘を続けていたのである。党派の名称は藩によって異なっていたが、その中身は、私が先に中津藩について述べた、保守党と改革党実学派及び尊王派のいずれかに当てはまる（本書第一章2参照）。井伊時代には保守党主導の藩が南紀派を、改革党主導の藩が一橋派を構成していたのだが、この文久の改革期には、保守藩は政局の蚊帳《かや》の外に置かれ、改革党実学派が公武合体派を、改革党尊王派が尊王攘夷派となって対立の度を強めていたわけである。

文久三年の諭吉の動向は、同時期の資料としては、三通の手紙と木村喜毅日記、それに熊本藩の記録によって知られるだけである。自伝には、外国方で知り得た情報について、「わたしがその書きつけの写しか何かを親類の者にやったことがある。それからまた肥後の細川藩の人にソレを貸したことがある」（「攘夷論」の章「政府に対して首の負債」の節）とあるのがそれで、親類の者とは用人今泉郡《いまいずみぐん》司《じ》、細川藩の人とは、『肥後藩国事史料』で諭吉との交流が確認できる大田黒惟信《おおたぐろこれのぶ》または牛島五一郎《うしじまごいちろう》のことと思われる。

九月から横浜で開かれた薩英戦争の休戦交渉では、薩摩からは重野安繹《しげのやすつぐ》・大久保利通らが出ていた。諭吉は、英軍の非人道的行為を批判する『タイムズ』紙の記事など、薩摩にとって有利な材料を集めて、一橋家の侍医南条公健《なんじょうこうけん》に送った。海防参与であった父斉昭の後を継いで、当時日本外交の頂点にいた将軍後見職徳川慶喜を介してその情報が使われたのであろうか、実際の交渉でも、戦争については英側と薩摩側の損害を相殺することで事態は収拾され、生麦事件の賠償金二万五千ポンドの支払いだけで済むことになった。しかも、その賠償金は島津分家に幕府が貸して、その分家が払うという形をとったため、薩摩藩としては、第二次薩英戦争の危機が回避され、首謀者の処刑を免除されて、腹も痛まず名誉も傷つけられず、という願ってもない解決となったのである。

第二次薩英戦争の危機が去ったのを見届けて、江戸に帰っていた徳川慶喜は再び京都に向かった。上方にはすでに、松平春嶽・島津久光・伊達宗城・山内容堂・松平容保らが待っていた。文久三年一二月から翌年一月にかけて、これら六名は参与に任命され、朝議への出席を認められるようになった。以後わずか三カ月の短い期間ではあったが、この六名で構成される参与会議が事実上の日本政府となったのである。それまでの政府である幕府老中会議は、いわゆる天領を支配地とする地方政府へと変質し、老中の地位は著しく低下することになった。

## 3　参与会議はすぐに解散——元治元年（一八六四）春

文久三年夏、福澤塾は新銭座から再び鉄砲洲中屋敷内に移っている。ただ、以前の長屋ではなく、八年前まで生きていたかつての主君昌高が隠居所に使っていた御殿のほうである。同年一〇月に鉄砲洲で待望の長男一太郎が誕生したこともあり、その後数カ月間の諭吉の日常は家庭中心に回っていたようだ。一一月に薩英戦争の交渉が終結して外国方も一息というところで、翌元治元年三月二三日には六年ぶりの帰省のため江戸を出発している。

### 六年ぶりの帰省

この時期の諭吉は、当時の日本の状況を、ヨーロッパ史における神聖ローマ帝国とドイツ系諸領邦国家の関係になぞらえて理解していた。一九世紀初頭まで存在していた神聖ローマ帝国の皇帝家であるハプスブルグ家の支配地は、末期にはオーストリアに留まっていたが、歴史的な経緯によって、北部のプロイセンも南部のバイエルンも、ハプスブルグ家に臣下の礼をとっていた。

一八〇六年（文化三）に皇帝フランツ二世が退位して神聖ローマ帝国が終焉《しゅうえん》を迎えた後、新たにドイツ系諸国家を結びつける大きな枠組みとして発足したのが、一八一五年（文化一二）成立のドイツ連邦であった。その規約には、各領邦国家の独立と不可侵性を保証した上で、ドイツ内外の安全と平和のための協力が唱われていた。新たに創設されたドイツ連邦議会には、議長国オーストリアとプロイセンを中心に、ドイツ系三〇カ国の代表が集った。諭吉は出来たばかりの参与会議が、やがてそれに近いものとなると考えたのであろう。

文久四年（一八六四）二月一七日、諭吉は軍艦奉行辞任後無役となっていた木村喜毅に、京都で参与会議が発足したことを伝えている。元治《がんち》と改元された直後の二月二八日、諭吉は木村に、二度目の上洛をしていた将軍家茂に攘夷緩和の詔が下されたことを話している。朝廷からも強硬な攘夷は不正義との確認がなされたことで、公武合体体制はますます揺るぎないものとなったかに見えた。

このまま公武合体派の政策が軌道に乗ってしまうと、攘夷派は朝敵の烙印《らくいん》を押されてしまうかもしれない。水戸で再度の鎖国を求める攘夷派が蜂起したのはちょうどその頃のことであった。それが天狗党《てんぐとう》の乱と呼ばれる内乱であるが、彼らの目的は水戸藩の主流派諸生党（ほぼ実学派に相当）に取って代わることではなく、民衆と協同した新たな軍事組織によって京都の合体派を攻撃し、彼らから都を奪い取ることにあった。天狗党は年末にかけて転戦するが、合体派幕府軍によって壊滅し、捕らえられた首謀者はことごとく処刑されることになる。

天狗党に集った攘夷派は参与会議の発足に危機感をもって蜂起したのであったが、あに図らんや、三月九日、当の参与会議は発足二カ月にして総辞職してしまったのである。その理由は、将軍後見職徳川慶喜が、天皇の意向を汲んで横浜鎖港（貿易の一部制限）を提案したところ、島津久光・松平春嶽・伊達宗城らがそれに反対したことにより、閣内不一致となったからである。

三月二三日に帰省の旅に出発した諭吉が京都を通過したのは、おそらく四月上旬である。参与会議が解散したことを、諭吉は京都に着いてから知ったのではなかろうか。木村日記からは、諭吉がこの参与会議に期待を寄せていたことがうかがわれるので、それを知ったときの落胆は大きかったと想像できる。大阪から船に乗り、中津への到着はおおよそ四月の中旬であった。

前年の七月に主君昌服《まさもと》も五年ぶりに帰国し、さらにその少し前から江戸詰だった人々の定住が始まっていたので、中津の人口は増加していた。『旧藩情』（全⑦二七三頁）には、帰省した都会の人々によって城下町の雰囲気が何ごとも軽便な風に変わった、と書いてある。世の中には郷愁に駆りたてられる者も、都会に出たくて仕方のない者もいる。諭吉が帰省した主な理由は、鉄砲洲中屋敷に拡充された洋学校への入学希望者を選び、そして連れて行くことにあった。

## 七里恒順との対論と六人の弟子たち

中津に残っている記録で日付が確実なのは、五月二〇日に明蓮寺において学僧七里恒順《しちりこうじゅん》との間でかわされた対論である。明蓮寺は福澤家の菩提寺で、家督を継いでいた諭吉としては、今回の帰省では亡父・亡兄の法事を営むという大切な用件もあった。『梅霖閑談《ばいりんかんだん》』という題名のその対論は、質問者が学僧ということもあって、ムガール帝国崩壊後のインドの状況とそこでの仏教の教勢に注意が向けられているのであるが、その諭吉の答えの端々に、当時の国際状況全般への彼の認識をかいま見ることができる（『福澤諭吉伝』④七六頁以降）。

この対論は、明蓮寺の住職蘭渓《らんけい》や従兄弟の藤本元岱を含む六名の人々も交えて行われたのであるが、当時の国際状況に話が及んだとき、諭吉とは適塾の同窓でもある藤本が、西洋諸国は日本に対して領土的野心をもっていない、という意見を述べた。七里は、現にインドは英領となり、フィリピンはスペイン領になっているのだから、日本にだけ野心をもっていない、と考えるのは不合理だ、と話を諭吉に振ると、諭吉は、そのような大事について軽々しく予想できるものではないが、交流が盛んになればいずれ分かることである、と答えている。

どうやら諭吉は、相手の出方もこちらの対応次第であると言いたかったようで、それは後の著作でも表明されている。そうなると、二カ月少し前の参与会議の解散については、重要な時期に意見を一致させることができなかった参与たちにふがいなさを感じたと思われる。すでに前年八月一八日に、薩摩藩と会津藩が共同して京都から攘夷派公卿を追放したため、朝廷内の意見は幕府の立場に理解を示すものとなっていた。この八月一八日政変によって参与の召集も可能となったのだが、せっかくの会議が解散してしまったことで、挙国一致体制で外交にあたる好機が失われたからである。

いつまでも済んでしまったことを慷慨《こうがい》していてもしかたがない。政治状況が必ずしも思った方向に進んでいないにしても、諭吉がさしあたりできることといえば、人材育成だけである。諭吉は服部五郎兵衛（供番格・二百石）と野本三太郎（儒者格・一七人半扶持）に密かに依頼して、江戸で英学を学びたい若者を募った。結果として集まったのは、小幡篤次郎・小幡仁三郎・服部浅之助・小幡貞次郎・浜野定四郎・三輪光五郎の六名であった。最年少一七歳の三輪（小姓格・一五石）だけはどのような経緯によって加わったのか分からないが、残りの五名は、三太郎の父真城が主導した天保子年の改革に協力した改革党員の子弟であった。

二四年前の中津藩天保の改革で、改革党をまとめた一人が小幡篤蔵（供番格・二百石）であったことはすでに述べた（本書第一章**2**参照）。改革に敗れて引退したとき子のなかった篤蔵は、服部五郎兵衛の弟孫三郎を養子として小幡家を継がせた。その後にできた実子が篤次郎・仁三郎兄弟であったが、彼らが家督を相続することはできない。篤次郎は野本三太郎が主宰していた藩校進脩館で塾長を務めていたが、そのまま中津に留まっていても見込みがないと思ったのだろう。また、浅之助は五郎兵衛の実子、貞次郎は医師格（一五石）小幡家の出で、三太郎の甥でもあった。定四郎が砲術家浜野覚蔵の息子であることは前に書いた通りである（本書第四章4参照）。

かつて真城は、下士身分のため出世が困難な者や、次三男のため家を継げない者には、算術や経世の学（経済学）を授けることで上昇のきっかけを与えようとしたのだが、一五年を経て、今度は諭吉自身が後進に同じ事をしようとしていたのである。

**江戸への途中、長州に立ち寄る**

諭吉が六人の青年たちと出発したのは、「中津からまず船に乗って出帆すると、二、三日天気が悪くて」（「暗殺の心配」の章「長州室津の心配」の節）とあるので、木村日記で天気を調べてみると、どうやら六月一日か二日のことであるようだ。この悪天候のお陰で船は中津から北東に七〇キロほどの室津《むろつ》（現・山口県熊毛郡上関町）の港で風待ちをすることになった。

長州は戦時体制で、床屋までが幕府をぶっ潰すなどと言っている。周辺には編成されたばかりの庶民軍もいて、銃を持って威張っているから、諭吉は素知らぬ振りをしなければならなかった。このとき諭吉が目撃したのは、室津西方寺を本陣としていた上関《かみのせき》義勇隊であったと思われる。

天候が回復したのは恐らく六月四日で、八日頃には大阪に着いたはずである。この時期京都は極めて物騒で、守護職松平容保《まつだいらかたもり》（会津藩主・二三万石）の配下の新撰組が、三条小橋の旅館池田屋に攘夷派を襲ったのは六月五日夜半のことであった。その情報は大阪の中津藩蔵屋敷に宿をとった一行の耳にも入ったはずで、どうやら洛中には入らずにそのまま大津に向かったようである。中村栗園《りつえん》のいる水口《みなくち》の前も通ったが、栗園もまた攘夷家であったためそちらも通過した。

箱根宿（ベアト撮影，1867年頃）（横浜開港資料館蔵）

長州を経由して陸路江戸に向かう諭吉一行とは逆に、横浜から海路山口に入ろうとしていた二人の日本人がいた。四カ国連合艦隊の下関攻撃が準備されている旨の『タイムズ』紙の記事をロンドンで読んだ伊藤博文と井上馨である。六月一〇日横浜に着いた二人は、密出国時に世話になったマセソン商会のガワーを通して、英国公使オールコックと面会し、藩庁に攘夷の無謀さを説くので自分たちを長州に派遣してほしい、と懇願した。オールコックはその依頼を聞き入れ、英国軍艦バロッサ号に二人を乗せて長州に送り届けた。その時、公使館員アーネスト・サトウが同行した。

梅雨も明けて天気はよかったが、暑い日が続いていたようだ。伊藤と井上が長州に向けて出発した直後の六月二二日頃、箱根芦ノ湖畔の破風屋《はふや》旅館（現・箱根ホテル）に諭吉たちが宿泊したとき、朝廷から山陵奉行に任命された戸田忠至《とだただゆき》（宇都宮藩家老）の一行と相宿になってしまった。近畿の天皇陵の調査に向かう途中とのことで、その人々が攘夷を旨としているのは明らかであった。諭吉は自分が洋学者だということが露見すると何をされるか分からないと思い、ろくろく眠らぬまま、夜明けとともに関所を通過して江戸へと向かった。

一方伊藤と井上の二人が山口に到着したのは六月二四日であった。二七日に藩主の前で攘夷を中止するかどうかの会議がもたれたが、当時藩政を掌握していた攘夷派のうちでも強硬な勢力はそれを聞き入れることはなかった。公武合体派が守っている御所を奪還するための軍勢は、すでに上方へ向けて出発していた。幕府軍と外国軍という二つの勢力との戦争は、すでに開始されている、というのが当時の藩庁の認識だった。

諭吉たちが江戸に帰着したのは六月二六日である。その頃伊藤と井上は、攘夷を中止させるため長州内を奔走していた。

## 4　第一次長州征伐発動——元治元年（一八六四）秋

### 佐久間象山の暗殺と蛤御門の変

鉄砲洲では妻と長男一太郎が諭吉を待っていた。中津出発から江戸到着まで一カ月弱かかったことになるが、途中長州征伐直前の室津で風待ちをし、池田屋事件直後の京都を通過するという、思い返せば危うい旅である。六人の若者を引き連れた壮年男子というのは、室津の長州藩兵にも京都の新撰組にも要注意人物に見えたはずで、乱闘に巻き込まれずに済んだのは幸いであった。

この道中の諭吉について、用心のしすぎと感じられるかもしれないが、そうではなかったことは、三月から禁裏守衛総督《きんりしゅえいそうとく》に転任した徳川慶喜に協力するため京都に出ていた佐久間象山が、七月一一日に暗殺された、との報道がもたらされて証明された。象山は西洋かぶれとはいえ、吉田松陰の師匠でもあり、当時長州の攘夷派を率いていた高杉晋作と面識もあった。暗殺者は熊本勤王党員河上彦斎《かわかみげんさい》で、長州関係者ではなかったが、池田屋で有力な活動家を多数失った攘夷派は、この時期、京都にいる幕府協力者なら誰彼かまわずテロの標的とするようになっていたのである。

その八日後の七月一九日、御所を公武合体派から奪い取るべく京都市中三カ所に潜伏していた攘夷派長州藩兵は、一斉に武装蜂起を開始した。この交戦は、合体派の会津・桑名・薩摩藩兵が本陣（司令部）を置いていた京都御苑西側の蛤御門《はまぐりごもん》付近を主戦場としたため、大時代的な蛤御門の変（禁門の変）の名前で呼ばれているが、実際は一部洋式化された数千名規模の軍隊同士が激突した内戦であった。変それ自体は一日で合体派の勝利と決したが、同時に発生した大火災によって、京都の南は焼け野原になってしまった。

長州藩兵は御所を背にした合体派幕府軍と戦ったため、それは御所への攻撃と見なされた。このため長州は朝敵の汚名を着ることになった。二三日、長州藩追討の朝命が徳川慶喜に下され、翌二四日、幕府は西国二一藩に出兵を命じた。第一次長州征伐の開始である。

ただ、戦争の結果として京都に大火災が発生したにもかかわらず、市民の目は長州勢に暖かだった。その理由は、京都守護職配下の新撰組など取り締まり専門部隊の活動があまりに抑圧的であったこと、長州藩による朝廷や公家への支援が市民に知られていたこと、開国後の経済的混乱もあって幕府から民心が離れていたうえ、攘夷派が唱えていた、御一新《ごいっしん》によって一君万民の理想社会が作られる、という標語が魅力的に聞こえたこと、などが挙げられる。市民は長州の敗残兵をかくまい、負傷の手当をし、さらには逃亡の手助けをさえした。

徳川慶喜に長州藩追討の朝命が下されたのと同じ七月二三日、大阪にいた勝海舟は、会津藩による長州藩捕虜の殺害について日記に次のように記している。「聞く、京地にて会（津）藩生捕りの者残らず斬首という。ああ何ごとぞ。これらの鼠輩《ねずみはい》逐放して可なり。罰苛酷《かこく》なる時は災い必ず再起せん。或いは私怨《しえん》に出るか」。四年後の会津戦争での長州藩による報復の芽は、すでに芽生えていたのである。

## 諭吉、長州征伐に協力せず

蛤御門の変の第一報が木村喜毅のもとに届いたのは、事件六日後の七月二五日のことであった。が、前日に長州藩日比谷上屋敷（現・日比谷公園）内の攘夷派一斉検挙があったところをみれば、幕府にその情報が届いたのはそれより前らしい。幕府の蒸気船が江戸大阪間を常時運航するようになったため、情報の伝達がかつての三分の一の時間で済むようになっていた。第一報に続いて七月二九日には西国諸藩への出兵命令が伝達され、それが中津藩に伝達されたのは八月一七日であった。

この一連の出来事によって江戸は騒然としていたのであるが、そのどさくさに紛れてであろうか、八月初め頃、商人清水卯三郎《しみずうさぶろう》に匿《かくま》われて埼玉郡に隠れていた寺島宗則（松木弘安）が、諭吉の前に姿を現した。薩英戦争で捕虜とされたことで一年以上も出て来られなかった寺島の所在を、薩摩藩士肥後七左衛門《しちざえもん》が突き止めて、密かに江戸白金台町に移していたのである。薩英戦争については前年冬に幕府・薩摩・英国の間で決着が付けられていて、今さら寺島が処罰される恐れもなくなっていた。幕府にとってはそんな小さな事よりも、京都に攻め込んだうえ、今度は四カ国と同時に戦争をしようとしている長州のことのほうがはるかに重大である。

二年前の欧州旅行で苦楽を供にした寺島・箕作《みつくり》そして諭吉の三人が再会を喜んでいたのとちょうど同じ頃の八月五日、伊藤と井上の調停の試みも空しく、英米仏蘭四カ国の連合艦隊は下関への砲撃を開始した。部隊を上陸させての攻撃は八日まで続き、下関の砲台はことごとく破壊されてしまったのである。攘夷の実行が現実には不可能だとやっと悟った長州藩が、講和の正使として連合軍側に派遣してきたのは、蛤御門の変にも反対していた高杉晋作であった。八月一四日、長州藩は、関門海峡の自由通行と賠償金の支払いを約束する講和条約に調印した。

江戸に和議の情報が入ったのは一九日、詳細が横浜発行の英字紙『ジャパン・ヘラルド』に掲載されたのは二四日のことである。長州征伐の発動はちょうどその頃であったから、二一藩で組織された幕府地上軍が到着する前に、四カ国との手打ちは済んでいたことになる。下関の砲台は完全に破壊・占拠されたものの、戦死者数は長州側一三名、連合軍側一二名にすぎず、総兵員五千名が一七隻の艦隊に分乗して攻撃したにしては双方の損害はいたって軽微であるように思われた。

占拠された下関・前田砲台（ベアト撮影）（横浜開港資料館蔵）

連合艦隊は幕府軍到着までもうしばらく待っていれば、海と陸とから長州藩兵を挟み撃ちにできたのに、なぜ早急に攻撃に踏み切って和議を結んだのかと、幕府中枢は疑念を抱いたようだ。外国奉行から勘定奉行に栄転していた小栗忠順《おぐりただまさ》は、八月二三日、桑名藩留守居役高野一郎左衛門に、これは長州と連合国双方の仕組んだ芝居なのではないか、という感想を漏らした。

英国に留学していた伊藤と井上が横浜に到着してすぐに長州に向かったという情報を、幕府は七月上旬には摑《つか》んでいた。勝海舟日記七月一一日条には、六月二六・二七日のこととして、英艦が長州人二名を長州まで送った、という事実が記されている。横浜に戻ったバロッサ号の乗組員が幕府の通訳方にしゃべったのだ。こうしてみると、断片的情報をつなぎ合わせて長州と英国の密約説にたどり着くのは容易であったと思われる。講和が成立した以上、四カ国にとってすでに長州は敵ではなかった。

攘夷の旗を降ろした長州を討伐する理由は、幕府にとってもはや朝敵であるということに依拠するしかなかった。八月下旬のちょうどこの頃、諭吉は国元から出てきて二カ月にしかならない弟子たちの長州征伐への出陣要請を断っている。もし戦死するようなことがあっても、それが完全な無駄死になるかもしれないという情報を、諭吉は得ていた可能性がある。

## 脇屋卯三郎の切腹

神奈川奉行支配組頭《くみがしら》脇屋卯三郎《わきやうさぶろう》が、江戸城中で逮捕されたのは八月二五日の晩のことである。外国方で残業をしていた諭吉はこの時の様子を目撃していて、自伝に、「たいへんだ、いま脇屋が捕縛されたといううちに、縛られていないが同心をみたような者がついて、脇屋が廊下を通って行った」と書いている。取り調べのため連行されたのは、大手門から東に二百メートルばかり行った評定所（地下鉄東西線大手町駅付近）で、そこには寺社奉行水野忠誠《みずのただのぶ》（沼津藩主・三万石）・北町奉行池田頼方・南町奉行兼大目付松平康英《まつだいらやすひで》らが待っていた。

諭吉は自伝に、脇屋が長州にいる親類宛に書いた手紙が密偵に略取され、そこに明君（天皇）への期待が書かれていた、ということが将軍への謀反と見なされたための逮捕と記している。恐らく公にはそのような説明がなされていたのであろうが、逮捕状に相当する文書には、長州の依頼によって外国勢力と長州との同盟を周旋し、幕府軍を共同して迎え撃とうとする陰謀に加担した容疑、とある。

大目付松平康英は文久遣欧使節団の副使であったから、諭吉も一年間行動を共にして、その人物をよく知っていた。また、康英は安政六年（一八五九）から三年間外国奉行兼神奈川奉行の職にあって、その間脇屋の直属の上司であった。おそらく情報漏洩に早くから気づいていて、親戚が長州清末《しんすえ》にいる脇屋が怪しい、と考えたのだろう。それに、脇屋氏の祖は新田義貞《にったよしさだ》の弟脇屋義助《ぎすけ》であるとされており、後醍醐《ごだいご》天皇に従ったこの新田兄弟は、鎌倉幕府の滅亡に際して大きな貢献があった。卯三郎はその先祖を、三河の土豪の末裔《まつえい》である松平康英に、誇らしげに語ったりはしなかったろうか。

一五〇年近くが経過した今日、長州と連合国との間に密約などなかったことははっきりしている。脇屋が長州藩上屋敷留守居役遠藤《えんどう》太《た》市郎《いちろう》と連絡があったのは事実のようで、下関戦争直前の七月二四日に幕府に拘束された遠藤が情報源を漏らした可能性は高い。とはいえ、実務官僚にすぎない脇屋が長州と連合国の間を取り持つなどという大それたことが出来るはずもなく、現に、逮捕状の容疑が事実ならば連合艦隊はそのまま下関に留まっていなければおかしいはずなのに、八月一八日の負傷兵後送を皮切りに、九月五日までに横浜へと帰投していた。

長州藩が攘夷から開国へと再び方針を大きく転換させたのは、池田屋事件と蛤御門の変で攘夷強硬派の主だった指導者が殺されてしまい、かつて公武合体派の執政長井《ながい》雅楽《うた》を支えていた人々が勢力を盛り返したからであった。そのため今度は、木戸孝允（桂小五郎）・高杉晋作・伊藤博文・井上馨ら攘夷派内の穏健派（ほぼ中津藩の実学派に相当）さえ身が危うくなってしまったのである。

諸外国の真意を探るため、九月六日と七日の両日、幕府は各国公使と連合艦隊の高級士官を招いて戦勝祝賀会を開催した。老中牧野《まきの》忠恭《ただゆき》（長岡藩主・七万四千石）の呉服橋上屋敷が会場で、そこに通訳として参加していた諭吉からの情報を、熊本藩が記録している。この時点では諭吉は同藩と連絡をもっていたことになるが、一〇月一九日に脇屋が処刑されて、そうしたことに恐怖心を抱くようになったようだ。それまでに書き留めておいた外交関係書類を焼き捨てたのもその頃のことであろう。

# 第八章　再度米国行

## 1　諸藩の実学派と交流する――慶應元年（一八六五）

牧野老中邸での戦勝祝賀会が開かれた一カ月ばかり後の元治元年（一八六四）一〇月六日、諭吉は外国奉行支配翻訳御用を仰せつけられ、加増によって一五〇俵取の旗本となった。幕府が本務となったのに伴い、中津藩下士供小姓格一三石一人扶持の福澤家は除籍となったらしく、慶應三年（一八六七）頃の「中津藩分限帳」（『扇城遺聞』一三五頁）にはすでにその家名はない。

### 中津藩の長州征伐

旗本の身分というのは馬鹿にはできぬもので、江戸では御家人のことを旦那といい、旗本のことを殿様という習慣があった。この時期のこととして、福地源一郎が鉄砲洲に来たときのエピソードがある（「幕府にも感服せず」の節）。それは、玄関に客の気配がして、「殿様はおうちか」「イーエそんな者はいません」「おうちにおいでなさらぬか、殿様はご不在か」「そんな人はいません」と取次の下女としきりに問答をしている様子に、諭吉が聞きつけて座敷に通した、という話であるが、土岐太郎八は二五〇石取でも殿様などと呼ばれることはなかったから、下女が目を白黒させるのも無理はないのであった。

この時箕作秋坪《みつくりしゅうへい》も翻訳御用頭取に任命されて旗本になっているが、脇屋の処刑を前にしての彼らのこの唐突な昇格には、情報漏洩を恐れる幕府中枢の意向が働いたように思われる。累代の旗本である脇屋についてなら幕府はその処断に直接関与できたが、もし陪臣身分の者が背信行為に及んだ場合は話がややこしくなるからである。木村喜毅日記によれば、拝命式は江戸城中のしかるべき部屋で厳粛に執り行われたようであるが、かつて彼らの上司でもあった大目付松平康英《まつだいらやすひで》あたりから、更なる守秘義務の確認があったのかもしれない。松平は翌一一月に大名（陸奥棚倉藩主・六万石）となり、翌年四月に老中に就任するという出世街道を驀進中《ばくしんちゅう》であった。

この一連の経過について忘れてはならないことは、元治元年（一八六四）冬は、開戦前夜であった、ということである。八月に長州征伐の命を受けたのは、主に西国の公武合体派諸藩で、中津藩も藩主昌服《まさもと》を大将に総勢二一三四人もの人員が出陣している。ところが関門海峡に面した黒原《くろばる》で、渡海のため漁船の徴発を進めていた一二月一日になって、東から軍勢を進めて広島に駐屯していた幕府軍主力（総大将前名古屋藩主徳川慶勝・大参謀西郷隆盛）から、長州が恭順しそうなので攻撃はしばらく見合わせるようにとの連絡が入った。そこで中津藩兵は黒原で年越しとなり、翌元治二年元旦にもたらされた和議成立の報によって、三日には陣を払い、翌日中津に帰着したのであった。

### 第一次征伐後の長州藩

元治元年（一八六四）一二月、幕府への恭順を示すため、長州藩は攘夷を主導していた三人の家老に詰め腹を切らせた。藩論は交代して俗論党のものとなり、三年前公武合体を唱えていた長井雅楽《うた》執政下にまで逆戻りしたのである。このため四カ国連合艦隊との和平にあたって活躍した穏健攘夷派ともいうべき高杉晋作・伊藤博文・井上馨まで藩庁から追い出されたのだが、彼らも黙って引き下がりはしなかった。翌年一月には自分たちで養成した奇兵隊などの庶民軍を率いて挙兵、彼ら正義党諸隊は藩兵を打ち破って、主君と藩庁を再び自分たちの手中に納めた。わずか三カ月前に正義党（攘夷派）の首謀者を処刑した俗論党の要人が、元治二年（一八六五）三月に今度は自ら腹を切るはめに陥ったのであった。

俗論党を打倒して長州藩内に樹立された事実上の革命政権は、藩主が藩論の交代を受け入れる、という形で成されたため、当初幕府はその変化に気づかなかった。攘夷の旗を降ろした長州藩は、高杉（上海）・伊藤・井上（ともに英国）ら留学組の指導により、以後は英国との関係を日に日に深めていくことになる。

帰順したはずの長州藩の様子がおかしいと幕府が気づいたのは四月の慶應への改元とほぼ同じ頃であった。翌五月、将軍家茂は第二次長州征伐のため、本営となる大阪城へと向かった。その行列の中には目付に再任された木村喜毅もいた。

## 自伝内の空白時期

この時期の諭吉については、自伝にはほとんど記述がない。「攘夷論」の章で日付が確定できる最後のエピソードは脇屋の切腹で、それは元治元年（一八六四）一〇月一九日のことである。続く「再度米国行」の章は、慶應三年（一八六七）一月二三日に始まっているから、この間二六カ月もの空白がある。書簡についていえば、文久三年（一八六三）一〇月頃の隈川宗悦《くまかわそうえつ》・南条公健《なんじょうこうけん》宛（書簡一八）の次が慶應元年（一八六五）四月一〇日付の大童信太夫《おおわらわしんだゆう》宛で、空白は一七カ月である。元治元年一〇月から慶應元年四月までの諭吉個人の動向は、月六回の五《ご》十日《とうび》（五と十のつく日）に登城して外交文書の翻訳にあたり、残りの日は鉄砲洲で塾生の教育にあたっていた、というのが確実に言える最大限のことである。

万延元年（一八六〇）八月の翻訳『増訂華英通語』（全①六七頁）から慶應二年（一八六六）一〇月刊行の『西洋事情』初編（全①二七五頁）まで出版物はないが、この間未刊行の草稿がいくつかあり、それらをどの期間に執筆または翻訳していたかの推測もおおよそ可能である。欧州から文久二年（一八六二）一二月に帰国して、公務の傍ら書き進めていたのは、写本『西洋事情』（全⑲一七六頁）と呼ばれる原稿用紙にして五〇枚強の草稿であった。後に出版される版本の原型で、『西航手帳』（全⑲六六頁）の内容を整理増補したものである。その執筆の時期は、内容に重複が見られる『西航記』（全⑲六頁）を木村に提出した文久三年一一月から、明らかに写本『西洋事情』を踏まえている「唐人往来」（慶應元年閏五月完成・全①一二頁）が起筆されるまでの間で、写本『西洋事情』は大まかにいって元治元年（一八六四）の作ということができる。完成後閲覧を求める諸藩実学派の人々によって筆写された模様である。

日本の庶民が外国人に抱いていた偏見を解くために書かれた「唐人往来」の後に、翻訳「海岸防御論」（全⑦四七五頁）がある。それは、日本各地に建設されている台場に小口径の大砲を備えたとしても無力で、設置するなら射程約二・五キロの最新式一五インチ砲を配備する必要がある、という論文である。

この「海岸防御論」は仙台藩留守居役大童信太夫の依頼によって翻訳したもので、慶應元年七月一四日に提出されている。大童宛書簡は同年四月一〇日付が最初なので、その前いつから関係ができたのかはよく分からない。仙台藩関係者への手紙は文久三年（一八六三）四月一日付の在仙台大槻磐渓宛のものが最初で、諭吉はその前年まで仙台藩江戸屋敷にいた磐渓と交流していた。大童は長く江戸留守居役を務めていたようなので、欧州行より前にすでに知り合っていたのかもしれない。

### 『ジャパン・ヘラルド』紙の翻訳

元治元年八月に塾生の長州征伐への参加を断ったことで藩庁の心証を悪くしたうえ、一〇月には脇屋の処刑があって、塾の運営と公務とは今まで以上にきちんと分離する必要ができてきた。『外交訳稿』を見ると当時の諭吉は相当な情報を有していたことが分かるが、それを各藩実学派に漏らすようなことはしなかったようだ。その代わり諭吉は、横浜居留地で発行されていた英字新聞の翻訳を始めたのである。

諭吉がアメリカから戻って一年後の西暦一八六一年一一月二三日（和暦文久元年一〇月二三日）、横浜居留地で最初の英字新聞『ジャパン・ヘラルド』紙が創刊された。幕府は日本人による言論活動は制限できたが、治外法権を認められた居留地でしかも英語で印刷された新聞を取り締まることはできなかった。とはいえ当初の紙面作りはいたって安易なもので、国内ニュースは幕府と接点のあった各国公館から、海外ニュースは外国船の船員や彼らが持ち込む新聞からの情報に依拠していて、独自の視点で記者が取材を進めるという紙面作りはとられていなかった。

幕府蕃書調所《ばんしょしらべしょ》（後の洋学所）は、海外情報を得るため創刊当初から『ジャパン・ヘラルド』紙の翻訳を行っていた。その後生麦事件（文久二年八月）が起きてからは諸外国による日本評価を知るために、また下関の攘夷事件（文久三年五月）以後は戦時報道としても重視されるようになった。とりわけ先に触れた四カ国連合艦隊下関砲撃（元治元年八月）の報道は詳細かつ正確で、戦争に関与していなかった幕府は、基本的な情報を同紙から得たのである。

このような次第で、幕府としても居留地で堂々と発行されている新聞の翻訳を禁ずることはできず、また訳したところで外交機密漏洩を疑われる気遣いもなかったので、諭吉はまず手始めに仙台藩と英字新聞翻訳の契約を結んだのであった。大童との打ち合わせは慶應元年（一八六五）閏五月中旬に行われ、新聞原紙の入手は横浜で英語を勉強していた同藩士横尾東作が担当することになった。諭吉自筆の『幕末英字新聞訳稿』（全⑦四九五頁）には、慶應元年八月一八日（西暦一〇月七日号）から翌慶應二年八月二一日（西暦九月二九日号）までの翻訳が収められている。

翌慶應三（一八六七）年一月に再度のアメリカ派遣となったので、「新聞を取り寄せてソレを翻訳しては、佐賀藩の留守居とか仙台藩の留守居とか、そのほか一、二藩もありましたか、ソンな人に話をつけて、ドウゾ翻訳を買ってもらいたいといって多少の金にするような工夫をした」（「一身一家経済の由来」の章「百五十両をかすめ去る」の節）というのは、おおよそこの一年間のことになる。諭吉の新聞翻訳を購入していたのは、仙台藩・佐賀藩の他は、和歌山藩・熊本藩であった可能性が高い。

## 2　いかにすれば文明政治は実現できるか——慶應二年（一八六六）

### 薩長同盟で密約されたこと

長州再征ということで、慶應元年五月に大阪に向かった将軍家茂と老中の半分が江戸に戻らないまま、慶應二年の年が明けた。幕府軍がぐずぐずしているうちに時間ばかりが経過し、英国と近しい関係となった長州藩は、局面を打開するため、追討側にいた薩摩藩に助けを求めた。二年前の元治元年（一八六四）三月に参与会議が総辞職してからも、薩摩藩は表向き幕府の命令には従っていたが、外様の島津家当主が老中等の顕職に就けるわけでもなく、内心面白く思っていなかったことを長州藩の新首脳はよく承知していた。

交渉の結果、慶應二年一月二一日に密約（通称・薩長同盟）が取り交わされたが、そこで倒幕が誓われているというのはありがちな誤解で事実ではない。第二次長州征伐が開始された場合には、薩摩藩は上方へ二千の兵を派遣して一橋家・会津藩・桑名藩の勢力に圧力を加え、征討を妨害する、ということが決められているだけである。

長らく対立していた薩摩・長州両藩の間を取り持ったのは、土佐藩の坂本龍馬《さかもとりょうま》であったが、龍馬はかつて参与でもあった山内容堂《やまうちようどう》の家来で、文久二年（一八六二）からは勝海舟の弟子でもあった。龍馬の背後にいた容堂としては、倒幕などというのは思いもよらぬことで、長州藩の赦免《しゃめん》を図っていただけである。さらに長州藩を加えた形で参与会議を再出発させることで、自らの発言力を強める狙いがあったものと思われる。

この密約はすぐに噂となって流布し、勝はその日記二月一日条に、「聞く、薩、長と結びたりと云事、実なるか。（中略）坂龍、今、長に行きて、是等の扱《あつかい》をなすかと。左《さ》もあるべしと思はる」（勝全集①一八七頁）と書いている。倒幕が誓われているという認識ならこんな悠長《ゆうちょう》な書き方はできないはずで、この時点での幕府側の理解は、第二次長州征伐にあたって薩摩藩の協力を得るのは困難になった、というにすぎなかった。征伐に成功すればまた風向きが変わって、長州藩ばかりでなく薩摩藩や土佐藩も今まで以上に幕府に恭順せざるをえなくなると予想できたので、その密約の存在を知っても幕府はおっとりと構えていたのである。

ところで、まったく偶然のことではあるが、勝が薩長同盟について書く前日の日記一月三〇日条に、「奥平より文通これあり、身上の再嘆申し越す」とある。この奥平とは壱岐《いき》のことで、壱岐は薩摩藩と親しい勝に依頼して、そこへの仕官を図っていたのである。勝日記に壱岐が最初に登場するのは前年元治二年（一八六五）二月二七日条で、このとき壱岐は勝から蘭書を借りている。その前いつから関係があったのかは分からないが、壱岐が江戸家老に再任され、勝が蕃書調所《ばんしょしらべしょ》に左遷されていた万延元年（一八六〇）冬には、すでに面識はあったものと思う（『勝海舟関係資料』参照）。

立場変わって不遇をかこっていた壱岐から再就職の紹介を頼まれた勝は、慶應元年（一八六五）八月一三日に、薩摩藩家老小松帯刀《こまつたてわき》に宛てて書簡を出している。この小松は、坂本龍馬の結婚に際して媒酌人を務めた龍馬の友人であり、また、薩長同盟にあたっての薩摩側の代表者であった。勝の仲介はどうやら奏功し、壱岐は中金正衡《なかがねまさひろ》と名を改めて、慶應二年一〇月から田町《たまち》の薩摩藩下屋敷（現・田町駅付近）に住まうことになった。そこはそれから一七カ月の後、江戸開城を巡って勝海舟と西郷隆盛が談判することになる場所である。

### 『西洋事情』と文明政治の六条件

諭吉は壱岐のこの転変を間近で見ていたはずだが、自伝はいっさいそのことに触れてはいない。二六カ月の空白期間のこととして取り上げられているエピソードは、「一身一家経済の由来」の章「百五十両をかすめ去る」の節が唯一で、それは、江戸家老逸《へん》見志摩《みしま》と掛け合って藩の資金一五〇両を拝借するのに成功した、という話である。どうやらそれは『西洋事情』（全①二七五頁）の出版にあたっての金策を、単に騙《だま》し取ったように改変したものらしい。

元治元年（一八六四）にできあがった未刊行の『西洋事情』（全⑲一七六頁）は、江戸の各藩実学派によって次々書写された。諭吉が当初『西洋事情』を出版しなかったのは、おそらく、外国の情勢などを知りたがっているのは一部の有識者に限られているだろうから、実学派諸藩が江戸屋敷に一冊づつ備えるくらいの需要しかないと踏んだのである。ところが写本『西洋事情』は、諭吉の想像を超えて、来るべき日本の国の形はどうあるべきかを考えるための手引書としても読まれるようになった。

外国の情勢を知りたいと考える人は少数でも、日本の国家体制はどのように組み替えられるべきか、という興味を持つ者は多数いる。『西洋事情』がそのような要求に応えることができたのは、冒頭に評価基準としての文明政治の諸条件が提示されたうえ、アメリカ・オランダ・イギリス三カ国の政治体制が詳述されているからであった。その文明政治には、先にも触れたシンモン・ベリヘンテの講話にあった五条件をもととして、福祉の充実という第六条件が付加されている。

すなわち文明政治の六条件とは、(1)自由を尊重して法律は寛容を旨とすること、(2)信教の自由を保障すること、(3)科学技術を奨励すること、(4)学校を建設して教育制度を整備すること、(5)法律による安定した政治体制のもとで産業を振興すること、(6)福祉を充実させて貧民を救済すること、の六つで、これらが満たされている国のことを文明国と呼ぶわけである。この文明国の定義について、以後の諭吉にいささかもぶれが生じることはなかった。

慶應二年三月から六月にかけて執筆された『西洋事情』初編は、芝神明前にあった書物問屋岡田屋嘉七の尚古堂から出版され、一〇月に店頭に並ぶことになった。中津藩から拝借した一五〇両はその印刷製本代に宛てられたと考えられる。価格は金三分(四分の三両)であったが、稿本に比べて約四倍の分量があることを考えれば、これは破格の安値といってよい。「福澤全集緒言」には、「著者の手より発売したる部数も十五万部に下らず」(全①二六頁)とあり、これに定価を掛け合わせれば一二万両弱という途方もない売り上げとなる。『西洋事情』の爆発的な売れ行きによって、一五〇両ばかりの借金など難なく返済できたことであろう。

話は少し遡る。勝海舟が奥平壱岐の再就職の斡旋に動いていたのと同時期の慶應二年（一八六六）二月六日、諭吉は島津祐太郎《しまづすけたろう》（寄合格・二百石）に宛てて、国元の人々の問題意識を高めて西洋の学問を身につけるよう誘引してほしい、という内容の手紙を書いている。この時期幕府は洋式の学校設立に向けて動き出しており、日本を担うことになる人材はやがてそこから供給されることになりそうな気配であった。諭吉は、中津の子弟が文明開化の波に乗り遅れることがないように国元の有力者に依頼したわけである。

## 『学問のすすめ』の由来と幕府軍の敗退

この手紙は『学問のすすめ』初編の原型ともいうべきもので、西洋の学問を科学技術に限定するのではなく、人格形成の根拠となる教養として身につけることの必要を説いている。福澤塾が、主に西洋の軍事技術を研究する場から、英国のパブリック・スクールをモデルとした教養教育を目的とする場へと変質していったのはこの時期からのようで、島津宛書簡の文面から見て、幕府が設立を予定していた西洋式学校に入学するための準備学校《プレップスクール》を構想していたものと推測できる。

翌三月からは『西洋事情』出版に向けての活動を開始したが、気がかりなのは一向に動き出そうとしない第二次長州征伐の行方であった。先にも触れたように、薩長同盟が結ばれたらしい、との噂は二月辺りからちらほら聞こえていて、春の到来とともに秘密でも何でもなくなりつつあった。それまで幕府の与党であった薩摩藩は長州藩の弁護をし始め、やるなら譜代の方々でどうぞ、という。

譜代藩は、彦根の井伊家をはじめ、かつての保守党南紀派指導の藩が多く、軍事面の近代化に遅れをとっていた。三百年前の軍学が、一九世紀後半の当時にあっても有効なのかどうかは、誰にも分からない。できればやりたくはないが、将軍家茂がわざわざ大阪まで出向いて長州を征伐すると宣言しているのに、何もしなかったでは世間の物笑いの種になる。もともと上方には関東をないがしろにする風潮があって、紀州の殿様から本家の世継ぎとして関東に下向した将軍などに、畿内や西国は怯《おび》えたりはしない、というふうであった。

慶應二年六月に幕府軍の先鋒《せんぽう》を命じられたのは、越後高田藩主榊原政敬《さかきばらまさたか》（一五万石）と彦根藩主井《い》伊直憲《いなおのり》（二〇万石）であった。その鉄砲隊が担いでいた小銃の多くは旧式の先込め銃で、火縄銃の場合さえあった。一方藩境の芸州口《げいしゅうぐち》で待ちかまえていた奇兵隊など長州の庶民軍に配備されていたのは、前年四月の米国南北戦争終結により大量に放出された後込めのライフル銃だったのである。一発撃つ度に銃口から弾を装塡《そうてん》する先込め銃は、そのためにいちいち身を起こさなければならないが、後込め銃は伏せの体勢のまま素早く次弾を撃つことができる。速射性と命中精度の点で、幕府軍と長州軍の間には大きな差があった。幕府軍が攻撃を仕掛けた六月一六日に、あっという間に勝敗の決着はついた。井伊の軍勢が敗走した後には、彦根藩兵の赤い具足が多数残されていた。

諭吉が訳した『ジャパン・ヘラルド』紙和暦七月一六日号には、

井伊掃部頭《かもんのかみ》及び榊原の敗走は甚だ見苦しかりし様子なり。皆風声鶴鳴《ふうせいかくめい》を聞て遁逃《とんとう》せし者なり。是等の実験にて、大君の兵もこれまで「ライフル」銃を用いざるに由て此敗走を取りたることと心付きし様子にて、近来聞くに大君は十分に「ライフル」銃を貯へたれども、之を用ゆる者は僅《わずか》一万人

に過ぎずと云う。　　　　　　　　　　　　（全集第七巻六〇四頁）

とある。この記事を訳したすぐ後あたりから、諭吉はライフル銃の操作マニュアル『雷銃操法』（慶應二年一二月刊・全②一頁）の翻訳にとりかかっている。

勝海舟が大阪でこの井伊・榊原両家の敗走のことを知ったのは六月二二日のことで、それが江戸に伝わったのは七月初旬と思われる。ちょうど刊本『西洋事情』の原稿が仕上がった頃で、その直後に諭吉は、彼にしては珍しく幕府中枢に向けた建白書の執筆を行っている。

**「長州再征に関する建白書」**

自伝の中で諭吉が「幕府に対しても、いわゆる有志者中には種々さまざまの奇策妙案を建言する者が多い様子なれども、わたしはいっさい関係せず」（「再度米国行」の章「福澤の実兄薩州にあり」の節）と述べているのはよく知られている。この一文は本節で扱っている慶應二年（一八六六）の一年後のことであるから、その時点での諭吉が幕府の方針に関与する情熱を失っていたのかもしれない。しかしこの記述は相当にミスリードである。というのは、自伝だけを読むと、諭吉は前年慶應二年にすでに幕政に無関心であったかのように受け取られてしまうからである。

実際には、参与会議が召集された元治元年（一八六四）春から二度目のアメリカ旅行直前の慶應三年（一八六七）春までの三年間、諭吉は一人の旗本として幕府再建のための政治活動をしていた形跡がある。具体的には禁裏守衛総督《きんりしゅえいそうとく》徳川慶喜《よしのぶ》への情報提供である。自伝のこの時期が空白となっているのは、それが後の明治政府の関係者への敵対行動だったからであろう。維新後にそうした活動が露見すれば報復はまぬがれなかったはずで、それでなくとも諭吉は明治六・七年の頃まで夜分の外出を控えたり、旅行でも変名を使っていたりしていたのであった。

そこでこの「長州再征に関する建白書」（全⑳六頁）は、第二次長州征伐の緒戦で幕府軍が大敗を喫したことを契機に書かれた。このまま停戦ということになれば、幕府の権威は地に落ちることになる。ここはぜひとも長州を徹底的に屈服させる必要があり、そのために長州の非道を広く海外に告知すると同時に、諸外国軍の力を借りてその討伐を図らなければならない、というのがその骨子である。

諭吉のこの建白書が幕府内で検討されたかどうかは分からない。というのも、七月二〇日に大阪城内で弱冠二一歳の将軍家茂が亡くなり、幕府は一時首班不在となっていたからである。京都にいた徳川慶喜が暫定的にその任にあたることになり、一度は戦争継続が確認されたが、八月一日に幕府方の小倉《こくら》城が陥落したのを機に休戦交渉が開始され、九月二日に広島に出向いていた幕府代表の軍艦奉行勝海舟らと、長州から派遣された木戸孝允・井上馨らとの間で停戦の合意がなされた。

大阪にいた小笠原老中に諭吉の建白書が提出されたのは、停戦合意から四日後の九月六日のことであった。七月に軍艦奉行並《なみ》に再任されて大阪赴任を命じられた木村喜毅《きむらよしたけ》が、着任早々御堂筋《みどうすじ》大江橋近くの唐津藩蔵屋敷に小笠原を訪ねて建白書を渡したことが、その日記に記載されている。

## 大君のモナルキ

これより先の八月二〇日、一四代将軍家茂の発喪と同時に、その後任として慶喜が徳川本家を継ぐことが公表された。父斉昭《なりあき》が、彼を将軍職に就けるべく江戸城に強行登城したのは、ちょうど八年前の安政五年（一八五八）八月であった。それから二年後の万延元年（一八六〇）のやはり八月に死去した斉昭の悲願はここで達成されたといえようが、時すでに遅しの感があった。かつて一橋派であった諸大名はもはや慶喜の指導力に期待を寄せてはいなかったからである。島津久光（薩摩藩）・山内容堂（土佐藩）・伊達宗城《だてむねなり》（宇和島藩）・鍋島直正《なべしまなおまさ》（佐賀藩）らは、幕府を介して自らの意見を国政に反映させるよりも、朝廷に直属する大名同盟を組織して、そこで力を揮《ふる》ったほうがよい、と考え始めていた。

慶喜の本家相続を望んでいたのは、大名たちではなく、直参で万石未満の旗本御家人たちであった。文久二年（一八六二）に始まった幕政改革で、将軍後見職となった慶喜は主に外交問題を所轄し、元治元年（一八六四）には禁裏守衛総督に転じて朝幕関係の修復に務めてきたが、いずれの仕事ぶりも部下たちの期待を裏切らない高い水準にあった。八月二〇日の段階では慶喜が徳川本家を継いだことが公にされただけで、征夷大将軍になるかどうかは未定であったのだが、それでも慶應二年（一八六六）の秋から冬にかけて幕臣たちの意気は揚がっていた。

その時の雰囲気をよく伝えているのが一一月七日付福澤英之助宛書簡である。この英之助とは中津藩士の門下生和田慎二郎の変名で、彼は幕臣福澤諭吉の弟という触れ込みで、幕府派遣留学生の一行一二名の中に加わるのを許されたのであった。この書簡に諭吉は、当時の政治状況全般について、自身の持論でもあった大名同盟が模索されているが、誰も彼もが意見を言い合うと収拾がつかなくなるので、かくなる上は「大君のモナルキ」を選択する以外に文明開化を推進する方法はない、と書いている。

大君のモナルキとは、征夷大将軍による君主制を意味している。この書簡が昭和八年（一九三三）の『続福澤全集』に初めて収録された時は、編纂者石河幹明《いしかわみきあき》によって、「大君の」は削除されていた。この三文字が慶應二年（一八六六）一一月の書簡に書かれていたことが明らかとなって、『福翁自伝』の空白期間に、諭吉は長州藩の取り潰しを図っていたばかりではなく、将軍を日本の君主とする新たな体制を樹立するために働いていたことが分かるのである。

## 3 幕府最後の年、再びアメリカに行く——慶應三年（一八六七）

### 徳川慶喜の将軍就任と明治天皇の践祚

慶應二年一二月五日、二条城において徳川慶喜への将軍宣下《しょうぐんせんげ》があった。それまでの一四人の将軍は三代家光（於伏見城）を除いて江戸での拝命であったが、それまで禁裏守衛総督に任じられていた慶喜は、洛中で宣下を受けた最初にして最後の将軍となった。ところがそのわずか二〇日後の一二月二五日、三七歳になっていた孝明天皇が突然崩御《ほうぎょ》し、慶應三年一月九日、後の明治天皇、一四歳の祐宮睦仁《さちのみやむつひと》が践祚《せんそ》することになったのである。慶應二年七月二〇日に一四代将軍家茂が没してわずか五カ月後のことである。

幕府はこれを機に、明けて慶應三年の一月、正式に第二次長州征伐を中止し、広島と北九州に布陣していた幕府軍はそれぞれ本藩に帰った。はっきりした決着がつかなかったため両軍ともに自らの勝利を宣したが、とりわけ長州藩は、大村益次郎の発案により、幕府と戦って倒れた者の栄誉を讃えるために招魂社《しょうこんしゃ》を建立して、味方の戦死者を祀った。彼らは後に靖国神社に合祀されることになる。

天皇崩御の報が江戸にもたらされるまで時間がかかったため、正月も平穏に過ぎつつあった一月七日、諭吉は英国で留学生たちの指導にあたっていた川路太郎と中村正直《まさなお》両名に宛てて手紙を書いている。その内容は、パリで開催される万国博覧会に新将軍慶喜と水戸藩主慶篤《よしあつ》の弟である徳川昭武《あきたけ》が派遣されること、そして新将軍慶喜が大阪城に各国公使を招待すること、についてである。とりわけ後者については、「未曾有《みぞう》の御盛挙《ごせいきょ》」「感激に不堪《たえず》」「難有御時勢《ありがたきごじせい》」と諭吉らしからぬ喜びようである。

慶喜への期待の高さがここからもうかがわれるのであるが、注目すべきは、この模様では文明開化は間もなく実現の運びとなり、すでにこの時期にあって大名同盟などは何となく痕跡を消してしまいました、という現状認識が示されていることである。つまり諭吉は、現実には徳川時代の最後の年が始まっていたにもかかわらず、それとは逆の、将軍のモナルキの初年が動きつつある、という見方をとっていたことになる。これは諭吉の目の狂いではなく、江戸にいた多くの幕臣たちに共通した認識であった。

### 再度のアメリカ行

慶應三年（一八六七）一月一七日、諭吉は二度目の米国派遣のため神奈川に移動した。咸臨丸でのサンフランシスコ訪問からすでに丸七年が経過していて、渡航自体にはかつてのような緊張感はなかった。

今度の渡航は米国に発注した軍艦の受け取りを目的としていて、その全権使節には小野友五郎が選任されていた。この小野はもとは笠間藩士で、長崎海軍伝習所では主に測量を学んでいたが、陪臣の出ながら能力を認められて咸臨丸に乗り込み、正確な位置測定でブルック大尉をうならせた人物であった。帰国後の評価は極めて高く、勝が蕃書調所に左遷されたとき、後任の咸臨丸艦長となったのは小野である。その後軍艦奉行木村喜毅の配下として出世していたが、木村罷免後の文久三年（一八六三）一二月、数学の特別な才能が認められて勘定奉行支配に移り、元治元年（一八六四）六月に小栗《おぐり》忠順《ただまさ》配下の勘定吟味役となっている。これは現在の財務省局長クラスに相当する地位である。

旧知の小野が米国に派遣されるということを聞きつけた諭吉は、さっそく通訳としての同行を申し出た。辞令交付は正式には一一月一二日となっているが、七日付の福澤英之助宛書簡にすでにアメリカ行きについて触れられている。諭吉には、どうしてももう一度渡米したい理由があったのである。それは、自分の塾を教養教育重視の準備学校に変質させるため、アメリカのプライベート・スクールを見学し、そこで使われている教科書や、図書室に備えられている書籍を買い付けることであった。また、中津藩からは軍事技術書の、仙台藩からは藩兵の増強のためにライフル銃の購入を依頼された。

諭吉の願いは叶《かな》い、パシフィック・メール社のコロラド号（三六〇〇トン）に乗って西暦一月二七日（和暦一月二三日）出港、三月二〇日（西暦・以下同）に無事サンフランシスコに到着した。前回と同様、さっそく土地の実業家ブルックスが姿を現して、翌々日の二二日に咸臨丸乗組員の墓に諭吉を案内した。七年の間に見違えるほど発展したサンフランシスコの市内観光からホテルに戻ると、かつてメーア島の海軍工廠で世話になったマクドーガル大佐がやってきた。南北戦争ではワイオミング号艦長として南軍所属艦を追跡していた大佐は、途中日本にも立ち寄って木村喜毅や勝海舟と再会していた（文久二年一〇月）。また、翌年五月には、思いもかけず下関での攘夷の報復攻撃に加わったことは、前にも書いた通りである（第七章**2**）。マクドーガルは二年後の一八六九年（明治二）に南太平洋艦隊司令官となり、提督（海軍将官）へと昇進した。

また、サンフランシスコでは、仙台藩の大童信太夫《おおわらわしんだゆう》の依頼により、同藩士一条十二郎《いちじょうじゅうじろう》と大条清助《だいじょうせいすけ》の二人の留学生の様子を見に行っている。このうち大条（自伝に一条とあるのは間違い）は現地で発狂してしまい、翌慶應四年（一八六八）夏に帰国することになる（「発狂病人一条米国より帰来」の節）。

軍艦受取委員一行は三月三〇日にパナマに向けて出発し、四月一四日に到着してからすぐに鉄道に乗り、夕刻には大西洋側からニューヨーク行きの汽船に搭乗した。ニューヨーク到着は四月二二日で、メトロポリタンホテルに投宿した。太平洋横断よりもアメリカ西部から東部への移動のほうが長い時間がかかったわけである。

**ニューヨークでのトラブル**

諭吉が幕府に愛想をつかしたのは、この旅行の最中のことだったようである。自伝では、同僚の通訳尺振八《せきしんぱち》と一緒になって「幕府を潰せ」などと威勢のいいことを言っていたことになっているが、当時は脇屋卯三郎の処刑に関与していた松平康英が依然として外務担当老中であったから、そこまであからさまな発言はできなかったと考えられる。

出発前までは徳川慶喜による将軍のモナルキについて期待を寄せていたのに、このようにやる気を失っていったのにはそれなりの理由があったと推測できる。それは、陪臣の出ながら異例の出世を遂げた小野が、諭吉のやろうとしていたことにまったく理解を示さなかったため、そこから類推して、幕府は全体としても同様に諭吉の考えを受け入れたりはしないだろう、と考えたということである。小野と諭吉の間にどのような行き違いがあったのかについては、帰国後小野が老中に提出した訴状によって知ることができる。

それによると、諭吉の不届きは、おおむね以下の三点である。その第一は、サンフランシスコで雇い入れた英国人チャールズが公金五百ドルを持ち逃げしたのに、その事実を報告しなかったこと、第二は、横浜で組んだ為替をニューヨークで換金するのに手間取ったこと、第三は、外地で購入した大量の書籍を公金で本国に送ったこと、である。さらに、訴えには入っていないが、小野が諭吉に幕府向けの洋書の選定を依頼したところ、諭吉がその手数料を要求したことも反抗の一例として挙げられている。

これらのうち、はっきり諭吉の落ち度といえるのは、第二の為替換金を巡るトラブルだけである。もともと彼らはアメリカから軍艦を購入するために派遣されたのであって、そこに手違いがあれば非難されるのは当然のことである。ただ、諭吉だけに責任があったかといえば、彼にも情状酌量の余地がある。

為替は横浜居留地で店を出していたイギリス系銀行で組まれたのだが、諭吉はその時受け取った三枚の手形のうち一枚目は小野に、二枚目は副委員長の松本寿太夫《まつもとすだゆう》に渡し、三枚目は米国に送ってもらうよう英国領事に依頼して出国した。ニューヨークに着いた時点で三枚目が届いていなかったため、やむなく持参の手形二枚を持って銀行に赴《おもむ》いたところ、換金を断られてしまったのである。四月二四日のことである。

諭吉が三枚目を次便で送ってもらうように手配したのは、万一コロラド号が難破でもして他の二枚が失われても、三枚目によって日本での入金の事実を証明できるからであった。また、諭吉は最初の二枚だけでも換金は可能という説明を受けていたため、実際に出向いた銀行の窓口で断られたときに、目の前が真っ暗になってしまったのだった。

1867年頃のニューヨーク・ウォール街

このトラブルについて、山口一夫は、東京銀行（昭和末年当時）に勤める友人から聞いた話として、ニューヨークの銀行員が、突如店頭に現れて数千両分の為替を現金化しようとした和服帯刀姿の日本人に奇異の念を抱いたからではないか、という解釈を示している（『福澤諭吉の亜米利加体験』二七〇頁）。カリフォルニアならともかく、米国東部ではアジア人自体が珍しいうえに、奇妙な民族衣装を着ているとなれば、たとえ書類が整っていたとしてもいったんはお引き取りを願うものだ、というのである。結局諭吉は滞在先のホテルの支配人に身元保証をしてもらうことでどうにか換金に成功した。これが第二の不届きの顚末《てんまつ》である。

第一の不届きについては、諭吉がチャールズの主な監督者であったのは事実だが、持ち逃げの責任まで諭吉に負わせるのは酷というものである。このチャールズは実業家ブルックスの紹介で雇ったのだが、前回の訪米では小野自身もブルックスの世話になっており、諭吉だけではなく小野もブルックスを信頼していた。チャールズを雇用したのは諭吉の独断とはいえないのだから、五百ドルを持ち逃げされた責任の一端は小野にもあったのである。

また第三の不届きについては、諭吉は他の人々の荷物もすべて公金で支払うよう手続きしたのであった。諭吉を訴えた小野や松本も自分の荷物を公金で運んでいたのに、そのことについては触れていない。そして最後の、公用で書籍を購入するよう命じられたのに手数料を要求してその命令に従わなかった、という不届きについては、どうも単なる売り言葉に買い言葉であったように察せられる。

こうした小野との確執によって、諭吉は幕府のために働く気を失ってしまったのであるが、私はもう一つ、重大なことがこれまで見落とされてきたと思う。それは後に述べる。

**ブルック大尉との再会、ジョンソン大統領との面会**

一行は四月二七日の朝八時四〇分にニューヨーク近郊のジャージー・シティを発ち、夕方五時五〇分にワシントンへと到着した。そこでの用件は、外交使節として大統領に謁見《えっけん》することと、ポトマック川に係留されている軍艦の代金を支払ってそれを受領することであった。

この日は土曜日であったが、翌二八日の日曜日、七年前の訪米の際に世話になったもう一人の海軍士官ブルック大尉がホテルを訪れた。中西部オハイオ州出身のマクドーガル大佐は迷うこともなく北軍に身を投じ、その後の経歴にも華々しいものがあったが、フロリダ生まれで郷里がバージニア州にあったブルック大尉は、南軍に所属して結局敗者の一人となってしまっていた。

南北戦争ではブルック・ガンという新兵器の開発にまで携わって奮戦したブルック大尉だったが、復員後に古巣のアメリカ海軍に戻れるはずもなく、バージニア軍事大学の教授として民間人の生活を始めていた。自伝によれば、咸臨丸一行の歓迎行事を裏で仕切ったのが自分であったことを、ブルックはそこで初めて明かしたそうである。南北戦争勃発一年前のその頃が、ブルックにとって生涯最良の時期であったのかもしれない。ブルックは諭吉ばかりでなく測量方の小野とも親しかったので、出世した彼に、幕府海軍に就職口はないものか、とそれとなく尋ねた。

五月三日、諭吉たち一行はホワイトハウスのブルールームで時のアメリカ大統領アンドリュー・ジョンソンと面会した。「慶應三年日記」（全⑲一四六頁）にはホワイトハウスの見取り図なども書き留められているが、不思議なことに『福翁自伝』はこのことにまったく触れていない。前回の訪米の帰途立ち寄ったハワイで国王に謁見したことは書いてあるのだから、日本近代最大のアメリカ贔屓《ひいき》といってよい諭吉の自伝として、やや肩すかしの感がある。どうもジョンソン大統領は、誠実ではあるが印象の薄い人物で、自伝を口述していたとき

アンドリュー・ジョンソン大統領

にどんなことがあったのか思い出せなかったようである。

諭吉にとっては、大統領との面会よりもその前々日に国務省で見たアメリカ独立宣言草稿のほうが大きな意味があったのかもしれない。『西洋事情』にその翻訳を掲げた諭吉は、それがアメリカの精神をもっともよく体現した文章であると見なしていた。ジェファーソンとフランクリンによる手書きの草稿を実際に見たことは、この二度目の渡米旅行での印象深い出来事の一つであったことだろう。

## 小野友五郎との反目

ところで、先にも触れたように、諭吉は仙台藩江戸留守居役大童信太夫《おおわらわしんだゆう》からライフル銃の買い付けを依頼されていた。結局小銃は購入できずにニューヨークのアップルトン書店から大量の書籍を買って帰国するのだが、大童へのその釈明に不自然な点がある。すなわち、帰国三日後の和暦六月二九日（西暦七月三〇日）の書簡には、現地に小銃は大量に出回っているものの、自分では見立てられなかったので購入を見合わせたと書かれている。小銃を見る目などないのは最初から分かっていたはずで、そのために専門家のブルックに南北戦争後の放出兵器購入の仲介を頼んだふしがある。

そうだとすると、小銃購入を断念した理由は、他にあったのではないか、という疑いが生じてこよう。大童に提出した会計書類によれば、諭吉が仙台藩から預かった金額は二千五百両である。小銃購入をあきらめて代わりに買ったのは書籍一一五〇両少し分で、残金は返却しているが、仙台藩はもともとその全額分、おそらく数千挺の新式ライフル銃を望んでいたのである。見立てに自信がないなどという理由で一挺も買わずに帰国するのは奇妙である。これは、外様の藩からの依頼によって大量の小銃を購入しようとした諭吉に小野が疑念を抱いたため、買い付け交渉が阻止された可能性がある。自伝「再度米国行」の章「長官に対して不従順」の節には、米国滞在中のある食事の席で諭吉が、

「全体いまの幕府の気がしれない。攘夷鎖港《じょういさこう》とはなんの趣意だ。これがために品川の台場の増築とはなんの戯れだ。その台場を築いた者はこのテーブルの中にもいるではないか。こんなことで日本国は保《も》てると思うか。日本はたいせつな国だぞ」

と発言したとあるが、台場を築いたのは小野であったから、これは明らかに小野への当てつけである。ただ、幕府の方針が攘夷でけしからんというのは事実とは違っていて、実際には開国派の新将軍慶喜の尽力により、西暦六月二五日（和暦五月二三日）に兵庫開港の勅許が得られ、諸外国との通商上の問題は解消に向かっていた。ここで諭吉が言いたかったのは、外国の脅威に対抗すると称して金のかかる海軍力の増強にばかり目を向けているうちに、国内の勢力によって幕府は倒されるぞ、という警告であったと考えられる。

思うに、第二次長州征伐を見ても幕府陸軍の近代化が遅れているのは明らかで、諭吉は将軍のモナルキの確立のために仙台藩へ数千挺のライフル銃を引き渡すことは、幕府安泰のために最優先されるべきことだと考えたのであろう。戊辰戦争において仙台藩主伊達慶邦《よしくに》が奥羽越列藩同盟の総督に就任するのは、一年後の慶應四年（一八六八）七月のことである。諭吉が仙台藩へのライフル銃の納入に

成功していたなら、旧幕府勢力は薩長に対して軍事的な優勢を保つことができたかもしれない。

小銃買い付けを断念した後、ワシントンで諭吉は軍艦受取のための事務を執る一方、アップルトン社から自分の塾向けに二千両分、仙台藩に一一五〇両分、他に紀州藩のために数百両分もの大量の書籍を購入する手続きをしている。五月二八日にはコロンビア・スクールを訪ねてアメリカのプレップ・スクールの実際を見学した。六月五日に再びニューヨークへ移動し、一一日に帰国の途についた。

### 大政奉還

横浜に着いたのは西暦七月二七日のことで、これは和暦では六月二六日にあたっていた。戻って早々の二九日に前述の大童宛書簡に、小銃の購入を見合わせたかわりに書籍を入手した、しかしまだ荷は横浜で差し押さえられた状態である、と書いている。小野と松本の訴えにより和暦七月には登城差し止め（謹慎）の処分が下され、鉄砲洲で蟄居《ちっきょ》ということになった。『西洋旅案内』（全②一一三頁）はこの時期の著作で、序文の日付が八月で、刊行は一〇月である。それは日本初の本格的海外旅行ガイドブックで、たとえば洋式便所は腰掛けて用を足すようにできていて、和式のつもりですると便所を汚して外国人に笑われることになる、など有益な情報が満載されている。

先にも述べたように、渡米前の諭吉は、将軍慶喜の下で新たなモナルキの時代が始まると信じて疑っていなかった。また、滞在中には前二回の時のようなテロ事件もなく、慶喜は新天皇から兵庫開港の勅許（五月二四日）を得て外交上の得点を重ねていたのであった。また慶喜は朝廷に長州藩への寛大な措置を願い出ていて、同藩内の非主流（俗論党）への懐柔をも働きかけるという巧妙な策をとっていた。この動きに危機感をもったのが長州藩主流（正義党）と薩摩藩で、将軍の権威が完全に回復する前に、何らかの対策をとらねばならない状況に追い込まれたのである。

そのとき妙案を出したのが土佐藩であった。山内容堂は西南雄藩の発言力を高めるのに賛成していたが、軍事力で幕府を崩壊させるのには反対であった。要するに、幕府を中央政府の座から下ろしつつ、徳川本家に関東の大藩として応分の役割を果たしてもらおうというのである。

六月二二日、土佐藩の後藤象二郎・坂本龍馬と、薩摩藩の西郷隆盛・大久保利通が会談し、大政奉還を両藩の目的とする薩土盟約が結ばれた。同時に、慶喜が奉還を拒否した場合、薩摩・長州は武力行使によって彼を排除することも辞さない、ということも認められたので、七月以降は、土佐藩の周旋によって大政奉還が果たされるのが早いか、それとも薩摩藩と長州藩の軍事力によって、一橋家・会津藩・桑名藩の勢力が上方を逐われるのが早いかという時間との競争となったのである。

そうした緊迫した情勢を江戸にいた人々はまったく知らなかった。一〇月一四日に山内容堂の説得によって将軍慶喜が大政奉還をした、という報道がなされたときの江戸市民の反応は、まさか、であったという。翌日その願いは朝廷に聞き届けられ、慶喜は征夷大将軍を免じられたのだった。

**福澤の実兄薩州にあり**

自伝では触れられていないが、謹慎中の諭吉はもう一つ重要な仕事をしている。それは、仙台藩主伊達慶邦の嫡養子として伊達宗城の次男宗敦《むねあつ》を推薦し、その人物照会を大童に報告したことである（九月五日付書簡）。中津藩奥平家の嫡子は宗城の四男儀三郎であったから、諭吉はその兄を推したことになる。結果として翌慶應四年三月に宗敦は正式に伊達本家の跡継ぎとなる。伊達宗城の息子はほかに信濃松代藩真田《さなだ》家の嫡子幸民《ゆきとも》になっていて、同藩と宇和島藩・中津藩・

仙台藩の次期藩主は皆兄弟ということになったのであった。

旗本中島三郎助《なかじまさぶろうすけ》が老中稲葉正邦《いなばまさくに》（淀藩主・一〇万二千石）に周旋したことで、諭吉の謹慎処分が解けたのは一〇月下旬のことであった。差し押さえられていた荷物の返却は一一月にあったが、その間一〇月一四日には在京都の将軍慶喜が大政奉還をしてしまい、全国政府としての徳川幕府はすでに消滅していた。その経緯については後に扱うことにして、謹慎中の諭吉について流された奇怪な噂について触れたい。その噂とは、「福澤の実兄薩州にあり」というもので、「兄が薩藩に与《くみ》しているから弟も変だ」という評判である。

時系列から考えて、この兄とは奥平壱岐のことである。おそらく北門奥平家出身の義兄今泉郡司（錦の姉とうの夫）が死んで家族が中津に引き上げたのと、中金《なかがね》奥平家出身の壱岐が薩摩藩に仕官した時期が重なったことで両者が混同されたため生じた誤解と思われる。ここからうかがえることは、諭吉の謹慎処分が薩摩藩との近しい関係によると理解されていたことである。諭吉を登城差し止めとした小野と松本らの勢力は、薩摩への情報漏洩を恐れたのであろう。小野と松本が反薩摩であったことははっきりしていて、いずれも翌年の江戸開城では小栗忠順《おぐりただまさ》率いる抗戦派に属し、維新後小野は下獄させられ、もう一人の上司松本は函館戦争に参加したまま行方知れずとなった。

壱岐を薩摩藩に紹介したのは勝海舟で、自伝にもあるように、諭吉とこの両者との不仲はつとに有名である。ところが、当時の幕臣たちからは、薩摩藩と勝海舟そして福澤諭吉は同じ穴のむじなという目で見られていたことが分かるのである。

## 4　戊辰戦争と慶應義塾の新銭座への移転――慶應四年（一八六八）春

### 鉄砲洲から新銭座への塾の移転

大政奉還によって慶喜は将軍ではなくなったものの、依然として武家としては最高位である従一位内大臣であると同時に関東の支配者でもあった。そのまま大大名の一人として、新たな大名同盟に参加するつもりでいたところが、大政奉還と同じ日、倒幕派公家の岩倉《いわくら》具視《ともみ》によって「倒幕の密勅」なるものが偽造されたため、事態は思わぬ方向に向かった。かつて大名同盟を目指していた勢力のうち、旧幕府を朝敵とする薩摩藩（倒幕派）と、土佐藩・宇和島藩・福井藩など、旧幕府を大名同盟の正当な一員と見なす勢力（諸侯会議派）とが相対立してしまったのである。

同じ慶應三年の冬、江戸の福澤塾は、鉄砲洲界隈が外国人の居留地とされることに伴い、立ち退きを迫られていた。中津藩中屋敷の店子《たなこ》にすぎない福澤塾に補償はなかったうえ、さらに旧幕府から移転先として指定されていた汐留の上屋敷には塾を開く場所も確保されていない、ということで、塾は転居場所とその費用に窮してしまったのである。その経費の捻出のためか、諭吉が熊本藩との間で『雷銃操法』巻之二・三を一二五両で翻訳する契約を交わしたのは一二月二三日のことであった。

その翌々日の二五日、諭吉は新銭座にあった越前丸岡藩主有馬《ありま》道純《みちずみ》（譜代・五万石）中屋敷を三五五両で買い取った。木村喜毅の新銭座の屋敷から一軒隔てた南に位置し、売買にあたって木村家の用

**第Ⅱ期新銭座塾跡**（東京都港区浜松町）
ここで慶應義塾と命名されたのだが……。

人大橋栄次が周旋したのだという。この日は江戸警備を担当していた庄内藩が、旧幕府の命令により三田の薩摩藩上屋敷（現・芝三丁目付近）を焼き討ちした日である（「一身一家経済の由来」の章「事変の当日約束の金を渡す」の節）。新銭座新塾予定地（現・浜松町一丁目）から、現在の慶應義塾の東斜《はす》向かいにあたる薩摩藩上屋敷までは、南西に約八百メートルの距離であった。

### 鳥羽・伏見の戦い

明けて慶應四年は明治元年であるが、王制復古の大号令後、大阪城に戻っていた慶喜が、薩摩こそ朝敵であることを示した「討薩表」を掲げて京都に上ろうとしたところ、一月三日、京都南方の鳥羽・伏見で長州藩兵・薩摩藩兵の攻撃を受けることになった。これがその年から翌年まで続くことになる戊辰戦争で最初の戦闘となった。

この時慶喜が率いていた旧幕府歩兵隊・会津藩兵・桑名藩兵は臨戦態勢をとっておらず、旧幕府軍は算を乱して退却した。こうして幕府の勢力は京都を逐《お》われ、慶喜は追討を受ける身となったのである。一月六日、慶喜は大阪を船で脱出し、一二日に江戸へと戻った。慶喜が征夷大将軍として江戸城で執務した日は一日もなかった。

謹慎処分を解かれて一一月から職務に復帰していた諭吉は、慶喜が江戸に戻った慶應四年一月中旬の城内の様子を、「まるで無住のお寺をみたようになって、ゴロゴロあぐらをかいてどなる者もあれば、ソットたもとから小さいビンを出してブランデーを飲んでる者もあるというような乱脈になり果てた」（「王政維新」の章「主戦論者をひやかす」の節）と書いている。この時抗戦派と恭順派が激しくやりあっていたのである。

佐久間象山の門下生で諭吉と同じ外国方に属していた加藤弘之が裃《かみしも》姿で登城してきたのは、一月一四日頃のことと思われる。控え室で休息している加藤を見つけた諭吉が、「イヤ加藤君、きょうはお裃で何事に出てきたのか」と訊《たず》ねると、加藤は「何事だってお会いを願う」と答えた。つまり慶喜への面会を求めにきたということである。九年後の明治一〇年（一八七七）に東京大学の初代綜理（学長）となる加藤は砲術の専門家でもあり、当時は抗戦派の一人なのであった。

鳥羽・伏見で旧幕府軍を破った薩摩・長州藩兵は態勢を整えた後、江戸に向けて進軍を開始した。彼らは自分たちであつらえた錦の御旗を携え、官軍を自称していたが、朝廷によってそれが正式に認められていたわけではなかった。小栗忠順《おぐりただまさ》ら抗戦派は、箱根の坂を下ってくる薩長軍を小田原沖から艦砲射撃するという作戦を立てたが、それは当の慶喜によって却下された。自らの意思で征夷大将軍職を退任した以上、薩長軍との交戦は私闘にすぎないと思われたからである。

陸軍奉行の小栗は一月一五日に罷免《ひめん》され、所領があった上野《こうずけ》国権田《ごんだ》村（現・高崎市）に隠居してしまった。さらに二三日、小栗後任の勝海舟はそれまで老中が兼務していた陸軍総裁に就任した。ちなみに時を同じくして選任された陸軍副総裁藤沢次謙《ふじさわつぎかね》は桂川甫周《かつらがわほしゅう》の実弟、海軍総裁矢田堀鴻《やだぼりこう》は永らく木村喜毅の部下として働いていた人物である。また、海軍副総裁の榎本武揚《えのもとたけあき》、会計総裁の大久保忠寛《おおくぼただひろ》も勝と親しく、会計副総裁の成島柳北《なるしまりゅうほく》は桂川の親友であった。

　これがいわゆる江戸の終戦内閣であるが、福澤の友人知人ばかり、という奇妙な陣容である。全員万石未満の旗本なのは、大名たちが、幕府が消滅した以上もはや徳川家に従う義務はない、として登城してこなくなったからである。この時には諭吉にまで使番《つかいばん》（現・都庁課長級）への就任要請があったが、ばかばかしいので断ってしまった。慶喜は一月二六日に隠居を表明、二月一二日に恭順の意を示すため江戸城を出て上野寛永寺に入った。

　一月一五日に小栗の抗戦論が斥けられた段階で、諭吉は薩長軍と旧幕府軍との全面対決はないと踏んだ。怯えた江戸の市民たちは誰も普請などしないのだから、これは好機ということで、塾の移転を推進したのだった（「王政維新」の章「大騒動の最中に普請す」の節）。慶喜の名に因んで自らの名に「慶」の字を使っていた大名たちが、それを忌んで「敬」などと改めたのはこの頃のことである。

　薩長軍の先鋒は三月三日に多摩川の南に達した。そしてしばらくそこに留まった後、一〇日に江戸直近の品川宿まで進軍して来た。三月一三日と翌一四日、江戸の入り口である大木戸の北方約八百メートルの地点にあった薩摩藩下屋敷で、薩長軍を率いてきた西郷隆盛と江戸の警備を命じられていた勝海舟との膝詰《ひざづ》め談判が行われた。その結果として、江戸無血開城が決まったのであるが、それは新銭座への移転が完了し、それまで無名であった塾に「慶應義塾」という名前がつけられたのとほぼ同時であった。

## 五箇条の誓文と『西洋事情』

江戸で勝と西郷が無血開城を巡って駆け引きをしていたのと同じ三月一四日、京都では新政府の基本方針となる五箇条の誓文《せいもん》が明治天皇によって示された。それは諸侯会議派の参与由利公正《ゆりきみまさ》（福井藩）と福岡孝弟《ふくおかたかちか》（土佐藩）が中心となって立案したものであるが、近代的立憲君主制を指向したものとして、現在なおも輝きを失っていない。

その骨子は、第一条・広く会議を起こしていっさいを議論によって決定すること、第二条・官民一体となって経済を盛り立てること、第三条・朝廷と諸侯は協力して庶民の生活向上に配慮すること、第四条・旧慣を打破して普遍的な価値観に基づいた政治を行うこと、第五条・知識を世界に求めて統治の基礎とすること、の五箇条である。由利は実学者横井小楠《よこいしょうなん》（熊本藩）の弟子、また福岡は後藤象二郎や坂本龍馬とともに土佐藩実学派を牽引してきた人物で、やはり小楠の影響下にあった。

諭吉は熊本藩の大田黒惟信《おおたぐろこれのぶ》や牛島五一郎《うしじまごいちろう》といった小楠門下生と交流していたので、議会政治と経済振興政策を主眼とする小楠の思想は、諭吉の発想にも影響を与えた可能性がある。一方小楠の弟子筋としては、『西洋事情』が出版されたことで、それまで曖昧にしか把握できなかった議会や金融の仕組みを正確に理解できるようになったという利点があった。

五箇条の誓文は相当に圧縮された表現となっているので、『西洋事情』からの直接の影響を指摘するのは難しい。とはいえ、両者を読み比べたときの類似点は一目瞭然である。たとえば誓文の第一条は『西洋事情』冒頭にある英国の政治機構の説明と、第二条は文明政治の六条件のうち第五条件「保任安穏」と、第三条は同じく第一条件「自主任意」と、第四条は『西洋事情』に掲載されているアメリカ独立宣言の最初の部分と、そして第五条は文明政治の第三条件「技術文学」と相似た内容をもっている。『西洋事情』は当時誰もが読んでいたという状況であったから、五箇条の誓文にその内容が反映されているのである。

### 上野戦争

蛤御門の変で長州と戦った会津藩兵と、前年暮れに薩摩藩上屋敷を焼き討ちした庄内藩兵は、報復を恐れて東北地方の本藩に向けて逃れていった。入城してきた薩長軍の自軍の取り締まりは厳しく、江戸市民との紛争はまったくなかった。鳥羽・伏見の戦いで薩長軍と交戦した桑名藩は早々に新政府に帰順していたので、江戸で旧幕府の勢力として残存していたのは、開城当時市中の治安維持にあたっていた彰義隊《しょうぎたい》と、無傷で残っていた海軍艦艇のみであった。

彰義隊の司令部は謹慎中の徳川慶喜の警護という名目もあって、上野寛永寺に置かれていた。四月一〇日に慶喜が出身地の水戸へ移ったことで部隊の存立根拠も失われたはずだが、かつて彼らの上官であった元陸軍奉行小栗忠順《おぐりただまさ》が、閏四月六日に隠居先で処刑されたとの報がもたらされたことにより、薩長軍からの武装解除の勧告に唯々諾々《いいだくだく》と従うことはできなくなった。大村益次郎が軍務官判事（陸軍次官に相当）として江戸に着任したのはこの頃のことで、緒方洪庵の未亡人の家へ挨拶に行った大村は、未亡人に、諭吉と箕作秋坪《みつくりしゅうへい》の新政府出仕への助力を依頼したらしい。恩のある緒方未亡人の勧めではあったが、今まで攘夷を唱えていた新政府に与するのは気乗りがせずに、その話は丁重に断った（「王政維新」の章「緒方夫人の勧めをことわる」の節）。

その大村が率いていた長州藩兵が、上野山を守備していた彰義隊を攻撃したのは五月一五日で、この年には閏四月があったため、無血開城からすでに三カ月もの時間が経過していた。木村喜毅日記によるとこの日は雨で、上野戦争（戊辰戦争の一局面）は午前四時から午後七時のわずか一五時間で終結している。自伝には昼過ぎに始まったとあるが、これは、戦火が拡大して新銭座まで砲煙が見えるようになったのがその頃であった、という意味であろう。この時諭吉はウェーランドの経済学を講じていたが、戦場は八キロもの遠方のこととて講義を中断することはなかった。

彰義隊が編成されたのは慶喜東帰後の慶應四年二月のことで、そこに所属していた隊士の多くは三番町にあった歩兵屯所を原隊としていた。現在の靖国神社はその歩兵屯所の跡地に建てられている。戦死した彰義隊士の幾人かは、かつて幕府講武所（士官学校）の教授であった大村益次郎の教え子であった。靖国神社の境内には明治陸軍の父であるその大村の巨大な銅像が建てられ、さらに本殿には戦死した長州藩兵の霊は合祀されている。だが、かつて同じ場所にあった幕府歩兵屯所から出陣していった彰義隊士の死者は、祀られてはいない。

# 第九章　王政維新

## 1　奥羽戦争から函館戦争へ――明治元年（一八六八）秋

慶應四年（一八六八）九月八日、年号は明治と改められた。同時に一世一元の制が定められたので、後に明治天皇と呼ばれることになる一七歳の天皇が在位中の改元はないこととなった。

### 奥羽越列藩同盟

この改元は、東北地方で起こった新政府反対運動が終息したのを受けて行われた。その運動のそもその発端は、三月の薩長軍江戸入城に伴って脱出した会津藩兵と庄内藩兵を追撃するため、新政府が仙台藩や米沢藩にその討伐を命じたことによっていた。幕命に従って長州藩や薩摩藩と戦ったにすぎない両藩に同情的だった仙台藩は、ことを穏便に済まそうとはかって、容易に兵を動かそうとしなかった。そればかりでなく、閏四月一一日には、東北の諸藩と連携して両藩の赦免《しゃめん》を嘆願する書状を、京都から仙台へ下向していた奥羽鎮撫《おううちんぶ》総督《そうとく》九条道孝《くじょうみちたか》に提出した。総督がこれを却下したため、東北諸藩と新政府との関係は険悪となった。五月三日には東北と越後の三一藩が連名して会津・庄内両藩への寛大な処分を太政官に建白したが、それに参加した諸藩を奥羽越列藩同盟《おううえつれっぱんどうめい》という。

六月六日には、五月の上野戦争後彰義隊を庇《かば》いつつ会津にまで逃れてきていた上野寛永寺貫主北白《きたしら》川宮《かわのみや》能久親王《よしひさしんのう》を擁立する動きが持ち上がり、七月一二日には北白川宮を盟主、仙台藩主伊達慶邦《よしくに》と米沢藩主上杉斉憲《なりのり》を総督（司令官）、さらに小笠原長行《おがさわらながみち》と板倉勝静《いたくらかつきよ》を参謀とする奥羽政権とでも称すべき組織が発足した。小笠原は生麦事件の賠償金支払いを強行し、さらに諭吉の長州再征建白を受理した旧幕府の老中である。さらに諭吉とは関係が深かった仙台藩江戸留守居役大童信太夫《おおわらわしんだゆう》も、五月下旬には帰藩の途に就いたようである。

上野戦争の状況を報告している諭吉の大童宛書簡（五月一六日付）からは、諭吉が大童は病気のために帰国すると思いこんでいたふしがある。実際は奥羽越列藩同盟の影の立て役者である仙台藩家老但木土佐《ただきとさ》に呼び戻されたのである。その半月ばかり前の閏四月二九日付書簡では、大童に諭吉は、横浜からの英字新聞が届かないがどうしたのか、という苦情を伝えている。実際のところ連絡役の仙台藩士横尾東作《よこおとうさく》は、幕府の後継として後の奥羽政権を承認するよう諸外国公館に働きかけている最中で、そんな些末《さまつ》なことをしている暇はなかったのである。

もともと奥羽越列藩同盟は、会津・庄内両藩への同情と、無理押しをしてくる薩長軍への反感によって結びついていた連合体であったため、七月に正式に発足した奥羽政権が、そのまま政府として機能することは難しかった。朝廷の威光を振りかざしてくる新政府に、及び腰だった秋田藩がまず帰順した。秋田は国学の泰斗平田篤胤《ひらたあつたね》の出身地で、藩内にも尊王派が多かったからである。

七月から八月にかけて激戦となった北越や会津での戦争も結局新政府側が勝利を収め、八月二九日の仙台藩から新政府軍（熊本藩兵）への降伏の申し入れによって、本州での戦争は事実上終結した。抵抗をあきらめきれぬ旧幕臣たちは、次の拠点函館へ向けて逃れていった。明治への改元は、北白川宮能久親王帰順の知らせが京都に届いた直後に決められたのであるが、このとき帰順した親王は、赦免されて後には陸軍軍人の道を歩んだ。明治二八年（一八九五）一〇月、陸軍中将として台湾征討作戦を指揮していた北白川宮は現地で戦病死し、皇族としての靖国神社への合祀者第一号となった。

## 『西洋事情』外編

三月に新銭座への転居が完了した慶應義塾は、学費の制度やカリキュラムの見直しを行ったことにより、徐々に入塾者も回復しつつあった。すなわち、それまでの塾では謝礼の取り決めがなかったものを、授業料月二分（二分の一両）、教師の給料を月四両と決めたのである。一両を現在の一〇万円とすると、おおむね現在と同じ水準であったことが分かる。それに、『西洋事情』は相変わらず売れていて、その外編も夏頃から店頭に並ぶようになっていた。この外編は英国チェンバース社の教育叢書の一冊『経済学』（一八五二年）の前編「生活と経済」を翻訳したものにすぎないということで、今までやや軽視されてきたのであるが、私有権の確立を説き、競争によって私有財産を増大させるところに近代的経済の本質を見いだそうとするその内容は、もっと重要視されてもよいように思う。

二度目の渡米と戊辰戦争のどさくさで慶應四年（一八六八）夏の出版となったが、実際に訳されたのは慶應二年から三年にかけてのことである。自伝には、小野友五郎とおぼしき幕府の高官にこの本の目次の和訳を見せたところ、そこにある競争という言葉を見とがめられ、「ここに争いという字がある、ドウもこれが穏やかでない」（「王政維新」の章「競争の二字を消す」の節）などと焦点のずれた反応をされたことが書かれている。

渡米への随行を頼み込むために小野宅に日参していた慶應二年（一八六六）一〇月頃の出来事と思われるが、諭吉は、その高官は経済書中に人間互いに相譲るとかいうような文字が見たかったのだろう、と回想している。刊行された『西洋事情』外編の当該部分は、「世人相励み相競ふ事」（全①三八七頁）と修正されていて、確かに競争という言葉は使われていない。その後諭吉は小野と一緒にアメリカに行き、関係を決定的に悪化させて帰ってくるわけであるが、こうした幕臣一般のビジネスマインドの低さが、幕府を見放した原因の一つとなっているようである。

尊王だ佐幕だと騒いでいる人々にとって明治元年は激動の幕末維新だったのかもしれないが、薩長軍入城直前の三月五日以降は病気と称して登城しなくなっていた諭吉にとってみれば、戦争の混乱など迷惑以外の何ものでもなかった。六月に旧幕府（徳川本家）へ出していた辞職願いは八月中旬に正式に受理され、諭吉は晴れて一民間人となった。宮仕えのくびきを解かれた諭吉は、弟子の早矢仕有的《はやしゆうてき》に洋書の輸入を本業とする丸屋商社を設立させ、自ら出資者となって実業に乗り出した。横浜に設立されたこの丸屋は後に丸善と商号が変更されることになる。塾も新銭座に移って中津藩との関係も薄れたので、諭吉は今まで以上に教育と著述に専念するようになった。

## 2　榎本武揚の助命に奔走する――明治二年（一八六九）

### 出版業に乗り出す

諭吉が『西洋事情』で経済学の紹介を優先させたのは、経済の改革なしでは日本の近代化はおぼつかないと考えたためであった。そのためにはまず私有権への不侵害の原則を確立しなければならない。物品についてならそれまでも広く認識されていたが、著作権などの知的財産権が私有の内に含まれる、ということの理解は未だしであった。『西洋事情』の偽版に頭を悩ませていた諭吉は、版権侵害は犯罪であるということを世間に訴える一方、それまで尚古堂に任せきりだった著書の出版を、自分の主導の下で行おうと考えた。これが明治二年初めのことで、全集第二巻で確認してみると、『洋兵明鑑』（一月刊）、『英国議事院談』（二月刊）、『清英交際始末』（四月刊）の三冊は尚古堂発行だが、『世界国尽』（一〇月刊）以降は慶應義塾蔵版となっている。

その経緯については自伝の「一身一家経済の由来」の章「一大投機」の節に詳しく書かれていて、「福澤全集緒言」と照らし合わせてみると、どうやら『英国議事院談』（全②四八五頁）の刊行を巡ってのエピソードのようだ。すなわち諭吉は慶應四年六月に新政府への出仕を断ったものの、五カ月後の明治元年一一月にまた和歌山藩士伊達五郎（陸奥宗光《むつむねみつ》の義兄）を通して招聘《しょうへい》があったらしい。日本で議会政治を始めるために先生のお力が必要ということだが、諭吉はやはりその申し出を謝絶し、その代わりとして『英国議事院談』の出版を約束したのだという。

明治二年二月に出た『英国議事院談』は尚古堂の刊行ということになっているが、その実は諭吉ら義塾の面々が職人たちを直接差配して、わずか三七日で仕上げたのである。自伝には、「書林にはただ出版物の売りさばきを命じて手数料を取らせるばかりのことにしたのは、これは著訳社会の大変革でしたが、ただこのことばかりがわたしの商売を試みた一例です」とあって、内心この成功に気をよくしていたことがうかがえる。

### 慶應義塾の拡充

塾が移転したのは前年慶應四年三月のことであったが、戊辰戦争のどさくさで一時は一八名にまで減少していた塾生の数は、世情の落ち着きとともに急速に増加し、約一年で百名以上もの在籍生を抱えることになった。新銭座の塾は敷地面積約二千平方メートルであったが、中津藩汐留上屋敷から移築した古長屋一棟では早くも手狭となった。そこで、熊本藩から依頼されていた翻訳『洋兵明鑑』（全②二八一頁）を同藩に六百両で買い上げてもらい、それを元手に二階建ての寄宿舎を新築したのであった。

この『洋兵明鑑』五冊は、一八六三年（文久三）にアメリカで出版された『概略戦争方法論』を訳したものであった。慶應四年（一八六八）夏頃、ナポレオンの陸軍運用論として当時もっとも詳しい内容を有していたこの本の翻訳を依頼した熊本藩士の名は明らかではないが、私は同藩実学党の一員としてかねてより諭吉と交流があった大《おお》田《た》黒惟信《ぐろこれのぶ》ではなかったかと推測する。鳥羽・伏見の戦い以後熊本藩兵は新政府軍に属していて、大田黒は翌明治二年五月の五稜郭攻撃の参謀を務めているから、

『洋兵明鑑』は函館戦争にぎりぎりで間に合ったことになる。

一方仙台藩の依頼で訳したアメリカ陸軍の歩兵マニュアル『兵士懐中便覧』（慶應四年七月刊・全②二一一頁）は奥羽越列藩同盟所属の兵士たちに配布されたらしいので、『雷銃操法』巻之一（慶應二年九月刊・全②九頁）をはじめ、諭吉翻訳の軍事書は、明治維新期のいずれの陣営でも役立てられたものらしい。その後熊本藩の依頼による『雷銃操法』巻之三（明治二年一二月刊・全②八五頁）が軍事学者としての諭吉最後の仕事となった。

塾の新入生には戊辰戦争の復員兵士も多く、風紀が乱れがちだったので、諭吉はその取り締まりに追われた。たとえば落書きの禁止は徹底していて、私物に描かれていた場合は持ち主が、寄宿舎の壁など共用物にあった場合は使用者が修復を義務づけられた。血気盛んな青年の集団であるから、なにもかも整理整頓というわけにはいかないが、諭吉は英米両国で視察してきたパブリック（プレップ）・スクールに環境を近づけようとしたのであろう。

その一つが食堂の洋式化で、寄宿生たちは、それまでの日本人は体験することのなかった、椅子に座って一斉に食事を摂る、という生活様式に身をおくことになった。諭吉が二度目の渡米中視察したコロンビア・スクールとは、現在のジョージ・ワシントン大学の学部課程コロンビア・カレッジ（一八二一年創立）のことと思われるが、そこで勉学だけではなく日常生活すべてを教育と見なす西洋流の中等教育の方法を知って、日本でも同様のことを試みようとしたことがうかがわれる。

カリキュラムについても、着々と充実が図られた。明治二年の「日課」によれば、教員は諭吉（修身論・世界史）の他、上級講師として小幡篤次郎《おばたとくじろう》（経済学）・小幡仁三郎《じんざぶろう》（フランス史）・永島貞次郎（アメリカ史）らが担当し、下級講師としては阿部泰造《たいぞう》・小泉信吉・馬場辰猪《たつい》らが初歩科目を受け持っていた。自然科学の教科書としては諭吉によって翻訳されたばかりの『訓蒙究理図解』（明治元年九月刊・全②二三三頁）も使われていたことから、体育が課外であったことを除いて、文理両科目を学ぶというアメリカのリベラルアーツ・カレッジの要件をほぼ満たしていたと思われる。

世の中が平和になり、また新政府の方向性が攘夷にではなく西洋文明摂取にあることが明らかになるにつれて入塾生はさらに増加することになり、新銭座塾も手狭となって、明治二年八月には汐留上屋敷内に出張所（分校）を、明治三年初には芝増上寺広度院《こうどいん》、さらに四月には三田龍源寺にも分校を設けて、合計二百名ほどの塾生を擁する大規模な学校となった。

### 函館戦争

戊辰戦争は、慶應四年一月の鳥羽・伏見の戦いを皮切りに、五月の上野戦争、九月まで続いた東北戦争の後、翌明治二年五月の函館戦争を以て終結した。いわゆる明治政府が固まって後の歴史観では、この一連の戦争は、素朴な観点から、新政府対旧幕府勢力の戦いと捉えられがちであるが、同時的な史料を読む限りそのように理解することはできない。むしろ、幕藩時代の、朝廷から幕府そして諸藩へという縦の命令系統が、大政奉還によって朝廷から諸藩への直接下達へと形を変えた結果、朝廷に対して並列的に従属することになった諸藩同士が、二つの勢力に別れて争った内部抗争と見るべきである。

上野戦争は、江戸の治安維持について、その管轄権が薩長軍にあるのか、それとも徳川本家が治める関東藩とでもいうべきものにあるのかを巡っての争いであった。東北戦争は、幕府の命令に従って京都の治安維持をしていた会津藩や、薩摩藩江戸芝上屋敷を焼き討ちした庄内藩を朝敵とするのは苛酷な処分である、と両藩を擁護する仙台藩など奥羽越列藩同盟諸藩と、新政府とはいえ内実は薩長両藩との紛争である。

　函館戦争は、東北戦争終結後に北海道（蝦夷地《えぞち》）に逃れた旧幕府の人々が、蝦夷地は幕府が中心となって開発した植民地であるから、その後継者である自分たちがその地を治めるのは正当なことである、と主張したことにより起こった戦争であった。当時蝦夷地は日本の一部とは見なされていなかったため、そこに新政権を樹立したとしても、分離独立運動を画策した朝敵というにはあたらない、と榎本武揚《えのもとたけあき》・永井尚志《ながいなおゆき》・大鳥圭介《おおとりけいすけ》・松平定敬《まつだいらさだあき》・小笠原長行《おがさわらながみち》・松平太郎らその首脳部は考えたのである。

　この函館政権で中心となった人々のうち、松平容保《かたもり》（前会津藩主）の弟松平定敬《さだあき》（前桑名藩主）だけは諭吉と面識がなかったが、その他は知り合いばかりであった。また、政権の高官ではないものの、加えて福澤塾初代塾長の古川節蔵（岡本周吉）、適塾の後輩高松凌雲《りょううん》、咸臨丸の同僚松岡磐吉《いわきち》、諭吉を謹慎から解くよう運動した中島三郎助、さらに第二回渡米時に一緒だった小笠原賢蔵や宿敵松本寿太夫《すだゆう》までが参加していて、明治二年初夏の諭吉は函館戦争の帰趨《きすう》に気が気ではなかっ

**榎本武揚**
（「歴代首相等写真」より）

五稜郭（五稜郭タワー提供）

たと思われる。

　四月九日、薩摩藩・熊本藩など一一藩兵で構成される約二千の新政府軍は北海道西南部の乙部《おとべ》に上陸した。函館までの距離は約七〇キロである。五月一一日に函館に迫った新政府軍の優勢な火力に押されて、旧幕府軍はじりじりと後退し、一八日の五稜郭《ごりょうかく》の降伏をもって函館戦争は終わった。

### 榎本武揚の助命運動

　明治二年三月二四日に陸奥国宮古沖で乗船高雄丸が大破したため先に捕えられ、五月下旬から東京城（旧江戸城）和田倉門外の糾問所（都営三田線大手町駅付近）に収容されていた古川節蔵と小笠原賢蔵を追いかけるように、七月には函館で降伏した旧幕府軍の高官たちが東京に護送されてきた。長州藩が担当した会津藩の処分が津軽の地斗南《となみ》への流刑という苛酷なものであったのを知っていた彼らは、その後明治年間を政府の首脳として生き抜くことになろうとは思いも寄らないのであった。

　東京から静岡に転封となった徳川本家に従っていた榎本武揚の妹の夫江連堯則《えづれたかのり》（元外国奉行）から、武揚の消息が知りたい、という手紙が諭吉のもとに届いたのは明治二年九月初めのことであった。東京に残った親戚たちは、新政府に最後まで抵抗した榎本と関わり合うのを恐れて、何もしてくれないのだという。諭吉は榎本の親戚たちに憤りを覚えて、武揚の助命運動をすることにした。旧幕府時代に親しかったとはいえ、江連が諭吉を頼ったのは、妻錦と榎本家に姻戚関係があったからである。

江連から来た八月一一日付書簡への返信は九月二日に書かれているが、そこには、先に捕らえられていた古川や小笠原は八月五日に釈放になり、諸藩にお預け（保護監察）となっていることからみて、すぐに処刑されるなどの心配はいりません、数日間福澤家に泊まった「今泉のおばばさん」が手紙を書きましたのでご母堂様にお届けください、とある。この「今泉のおばばさん」なる人物が誰なのか永らく謎であったが、どうやら錦が小娘のとき御徒町の榎本家に連れていってくれた「おばあさん」と同一人であるようだ（「榎本釜次郎の消息」の節）。

錦は幼少のとき中津藩用人今泉家の養女となっていたから、「今泉のおばばさん」とはその時の養母のことになる。この人物が榎本武揚の母琴に手紙を書いたとなると、可能性としては両人が姉妹であった、ということが考えられよう。そこでこの件につき子孫の今泉太郎（在東京）・今泉俊一（在中津）の両氏に問い合わせたところ、今泉郡司の先々代与四郎（錦の養父）の妻について、家系図には記載がないとのことであった。ここで探索は行き止まりとなったが、もし錦の養母と榎本武揚の実母琴が姉妹であったという私の推測が正しいとすると、この二人は、錦が土岐家に戻る文久元年（一八六一）まで従兄妹の関係にあったことになる。

武揚の母琴と姉楽が上京してきたのは九月二日付の手紙が届いて間もなくであった。ところが九月四日に京都で大村益次郎が襲撃されて負傷するという事件が起こるや、新政府の対応が一挙に硬化してしまったのである（大村は一一月五日に死去）。そこで、どのようにすれば命が助かるかについて皆で思案を巡らし、結局実母が上京しているのだから、ということで、母からの嘆願書を出すことにした。諭吉がその下書きを書いて、男の手ではまずいので楽が浄書をすることで不自然にならないように図った。九月二三日に提出されたその嘆願書の内容は自伝にある通りで、福澤全集にも収められている（⑳二〇頁）。こうした苦労の結果、榎本母子はようやく武揚と面会することができたのだった。

**母順を東京に呼ぶために画策する**

榎本武揚に母琴《こと》がいたように、諭吉にも母順がいた。武揚が琴と別れたのは改元直前の慶應四年（一八六八）八月のことで、わずかに一年前のことにすぎなかったが、諭吉は元治元年（一八六四）六月以来一度も帰省していない。榎本とその母の面会を実現させるために動いていた明治二年に、諭吉自身は、すでに五年もの間不孝を続けていたのである。

諭吉が順を東京に呼ぼうとしたことが最初に確認できるのは、かつての養父で叔父の中村術平が死去したという知らせを受けて、叔父の東条利八《りはち》、従兄弟の藤本元岱《げんたい》と渡辺弥一（父親と同名）の三名の肉親に宛てて書いた明治二年二月二二日付の書簡においてであった。とはいえ六六歳になった順を遠く九州から東京まで招くというのは容易なことではない。順は文政八年（一八二五）から天保七年（一八三六）までの間大阪に住んでいたので、都会をまったく知らない田舎者というわけではなかったが、帰国して三〇年以上もの間豊前の地を離れたことはなかったのである。

また、小田部・中上川《なかみがわ》・服部の三家に嫁いだ姉たちも母の上京には反対であった。諭吉は故郷からいろよい返事が戻ってこないせいか、四月には従兄弟の元岱に、六月にはかつて百助とともに中津藩天保改革に携わった梁紀平《やなきへい》に、また八月には諭吉にとって最初の漢学師匠であった服部五郎兵衛に、順の説得にあたってくれるよう依頼している。

一方同じ時期、東京の諭吉は新政府の高官たちと個別に接触し、函館政権で降伏した人々の助命運動を進めた。函館で新政府軍を指揮していた薩摩の黒田清隆《くろだきよたか》は、新銭座にあった江川太郎左衛門の砲術塾出身で、そこで塾長を務めていた函館政権陸軍奉行大鳥圭介《おおとりけいすけ》の弟子であった。薩摩はつい三年前の薩長同盟成立まで幕府の有力な支援藩であったから、かつての幕府の高官たちとの交流も深かったのである。

また慶應義塾には薩摩出身者が多数いたせいか、ある日オランダ語による航海術の講義筆記が黒田清隆から持ち込まれた。諭吉はそのさわりの部分を翻訳し、このノートは貴重なもので、このような最新の知識をもっている筆記者を新政府は大切にしたほうがよい、というコメントをつけて返却した。その筆記者がオランダに留学経験のある榎本のものとのあたりがついていたためで、そうすることで処刑を牽制したわけである。

その後黒田本人とも面会したようで、その時には、敗残者とは惨めなものだ、ということを理解してもらうため、南北戦争後女装して逃走する南部連合の高官を写した写真を贈った。こうした取り成しもあって、明治五年一月六日に榎本武揚は晴れて釈放されることになったが、残念なことに母琴はその前に没していた。

## 3　母順を東京に迎える——明治三年（一八七〇）

**日本全国にパブリック・スクールを作る**　明治二年八月五日に糾問所を釈放されて広島藩の保護監察下に置かれていた古川節蔵と小笠原賢蔵は、明治三年二月九日にその措置を解かれて静岡藩（藩知事徳川家達《いえさと》）に引き渡されることになった。榎本や大鳥などの函館政権高官の釈放はその約二年後となるが、それ以外の人々についてはこの時期に決着が図られたのである。

東北戦争は函館戦争より半年早く終結していたので、その処理も明治二年初めには終わっていた。その全責任は会津・庄内両藩の討伐を命ぜられていながら、かえって奥羽越列藩同盟を組織した仙台藩家老但木土佐《ただきとさ》に負わされることになった。大槻磐渓《おおつきばんけい》の弟子である但木は同藩実学派の重鎮で、諭吉の第二回渡米時には部下の大童信太夫を通してライフル銃の購入を画策した。その但木も東北戦争後の明治元年一〇月には東京へと護送され、翌二年五月に仙台藩邸において切腹した。

新政府と旧奥羽越列藩同盟諸藩との関係はこれで正常化されたが、それに先立つ明治二年三月に、仙台藩内部で紛争が起こっていた。すなわち、桜田良佐《さくらだりょうすけ》ら同藩尊王派が、それまで同盟で中心的役割を果たしていた実学派が函館政権と内通していると藩庁に告発し、その排除に乗り出したのである。その結果四月には仙台藩実学派の重要人物七名が処刑されたが、大童はからくも逃亡して松倉恂《じゅん》・熱海貞爾《あつみていじ》とともに東京に潜伏した。

新政府は薩摩・長州・土佐・肥前の四藩が中心となって組織された寄り合い所帯であったばかりではなく、思想的な立場も尊王派と実学派がいがみ合いつつ同居しているという状況にあった。薩・土・肥は維新直前まで幕府と協同歩調をとっていた実学派指導の藩で、横井小楠の実学思想の影響下にあった熊本藩や福井藩の勢力をも与党としていた。五箇条の誓文の原案を練ったのはこのグループである。新政府実学派は西洋の技術や文明にも造詣《ぞうけい》が深く、諭吉の著作もよく読んでいて、彼に私淑していたとさえいってよいほどであった。

一方残る長州藩は、木戸孝允《きどたかよし》・広沢真臣《ひろさわさねおみ》・大村益次郎・伊藤博文・井上馨《かおる》ら少数の指導者は実学派であったが、維新の過程で血の犠牲を払わされた諸隊の幹部たちの多くは尊王派であった。彼らは文久三年（一八六三）八月一八日政変で長州に逃れてきた三条実美《さんじょうさねとみ》・沢宣嘉《さわのぶよし》ら攘夷派公卿や、維新後名誉の回復がなされた水戸の旧天狗党員と結びついていた。そうした人々は、尊王攘夷を旗印として幕府を倒した新政府が、開国・西洋文明の摂取という旧幕府の政策を、そっくりそのまま引き継いでいることに不満をもっていた。

新政府の大部分が実学派であることを見て取った諭吉は、東京で慶應義塾の充実を図ると同時に、諸藩が建学を予定していた英学校の計画にアドバイザーとして関わった。明治五年（一八七二）開設の中津市学校がもっとも有名であるが、他にも和歌山藩・三田《さんだ》藩・福山藩・津軽藩・熊本藩の藩知事や有力者からの問い合わせに応じ、また場合によっては弟子を派遣して学校建設に協力した。パブリック・スクールがイングランドに遍《あまね》く設置されているように、そうした英学校もまた日本国内に遍在して向学心に燃える若者の要求に応えなければならない、と諭吉は考えたのである。

### 発疹チフス罹患、義塾三田移転の伏線となる

古川らの赦免もなり、榎本の身も取りあえずの安全が保証され、前年一〇月刊の『世界国尽』（全②五七九頁）は売れに売れ、義塾は順調に発展しているとあって、明治三年初夏の諭吉の気分は良好であった。ところが災いは思わぬところからやってきた。五月五日に長男の一太郎（九歳）と次男の捨次郎（六歳）を連れて中《なか》の橋前の水天宮《すいてんぐう》（三田一丁目）に参って一〇日後、にわかに体調を崩して床に就いてしまったのである。福澤家にはほかに長女里（三歳）がいたうえ、錦は妊娠八カ月であった。端午の節句に福澤父子が水天宮に参ったのは錦の安産祈願のためと考えられるから、そこへ行ったこと自体が迷信嫌いの諭吉らしからぬ振る舞いではある。

罹患したのはどうやら発疹チフスであったらしく、五月二〇日から六月八日までの間は人事不省となり、とくに五月末には危篤にまで陥ってしまった。諭吉の周辺には伊藤玄伯・石井謙道・島村鼎《てい》甫《ほ》・隈川宗悦《くまがわそうえつ》・早矢仕有的《はやしゆうてき》ら当時最新の西洋医術を身につけた日本人の医者が何人もいたうえ、築地居留地にいた外国人医師のウィリス、さらに横浜にいたシモンズの往診まで仰いだ。このときの処方の記録が残っているが、当時としては万全の治療体勢であったという。

この大病のため、明治三年は五月中旬から九月中旬までの四カ月もの間諭吉は教育・著述活動ができなかった。体力をつけるために肉食と牛乳を飲むことを心がけたところ、それが有効と感じられたため、それらを一般の人々に奨める短い文章を書いたのが確認できるだけである（全⑳三八頁）。その

後、この病気を機に散切《ざんぎ》り頭とした諭吉は、九月一四日から家族で熱海温泉に行くことにした。

一〇月一〇日に戻ってみると新銭座の塾はどうにも手狭なうえ、海が近いためか湿っぽく、しかも敷地の一五メートル東には鉄道の線路が敷設作業中とあって、わずか二年半前に移転したばかりだというのにどうにも不都合が感じられた。移転するとしたらどのあたりがよいか、と塾生たちに諮《はか》ったところ、古川橋脇の龍源寺（三田五丁目）に通うため松平家中屋敷の前を往来していた者から、それなら三田の島原藩邸がよい、という声が上がったのだという。

そこは小高い丘の上に位置し、南東は三百メートルほど先に芝浦の浜が広がっていて眺望が開け、地上を吹き抜けた風は乾燥して心地よい。確かにその場所はよさそうだ、と諭吉も同意した。そこで、自分の病気のことを岩倉具視が心配していた、ということを耳にしていたこともあり、一〇月二一日に岩倉を訪ねて島原藩邸の使用を願い出たのであった。

**大童信太夫らの赦免運動**

諭吉が東京潜伏後の大童信太夫《おおわらわしんだゆう》・松倉恂《まつくらじゅん》・熱海貞爾《あつみていじ》を早くから支援していたことは、彼らが仙台を脱走してから半年後の明治二年一〇月二八日に、深川近辺に隠れていた大童と熱海に蘭書翻訳の仕事を紹介していることからも分かる。彼らはそのまま一年間東京の片隅でじっと息を潜めていたらしいが、とうとう赦免の機会がめぐってきた。明治三年一〇月二五日に伊達宗敦《むねあつ》が仙台藩知事に任命されたのである。宗敦は四年前に宇和島藩から嫡養子に迎えられた人物で、その縁組には江戸留守居役であった大童と諭吉が関与していた。その後当時の藩主伊達慶邦《よしくに》が奥羽越列藩同盟の総督となったため宗敦も廃嫡謹慎《はいちゃくきんしん》の処分がくだされていたが、このとき伊達本家の家督は相続しないまま藩知事に任命されるという異例の名誉回復がなされたのであった。

列藩同盟では大童よりもはるかに上位に位置していた伊達宗敦が藩知事となっているのに、部下にすぎなかった大童・熱海・松倉らがいつまでも隠れていなければならない、というのは奇妙なことである。閏一〇月の初旬、諭吉は日比谷に移転していた仙台屋敷に出向いて、藩知事と面会をした。宗敦は宇和島藩で部屋住の身であった自分を嫡子に擁立してくれた部下たちが不遇を囲っていることに心を痛めていた。宗敦はしかし、現に藩の実権を握っているのは尊王派の大参事（副知事格）遠藤文七郎なので、自分の一存ではどうにもならない、という。そこで諭吉は遠藤大参事に掛け合うことにしてすぐ裏の長屋に出向いたが、この時彼は内心憤怒で一杯であったはずである。仙台藩の降伏後実学派の排除と但木土佐《ただきとさ》の切腹を強硬に主張したのは、この遠藤だったからである。

遠藤は、処分については薩摩に聞いてくれと逃げ、薩摩屋敷に行くとそれは宮内省の管轄であるといって、そちらに問い合わせてくれた。結局自訴すれば八〇日の禁固ですむことが分かって、閏一〇月一七日、大童と松倉は諭吉に付き添われて仙台屋敷まで出頭したのであった。

**母を迎える途中、大阪に立ち寄る**

閏一〇月二八日、中津で順の上京に反対していた姉がようやく折れ、また大童のことが落着したこともあって、諭吉は母を迎えるための帰省の旅に出ることになった。供は中上川彦次郎《なかみがわひこじろう》と海老名晋の二人である。以前ならば大阪まで半月はかかったところだが、定期旅客航路が開設されたため、四日後の一一月二日には神戸に到着した。

一一月二日は藤本元岱とその従僕朝吹英二《あさぶきえいじ》がいた中津藩大阪蔵屋敷に泊まり、翌日は和歌山藩で英学校共立学舎を運営していた山口良蔵と会っている。おそらくその現況を聞くためと、もう一つ、市中に出回っている著書の偽版取り締まりの裁判を上方で起こしてもらうためであった。そのために三日の昼は版元の岡田屋（尚古堂）の手代と一緒に書店を巡って偽版を買い集めていたのである。

大阪には藤本や山口のほかに東京から帰っていた緒方洪庵の未亡人や、石井謙道《けんどう》・草郷清四郎《くさごうせいしろう》・飯田平作といった友人や弟子がいた。さらに和歌山に戻っていた松山棟庵なども来訪したので、中津藩蔵屋敷はにわかに適塾と慶應義塾の合同同窓会の様相を呈してきた。諭吉は発疹チフスの早い快復は牛乳と牛肉のおかげと確信していたので、大きな肉のかたまりを自ら買ってきて肉鍋の宴会を開くことにしたのである。このとき肉の調理を命じられたのが朝吹英二であったが、後に著名な実業家となる朝吹は、実は諭吉にとって招かれざる客なのであった。

中津藩は大政奉還までは佐幕の立場をとっていたが、その後は新政府の意向にそって砲兵隊を会津に出兵させて恭順の意を表したため、藩自体が維新後に置かれた状況は決して悪くはなかった。しかし、つい昨日まで佐幕を唱えて藩政を牛耳っていた実学派が、維新後もそのまま主導権を握っていることについての不満は、尊王派の中に燻《くすぶ》っていたのである。その代表が、野本真城の弟子で、留守居町のすぐ南の桜町に国学専門の私塾道生館《どうしょうかん》を開いた渡辺重石丸《いかりまる》と、その門弟の朝吹や増田宋太郎であった。維新によって一君万民の理想国家が建設されると信じていたのに、新政府は魂を外国に売った実学派ばかり、庶民の生活はよくならないまま、一部の人々がどんどん豊かになるのはおかしい、というのである。

中津の尊王派にとって、諭吉は外国と結ぶことで不当な利益を上げている国賊の代表であった。親戚で家もすぐ隣にあった増田は、諭吉がいずれ順を迎えるために帰省するということを早くから知っていて、彼を暗殺する機会をうかがっていたのである。また増田は藤本元岱が大阪で中津藩の顧問医となるという情報を得ていて、弟分の朝吹を書生として送り込むこともした。

増田宋太郎
千原稔筆（『中津隊——増田宋太郎伝記』より）

明治三年二月、増田は京都の皇学所（学習院の前身）に入学した。師匠で従兄弟でもある渡辺がその教員になっていたからである。いずれ通過するはずの諭吉を待ち伏せするという意味合いもあったのであろうが、一行は海路大阪入りしたため、京都を通ることはなかった。しかも偶然郷里から増田の母刀自《とじ》（渡辺の叔母・順の従兄の妻）が病気との知らせがあって、諭吉たちの大阪着と相前後して、増田も帰省のため大阪に立ち寄ることになったのである。増田は密かに朝吹を呼び出して、諭吉の暗殺を命じると、そのまま船に乗ってしまった。

朝吹が諭吉暗殺の絶好の機会を逃したのは一一月八日頃のことであった。上町《うえまち》の緒方洪庵未亡人宅を訪問した帰り、本町《はんまち》橋に差し掛かったとき、駕籠《かご》の中の諭吉を外から刺し貫こうとしたところ、突如鳴り響いた寄席のハネ太鼓に驚いて、すっかり拍子抜けとなってしまったのである。諭吉は朝吹が自分を狙っていたことなどまったく知らぬまま、一一日出港の船で中津に向かった。

## 六年ぶりの中津

一足先に郷里に戻っていた増田は、諭吉一行が無事に中津港に到着したのを知って驚いた。朝吹が不首尾であった以上、何としても中津で始末しなければならないと、増田は同志とともに策を練った。その第一の機会は数日後に巡ってきたのである。

警護役として同行していた二人のうち日向国高鍋《たかなべ》藩出身の海老名はそのまま帰省し、城下南部の金谷森ノ町に実家があった中上川もそちらに滞在していた。その時留守居町の福澤家にいたのは、諭吉と母順《じゅん》、姪一《いち》の三人だけだったのである。これなら一人で仕留めることができる、と増田は考えて、ある夜福澤家の外で押し込む時機を見計らうことにした。ところがその日は漢学の師匠でもあった服部五郎兵衛が来ていていつまでも酒を飲んでいる。午前一時位まで待っても一向に帰らないので、増田はあきらめて自宅に帰ったのであった。

それとほぼ同じ一一月一五日頃、今後の藩政について諮問したいということで、諭吉は大参事（元筆頭家老）奥平図書《ずしょ》の屋敷に招かれている。明治も三年が終わりかけていたが、中津藩では前年明治二年五月に藩主昌邁《まさゆき》（宇和島藩からの養子）が藩知事となり、同年一一月に太政官の布告による職の名称変更がなされていたものの、それから一年を経過しても統治の方法は旧態依然であった。他藩はどうしているのか、また東京の様子はどうなのか、中津の有力者たちは自分たちが時代に取り残されているのではないかと心配していたのである。

この時大参事の屋敷の広間に通された諭吉は、居並ぶ藩の重臣たちの間を抜けて床の間を背にどっかと腰を下ろした。筆頭家老雨山《あめやま》奥平家の家禄は二千六百石に対し福澤家は一三石一人扶持である。

維新前なら上座に座ることはおろか、同席さえ許されないほど両者の家格は隔絶していた。後に慶應義塾の教師となる図書の息子雨山達也はそれを目撃して、「私は子供心にも先生の眼中既に門閥のないのを看取し、さてさて偉い人であると思いました」(『伝』④六三八頁)と述懐している。

諭吉がためらうこともなくとったそうした行動は、そこに招かれていた人々を内心驚愕させたであろうが、そこで表明された意見は、「わたしの考えでは何にもせず今日のこのままで、千石取っている人は千石、百石取っている人は百石、太平無事に悠々《ゆうゆう》としているが上策」(「一身一家経済の由来」の章「藩の重役に因循姑息説を説く」の節)という穏健なものであった。ただし、と諭吉は続けた。藩の軍備は全部売り払ってその代金を政府に上納するべきだ、と。それに対しては兵事係の菅沼新五右衛門《しんごえもん》らをはじめとして反対意見が相次いだが、どのみち翌明治四年七月には廃藩置県となって、各藩が保有していた軍備はすべて国家の管轄下に置かれるようになるのである。

片づけや荷造りを終えた一二月三日、諭吉は、母順・姪一《いち》・錦《きん》の姉今泉とうとその子秀太郎の四人を連れて中津を出発した。一方このままでは諭吉に逃げられてしまうということに焦燥を感じた増田は、一行が中津の北西四キロほどの宇ノ島湊の船宿に泊まっているという知らせを受けて小躍《こおど》りした。そこで彼は金谷のとある下士屋敷(おそらく水島六兵衛方)に三名の同志を集め、どのようにして諭吉を討ち取るかについて謀議した。ところが次第に激論となったのを隣家の中西与太夫《なかにしよだゆう》に聞きとがめられてしまい、断念させられてしまったのである。このようにして諭吉たちは何も知らぬまま、翌朝瀬戸内航路の回船に乗り込んだのであった。

途中一二月七日から一二日まで安芸国福山に滞在しそこで英学校誠之館《せいしかん》の進捗状況を視察した。このとき誠之館に在籍していた一五歳の渡辺修二郎は、その時の諭吉の様子を、「氏の誠之館に至るや、パッチ尻端折《しりはしょり》にて館内に入り、寄宿室等を巡検す」（『学商福澤諭吉』七四頁）と回想している。渡辺によれば、このとき諭吉は誠之館に自著の偽版が収蔵されていないか念入りに調べていたという。

神戸に着いたのは一三日であった。母順は三四年ぶりの大阪見物を楽しみにしていたのだが、神戸の船宿気付で、小幡篤次郎から、上方では暗殺者が待ち構えている、との警告が届いていたため、単身大阪に立ち寄り、そこで英学校計画や偽版裁判について関係者と会合をもった。一七日に神戸を出港して一九日に横浜に到着し、そこで馬車に乗り換えて同日中には新銭座に着いたのだった。

## 4　慶應義塾、芝三田に移る――明治四年（一八七一）

### 姑順・嫁錦同居せず

嫁姑問題は古くて新しい問題である。諭吉と錦《きん》が結婚してから九年が経過し、二人の間には一太郎・捨次郎・里・房の四人の子供が生まれていたが、順にとっては明治三年一二月一九日が嫁や孫たちとの初対面であった。中津で行動を共にしていた今泉とうは錦の姉であるから、順もとうを通して嫁の人となりは聞いていたであろう。とはいえ育ちの違いによる生活感の差が生じさせる諸問題についての不安はあったと思われる。

先にも書いたことだが、諭吉は父方の祖母楽《らく》について自伝で一言も触れていない。このことは嫁の順との間に対立があったことをうかがわせる。家格が同じ福澤家と橋本家でさえもそうなのだから、上士供番格《ともばんかく》二五〇石の土岐家を実家とする錦との同居に、順が不安を抱いていたとしても不思議ではない。諭吉もそのことには十分な配慮をしていて、明治四年一月下旬には、塾の移転に先立って、すでに使用の許可が下りていた三田の旧島原藩邸に母順と姪の一を引っ越させている。その後諭吉一家は敷地内に別の家屋を建てて住んだから、嫁姑同居はごく短い期間で済んだのであった。

そうこうするうち、一月下旬から三月にかけて新銭座から三田への塾の移転が五月雨式《さみだれしき》に進められた。三月一六日がそのクライマックスで、その日を境に事務機能も三田に移されたのであった。諭吉と、すでに教員となっていた弟子たちは、そこを拠点によりよい教育環境と充実したカリキュラムの実現をめざした。

## 『啓蒙手習之文』

三田の敷地は新銭座に比して約三〇倍の面積があった。諭吉はここに年少者から青年に至るまで一貫して学ぶことのできる新たな学校を建設しようと考えたのである。そこではそれまでの武士社会では常識とされた礼儀作法は大胆に省略された。ひとつは廊下で出会った場合の会釈であるが、いちいちお辞儀をしていると前に進めなくなるので、黙礼でよいということになった。

おおむね一五歳以上の者を対象とする、後年普通部と呼ばれることになる部局のカリキュラムは定まってきていたが、より年少者を扱う幼稚舎はまだ開学していなかった。すでに童子寮と呼ばれる託児施設はあったが、諭吉はゆくゆくはそこを一貫教育の出発地としたかったようである。とはいえ、児童教育を始めるためにはまず教科書が必要である。諭吉はこの時期、どのようにすれば西洋文明の本質を子供たちに伝えられるのかについて、知恵を絞っていたのであった。

その結果書かれたのが『啓蒙手習之文《けいもうてならいのふみ》』（明治四年三月刊）で、全集では『世界国尽《せかいくにづくし》』（明治二年一〇月刊）の次に収められている。それまで自分で翻訳していたウェーランドの経済学は小幡篤次郎に任されたので、議会制度の参考書として書かれた『英国議事院談』（明治二年二月刊）と、進行中の国際問題について扱った『清英交際始末《しんえいこうさいしまつ》』（同年四月刊）以後の諭吉が、いかに初学者の教育を重視するようになったかがうかがわれる。その傾向はおおむね明治六年まで続くようである。

**廃藩置県と文部省の設置**

新銭座から三田への塾の移転や、それ以後の学校運営での疲れがたまったものか、『啓蒙手習之文』（全③一頁）の出版直後の明治四年五月下旬から、諭吉は再び体調を崩してしまった。六月中旬になって持ち直してきたので、江ノ島の旅館岩本楼《いわもとろう》で転地療養をすることにしたのであった。

諭吉が湘南の地で避暑の日々を送っていた明治四年の夏、新政府は本当の試練に直面していた。それが七月一四日発令の廃藩置県で、もとは殿様（藩主）であった藩知事をすべて解任して東京に集め、かわって中央から新たに県令を派遣することで、旧領地に残存する主従関係を絶つところに眼目があった。また、それまで士族たちは知行地からあがる年貢を所得としてきたのだが、廃藩置県の後家禄は政府からの支給となった。帰農した諭吉には無関係のことであったが、そのまま士族を続けていた多くの藩士たちは、城中で同じ仕事を続けながら、突如として国家公務員に変身したのである。

世間に与えた衝撃は廃藩置県ほどではなかったが、諭吉にとってより重要なこととして、七月一八日に文部省が設置されたことがある。全国の教育事務を総括し、大中小学校を管轄する文部卿に大木喬任《たかとう》、大輔《たいふ》に江藤新平が任命されたが、諭吉は私立学校を支援してくれる有力な後ろ盾として、新たな役所の役割に期待を寄せている。膨大な経費がかかる大学を創るのには国家の指導力が不可欠であるが、小中学校段階はすでに寺子屋・私塾・藩校等さまざまな教育機関が存続していた。分けても慶應義塾は、私塾として、明治時代をリードする小中学校の役割を果たすはずであった。当時の諭吉は、その文部省が私立学校での教育を妨げ、それらを支配するようになるなどとは考えていなかった。

# 第十章　文明開化

## 1　フランクリンと『学問のすゝめ』――明治五年（一八七二）

体調がすぐれなかったためか、諭吉の明治四年秋から冬にかけての仕事はいたって少ない。そのわずかに残された文章で、しかもとくに力を込めて書いたわけでもないものが、諭吉の代表作として現在もっともよく知られているというのは、ある意味皮肉なことである。それが明治四年（一八七一）一一月執筆の『学問のすゝめ』初編である。

### 『学問のすゝめ』

この『学問のすゝめ』は、もともとは開学の準備が整った中津市学校の生徒募集のための宣伝広告文として書かれ、郷里で進路について思いあぐねている青年たちに、実学の修得こそが成功への道である、と呼びかけるのを目的としていた。初編のみ小幡篤次郎《おばたとくじろう》との共著の形をとっているのは、中津市学校の筆頭教員となった小幡の赴任に際して、それをはなむけとして持たせたためである。当初は

勝海舟
（福井市立郷土博物館蔵）

中津だけで回覧されていたが、慶應義塾やその他の英学校への募集広告にも転用可能というわけで、翌明治五年二月に刊行されて、またしても爆発的な売れ行きを記録することになった。

この初編の主題は、「身も独立し、家も独立し、天下国家も独立」するために、誰もが「人間普通日用に近き実学」を学ぶべきであるということにあるが、そればかりでなく、しっかりと学問を身につけた人々によって創られる文明社会が、いかに価値のあるものであるかを強く訴えかける内容となっている。そのため、個人的成功のためには西洋の学問を勉強するのが近道だというような、ありがちな新設学校の広告文には留まらず、当時にあって多くの読者を獲得し、さらに今なお読まれ続けているのである。

文明政治の六条件を日本で実現させることは諭吉にとって終生の課題であったから、この『学問のすすめ』初編でも、教育の必要はもとより、自由の尊重・科学技術の導入・政府による国民の保護といったそれらの条件は重要視されていて、結果としてこの文章は諭吉の思想全体の要約になっている。

よく知られている『学問のすすめ』とは、この初編に、約二年後から毎月発行されるようになる月刊パンフレット『学問のすすめ』を合わせたものである。それは明治六年（一八七三）冬の二編から明治九年（一八七六）一一月の一七編までであるが、そのうち二編から七編（明治七年三月刊）までは、初編に含まれていた六条件の逐条的な解説の形をとっている。『学問のすすめ』以後も、六条件と関係の薄い著作は、西南戦争における西郷隆盛を弁護した『明治十年丁丑公論《ていちゅうこうろん》』（明治一〇年［一八七七］執筆・全⑥五二七頁）や、明治維新後の勝海舟と榎本武揚の行動を批判した『瘦《やせ》我慢《がまん》の説』（明治二四年［一八九一］執筆・全⑥五五五頁）など、ごく一部に留まるようである。

### 日本のベンジャミン・フランクリン

『学問のすすめ』初編の冒頭は、「天は人の上に人を造《つく》らず、人の下に人を造らずと云えり」に始まっているが、この一文が有名になったのは第二次世界大戦後のことである。それというのも、ここで示されている天賦人権《てんぷじんけん》思想は、明治初年には諭吉以外の多くの思想家によっても紹介されていたため、とくに諭吉に由来する言葉とは考えられていなかったからである。

その出典についてはアメリカ独立宣言（一七七六年）の一節とする説が有力であるが、私はさらにその事実を越えて、独立宣言起草委員の一人であったベンジャミン・フランクリンの生涯と思想に、諭吉が自らの範型を見いだしていた、と推測する。すなわち、フランクリンと諭吉の比較研究としては、すでに平川祐弘《ひらかわすけひろ》の『進歩がまだ希望であった頃――フランクリンと福澤諭吉』があるが、私はもっと直截《ちょくせつ》に、諭吉は全生涯にわたってフランクリンをモデルとして活動した、と考えている。

フランクリン
（『フランクリン自伝』より）

ベンジャミン・フランクリンは、一七〇六年にマサチューセッツ州ボストンにロウソク製造業者の一七人兄弟の末っ子として生まれた。教育は一〇歳までしか受けておらず、その後印刷工として働いた。一七二七年、フィラデルフィアにジャントーという名前の社交クラブを創設し、倫理や政治、また自然科学について討論する会合をもつようになった。二九年には『ペンシルベニア・ガゼット』紙を買収して新聞社主となりジャーナリストとしても活躍、三二年からは『貧しいリチャードの暦』という格言付カレンダーを刊行して大好評を博した。

科学分野にも広い関心を示した彼は、四四年にアメリカ学術協会を組織し、さらに五一年にはフィラデルフィア・アカデミー（後のペンシルベニア大学）を創設した。稲妻が電流であることを証明したのは翌年のことで、五六年にはイギリス学士院会員、さらにオックスフォード大学などの名誉学位を授与されている。また、政治家としては四八年のフィラデルフィア市会議員、五一年ペンシルベニア議会議員となり後には議長となった。七六年には独立宣言起草委員に任命され、独立後の八五年にはペンシルベニア州知事に選出されている。さらに八七年に憲法会議に参加し、一七九〇年にフィラデルフィアで八四歳の生涯を終えている。

つまりフランクリンは科学者であるばかりでなく、新聞社主、社交クラブ・学会・大学の創設者、そして政治家であったわけだ。諭吉の政治家としてのキャリアは明治一二年（一八七九）に一年間東京府会議員を務めたにとどまるが、その他のことについては、時事新報社主（明治一五年［一八八二］以降）・交詢社主宰（明治一三年以降）・明六社同人（明治六年以降）・東京学士会院院長（明治一二年）・

慶應義塾主宰（安政五年［一八五八］以降）と、いずれもフランクリンの経歴とぴったり一致する。しかも、彼を知る前に諭吉がすでにしていたのは、これらの活動のうち慶應義塾（前身）の創設だけで、その他はすべて二回目の渡米後、『フランクリン自伝』（初版一七八五年刊）を読んでからのことである、という事実に注意を向ける必要がある。

とりわけ『学問のすすめ』初編を刊行したのとちょうど同じ時期に、諭吉がフランクリンに注目していたことは、明治五年三月刊行の『童蒙《どうもう》をしへ草』巻の一に、「ベンジャミン・フランクリンの事」と「プウア・リチャルドが諺《ことわざ》の事」という二つの節があることから分かる。前者は『フランクリン自伝』の要約、後者はその巻末に収録されている『貧しいリチャードの暦』を抜粋したものである。

フランクリンの思想が『学問のすすめ』に直接の影響を与えたことは、その初編の、

諺に云く、天は富貴を人に与えずしてこれを其人の働《はたらき》に与るものなりと。されば前《ぜん》にも云へる通り、人は生れながらにして貴賤貧富の差なし。唯《ただ》学問を勤て物事をよく知る者は貴人となり富人となり、無学なる者は貧人となり下人となるなり。

とある部分が、フランクリンの「富に至る道」（一七五八年版『暦』序文）のさわりであることと、『学問のすすめ』初編では明かされていないこの諺の出典について、『童蒙をしへ草』巻の一では、それが直接フランクリンの言葉、「勉強はあたかも幸福を生む母の如し。天は万物を人に与えずして働き

に与えるものなり」（全①一八三頁）として引かれていることから確かめられる。

### 上方西国の学校を見回る

移転一年を経過して、義塾の教学や印刷局の運営について分担が決まってきたので、諭吉自身は他のことに時間を費やすことができるようになった。和歌山の英学校は開学前に頓挫してしまったが、弟子たちが手伝っていた大阪や岡山ではどうにか生徒を募集するまでにこぎ着けていて、中津市学校も含めどのようになっているか視察することにしたのである。

四月一日に横浜を出港し、三日に神戸に到着して神戸の北、三田《さんだ》の九鬼隆義《くきたかよし》に面会を求めた。廃藩置県の結果九鬼は藩知事でも何でもないただの地方の有力者となっていたが、それでも旧藩士の厚い信望のもと、郷里の将来をいかに導くかについて腐心していた。諭吉は九鬼の屋敷である旧三田藩陣屋に一泊した後、一〇キロほど南の有馬温泉に一一日から二七日まで滞在している。三田で諭吉と九鬼がどのような相談をしたかははっきりしないものの、旧藩士の身の処し方について、神戸に設立された商社を事業の核としてめいめいが実業を目指すべきことを説いたようである。

五月一日から一〇日までは、新たに設立された小学校を視察するため京都に滞在している。一一日に大阪に戻り、数日後には神戸から中津に向かう船に乗ったようである。中津での動向はよく分からないが、六月四日付の在京小幡篤次郎宛書簡では、市学校の運営全般を監督しつつ廃藩置県後の中津県の旧藩札整理業務の手伝いをしていたようだ。そうして旧藩主の奥平一家と中上川才蔵《なかみがわさいぞう》一家、服部《はっとり》復城《ふくじょう》夫妻らとともに七月六日に中津を発って一八日頃東京に帰着した。

## 2　明六社に参加し、学者の職分について論ず――明治六年（一八七三）

**『改暦弁』と『帳合之法』**　明治五年一二月三日が明治六年一月一日とされたため、明治五年には事実上一二月がなかった。この改暦が決まったのは一一月九日のことであるから、周知期間は二〇日程度にすぎない。古来から連綿と使われてきた太陰暦から西洋の太陽暦に突然切り替えられたことで多くの人々はとまどったが、それが文明化というものである。『改暦弁』（明治六年一月刊）の中で諭吉は、「日本国中の人民、此改暦を怪む人は必ず無学文盲の馬鹿者なり。これを怪しまざる者は必ず平生学問の心掛《こころがけ》ある知者なり」（全③三二五頁）と述べている。

文明といえば、諭吉が適塾にいた一五年前から物質文明の必須の要件と考えられていた鉄道と電信は、太陽暦採用の直前の時期に相次いで運用が開始されていた。だが諭吉にとって科学技術は文明の一部にすぎず、日本がこれから導入しなければならないことはまだまだたくさんあるのだった。

その一つが近代的な会計処理である。『帳合之法《ちょうあいのほう》』（初編六月刊・全③三三一頁）は、同年一月、サンフランシスコで世話になった実業家ブルックスがアメリカ通商代表として来日したときに、諭吉が簿記の方法をどのようにすれば日本に移せるかについて相談したのをきっかけとして、アメリカの簿記学校の教科書をもとに翻訳された。「福澤全集緒言」には、「余が著訳書中最も面倒にして最も筆を労したるものは帳合之法なり」（全①五三頁）とあって、それが苦心の作であることが分かる。

井上馨
（『近世名士写真』其1，より）

この著作の企画が時の大蔵大輔《たいふ》井上馨の耳に入ったことにより、諭吉と井上の交流は始まったものと思われる。この年の五月、井上は予算編成を巡って上司である参議兼大蔵省事務総裁大隈重信《おおくましげのぶ》と対立し、部下の渋沢栄一とともに退官しているが、その後の身の処し方について諭吉に相談を持ちかけている。そのときの井上の印象として、「同人もプライウェートビジニスに心を決し、先日より度々《たびたび》面会、随分有力之人物なり」（七月二〇日付中上川彦次郎宛書簡）とある。翌七年には井上のかつての上司である大隈とも面識をもったが、親しくなるきっかけはどうやら明六社《めいろくしゃ》の例会で同席したことによるようだ。やはり大隈の部下であった伊藤博文との交際も、同時期に始まるようである。

井上馨は野《や》にあった二年半の間に三井越後屋との関係を深め、さらに明治一一年に工部卿に復帰すると諭吉の甥である中上川を招聘《しょうへい》、翌年外務卿を兼務するや今度は彼を公信局長という重職に抜擢《ばってき》することになる。中上川が三井中興の祖と称されるまでになる地ならしをしたのは、井上である。後述する明治一四年の政変まで、井上馨と福澤諭吉はまさに昵懇《じっこん》の間柄であった。

『会議弁』

さらに日本に導入が迫られていた文明の重要な要素として、自分の意見を公開の場で表明するための演説の方法と、議論を闘わせて結論を導くための討論の方法がある。上意下達の時代が終わった以上、日本語による演説と討論の方法が速やかに確立されなければ、集団がきちんとした意思形成をすることができないことになる。議会開設の必要性は在野の人々ばかりでなく政府内部からも聞こえていたが、その前に規則に従って議論するという風土を作り上げる必要がある。諭吉はその方法を記した英書を翻案した『会議弁』（全③六一三頁）を書き進める傍ら、六月頃から弟子たちを相手に日本でもスピーチが可能かどうかを試み始めた。スピーチは当初「演舌」と翻訳されたが、やがてそれは「演説」と表記されるようになった。

この『会議弁』も忘れられているが、なかなかに実用性に富んだマニュアルである。高瀬村なるいかにもありそうな村の村会を舞台として、人力車が通行できるように村道を改修するべきかどうかが話し合われるのであるが、周到なことに、会議開催の案内状の書式から、議長の選出方法、座席の順番などまで細かい指示がされている。

議事の進行についても、まず発起人の村医松山棟庵《まつやまとうあん》（実在の人物である）が、戦争と飢饉で村道が荒れたままになっていると、人々が隣の川崎村のほうを通行するようになって、わが高瀬村が文明から取り残されてしまう、「して見れば当時村中《むらじゅう》疲弊《ひへい》とは申しながら、何事も差置《さしおき》て是非とも此道普請《みちぶしん》には取り掛らねばなりますまい」（全③六二二頁）などと問題を提起すると、出席していた腰野抜太《こしのぬけた》（こちらは架空）が、「当村万一難渋《まんいちなんじゅう》の折柄、とても此大金を出す力はありませぬ。さりとて道もあのままには捨《すて》置《お》かれず、就ては県庁へ御願申《おねがいもう》して御拝借《ごはいしゃく》でも致して、御上様《おうえさま》の御威光《ごいこう》で村方一同たすかるやうに致したいものと思います」と反対するといった具合で、どこまでも実用的なものとなっている。

### 『文字之教』と月刊『学問のすすめ』

この年は秋頃までは、児童向け教科書である『日本地図草紙』（七月刊・全③五五二頁）、『文字之教』（一一月刊・全③五五三頁）などの出版を精力的に行ったが、おそらくそれは翌年一月に正式に開学することになる慶應義塾幼稚舎で使用するためと、何より増え続けていた自分の子供たちに良質な教科書を与えたいという個人的な希望があったためと思われる。八月には三女俊《しゅん》が生まれ、福澤夫妻の子供は五人になっていた。

それまで科学や地理のよい教科書はなかったから、諭吉が熱心にその分野の本を刊行したのは理解できるが、『文字之教』に類する読み書き算盤《そろばん》系のものはすでに多数が出版されていた。そこで諭吉自らが筆を執った理由について探るには、『文字之教』に何が書かれていないか、という方向から読む必要がある。『文字之教』を一見して分かるのは、そこにはそれまでの往来物にあった儒教道徳涵養の要素がまったく見られない代わりに、新聞・商売・日限《にちげん》・仕入など実務上不可欠な漢熟語が選ばれている、ということである。

さらに手紙の書き方を指導している『文字之教付録』で使われている例文を読んでみると、諭吉がこの教科書で伝えたかったことがはっきりしてくる。「血税とは人の血を取ることにあらず、運上《うんじょう》に血を取り集め候ても其始末《そのしまつ》に困り可申《もうすべく》」（全③六〇八頁）。「戸籍を調べ人別を改め候は、娘を外国へ渡すためにあらず。仮令《たと》ひ渡し候とも、無学文盲《むがくもんもう》、役にも立たぬ女の子は、先方にて請取申《うけとりもうす》間敷《まじく》候」。鉄は熱いうちに打て、文明を体得するのも早ければ早いほどよい、ということである。

こうして学問の上達のために書かれたのが、一一月に刊行が開始された月刊『学問のすすめ』であった。すでに前年二月に刊行された初編が大ベストセラーになっていて、当初はその初編に含まれている内容をより詳しく記述することを目的として書き進められたのであるが、足かけ三年にわたる刊行期間のうちに、やがて学問ばかりか処世全般にわたる問題が広く取り扱われるようになった。

現在なおもよく読まれているこの『学問のすすめ』全一七編については、多くの質の高い研究があるため、私が付け加えられることはそれほど多くない。一般には、諭吉の持論である実学を中心とした学問修得と、ウェーランドの『道徳科学』が奨める善い生活態度とが不可分のものとして論じられている、とされている。さらに私は、ベンジャミン・フランクリンが『貧しいリチャードの暦』で宣伝した、俗世での成功の秘訣とでもいうべきものが要所に示されていることで、読者が次編を読まずにはいられないようになっている、ということにもっと注意が向けられてもよいと考えている。

月刊パンフレットとしての『学問のすすめ』が、刊行と同時に論争を引き起こした事例としては、明六社での演説をもとにしたその四編「学者の職分を論ず」（明治七年一月刊）に関する学者職分論争と、七編「国民の職分を論ず」（明治七年三月刊）のいわゆる楠公権助《なんこうごんすけ》論を巡っての二回があった。そこでまず学者職分論について述べたい。

### 明六社の設立と学者職分論争

明六社《めいろくしゃ》は明治六年七月にアメリカ留学から戻った森有礼《もりありのり》が主唱して設立された日本最初の学術団体であった。九月一日に最初の会合がもたれたとされているが、その時には諭吉は出席していない。「学者の職分を論ず」のもとになる演説がいつの会合でなされたかは分からないが、『学問のすすめ』四編の刊行日から逆算して明治六年末の可能性が高いようだ。

諭吉はそこでなされた演説を文章化して翌明治七年（一八七四）二月に発表した。その中で諭吉は、政府を人間の身体に、人民をそれに対する外部からの刺激と捉え、身体（政府）の健全な育成には適切な働きかけ（外刺《がいし》）が必要だと論ずる。さらに、従来の儒学者や国学者ではこの外刺の役割を果たすことはできず、西洋文明を深く理解する民間人が人民に方向づけを行いつつ、文明政治の主体としての政府を正しく導いていくことで初めて可能となる、とする。

私立する洋学者という諭吉のこの考えは、後に二〇世紀の「知識人」が果たした役割と重なっている。諭吉にとって学問とは単に社会の役に立つ技術的知識のことではなく、文明の政治を実現するための知的活動全般を指しており、そのために学者は政府の外にいなければならないのである。

この「学者の職分を論ず」への加藤弘之・西周《にしあまね》・森有礼・津田真道《つだまみち》からの反論は、『明六雑誌』第二号（明治七年四月刊）に掲載されている。以下で順にそれらの見解を述べたい。

学者職分論争での加藤の意見は、いかにも彼らしいというべきか、学者は政府の中でこそ役に立つ、というものであった。加藤は諭吉の「学者職分論」を民権対国権の図式で捉え、洋学者が在野で活動すると民権が伸長しすぎるのでよくない、と憂慮を表明する。それよりもむしろ政府の内部から人民を指導するほうが効率的だし混乱をきたさないというのである。加藤としてはあくまで国権あっての民権であり、民権の強化がかえって国権の高揚にもつながるという諭吉の独立自尊の理想は、そもそも理解の範囲外のことなのであった。これと同様の意見は同じ号の津田真道の書評にもあった。

加藤の反論が徹頭徹尾統治者側に立っていたのに対して、学術用語として「哲学」という言葉を作った西周の反論は、諭吉の実践志向の早急さに懸念を表明するアカデミックなものであった。西もまた幕臣であり、幕末には徳川慶喜の補佐官でさえあった。そうした西が自身の経験を踏まえて心配したのは、本来学問研究を本旨とする学者が世論の先導者となることへの危うさであったのである。

諭吉は学者の範囲を教養ある知識人にまで広げて理解していたため、彼らが社会全体へ貢献するのは当然と考える。一方の西は学者をあくまで個別の学問領域を極めた専門家と捉えていた。学者たるものは歴史から客観的真理を抽出すべき存在なのであって、自ら歴史の形成者となるために勉強をしているわけではない。学者が人民の活動性を喚起しようとすれば、それは過激な扇動にならざるをえない。このように西は、学者は現実から一定の距離をとって、時勢の勢いを客観的に判断する批評家となることが重要であるとした。

英米系の教養を身につけていた諭吉の理解では、学問（理論）と実践は一致したものでなければならなかったが、オランダ留学の際に大陸系の学問を修めた西の考える学者とは、実践とは離れた理論の構築を目的としていたのである。

**森有礼の反論は官立と私立の対立を予想させる**

幕臣として大政奉還を迎えたここまでの三名とは異なり、薩摩出身の森有礼は新政府設立当初から政治の中枢に身を置いていた根っからの藩閥官僚であった。そしてそれゆえに諭吉が人民と政府を峻別することに疑問を呈する。現に新政府は人民と一体ではないか、というのである。

森は政府の内部にいることに何らの疑問ももたないばかりか、むしろその立場から人民を啓蒙して

森有礼
（『近世名士写真』其2，より）

西洋文明を日本へ移植することに使命感を抱いていた。そうすることが国家の独立と繁栄の礎にもなるはずであった。そして人民もこのような彼のあり方に共感するべきだと確信していた。森は、政府と人民を区別する諭吉の意見を理解することができず、その考えの中に反政府的な思想のみを見いだしたのである。

森は諭吉が演説した当日に同じ疑問を本人にぶつけたらしく、「学者の職分を論ず」の「付録」には、森らしき人物の、「政府の外に私立の人物集ることあらば、自《おのず》から政府の如くなりて、本政府の権を落すに至らん」という反対意見が載せられている。それに対する諭吉の答えは以下の通りである。

> この説は小人《しょうじん》の説なり。私立の人も在官の人も等しく日本人なり。唯地位を異にして事を為すのみ。その実は相助けて共に全国の便利を謀《はか》るものなれば、敵に非ず真の益友《えきゆう》なり。且この私立の人物なる者、法を犯すことあらば之を罰して可なり、毫《ごう》も恐るるに足らず。
>
> （『学問のすすめ』七編「付録」）

森はこの後主に文部行政に携わることになるが、そこでとられた方針は、明治初年に相次いで設立された私立学校を正規の教育課程から外してゆく、というものであった。これは後になっての話であるが、明治一〇年（一八七七）設立の東京大学には慶應義塾や同志社の出身者も入学が認められていたのに、明治一九年（一八八六）発布の帝国大学令に基づいて改組された帝国大学の入学資格は、時を同じくして発足した高等中学校の卒業生に限ることとされたのである。この時森有礼は初代の文部大臣であった。

## 3　楠公権助論で批判を受ける——明治七年（一八七四）

「明治七年一月一日の詞」

明治七年一月刊行の『学問のすすめ』五編は、慶應義塾における年頭の演説を採録したものである。この五編において諭吉は文明の精神として人民独立の気力をとくに重要視し、その担い手として中産階級の覚醒に期待を寄せている。多くはその階層の出である塾生に向けての演説なのだから、それが中産階級を鼓舞する内容をもつのも当然ではあるのだが、この五編には、それに留まらないある種の切迫感が漂っているように感ぜられる。

その一つの理由は、文中にもあるように、維新後わずか六年のうちに鉄道・電信・トンネル・鉄橋などを敷設・建設したり、学校や軍備の制度を整えてきた明治政府が急速に権威をもつようになったため、文明の精神ともいうべき人民の気力が衰えてきている、という認識が諭吉にあったからである。諭吉にとって政府とは人民から選ばれて実務を担当する技能集団にすぎなかったから、かつての幕府のようにそれ自体が人民を威圧するなどというのは、決して許してはならない退歩として映ったのである。それゆえに、政府の外にいる中産階級が自ら独立の気力を高めてそれを制御しなければならない、と主張するのであるが、私は諭吉がこの時とくに中産階級論を展開したのにはもう一つの理由があったと推測する。

明治七年の正月にあって、確かに政府は権威を高めてはいたが、同時に分裂の危機に瀕《ひん》していた。すなわち前年一〇月に征韓論を巡って政府内部の意見調整が不可能となり、朝鮮を開国させるために軍事力を行使するべきだ、とする土佐の板垣退助・後藤象二郎《ごとうしょうじろう》、佐賀の江藤新平・副島種臣《そえじまたねおみ》、薩摩の西郷隆盛らが一斉に下野していたのである。政府の屋台骨がぐらついているときに、人民の期待がその政府に集まるのは危険な兆候であった。だからこそ、中産階級はしっかりと政府を監視して、彼らがよい政治を行うように仕向けなければならない、というわけである。

中産階級が自らに課せられた使命を認識するのには、『学問のすすめ』五編所収の演説だけでは明らかに力不足であった。そこで諭吉は、この「明治七年一月一日の詞」の内容を、より理論的により詳しく記述した一つの著述を構想したのだと私は思う。一年半後に出版される『文明論之概略』（明治八年八月刊・全④一頁）がそれである。

### 「文明論プラン」とA・C・ショー

それから一二〇年も経過した一九九〇年代になって、「明治七年二月八日初立案二月二五日再案」という日付入和装三八丁の構想ノート「文明論プラン」が発見された（『福澤諭吉年鑑』一八〔一九九一〕所収）。梗概として翌年八月に刊行された『文明論之概略』全一〇章のうちの九章までを含んだものである。後にも触れることであるが、どうやら最終第一〇章「自国の独立を論ず」は、執筆の最終段階で盛り込まれることになったようで、プランが書かれた時点では、刊本に見られるやや不自然なほどの愛国心の鼓舞までは不必要と考えていたようだ。

この「文明論プラン」の成立について、白井堯子《しらいたかこ》が興味深い見解を示している。すなわち、諭吉はちょうどこの時期に英国公使館付宣教師A・C・ショーと交流を始めているのであるが、ショーが英国国教会の海外宣教団体に宛てた二月二一日付書簡の中に、この二人が、「一八七四（明治七）年二月頃、東西の『文明』について語り合った」（『福沢諭吉と宣教師たち』一二三頁）ことをうかがわせる記述を発見したのである。

今では避暑地軽井沢の発見者としてのみ語られることの多いショーであるが、明治六年秋に来日したばかりのこの時期には、慶應義塾の南西斜《はす》向かいにあたる三田四丁目の大松寺《だいしょうじ》に居住していた。一太郎と捨次郎の英語教師を捜していた諭吉は、ごく近所に引っ越してきたショーのもとに二人を通わせているうち、明治七年四月から塾内の福澤家の北隣に西洋館を建てて、ショーを住み込みの家庭教師としたのである。

ショーのために洋館を建てたことは、諭吉の子弟教育の熱心を示すエピソードとして従来からも有名な話なのであるが、私は家庭教師としてだけ彼を雇ったのだとしたならそれは少しやりすぎ、という印象をもっていた。また、西洋諸国による文化支配を恐れていた当時の諭吉は、『文明論之概略』が完成する頃には、「耶蘇《ヤソ》の宗旨もクソデモクラへ」（明治八年四月二九日付富田鉄之助宛書簡）などと反キリスト教色を強めていたのであるが、一方でその宗旨を広めに来たショーのために家を新築するというのも奇妙な気がしていた。

どうやらショーは、子弟の家庭教師というよりも、西洋文明全般に関するアドバイザーとしての役割を期待されていたようだ。実際彼の学識も人格も素晴らしく、諭吉はその後二七年間、ショーをかけがえのない友人として扱い続けた。諭吉は、西洋の宣教団体によるキリスト教伝道は日本の独立にとって有害と考えていたが、そうした団体に属しているからといって、人物の評価を誤ることはなかったのである。

＊宣教師たちとの交際については前掲白井堯子『福沢諭吉と宣教師たち』が詳しいが、諭吉の宗教観と行動の連関をもっともよく整合的に説明している著作として、小泉仰《たかし》の『福澤諭吉の宗教観』がある。諭吉の宗教思想について学ぶ場合は、まずこの本を読み、それから白井前掲書、さらに後述する土屋博政の『ユニテリアンと福澤諭吉』へと進むことで、全般的な理解が可能となる。

### 赤穂不義士論、楠公権助論

さて、学者職分論争というアカデミズム内の対立に始まったこの明治七年は、春以降、『学問のすすめ』六編（二月刊）の赤穂《あこう》不義士《ふぎし》論と七編（三月刊）の楠公権助論によって一般の読者を巻き込む騒動となった。もともと六編の主題は「国法の貴きを論ず」、七編は「国民の職分を論ず」であって、諭吉はいわば話のついでに、国法を破って仇討ちをした赤穂浪士は義士とはいえない、二つに分かれた政府のいずれかに与《くみ》して戦って命を落としたとしても、それだけでは国民としての職分をまっとうしたことにはならない、と述べたまでのことであったが、読者の一部はその主張を、従来までの道徳観全般への挑戦と受け取ったのである。

諭吉を非難する人々のその解釈はかなり的を射ている。彼は明らかに従来までの道徳観を鋭く批判していた。これは、付き従っている主君に忠義だてしさえばそれでよい、などという人間がいつまでも多数を占めていては、中産階級の覚醒など夢のまた夢である、という信念に基づいての挑発であったと考えられる。

赤穂不義士論については、それまでも荻生徂来《おぎゅうそらい》らによって主張されていて、すでに一定の支持を得ていた。すなわち、浅野長矩《ながのり》は勅使の接待役を拝命しながら江戸城松の廊下を血で汚したのであるから、そもそもが不忠であり不義であるのに、その遺恨を晴らすために吉良《きら》邸に討ち入るなどとは言語道断の振る舞いである、という徂来の意見に正面切って反論するのは難しかった。諭吉は赤穂不義士論に賛同する読者も多かろうと考えて、具体例として挙げたのである。

一方楠公権助論は、もし諭吉が楠木正成《くすのきまさしげ》の死は無駄死であると名前を挙げて書いていたなら、重大な筆禍《ひっか》事件を引き起こしたことは疑いをいれない。そこで本文にはこうある。


古来日本にて討死せし者も多く、切腹せし者も多し、何れも忠臣義士とて評判は高しと雖《いえど》ども、その身を棄てる由縁を尋るに、多くは両主政権を争うの師《いくさ》に関係する者か、又は主人の敵討《かたきうち》等に由て、花々しく一命を抛《なげうち》たる者のみ、その形は美に似たれどもその実は世に益することなし。

つまり南北朝の争乱に限定されているわけではなく、単に二つの勢力が政権を競っている状況下での討ち死にや切腹について言われているだけである。壬申《じんしん》の乱（六七二年）でも承久の変（一二二一年）でも関ヶ原の戦い（一六〇〇年）でも、それぱかりかつい六年前の戊辰戦争（一八六八年）についてであるとしても、等しく解釈できるようになっているのである。

そこで諭吉が、こうした天下分け目の戦いで戦死したとしてもそれが意味のある死とはいえない、と主張するのは、単に主君に忠義だてするだけでは、全国民の生活向上という、常に最優先させなければならない為政者の目的とつながってこないからである。七編の結論部において諭吉は、人民の利益を図っての死のみをマルチルドム（英雄的な死）と規定し、その名に価するのは年貢の減免を図って農民たちを組織した下総佐倉の佐倉宗五郎だけである、と主張している。

この六編と七編は、春の刊行当初、学者職分論争の影にかくれてさほど話題にはならなかったらしい。赤穂不義士論と楠公権助論への批判は六月頃からのようであるから、両編を出してすぐ後の三月一五日に親戚一同総勢三〇人ばかりで箱根の塔ノ沢温泉に出かけたときには、よもや大騒動になるとは思っていなかったろう。

順が上京してからすでに三年が経過していた。温泉旅行に行ったのは、前年から肝臓の具合を悪くしていた順の治療のためと、古希を迎えてのお祝いの両方の意味があったものと思われる。塔ノ沢に着いたのは一八日であったが、旅の疲れが出たものか、状態はかえって悪化してしまったのである。そのため当初の日程を繰り上げ、二九日に帰京することにした。その後順の容態は四月には予断を許さないものとなり、とうとう五月八日に亡くなってしまった。

## 『学問のすすめ』六・七編批判と反論

母の葬儀を済ませて一段落ついた六月頃から、赤穂不義士論と楠公権助論への批判が新聞や雑誌に掲載されるようになった。『日新真事誌』第四八号（六月二九日）に掲載された佐藤信衛（秋田県）の投書が確認できる最初のもので、そこでは楠公を権助扱いしたとして、「慨嘆憤激《がいたんふんげき》自《おのずか》ら禁ずる能《あた》はざるを以てす」とある。これでは諭吉が楠公を名指しで貶めたと『真事誌』の読者は誤解したであろう。

その後もこの話題は主に『真事誌』で取り上げられていたが、わけても第八八号（八月一八日）掲載の南豊鶴谷山人《なんぽうつるのやさんじん》の投書は、諭吉を弁護するものとして注目に値する。そこで投稿者は、自分は福澤を知らないが、と断りつつ、英国の文明史家バックルの、「凡《およ》そ時世よりも進歩せる人は必ず人の謗議《そしり》を受く」という言葉を引いて、「世の開明《かいめい》日に新たに月に改まり、昨日の確論は今日の僻説《へきせつ》となり、今日の賢人も明日の愚夫となるべし」と、孔孟の道もすでに時代遅れになっていると述べている。

面白いことにこの投書は、翌年出版されることになる『文明論之概略』巻之一第二章「西洋の文明を目的とする事」の要約となっている。諭吉の全著作のなかで、バックルに最初に言及しているのが書き下ろしのこの文明論なのであるから、南豊鶴谷山人と諭吉が無関係であるとすると、山人は時代の最先端を走る諭吉より一年も早くバックルを紹介したことになってしまう。

種明かしをすると、この投書の執筆者は、明治七年（一八七四）当時慶應義塾に在籍していた、豊後国佐伯《さえき》藩出身の藤田茂吉である。翌年『郵便報知新聞』主筆となる藤田の号が、鶴谷山人なのである。とはいえ藤田であるとしても、まったく独断で投書したとは考えにくく、諭吉の許可を得たうえ閲覧を事前に受けてはいるであろう。

山人が諭吉の分身であることを看取したものか、『真事誌』第九七号（八月二九日）の久保豊之進（広島県）による「弁駁《べんばく》」は、「（福澤の）此論を推し窮《きわ》むるや、終《つい》に共和政治に帰するのみ。予深く之を悪《にく》む。是れ予同氏の論に服せざる大趣意也」と、話をさらにあらぬ方向へもっていこうとする。

ここまで来るともはや言いがかりである。諭吉はそれまで共和制が理想的であるなどということを言明したことはなかった。明治初年の段階で西洋文明国で共和制が確立されていたのはアメリカ合衆国だけで、第三共和制（一八七〇～一九四〇年）が開始されたばかりのフランスの動向は定まっていなかった。イギリスはもとよりドイツも君主制であったから、文明の進展度と国家の体制（政体）とはとくに関係はない、というのが諭吉の持論なのである。

### 諭吉暗殺未遂事件と大槻磐渓による弁護

こうしたレッテル貼りは恐ろしいもので、一旦は終息したかに思われた諭吉暗殺計画が再び持ち上がったのはこの頃のことである。京都府士族山科生幹《やましなせいかん》なる者が、諭吉が政府の有力者と結託して日本を共和制にしようとしているから、このような国賊はことごとく誅殺《ちゅうさつ》しなければならない、と唱えて、同志を募るため福澤一味の密約書なるものを偽造し、公家の九条家や中山家（明治天皇生母の実家）に示して密勅を得ようとして逮捕された事件である（明治八年一月発覚）。明治も七年が経過していたのにまだ密勅などという時代錯誤なことを言っている輩がいたことにも驚かされるが、征韓論で維新の功労者の半数が下野し、かわって榎本武揚や大鳥圭介ら実学派旧幕臣が続々復権しているという状況下にあって、ますます政権から疎外されつつあった尊王派が不満を募らせていたのである。

諭吉を弁護する投書は主に洋学関係者から寄せられたが、『朝野新聞』一〇月二八日号掲載の「読《とく》余贅評《よぜいひょう》六号」において、大物儒学者である大槻磐渓《おおつきばんけい》からの強い支持を受けることになった。磐渓は諭吉が江戸に着いた当初世話を受けた仙台藩の儒者で、同藩実学派の思想的背景でもあった。そこで磐渓は、「(諭吉のいう)忠臣義士は蓋《けだ》し狷介徒死《けんかいとし》の輩を云うにて、決して楠公を指すに非ず」と述べる。その理由は、諭吉自身による文明の定義、すなわち智徳の進歩に照らして、楠公のとった行動はそれを推進したことが明らかであるからである。そのため、「福澤氏の意楠公を相手取て論を建つるに非ざる事、断じて知る可し」と磐渓はいう。

言うまでもなく楠木正成《くすのきまさしげ》は南朝の功臣である。正成が生きているうちに彼の事績は評価されることはなかったし、南北朝の合一も北朝の優位のもとで行われたため、その後の天皇はすべて北朝の系譜を継いでいる。明治天皇もまた例外ではない。しかし正成のように同時代の人々には評価されず、数百年も経過してから智徳の進歩としての文明を推進した者として再評価を受けることがある、と奥羽越列藩同盟を影から支えた思想家大槻磐渓は示唆するのである。諭吉の弁護にこと寄せて、彼が何を言わんとしていたかは明らかであろう。

諭吉が「慶應義塾五九楼仙万《ごくろうせんばん》」の筆名で書いた弁明は、その一〇日後の一一月七日の『朝野新聞』に掲載された。そこで諭吉は、自分は戦死したことをもって忠臣とする風潮を批判したまでで、楠公が偉大であるとすればそれは死んだことによってではなく、彼が目的としたことがマルチルドムに価するからなのである、また、自分を共和主義者だとする攻撃については、あまりにばかばかしい、ためにする誹謗中傷《ひぼうちゅうしょう》である、と反論している。この弁明は「福澤全集緒言」に再録されている。

## 佐倉宗五郎から長沼事件へ

『学問のすすめ』六・七編の反響は尊王派からの攻撃ばかりではなかった。諭吉が佐倉宗五郎の死のみをマルチルドムとしたことから、そのことに感じ入った千葉県佐倉にほど近い農村の住民から一つの案件が持ち込まれたのである。現在は成田市内の字名となっている長沼《ながぬま》は、当時は本物の沼地であった。そのほとりにあった長沼村の村民代表小川武平から、長年認められてきた村の独占的水利権が周辺の他村によって侵されようとしているので助力してほしい、という申し出があったのは、明治七年（一八七四）一一月中旬のことである。

陳情のため千葉町に滞在していた小川らが、県庁近くの夜店で偶然『学問のすすめ』七編を目にしたのが発端ということで、数日後の一五日に諭吉のもとを訪れている。長沼村の言い分を聞いた諭吉は翌々日には自ら起草した嘆願書を小川に手渡したが、千葉県令柴原和《しばはらやわら》からの返事が簡単に来るはずもなく、二四日には県令からは何の音沙汰もありません、という小川からの報告を受けている。

諭吉としてはこの長沼村と近隣村落との水騒動に巻き込まれたくはなかったようである。千葉県初代県令の柴原は、譜代の脇坂《わきさか》家を主君とした播州龍野《たつの》藩の出ながら藩内尊王派として頭角を顕わし、維新後は大久保利通の引きにによって出世を続けていた人物であった。楠公権助論によるあらぬ誤解を受けている最中に、この最も苦手とする志士的人間を相手として、ことを構えるのは得策ではない。

そこで翌一二月二五日に出された諭吉の柴原宛書簡は、長沼村の主張とはやや距離を置いた物言いで、「度々《たびたび》苦情を聞くに立至《たちいた》り、殆《ほとん》ど当惑の次第なり」と本音がかいま見えるものとなっている。

さすがに諭吉直々の手紙に対する柴原県令の回答は早く、年の瀬の一二月二九日に出されている。その内容は、本来県下の人民から寄せられる苦情陳情は自分が見なければならないのではあるが、数も多く、長沼問題については諭吉からの手紙が来るまで気付かなかった、水利権を巡る争いは影響が大きいので、慎重に検討して事態を解決するようにしたい、長沼の上流で川を堰《せ》き止めるようなことはさせないので、その点の心配はいらない、という的確でしかも誠実さを感じさせるものであった。

実際のところ柴原は有能な人物で、直後に始まる自由民権運動でも、活動家県会議員を相手に議場で丁々発止のやりとりをし、言論の自由を守ることによって暴力への転化を防ぐという行政官として本来のあるべき役割を果たした。そのため後年には名県令として知られることになる。

## 4　『文明論之概略』、中産階級の自覚を促す――明治八年（一八七五）

### 『文明論之概略』と不平士族の反乱

明治七年（一八七四）三月に塔ノ沢温泉から戻った後、赤穂不義士論と楠公権助論への批判にさらされながら、諭吉は黙々と『文明論之概略』を書き進めていた。『学問のすすめ』が、四月刊の八編以降作風が変わってさらりと書き流した読み物になっていくのは、執筆中の『文明論之概略』にそれだけ力を注いでいた証拠である。

本文が完成された後、明治八年三月二五日に書かれたその緒言は、「文明論とは、人の精神発達の議論なり」（全④三頁）に始まる気迫のこもった文章である。さらに冒頭に続く部分は現代語にすると次のようになる。人が俗世間で生きて行く場合には、その時々の利害得失に縛られてしまって、見方を誤ることが多い。習慣が深く根づいているところでは、それがまるで本性でもあるかのように受け取られてしまい、偏見のない考えをもつことができなくなるのである。こうした因習や偏見に満ちた世の中にあって、論理的に整理された文明論を作り上げるのは難しいのである、と。

先にも触れたように、私はこの『文明論之概略』は、明治六年秋の政府分裂後、日本の中産階級が日本の将来を選択するための指針となるべく執筆されたと推測した。そこで諭吉の考えでは、文明の発達には決まった道筋があり、それに抗《あらが》うのは時勢に背《そむ》く愚か者なのである。一三年前、欧州から戻ったばかりの諭吉はいわゆる勤王の志士たちがそうした愚者であると考えていたが、幸いなことに明治政府の立役者にまで成長したかつての志士の多くは、諭吉と価値観を共にする人々なのであった。

明治四年（一八七一）に廃藩置県が断行され、政府の方針に不満をもつ士族が増加したとはいえ、明治六年まではそれほどのぶれもなく諭吉が主張する文明主義が推進されてきた。だが征韓論で参議の半分が下野した後、明治七年に至って政府自体の方針に迷いが出てきたのである。すなわち、言論の自由を守り続けて文明化を推進するか、それとも文明流の本義にもとるとしても眼前の反政府の企てには断固とした処置を下すか、ということについて、木戸孝允《きどたかよし》・大隈重信らを中心とする自重派と、大久保利通・西郷従道ら処断派とに分かれたのである。

一方下野した勢力は、国民の自由の拡大を要求し、政府に残った人々を抑圧者として批判し続けていた。板垣退助・後藤象二郎ら土佐出身の人々は明治七年（一八七四）一月に「民撰議院設立建白書」を政府左院に提出し、あくまで言論でのみの政府批判に留めていたが、佐賀の江藤新平はこらえきれずに武装蜂起をしてしまい、明治七年の四月に鎮圧処刑されていた（佐賀の乱）。この直後、一連の強硬策に懸念を抱いた木戸までもが参議を辞職している。諭吉自身の考えは、政府に残ったものの強権発動には否定的な自重派と、下野した者のうち武力には訴えないと誓っていた土佐出身者に近かった。早急に両者の和解が必要だと諭吉は考えたはずである。

こうした状況に鑑みての私の推測にすぎないが、おそらく諭吉は『文明論之概略』の読者として想定されていた年輩の教養人が、言論によって政府の処断派に圧力を加え、もって国民の自由をより認める方向で事態を打開することを期待していたのではなかろうか。この著書を、単に諭吉の教場における学問的総まとめとして解釈するのは間違っている。同時に進行していた政治状況と重ね合わせて考察しなければ、正しく理解することはできないのである。

### 最終章「自国の独立を論ず」の違和感

この『文明論之概略』は、全体の大枠をなしている文明の発展史観の多くを、ギゾーの『欧州文明史』（一八四〇年刊）とバックルの『英国文明史』（一八五七・六一年刊）に負い、それが中国や日本でも適応可能であることを示すために、『春秋左氏伝』や『日本外史』を、やや無理とも思われる仕方によってさえも援用することで書き進められている。そこで注意深く読んでみると、所々に当時の諭吉が受けていた批判への反論がある。

たとえば第一章「議論の本位を定《さだむ》る事」には、「今、人民同権の新説を述る者あれば、古風家の人はこれを聞きて忽《たちま》ち合衆政治の論と視做《みな》し、今、我日本にて合衆政治の論を主張せば我国体を如何せんといい」（全④一一頁）という部分があるが、これは明らかに『学問のすすめ』七編への批判が念頭にある。その無理解への回答は、第二章「西洋の文明を目的とする事」の中にあって、そこには、君主の血統を守ることと、政治体制（政統）を時代に応じて変革することはまったく別のことであるから、天皇のもとに日本人が日本政府を維持する限り、国体は護持されているといってよい、というのである（全④三二頁）。

また、第四章「一国人民の智徳を論ず」には、楠公権助論への反論らしきものもある。すなわち、南北朝の争乱で楠木正成が討ち死にしてしまったのは、当時の日本に勤王の気風が十分には育っていなかったためで、結局のところ正成は時勢に敗れたにすぎない、「英雄豪傑の時に遇わず」（全④六五頁）ということはいつの時代にもあることで、人民の智徳の進歩に応じていずれは再評価されるものなのである、と要するに先に引いた大槻磐渓《おおつきばんけい》とほぼ同じ見解である。

全一〇章の内九章までは、西洋文明を目的として政治体制の変革を推進することが日本にとっての緊急の課題で、そのために中産階級は自らを政治の主体としてしっかりと自覚し、もって人民を正しく導かなければならない、という内容をもつと整理可能である。ところがそれだけではこぼれ落ちてしまう重要な部分がある。それが最終章「自国の独立を論ず」であるが、この章は、西欧諸国に蚕《さん》食《しょく》されているアジアの立場から書かれているため、当然にギゾーやバックルの著作にその由来を求めることはできない。しかもその主張は相当に鮮烈で、愛国心（報国心）を自国至上主義の発露と捉えたうえで、自国の独立のためにはそうした心情をもつことも大切なことだ、と一見すると諭吉らしからぬ見解が表明されている。

第九章までで十分に完結しているにもかかわらず、この第一〇章があるために、全体を整合的に理解するのが容易でなくなっている。最終章に至るまで、西洋の文明が目的である、というつもりで読んでくると、第一〇章に、「今の日本国人を文明に進るは、この国の独立を保たんがためのみ。故に、国の独立は目的なり、国民の文明はこの目的に達するの術なり」（全④二〇七頁）などとという言葉が出てきて戸惑ってしまう。文明は目的なのかそれとも手段なのか、手段だとするなら国の独立と個人の自由とはどのような関係にあるのか、説明はしっかりついていないように感じられる。

**諭吉の愛国心はどこに由来するか**

これは私に限らず『文明論之概略』の多くの読者に共通した感想のようで、たとえば小泉信三は次のように述べている。

合理主義の哲学の眼から見ると、先生自身の愛国心というものは説明出来ない。そこで先生はこれは公道に外れたものである。しかし外れておっても構わないと言われる。ここにおいて、先生の著作の中には屢々《しばしば》猛烈な色彩をもって、イルラショナリズムの思想が現れて来るのであります。

（「福澤先生の国家及び社会観」『小泉信三全集』第二一巻三六八頁）

つまり諭吉の内面にもともとあった愛国心がここにきてあふれ出ている、ということで、こうした主張は『学問のすすめ』初編の末尾でも強調されていることではあるが、西洋崇拝者としての福澤という見方しかできない人々には意外の感があろう。そもそも不合理な側面のある愛国心の由来を探るのも野暮というものだが、自伝にもそれをどこで自覚したかについてはまったく触れられていないので、どうしてそう思うようになったのか、について興味がそそられるわけである。

この問題について、遠山茂樹（「日清戦争と福沢諭吉」『著作集』第五巻三二頁）・今永清二《いまながせいじ》（『福沢諭吉の思想形成』一八一頁）ら数名の研究者は、諭吉がもつ愛国心の起源を、ペリーが来航したときに受けた屈辱感との関連から説明しようとしている。だが、先にも触れたように、諭吉自身によるペリー来航とその後の開国についての批判的な言動というのは発見できていない。諭吉としてはむしろ、アメリカ合衆国は日本のために善いことをしてくれた、と評価していたのである。

愛国心を芽生えさせたのが嘉永六年（一八五三）のペリー来航ではなかったとすれば、それ以外の事件に目を向ける必要がある。そこで私は、すでに第二章**2**・第四章**2**でも書いたことだが、アヘン戦争で清国が敗退したことを受けて国内ににわかに高まった海防論に、その起源を見いだしたい。要するに、嘉永二年（一八四九）一二月に老中阿部正弘が各藩に伝達した「海防令」とその施行細則（翌年二月）に、『学問のすすめ』初編末尾や『文明論之概略』第一〇章と同様の危機意識を看取するものである。

老中阿部の通達は中津城大手門前の札場《さつば》にも掲示され、士分領民の身分に関わらず周知されたものだが、そこには、今や日本は西洋諸国からの侵略の危険にさらされており、海防に一刻の猶予もできない状況にある、ついては余裕のある人は献金や銃砲の献納をし、また能力のある者は砲術を積極的に学んでほしい、とある。文章の表現からいっても、その施行細則の中には、「日本国中にあるところ、貴賤上下となく、万一夷賊《いぞく》ども御国威《おんこくい》をも蔑《ないがし》ろにしたる不敬不法の働きなどあらば、誰かは是を憤らざらん」（『扇城遺聞』一七二頁）と、『学問のすすめ』初編の、「国の恥辱とありては日本国中の人民一人も残らず命を棄てて国の威光を落さざるこそ、一国の自由独立と申すべきなり」とそっくりの部分がある。

師匠野本真城はこの通達に示唆されたものか、自ら「海防論」を著して江戸に上り、蟄居《ちっきょ》中の水戸老公徳川斉昭に面会を求めた（嘉永三年）。また、福澤家に酒を飲みにやってきた野本門下生たちは、その斉昭のほか松平春嶽・江川英龍らを当代きっての英雄と称賛していたが、彼らはいずれも海防論者として著名な高官ばかりである。もっとも、留守居町の狭い家に上がり込んできた兄三之助の友人のうち、小田部武右衛門《おたべぶえもん》・中上川才蔵《なかみがわさいぞう》（彦次郎の父）・服部復城《はっとりふくじょう》（五郎兵衛の弟）の三名は次々と福澤三姉妹を娶《めと》ったから、彼らの本当の狙いは諭吉の姉たちにあったのかもしれないのだが。

## 諭吉、大久保利通と面会す

一つの仕事を終えると旅行に出かけるのが諭吉の習慣で、『文明論之概略』を脱稿して後の四月一四日から二二日まで、家族を引き連れて日光方面に出向いている。出版のためには政府の許可がいるので、その審査の手続きを進めるかたわら、中津の有力者島津復生《しまづふくせい》には手書きの複製を送った。この写本を読んでの島津の返信が、『文明論之概略』への最初の書評である（全⑰一八二頁）。そこには、今は迷いを抱いている学者たちも、この本を読めばきっと文明開化に邁進《まいしん》する決意を固めることでしょう、とあった。

五月一日には三田構内に演説館が落成し、諭吉と弟子たちは弁論による活動の場をそこに確保した。すでに各地に県会が開設されていて、中央から派遣された県令と、住民から選出された議員たちとの間で激しい舌戦が繰り広げられていた。ただ、意見表明や論戦には相応の規則があり、それに基づいて行わなければ実りある結論を導くことはできない、というのが諭吉の持論であったから、演説館を設置して塾生たちにも開放したことは、政治をめざす若者たちにとって、弁論術を磨くための願ってもない道場となった（同時に本格始動した三田演説会については松崎欣一の研究に詳しい）。

とはいえ心配なのは、明治六年（一八七三）以降に急速に悪化した言論界の状況である。相当に注意して執筆したためか、『文明論之概略』は、何事もなく印刷に廻されていたものの、政府内で発言力を増していた参議兼内務卿大久保利通の出方次第では、予断を許さない情勢なのであった。

六月一二日と一四日の二回に分けて、『東京曙《あけぼの》新聞』に、諭吉が同月五日に三田演説会で行った演説の筆記が掲載されている。現在仮に「政府と人民」（昭和四六年［一九七一］刊・全集別巻二〇六頁）と題されているその演説の内容は、相当に過激である。面白いので少し引用したい。

八年前に王政一新と云ふことが有つたのは、人民が徳川の暴政を受るのがいやでたまらないから、尊王だの攘夷だのを持出して始めたことだ。今参議だとか大輔《たいふ》だとか勅任になつて居るのは、足利の木像を斬つたり、東禅寺へ打入つたり、御殿山へ火を付けたりして、徳川から追手を向けられ、縁の下へ隠れたりして、始末に困つた無頼《ぶらい》もので有つた。それだから参議が話をするにも、おいらが御殿山へ火を付る時分には、かうで有つたと話すのは、元わるい心でしたのでないから、恥ぢることもないのだ。此浪人は徳川の暴政がいやだから、ぶつ潰してしまつたのだ。其嫌ひな暴政をなんで又自分にやらう筈がない。浪人は人民だから、それが政府を持てば、矢張り人民の政府に違ひない。天子が自身に政事をすると云ふは、うそのことで、天子が何を知るものか。

（『東京曙新聞』明治八年六月一二日号・渡辺修二郎筆記）

この中で、今参議となっている浪人とは伊藤博文のことで、諭吉は文久二年一二月一二日の英国公使館焼き討ちのいきさつを伊藤から直接聞いたらしい。この演説筆記を読んだ大久保利通は、翌六月一三日に諭吉・森有礼・寺島宗則・箕作麟祥《みつくりりんしょう》らと会食している（全集別巻二六九頁）。明六社の同人で薩摩出身の森が、自宅で諭吉と大久保を引き合わせたようである。この会食の事実は大久保の日記にしか記載されておらず、諭吉は手紙などで触れていないため、そこでどのような話が交わされたのかは分からない。ただ、この会食のすぐ後にあたる六月二八日に、言論の自由を制限する新聞紙条例と讒謗律《ざんぼうりつ》

大久保利通
（『近世名士写真』其1，より）

が布告されていることから、大久保が諭吉たちの動向を快く思っていなかったことだけは確実である。諭吉の演説を載せた『東京曙新聞』の編集長末広鉄腸《すえひろてっちょう》は、さらにこの両法規を批判する論説を紙面に掲げたため新聞紙条例違反の罪に問われ、その年の八月と九月の二カ月間を獄中で過ごすことになった。諭吉はその鉄腸を見舞ってビール数ダースを差し入れた。そうしたなか『文明論之概略』は八月に無事刊行されたものの、言論活動全般への目に見えぬ圧迫は日に日に強まっていった。鉄腸が未だ獄内にあった九月四日、諭吉は『郵便報知新聞』に「明六雑誌の出版を止るの議案」（全⑲五五三頁）を発表し、雑誌は同年一一月の第四三号を最後に廃刊とされた。

大久保を批判したいが、そうすれば鉄腸のように獄舎に繋《つな》がらねばならぬ、不惑《ふわく》も過ぎてそれは嫌だ、というのが当時の諭吉の心情であったろう。とはいえただ黙しているわけにもいかない、というので、『文明論之概略』が刊行された八月から翌月にかけて、諭吉は細心の注意を払いつつ一編の論説を書いた。それが、「亜細亜《あじあ》との和戦は我栄辱《えいじょく》に関するなきの説」（『郵便報知新聞』一〇月七日号掲載・全⑳一四五頁）であるが、それはちょうど七〇年後の昭和二〇年（一九四五）八月へと至る、日本の行く末への一種の予言、とも読める興味深い論説である。

## 「亜細亜との和戦は我栄辱に関するなきの説」

そこで諭吉は、廃藩置県によって失業した士族階層の不満を逸らすために朝鮮や清国と事を構えようとする風潮が、政府内部に芽生えている現状に憂慮している。明治四年に沖縄の漁民が台湾の先住民によって殺害された事件をきっかけに、明治七年（一八七四）四月、日本は西郷従道率いる三千名の征討軍を派遣し、先住民を鎮圧して台湾南部を占領したのであったが、この軍事行動は清国内に権益をもつ西洋諸国に疑念を抱かせただけである。日本はアジア諸国からの脅威は受けていないが、強大な軍事力を有する西洋諸国の動向には注意しなければならない。台湾出兵は軍事的には成功したかに見えるが、西欧との外交関係を悪化させたという点において失敗であった、と諭吉はいう。

朝鮮国についても、かの国に干渉するのは馬鹿げている。朝鮮と戦って勝利し、そこを支配したところで、植民地の維持には経費がかかるばかりである。征韓論論者は、朝鮮が目的なのではなく、そこを手始めとして次いで清国へと進出し、その富を入手すれば軍費などたやすく調達できるというが、すでに清国に利権をもっている西洋諸国が、黙ってそれを許容するはずはない。清国はまさに欧米諸国人にとって田園である。どうしてその貴重な田園を日本に蹂躙《じゅうりん》させるようなまねをさせるであろうか。日本が清国を侵略するようなことがあれば、欧米の人は清国人を憐《あわれ》むためではなく、自分たちの貿易上の利益が失われることを惜しんで、自己利益のために清国を助けるにきまっている。だから、アジア諸国には干渉しないようにして、強大な西洋諸国との協調関係を重視することが真の愛国者の務めなのである、と。

アジアへの軍事的進出は、必ずや日本と西洋諸国との戦争を引き起こすであろう、というこの予想は、二〇世紀に入って現実となった。とはいえ、「亜細亜との和戦は我栄辱に関するなきの説」は、掲載後永らく忘れられていて、福澤全集に初めて収められたのは、第二次世界大戦が終結して一八年も経過した、昭和三八年（一九六三）になってからのことである。

# 第十一章　一身一家経済の由来

## 1　大久保利通に対し、言論の自由を主張――明治九年（一八七六）

この時期の著作に明晰さが欠けるように感じられるのは、明らかに内務省による言論統制を意識してのことである。明治九年四月刊行の『学者安心論』（全④二二三頁）と、明治九年一一月から一二月に書かれて翌年一一月に刊行された『分権論』（全④二三一頁）は、当時にあっては限界まで政府を批判する内容をもっているのだが、弾圧を恐れるあまりにか真意が摑《つか》みにくくなっている。

### 大久保内務卿に向けられた『学者安心論』

明治九年二月一四日から同月一九日にかけて書かれた『学者安心論』は、三つの柱によって構成されている。一つ目は、学者は政府外からそこに適切な刺激を与えることで間接的にその運営に携わるべきだ、という学者職分論、二つ目は、学者がその力を発揮できる場は民間にこそある、という民間学者有用論、そして三つ目は、人民の自由が拡大されて互いに競うことができれば、かえって政府は統治の実をあげることができる、という自由民権論である。

このうち一番目と二番目の柱は諭吉の以前からの主張で、とくに新しいものではない。これらを前置きとしたのは、本当に強調したい三番目の主張を和らげさせるためであったと考えられる。『学者安心論』の結論部は、八カ月前に末広鉄腸『東京曙新聞』編集長の筆禍《ひっか》事件を惹起《じゃっき》させた演説「政府と人民」と同じ内容で、諭吉は何としてもその主張を著作の形で残したかったものと見える。

諭吉がこの本の読者として想定していたのは、征韓論によって下野した元参議を中心に自由民権運動を準備しつつあった人々と、政府に残ってその運動に抑圧的な態度で臨んでいる処断派の人々、分けても大久保内務卿であったと考えられる。元司法卿で下野した江藤新平はすでに前年春に暴発してしまっていたが、おそらく諭吉はこれ以上の犠牲者が出るのを見たくなかったのである。一方大久保に対しては、力による封じ込めばかりが政府のとるべき方策ではない、と言いたかったようで、実際、『学者安心論』完成直後の二月二七日に鮫島尚信《さめじまひさのぶ》邸で大久保と面談した諭吉は、そのように述べた模様である。それが「福澤全集緒言」(全①一頁)の最後のエピソードとなっている。

諭吉は『学者安心論』が出版条例違反となって刊行できなくなるのを恐れ、三月四日に出版許可を出願するかたわら、その結果が出される前の三月一八日に、とくに大久保個人に宛てて検閲願を提出している(全④六八一頁)。これは発行禁止の処分がくだされたとしても、大久保の目には必ず入るようにするためであるが、実際には翌一九日に許可となったので、発禁は杞憂《きゆう》のものとなった。

### 中央集権化が進むなか、地方分権を提唱した『分権論』

このように諭吉は、『学者安心論』において為政者には圧政を思いとどまるよう促し、在野の有志者には暴力の無意味を諭したのであったが、その主張を板垣退助や副島種臣《そえじまたねおみ》らは聞き入れてくれたものの、一〇月二四日には熊本で神風《しんぷう》連《れん》の乱が起こったのを皮切りに、二七日には福岡で秋月《あきづき》の乱、さらに翌二八日に山口で萩の乱が連鎖的に勃発してしまった。神風連の乱では、諭吉旧知の大田黒惟信《おおたぐろこれのぶ》が攻撃対象とされ、萩の乱では吉田松陰門下の元参議前原一誠《まえばらいっせい》が処刑されている（一二月三日）。

故郷の九州で内戦が始まったとの報道を受けて、諭吉は急遽《きゅうきょ》『分権論』の執筆を開始した。「福澤全集緒言」では、『分権論』（明治一〇年一一月刊・全④二三一頁）以降の著作を、「官民調和の必要を根本にして直接間接に綴《つづ》りたるものなり」（全①六二頁）とひとくくりにしているので、『分権論』の独自性と重要性が見失われているが、それは明治九年（一八七六）一一月から一二月にかけての、つまりは西南戦争直前の流動的な状況の下で書かれた、時代に対する緊急提言なのである。

その中で諭吉は当時の危機的状況の原因を、政府への過度の権力集中に見いだしている。そのため四〇万人の士族たちはごくわずかしかない中央のポストを巡って葛藤《かっとう》し、敗れた者たちは都市や国元で不平を抱えつつ沈滞してしまっている。人口比でいえば大多数を占める平民階層は、明治維新によって農地や職業を奪われたわけではなかったから、廃藩置県と秩禄《ちつろく》処分によって世間に放り出された士族階層だけが割を食っていると考えるのは当然のことである。しかし武士の特権を回復することも、全員を官吏として再雇用することも許されない。ではどのようにすればよいか。

そこで諭吉が提唱するのは、地方分権である。権力が中央の少数者に集中しているから反発も大きくなるので、中央が進んで権力を分散させれば、地方の暴発を抑止することができる。このように言うと、せっかく一体としての日本国が出来つつあるのに、それに逆行してついには分裂国家になってしまうと思われるかもしれないが、そうではなく、地方にできることは地方でする、ことを言っているにすぎない。統治には政権（ガバメント）と治権（アドミニストレーション）の二種類があり、政権に属する立法・国防・国税・外交・造幣など、国内で統一的に適用されるべき事柄は国の所轄とし、治権に属する警察・道路・教育など、地域ごとに行うべき事柄はそれぞれの地方に分担させればよい。

その場合、地方行政機関は現在よりもはるかに大きな人員が必要となるので、現在不遇を囲っている士族階層にも能力に応じた地方公務員としての仕事が配分されるはずである。またそこでの仕事も、維新前までの藩庁と領民との間のような上意下達ではなく、あくまで住民への便宜提供を旨とするものでなければならない。地域の経済状況に応じて適切な公共事業が行われることにより、長期的には地域の繁栄がもたらされるはずである。

以上が『分権論』の内容であるが、地方分権を提唱するにあたって諭吉の念頭にあったのは、旧幕政下の諸藩ではなく、アメリカ合衆国における諸州であった。もっと具体的にいうと、『分権論』は、トクヴィルの『アメリカの民主政治』（一八三五年刊）の第八章「連邦憲法について」を下敷きにして書かれている。なお、諭吉がこの時期トクヴィルを熱心に学んでいたことについては、すでに詳細な考証がある（安西敏三『福澤諭吉と自由主義』第四章「トクヴィル問題」参照）。

板垣退助
（『近世名士写真』其２，より）

## 『分権論』は板垣退助らに宛てられている

この『分権論』は西南戦争後の明治一〇年一一月になって刊行されたため、そのちょうど一年前の緊迫した情勢下で書かれた、ということが忘れられている。脱稿したのは萩の乱鎮圧直後の明治九年暮れのことで、その時点ではこの程度の政府批判でさえも出版は許されない状況であった。そこで諭吉は写本を作らせて、再び参議を辞していた板垣退助に送付した。さらに中津の有力者である山口広江にも写本を送っているが、郷里で『田舎新聞《いなかしんぶん》』を主宰していた増田宋太郎らの動向を気にかけていたものと思われる。他の誰に送付したかは分からないが、私は中央で権力を掌握していた大久保利通その人のもとにも届けられたと推測している。

もちろん文中に大久保のことは一切触れられていないし、またもし名指しで批判するようなことがあれば、たとえ刊行されていない文書中であったとしても、福澤諭吉に不穏の兆しあり、ということで、本人に累が及ぶことは避けられなかったであろう。だから諭吉は『分権論』中に、「集権論者」なる一般的な人格を設定したうえ、分権論者である諭吉がその集権論者に反論する、という書き方をとっているのである。言うまでもなくこの集権論者こそが大久保であって、明治一〇年（一八七七）初に写本で『分権論』を読んだ人々は誰もがそれに気づいたはずである。

論の中盤に、集権論者が政権・治権ばかりか商売工業の権をも一挙に手中に納めようとしていることを批判している部分があるが、これは当時大久保が推進していた上からの殖産興業政策を、まっこうから否定するものである。

政府自から実地の事を行はんとするときは、其弊害挙《あげ》て云ふ可《べか》らず。商事工業の実際は旧藩士族たる今の官員の最も短なる所にして、資本の自在にして巨大なるは日本国中政府の右に出るものなし。事に拙なる者が巨額の資本を用ひんとして、其際に浪費乱用の弊なきは万々期す可らず。

（全集第四巻二六九頁）

現在の目で見ればどうということもない政府批判でも、当時は命取りになる可能性があった。それでも、大久保が考えを変えて、地方に権限を委譲することで不平士族を慰撫《いぶ》することができれば、それ以上の内戦を防ぐことができる、と諭吉は考えたのであろう。もちろん実際には、明治一〇年二月に始まる最悪の事態、西南戦争が待ちかまえていたのであるが。

## 2　増田宋太郎ら、西南戦争に呼応——明治一〇年（一八七七）

### 西南戦争の勃発

諭吉が戦争の開始を知ったのは、開戦五日後の二月二三日のことであった。電信網が熊本まで伸ばされていたおかげで、東京市民の耳にもその勃発の報だけは短時間のうちに届いた。とはいえ、二一日午後一時二〇分発信のこの第一報の直後に、政府軍の守備する熊本城を薩摩軍が攻撃して、城内の通信設備が破壊されたため、二三日以降在京に人々には戦況がどうなっているのか、さっぱり分からなくなってしまったのである。

もちろん東京の政府中央は、通信拠点を熊本から久留米に移すことにより、迅速に戦況を知りうる立場にいた。しかしことは戊辰戦争以来の大規模な内戦である。薩摩軍に呼応して本州でも挙兵を試みる不平士族がいないとも限らない。政府は当初、讒謗律《ざんぼうりつ》・新聞紙条例をちらつかせて厳しい報道管制を敷いた。その上で、情報に飢えた市民に配慮して精査した受信内容を新聞社に流したため、新聞報道は政府に都合のよい記事ばかりとなった。三月二〇日の諭吉の「覚書」には、「二月二十三、四日より三月二十日まで、日に電報あれども、少しも事実を知る可らず」（全⑦六七三頁）とある。

そのような中、福地源一郎《ふくちげんいちろう》の戦場からの報告「戦報採録」第一回が、『東京日日新聞《にちにち》』（以下『日日』と略）に掲載されたのは、三月二三日のことである。一七年前、咸臨丸に乗り込むための運動で諭吉と鎬《しのぎ》を削って敗れ、その二年後には一緒に欧州に派遣されたこの元幕府通詞は、維新後は新聞人になっていた。福地は明治四年（一八七一）の岩倉使節団に同行したことをきっかけに、大久保ら明治政府の有力者とも関係を深め、彼が主宰する『日日』は御用新聞と化していたが、そのことによって従軍の便宜を図られたのであった。

『日日』がやるなら自分たちも、というわけで、在京各社も相次いで記者を大本営のある京都まで派遣した。『朝野新聞《ちょうや》』（以下『朝野』）の成島柳北《なるしまりゅうほく》は、諭吉とともに桂川甫周《かつらがわほしゅう》の所に出入りしていた学者仲間で、維新時には旧幕府の会計副総裁であった。明治七年（一八七四）、大槻磐渓《おおつきばんけい》の後援により『朝野新聞』を創刊したのだが、岩倉具視《ともみ》・木戸孝允《たかよし》・大隈重信らと意見を同じくしていたこともあって、その論調は政府内の自重派、さらには諭吉とも近いものであった。非大久保ではあるが政府と協調できる部分もあるという論調である。

『日日』と『朝野』が諭吉の友人たちの創刊した新聞ならば、『郵便報知』は彼の弟子たちが作っていた新聞である。藤田茂吉が主筆を務める『報知』が送り込んだのは矢野文雄と犬養毅《いぬかいつよし》であったが、いずれも慶應の出身で、後年名をなした人々である。京都の大本営で取材していた矢野は翌明治一一年に『報知』を辞して大隈のいた大蔵省に入り、明治一四年の政変で官界を逐《お》われると、大隈とともに立憲改進党を立ち上げることになる。また実際に戦地に入った犬養は、いくつかの新聞社を経て『朝野』の主筆となり、明治二三年（一八九〇）以降、四二年もの長きにわたって衆議院議員を務めるのである。

### 福地源一郎と犬養毅、紙面で激突す

新聞社が派遣した特派員のうち、本物の従軍記者と呼べたのは『日日』の福地と『報知』の犬養の二人だけである。三月二三日からの福地の「戦報採録」に続いて、二七日からは犬養の「戦地直報」が連載し始められた。諭吉も書いていたように、開戦から一カ月の間報道と呼べるような記事が掲載されていなかったところに、突如福地の戦地からの報告が掲載されたので、読者は驚愕《きょうがく》し、紙面にかじりついた。

ただ三六歳になっていた福地の報道が、戦場は見渡せるもののやや後方に設置されていた司令部か

らの視点をとっていたのに対して、二二歳の犬養の記事は完璧に兵士の目から戦争を報じたところに違いがあった。犬養は砲弾の降り注ぐ最前線にいたのである。臨場感の圧倒的な差によって、戦争報道戦の軍配は犬養にあがった。田原坂《たばるざか》での激戦を生き延びて後五五年を経た昭和七年（一九三二）五月一五日、内閣総理大臣になっていたこの犬養が、政党政治に不満を持つ帝国軍人の放った至近弾で命を落とすことになるとは、何とも皮肉な巡り合わせである。

さて、薩摩軍の主力は、帰郷していた西郷隆盛が県令大山綱良《おおやまつなよし》と協力しつつ創った私学校の生徒たちであった。彼らは西洋の学問を学ぶとともに、軍事教練を受けていた。そうしたなか、士族の特権が奪われるとともに中央政府の介入が強まっていくことに憤っていたところ、東京から派遣された警察官による武装解除の試みをきっかけに、とうとう暴発してしまったのだった。

当初諭吉は戦争の帰趨《きすう》を傍観していたようである。ところが、中津の士族が薩摩軍に加勢したとの報道が四月二日になされて、諭吉としても安閑とはしていられなくなった。四月五日には寺島宗則《てらじまむねのり》参議兼外務卿に、軍事機密は絶対に漏らしたりはしないので、中津の状況を教えてほしい、という懇願の手紙を書いている。書中では触れていないが、諭吉は、自分の暗殺を断念したのち慶應に入り、卒業後は郷里で『田舎新聞《いなかしんぶん》』を刊行していた増田宋太郎が蜂起に加わっているのではないかと心配していたのである。案の定、三月三一日に中津支庁を襲った不平士族を率いていたのは増田で、四月一日に大分県庁の襲撃に失敗した後、中津隊として薩摩軍に合流していた。

西南戦争のために東京の警察官が出払ったことにより、市中の治安が悪化していた。薩摩軍に鹿児島出身の慶應在籍者が加わっていたことと、四月になって親戚の増田宋太郎が中津隊を率いていることが分かったため、諭吉としてはさらに用心する必要が出てきた。明治一〇年の言論活動が低調なのはそのためであるが、彼とてもふて寝をしていたわけではなく、トクヴィルやスペンサー、そしてJ・S・ミルなどを熱心に読んでいたのである。

五月三日付の山口広江《ひろえ》宛書簡に、「学者連も実地の役に立たず。理屈は随分よく述立《のべたつ》れとも、手はスリコギの如くして、何にも出来ず。洋算は出来ても、胸勘定は出来ず。議論はしても、商売の掛引きは出来ず」とあるが、どうやら開戦後の在京門下生の慌《あわ》てぶりと、彼らの身の処し方に不甲斐なさを感じていたらしい。中央官庁への就職ばかりを望み、自分で商売を立ち上げようとしない。戦時下にあってこそ機会は数多くあるというのに。どうやらこの頃に、一一月刊のミクロ経済学の初級教科書である『民間経済録』（全④二九九頁）の準備が進められていたようだ。

## 『旧藩情』執筆は中津隊蜂起が契機

旧中津藩の社会学的分析『旧藩情』（生前非刊行・全⑦二六一頁）が執筆されたのは五月のことであったが、この時期に藩政時代の総括をしようと思い立ったのは、戦火が大分にまで広がったことと関係がある。すなわち、『旧藩情』脱稿後の六月二日、その写本を市学校に送ったことを伝える国元の有力者鈴木閒雲《かんうん》への手紙に、この事態の悪化について先日から考えておりましたところ、どうやら中津旧藩の悪しき伝統、すなわち門閥による差別意識が完全に癒《い》えてはいないことによるようです、とあって、中津隊の蜂起の原因を、旧藩政下以来の身分差別に求めているのである。中津支庁を襲った増田以下八〇名の多くは旧下士身分の出であった。

身分による差別が根強く残る場所では、能力相応の仕事に就くことはできない。父百助《ひゃくすけ》や白石《しらいし》照山《しょうざん》がそうであったし、また増田についても同じことがいえた。百助は不満を心に秘めながら死に、照山は中津追放後臼杵《うすき》藩に招かれることで初志を貫徹することができた。野本真城の尊王思想を受け継いだ増田にも彼なりの希望があったのだろうが、それが武装蜂起の結果によってしか実現できないのだとしたら、残念なことである。

蜂起した薩摩軍の構想は、まず鹿児島・熊本・福岡を平定して九州を中央政府から切り離し、士族の不平と一般民衆の不満を糾合して一気に東京へ攻め上る、というものであった。諭吉は明治七年二月の『学問のすすめ』六編「国法の貴きを論ず」以来、政府への反対運動は言論にとどめ、武力に訴えることだけはしてはならない、と繰り返し強調していたのだが、もはや増田は聞く耳をもたなかった。三月中旬の田原坂の戦いで熊本方面の薩摩軍が崩れたことを知った増田は、大分方面から福岡に抜けるルートを開くため中津支庁と大分県庁を襲ったものの、敗退してしまったのである。

戊辰戦争では中央制圧に成功したのに、わずか一〇年後の今日それが不可能だということがありえようか、というのが蜂起した薩摩軍の認識であった。だがそれは薩摩軍首脳と増田らその協力者の見込み違いである。なぜならその主張に共感を寄せたのは、生活に困窮した不平士族にとどまっていたからである。

「西郷隆盛の処分に関する建白書」

このまま放置しておけば、薩摩軍に加わった主たる者は西郷隆盛から増田宋太郎まで皆殺しにされてしまう、と諭吉は危機感をもった。今や賊軍と称されているとはいえ、彼らの多くは維新に多大の貢献をしてきた人々である。彼らの命を何とかして助けたい、そう考えた諭吉は、薩摩軍への寛大な処置を要望する建白書の案文を認《したた》め、中津出身の弟子である猪飼麻次郎《いかいあさじろう》と中野松三郎の両名に託して、大本営がある京都にいた太政大臣三条実美《さんじょうさねとみ》に提出しようとしたのであった。

それは中津隊蜂起直後の四月頃のことと考えられるが、諭吉の名前は前面には出ておらず、提出者が未だ在籍中の若者たちというのはいかにも弱い、と彼らは判断したのであろう、猪飼らは京都を通過して中津に戻り、連署の同志を募った。ところがそうするうちに戦局が変わってしまい、薩摩軍は熊本ばかりか大分からも駆逐されて、宮崎に封じ込められるような形勢となる。そこで諭吉は第二の建白書草案を執筆、須田辰次郎《すだたつじろう》に持たせて大阪に派遣した。中津から戻ってきた猪飼らと大阪で合流した須田は京都に向かい、そこで第二の建白書を清書して三条太政大臣に提出したのであった。それが七月二四日のことである。

この経過から分かるように、出された建白書自体は須田ら弟子の清書によるもので、全部が諭吉の文章というわけではない。諭吉自身はこの建白書の存在に一度も触れたことはなく、関東大震災後になって須田の所から出てきた写しが全てである。したがって一切を猪飼・中野・須田らが仕組んだという可能性も残されているのであるが、文体から判断して、本文の第二段落以降は、諭吉の特徴が色濃く出ているように思われる。

提出されたものの骨子は、薩摩軍が完全に劣勢となった戦局を受けて、政府軍の総攻撃によってこれ以上の流血を見るよりも、ここで休戦とすれば、「天下人心の意表に出で、一は乃《すなわ》ち政府の寛仁《かんにん》を仰ぎ、一は乃ち其威力に服せん」(全⑳一七四頁)ということになり、政府にとっても利点が多い、ということにあった。七月末のこの時期は、三千名にまで減少した薩摩軍による最後の攻勢である延岡(宮崎県北部)奪回戦の直前にあたっていて、八月一五日にそれに失敗してからは、完全に総崩れの様相となるのである。

延岡戦後の八月二三日に、鹿児島へ帰還するため、薩摩軍主力とともに延岡北西四〇キロの三田井(現・宮崎県西臼杵郡高千穂町)まで撤退してきていた増田宋太郎は、叔父の大橋六助に宛てて、西郷隆盛・桐野利秋・村田新八・池上四郎・別府晋介ら首脳が無事でいること、そして中津隊の損害も軽微であることを伝える手紙を書いている(『下毛郡誌』七七八頁)。

薩摩軍は九月一日に鹿児島に戻ったが、その後は総勢五万もの勢力に増強された政府軍の攻撃を受け、それまで生き延びていた幹部も次々戦死または自決することになる。九月四日、中津隊の増田宋太郎・梅谷安良・水島鉄也は偵察活動中に最後の拠点である城山で捕らえられ、増田・梅谷の両名は即決処刑、一三歳だった水島は未だ幼少の故《ゆえ》を以て死を免れたのであった。

この時生き延びた水島鉄也は、かつて奥平壱岐追放運動の中心人物であった六兵衛の長男である。増田宋太郎はその六兵衛の妹鹿《しか》を妻に迎えていたから、宋太郎と鉄也は叔父甥の関係にあった。維新後出世を遂げて、明治一〇年七月に中津支庁長に就任したばかりの父六兵衛は、鉄也が逮捕されて一カ月半後の明治一〇年一〇月二五日に、三九歳の若さで急死している。その死因は明らかではない。後年経済学者となった鉄也は、神戸高等商業学校（現・神戸大学）の初代校長となり、昭和三年（一九二八）まで生きた。

**大久保利通に宛てられた『丁丑公論』**

西南戦争が諭吉にとって最悪の結末を迎えたことは、諭吉に次の著作を書く動機を与えた。西郷隆盛を弁護するために書かれた『明治十年丁丑公論《ていちゅうこうろん》』の草稿は、明治三四年（一九〇一）四月の刊行時に付せられた石河幹明《いしかわみきあき》の端書きに、「当時世間に憚《はば》かる所あるを以て秘して人に示さず」（全⑥五二九頁）とあることから、ずっと後の石河まで読んだ者はいなかった、とされてきた。

その執筆の時期については、『東京曙新聞』明治一〇年一〇月一一日号に、「莞爾《かんじ》と断頭台に上る。賊徒増田の豪胆」という見出しで宋太郎の処刑の記事が掲載されているのが参考となる。西郷を弁護することは、彼に心酔して薩摩軍に加わった増田を弁護することにもなる。処刑の記事を読んで『丁丑公論』起筆を思い立った、とまでは言い切れないが、緒言の日付が一〇月二四日であることから、執筆はこの二週間と考えてよいであろう。定説によると、緒言まで書かれながら、以降二〇年間放置されていたことになる。

たしかに現在までのところ、石河より前に、何者かが『丁丑公論』を読んだという証拠は発見されていない。とはいえ、ここまで扱ってきた『ペル築城書』（『経始概略』）・「海岸防御論」・写本『西洋事情』・『旧藩情』など非刊行の草稿類にも、執筆当時に最低一人は読者がいたことから、『丁丑公論』の最初の読者がはるか後年の石河であった、というのは不自然と感じられる。私はこの草稿が、西南戦争終結後一年も経たないうちに暗殺された大久保利通には送られていたと思う。

前年に書かれた『分権論』では、分権論者（福澤諭吉）が集権論者（大久保利通）に反論するという形がとられていたように、この『丁丑公論』において諭吉が批判しているのは、表向きは「政府の飼犬」たる「新聞記者」である。これは具体的には福地源一郎を指しているが、当然『日日新聞』の飼主すなわち大久保を背後に見据《みす》えてのことである。新聞記者の西郷批判の骨子は、維新に多大の貢献をした西郷が、その政府に武力をもって反逆したことは許すべからざる暴挙であり、その反乱が政府軍によって鎮圧されたことは、軍事独裁を未然に防いだという意味において非常に喜ばしいことである、というに尽きる。

この新聞記者の意見について、諭吉は薩摩軍の蜂起は反逆ではなく、二つに分かれた明治政府の一方が他方を攻撃した、という対等な立場の内戦である、と規定する。この見方はかつて戊辰戦争において奥羽政権や函館政権が自らを正当化するために唱えた見解で、鎮圧に向かった西郷隆盛や黒田清隆がその主張を受け入れたため、戊辰戦争での刑死者はごくわずかに留まることになった。榎本武揚《えのもとたけあき》や大鳥圭介《おおとりけいすけ》が維新後力を揮《ふる》えたのは西郷や黒田の英断のお陰であったわけだが、逆の場に立たされた西郷に対して、政府はもっと温情を見せるべきであった、と諭吉は言うのである。

### 諭吉、西南戦争を米南北戦争になぞらえる

反逆ならば処罰の対象だが、対等の戦争ならばそれは休戦協定の手続きにより終結するだけである。ここで諭吉は西郷らの名誉回復のために詭弁《きべん》を弄《ろう》しているわけではなく、幕末維新の長州征伐や戊辰戦争で、幕府も明治政府も同様の考えから被害の拡大を防いだのは事実である。敗者に苛酷となったのは征韓論以後のことで、皮肉なことにその犠牲となったのは、つい先頃まで大久保と閣議で同席していたかつての同志たちなのであった。

西南戦争は反乱ではなく二つに分かれた日本政府が対等の立場で戦った戦争である、という『丁丑公論』の立論から、諭吉が西南戦争（一八七七年）をアメリカの南北戦争（一八六一～六五年）になぞらえて理解していることが分かる。一二年前に終結した南北戦争の戦後処理では、勝利したアメリカ合衆国は、負けたアメリカ連合国（南部連合）の要人たちを反逆者とは見なさずに単なる対戦相手として扱い、ことを穏便に済ませていた。

一八七〇年代当時、日米の総人口は共に約三千万人強で拮抗していた。西南戦争での死者は両軍合わせて約一万三千人、南北戦争では約六二万人にも及んでいたから、アメリカの損害は日本の実に五〇倍もの規模である。にもかかわらず勝利した合衆国は、報復という手段はとらずに、祖国の再統一というより大きな価値を選択したのだった。

ジェファソン・デービス南部連合大統領は戦後二年間拘禁されたが不起訴となり釈放、その後二四年間を主に実業家として過ごした。南軍を率いたロバート・E・リー将軍は一八六五年四月に北軍のグラント将軍に降伏後、軍籍を離れたことにより解放され、同年一〇月にはバージニア州のワシント

ン大学の学長に就任した。処刑されたのは捕虜虐待という通常の戦争犯罪で裁かれた収容所長ただ一人である。

他方日本では、降伏しても死刑は免れないとみた西郷ほか生き残りの薩摩軍高級幹部はことごとく自決したうえ、先に逮捕されていた大山綱良鹿児島県令も、薩摩軍に協力的であったことを以て処刑された。また下級幹部の増田でさえも、捕虜としての扱いは受けられずに即決で斬首されたのであった。建白書で危惧《きぐ》された通りに、政府軍による薩摩軍への報復は相当に厳しく、後世に深い傷を残すことになった。薩摩軍は反乱軍と規定されたから、靖国神社に合祀されたのは死者のうち政府軍に属していた者だけである。

薩摩軍の蜂起は止められなかったにせよ、七月下旬の段階で早期の休戦が果たされていれば、あたら有為の人材を失うことはなかったはずである。最悪の事態は大久保利通の決断次第で避けることが可能だった。身内でもある増田が処刑された当事者として、諭吉が『丁丑公論』を大久保だけには送っていたと考えるのは、こうした状況の推移から見ての類推である。

この『丁丑公論』と、明治一〇年一一月になって刊行された『分権論』とは、政府が人民の言論の自由を保障して権力を地方や民間に移譲し、さらに議会の創設によって民意を汲み上げれば、混乱は回避され、政府は統治の実績をより高めることができる、という同じ主張の表裏となっている。これが諭吉の官民調和論なのであるが、その名称によってしばしば誤解されるような民間の政府への迎合を意味するものではなく、人民の抵抗の精神が、議会という開かれた場において討議されるうち、結果として政府による統治上でも有意義なものとなる、という内に緊迫した関係を含む考えなのである。

### 初級教科書『民間経済録』

西南戦争の戦火が南九州一帯に拡大しつつあったときの在籍生たちの狼狽ぶりに、諭吉が強い不満をもったことはすでに書いた。そこで諭吉は塾生が洋学版論語読みの論語知らずにならないようにするため、『丁丑公論』の完成後、ミクロ経済学の初級教科書を完成させたのであった。それが一二月に刊行された『民間経済録』（全④二九九頁）である。

序文の日付は一一月一九日であるから、準備期間はわずか一カ月ということになるが、構想自体はすでに四月にあって、まとめるのにひと月かかったということであろう。中身はよくできた教科書で、商品の価格はいかにして決まるかから説き起こしつつ、物価や金利の変動の仕組みの説明に移り、最後は、最適配分をもたらす経済の自由を守るために最小の政府が必要である、と述べることで終わっている。芸が細かいのは欄外に本文に関係する練習問題が付せられているところで、たとえば第一〇章「租税の事」には、官費も民費も出所は同じ人民で、使い道が違うだけである、との説明の上に、日本国民のために租税をどのように案分《あんぶん》するべきか、という問いがある。生徒がこの教科書で学んだ後、教師や父兄がその理解度を測るためである。

戦争が終わって世の中が落ち着けば、復興のためにも実学が必要とされるのは、一〇年前の戊辰戦争ですでに経験済みのことであった。慶應義塾の卒業生にとって活躍の場はますます広がると諭吉は予想していた。ところが、維新直後とは異なり、その後の文部行政は諭吉の思う方向に進まなかったため、慶應義塾は逆に急速な志願者の減少に直面してしまうのである。

## 3　民権と国権は両立する——明治一一年（一八七八）

大久保利通内務卿の暗殺

反乱分子は根絶やしとされ、大久保利通の権勢は絶頂期を迎えていた。岩倉使節団に副使として加わっていた大久保は、途中明治六年（一八七三）三月に立ち寄ったドイツに強い印象を受けていた。ビスマルクがプロイセン王国宰相に指名されたのは、諭吉が欧州に滞在していた一八六二年九月であった。その後ドイツ系諸王国を糾合してフランスに対抗したプロイセンが普仏戦争に勝利したのは一八七一年一月のことで、その二年後、新生ドイツ帝国の興隆を目の当たりにした大久保は、自ら日本のビスマルクたらんとしていた。

他方諭吉は、フランス嫌いではあったが、さりとてビスマルクを評価していたわけでもなかった。一人の人間によって国家が強大になるなどということは、どう考えても不自然である。普仏戦争でのドイツの勝利は、プロイセンが相当な無理をしてまで軍国主義を推進したことと、国内に階級間の深刻な対立を抱えていたフランスでは、戦時に総動員態勢を敷くことができなかったことが主たる要因である。

対ドイツ戦の勝利よりも労働者階級抑圧を優先させたフランスの支配層は、敗戦後はドイツ軍とともにパリ・コミューンの鎮圧に加わった。諭吉がフランスを評価している唯一の例外として、皇帝ナポレオン三世が捕虜となって後にもパリを守ろうとした人民の愛国心があるのだが（『学問のすすめ』

三編）、実際のところ彼らは当のフランス軍によって排除されていたのである。

それはそれとして、諭吉としては、経済的には相当に弱体であるドイツの国家体制を範とする大久保の施策に、危惧を抱かずにはいられなかった。言論への締め付けは相変わらずで、明治一一年（一八七八）一月刊行の論説集『福澤文集』（全④三八七頁）には、当たり障りのない文章ばかりが収められている。そのせいか、私が重要と考えている、「政府と人民」（全集別巻二〇六頁）や「亜細亜諸国との和戦は我栄辱に関するなきの説」（全⑳一四五頁）は採録されていない。とはいえよく見ると、たとえば、「今我日本の教育に於て、手近き英米の学術を捨て日耳曼《ゼルマン》の風に従はんとするは、心得違《こころえちがい》の大なるものと云ふ可し」（四三三頁）とか、「日本は武力の国にも非ず、又交際の国にも非ず、唯貿易商売の国と為て始て存す可きもののみ」（四三五頁）とか、プロイセン軍国主義を高く評価してそれを真似ようとする風潮に釘をさす見解が述べられている。

そうした情勢も五月一四日に大久保内務卿が暗殺されたことで、あっけなく方向転換されることになった。紀尾井坂《きおいざか》で大久保の乗る馬車を待ち伏せした犯人の島田一郎らは、萩の乱や西南戦争の残党ではなく、薩摩軍が本州にまで進軍してきたなら呼応しようと考えていた石川県の不平士族であった。諭吉はつとに暗殺を卑劣な手段として批判していたのであったが、この時ばかりは内心喝采《かっさい》したものらしい。つい本音がでてしまった論説「内務卿の凶聞」中の、暗殺されたのは「大久保氏に限り特別に気の毒と云ふ訳もなきこと」（全⑲六五五頁）という一文が、大久保の後任となった伊藤博文新内務卿の目に留まり、掲載紙『民間雑誌』は廃刊に追い込まれてしまった。

## 『通俗民権論』と『通俗国権論』

もともと大隈重信の部下にすぎなかった伊藤博文が大久保に追従するようになったのは、征韓論がきっかけであった。大隈が仕切っていた大蔵省から大久保が支配していた工部省・内務省に移った彼は、長州出身ながら大久保の信頼を獲得した。要するに処断派の一員としてよく働いたのである。

大久保と同じく岩倉使節団に参加していた伊藤は、やはりドイツを高く評価していたとはいえ、日本のビスマルクを目指すなどということは、露ほども考えていなかった。簡単に言ってしまえば、英国留学の経験もある伊藤は相当に柔らかい人物で、大久保とはパーソナリティを異にしていたのである。女性も金儲《かねもう》けも大好きな俗物の伊藤は、諭吉としては与《くみ》し易い人物であった。それに、すでに昵《じっ》懇《こん》となっていた英国びいきの井上馨の古くからの盟友である、というところにも安心感があった。

伊藤博文
（『近世名士写真』其1，より）

この頃から諭吉の文章は再び面白くなってくる。明治一一年九月刊行の『通俗民権論』（全④五六七頁）は、起筆四月一八日、脱稿六月一八日と分かっている著作なのだが、執筆初日に本文第二段落まで書かれた後、大久保暗殺の翌日五月一五日になって書き継がれている。内容は、『学問のすすめ』初編の導入部や『文明論之概略』第三章「文明の本旨を論ず」で扱われていた文明政治の第一条件、すなわち個人の自由の尊重を主題としている。

そこで諭吉は、民権が伸びるためには、人民が知識見聞を博《ひろ》くすることが肝要である、と従来までの見解を再び述べ、さらに自らが選んだ仕事に熱心に取り組むことによって経済的な豊かさを手に入れることが、結局は人民の納める税金によって運営されている政府の行政の効率を高め、さらに人民の自由と富裕が増大しつつ、同時に健康の増進が図られることによって、国家もまた独立国としての体面を保つことができる、と結論づけている。

独立した国権論の必要性に気づいたのは、この民権論を書いている最中であったようである。『通俗国権論』（全④五九九頁）は『通俗民権論』の完成直後に執筆が開始され、その緒言の日付は七月二二日となっている。この二つの著作は八月一九日に版権免許を得て、九月に刊行されている。

民権という用語は当時も現在も同じ意味で使われているのに対し、国権の意味は現在とはやや異なっている。字面からいって国家権力や国家主権のことをさすように受け取られがちなのであるが、内容からいうと現在の国力という言葉がもっともしっくりとする。今の国家権力に相当するのは、当時は官権（あるいは政権）というはっきりと区別された用語があった。大久保が進めていた官権主導の国権拡大に反対していたのが諭吉で、民権主導が望ましいというのがその持論である。

この主題は、『学問のすすめ』初編の結論部や『文明論之概略』第一〇章「自国の独立を論ず」ですでに語られていたことで、文明政治の第五条件、すなわち適正な法律による安定した政治によって産業を育成させることについて、その内容が詳述されている。諭吉の考えでは、政府自体は経営に携わる必要はなく、民間の有志者が力を発揮できるように法律や制度を整備するだけでよい、というのである。

第六章までは国を富ますにはどのようにすればよいか、ということだけが語られていて、とくに不審な点は見られないのだが、最終第七章「外戦止むを得ざる事」については、諭吉の内なる侵略性が吐露されている、として批判されることがあった。しかしよく読んでみると、ここで外戦として想定されているのは、日本を攻撃してくる西洋諸国との戦争のことであって、日本によるアジア進出のことではない。それは、「今西洋の諸国と対立して、我人民の報国心を振起《しんき》せんとするの術は、之と兵を交えるに若《し》くはなし」（全④六四一頁）という一文からも明らかである。

この初編の脱稿後、九月初旬から二編の執筆が開始され、それも一〇月六日に出来上がった（刊行は翌年三月）。全体として切迫した筆致となっているのは、おそらくはそれが八月二三日に起こった近衛砲兵連隊の反乱、いわゆる竹橋事件をきっかけとして起筆されているからである。同連隊の兵士二六〇名が、西南戦争で十分な報償がなかったことを不満として蜂起し、大隈大蔵卿の公邸に発砲する一方で、赤坂の仮皇居に押し掛けたのは、午後一一時から翌二四日午前一時にかけてのことであった。当初はさらに西郷従道文部卿・伊藤博文工部卿兼内務卿も襲撃目標とされていたが、直前に情報が漏洩したため、反乱はわずか二時間で鎮圧された。

この事件によって東京の危険を悟った時の政府は、すぐさま天皇の北陸東北巡幸を企画し、その身の安全を図ることにした。事件五日後の三〇日、天皇は井上馨・大隈重信らを従えて出立したが、諭吉は両参議のボディガードとして身内を随行させていた。すなわち井上には中上川彦次郎が、大隈には小泉信吉がついていたのである。

こうした状況下で書かれた『通俗国権論』二編が、対外的危機意識を高めることで内政の安定を図るべきだ、という論調になっているのは、やむを得ないことであろう。脱稿九日後の一〇月一五日に反乱兵士五三名が処刑され、事態の収拾が図られた後の一一月九日にようやく還幸となった。

### 「私塾維持の為資本拝借の願」

この時期、慶應義塾は経済的危機に瀕《ひん》していた。西南戦争を境にして新入生が集まらなくなったからである。すでに明治五年（一八七二）八月二日発布の学制によって、八つの大学区、一大学区あたり三二の中学区、一中学区あたり二一〇の小学区が定められていた（翌年七大学区に修正）。その最初の大学が、西南戦争中の明治一〇年（一八七七）四月一二日に開学した東京大学（綜理・加藤弘之）で、以後大学区ごとに大学の設立が予定されていた。

慶應義塾は学制で定められた中学と認められたものの、その教育内容からいってはなはだ軽い扱いしか受けることができなかった。東京大学への進学を考えた場合、あえて慶應を選ぶ理由がなくなったのである。その教育の質からいえば妥当な学費でも、私塾を改組して雨後の竹の子のように乱立した小規模な中学の学費はもっと安価だったので、当然に生徒はそちらへ流れた。

明治一一年一二月、諭吉は文部卿西郷従道にあてて、「私塾維持の為資本拝借の願」（全⑰二六二頁）を提出している。その内容は、日本の近代化に多大の貢献があったと自負する我が慶應義塾は、これまで政府からいかなる援助も仰いではこなかった、もし三千人にも及ぶ出身者の教育を政府が直接行ってきたなら、その支出は膨大な金額となったはずである、今窮地に陥っている慶應に資金を貸し出すことは、長い目で見て日本にとって投資以上の利益をもたらすはずである、というものであった。

諭吉は同時期に、政府の直接の担当者である西郷の他、楠本正隆《くすもとまさたか》（東京府知事）・田中不二麿《ふじまろ》（文部大輔《たいふ》）・伊藤博文（内務卿）・井上馨《かおる》（工部卿）・大隈重信（大蔵卿）・川村純義《かわむらすみよし》（海軍卿）・山県有朋（陸軍卿）・黒田清隆（開拓使長官）にも手紙を書いて、資金援助の依頼をしている。慶應出身者の多かった薩摩閥の人々と、長州閥でも諭吉と親しかった井上は支援に賛意を示したが、教育を統制し、上からの近代化をより効率よく進めようとしていた伊藤は強硬に反対して、政府からの借金計画は翌年六月に頓挫した。財政面での自立を目指した「慶應義塾維持法案」（明治一三年一一月・全⑲四〇五頁）が策定されたのは、このことをきっかけとしている。

## 『民情一新』と『国会論』

明治一一年（一八七八）一二月、諭吉は東京府芝区から府会議員に選ばれ、さらに翌一二年一月には新設の東京学士会院の初代院長となっている。諭吉の発案によって明六社が閉じられてから四年が経過していた。これ以後、大久保のくびきから解き放たれた諭吉は、議会制度開設を見越した著作を次々と刊行することになる。

その一つが明治一二年八月刊行の『民情一新』（全⑤一頁）で、それはもともとは『通俗民権論』二編として企画されたものだった。書いているうちに長くなりすぎ、続編とは言えなくなってしまったので、独立の題名としたのである。その内容は、一九世紀になって発達した蒸気船車・電信・郵便・印刷によって、世界の情勢は大きく変化した、人間や物資ばかりではなく情報が、迅速にまた大規模に移動することによって、進取の人に大きな実業の機会が与えられ、保守の人との差はますます開くばかりである、こうした時代にあっては誰もがこの四つの要素を使いこなして、文明の進歩に役立てなければならない、というものである。

本著作は五月二八日の起稿、七月七日の完成である。『文明論之概略』以来の充実した作品といってよく、緒言起草の翌八日には、「民情一新稿成」（全⑳四三四頁）と題する七言絶句まで作っている。要所に最新の情報に基づいた西洋の政治経済情勢の話題が盛り込まれていて、『西洋事情』の一三年ぶりの改訂版としても読むことができる。書中で指摘されているその間の大きな変化として、欧州でドイツの存在感が増したこと、英仏における社会主義や無政府主義の台頭、また西ヨーロッパから新思想が持ち込まれたため、ロシアでは政府が弱体化していること、などが挙げられる。また、日本においては進取の勢力によって国会の開設が要求されているが、そのためにも四つの要素の活用がますます望まれる、というところで終わっている。

続く『国会論』（全⑤六三頁）は、七月一〇日前後から二七日までの間に執筆され、翌二八日の『郵便報知新聞』に掲げられた「国会論之緒言」を皮切りに、一〇回の連載がなされた。『報知』は弟子の藤田茂吉と箕浦勝人《みのうらかつんど》が主宰する新聞社であるため、両名の名前で発表され、また出版されたのであったが、中身は全面的に諭吉のものである。英国を範とする議院内閣制度の早期導入を求めるその論調は、大反響を呼んだ。それというのも、政府の議会に対する超然主義を明確に否定して、政府自体を議員から選出するというその方法は、場合によっては明治政府の当局者の総入れ替えさえ引き起こす可能性があったからである。

大久保存命中なら決して口に出すことはできなかったであろう議院内閣制度の実施要求も、伊藤博文を中心とする合議制に移行後の情勢では可能となっていた。すでに政府内には、考えを同じくする大隈重信や、理解を示していた井上馨がいたからである。征韓論で下野した後、国会開設を最初に要求したのは板垣退助であったが、彼が求めたのは立法権と税権だけで、閣僚を国会議員から選ぶことまでは主張していなかった。その点で、後に自由党を率いることになる板垣よりも、諭吉のほうがよりラディカルであったとさえいえる。

諭吉は本気だった。『国会論』が掲載されている最中の八月四日に、社中集会なるものの組織化を弟子たちと相談している。後の交詢社《こうじゅんしゃ》のことであるが、そこで行おうとしていたのは、実質的には憲法草案の起草であった。

## 4　大隈重信とともに議院内閣制度を模索する——明治一三年（一八八〇）

### 交詢社憲法草案

交詢社《こうじゅんしゃ》は明治一三年一月二五日に正式に発足した。そのときすでに千八百人もの会員を集めていたので、伊藤博文・井上毅ほか数名の政府の要人は、何事が起こったのか、と不審の念を抱いた。

その設立の目的としては、「知識を交換し世務を諮詢《しじゅん》する」という一般的な題目が掲げられていたが、それを額面通りに受け取る者はいなかった。この社が慶應義塾の同窓会ではないことは、元佐賀藩主鍋島直大《なべしまなおひろ》が幹事となっていることや、二四名の参議員（役員）のうち、栗本鋤雲《くりもとじょうん》・由利公正《ゆりきみまさ》・小《お》野梓《のあずさ》・岩崎小二郎ら一一名は出身者ではないことからもはっきりしている。学者の集会としてはすでに学士会院があり、諭吉は現にその院長である。同窓会でも学会でもないとしたら、一体何なのか、大隈の庇護者（鍋島）と部下（小野）や、旧幕府の外国奉行（栗本）、そして五箇条の誓文の起草者（由利）に、土佐の三菱関係者（岩崎）までが集まって、どうするつもりか、ということである。

大久保はいなくなったものの、集会条例・新聞紙条例は依然として有効であったから、交詢社憲法研究会の小幡篤次郎・矢野文雄・小泉信吉・馬場辰猪《ばばたつい》らは、細心の注意を払いつつ、憲法草案をまとめていった。英国をモデルとする、とはいえそこには成文憲法などはないのだから、主に参考にされたのは、自由主義的立憲君主制をとっていた一八四八年のオランダ王国憲法であった。

そこで交詢社案とはおおよそ次のようなものである。すなわち、天皇は神聖不可侵とされる一方で、政務全般については首相が全責任を負う議院内閣制度が採られている（第二条）。首相ほか大臣は元老院（貴族院）か国会院（衆議院）の議員でなければならない（第一三条）。さらに国会院議員は二一歳以上の男子の主に財産に基づく制限選挙によって選出される（第四三条）。天皇は「衆庶の望みに依て」首相を選任するとあり（第一二条）、結局のところ、国会院の多数派の指導者が首相となることが明文化されているわけである。

それればかりか、かつて諭吉が『西洋事情』で全文和訳したアメリカ合衆国憲法も部分的に使われていて、元老院議員についても、三〇歳以上の男子全員に被選挙権があった（第二三条）。ただし元老院議員の三分の二までは、天皇が皇族と華族から終身議員を選ぶことになっていた（第二〇条）から、米国上院議会と英国貴族院の中間的な性質が与えられていることになる。もちろん皇華族終身元老院議員の選任についても首相の輔弼《ほひつ》が必要とされる（第七条）。

統帥権《とうすいけん》は天皇にあるが、それも首相を通してしか行使することはできない（第六条・第一一条）。軍人には面白くない部分であるが、その代わりに、後の大日本帝国憲法とは違って、現役軍人にも選挙権が与えられていた（第四三条）。現行日本国憲法下の自衛官と同じ扱いである。政治的意見を表明することを禁じられていた軍人にも、個人的な政治参加を許しているこの規定により、不満が反乱へと暴発する危険性は軽減されたであろう（以上『新編明治前期の憲法構想』二八一〜二八六頁の要約）。

全体を通してみて、この交詢社案と現行日本国憲法とで決定的に異なる部分は、日本国憲法の第九条に相当する条文の有無だけのようである。あとはほとんど同じといってよい。まさに、文明政治の第一条件、「国法寛にして人を束縛せず」を地でいくような憲法草案で、これが明治一四年四月二五日の『交詢雑誌』第四五号に発表されたことは、時の政府に大きな衝撃を与えたのであった。

**『民間経済録』二編と『時事小言』**　交詢社で憲法草案が練られていた明治一三年から一四年にかけて、諭吉はこの交詢社案と密接に関係する二冊の本を書いている。『民間経済録』二編（明治一三年八月刊・全④三四一頁）と、『時事小言』（明治一四年九月刊・全⑤九五頁）である。

ミクロ経済学の教科書として書かれた『民間経済録』初編に対して、この二編では「処世の経済」（国民経済）が扱われている。現在ではマクロ経済学と呼ばれる分野であるが、学校教科書というよりも、大久保後の明治政府がとるべき経済政策への提言として読むことができる。以下内容を要約する。

まず、概説として置かれた第一章「財物集散の事」に続けて、第二章と第三章では、諭吉が早急に育成が図られるべき保険業と銀行業について、経済発展のためにそれらが必要とされる理由が詳述されている。ついで第四章では内陸部まで物資を運搬するために鉄道の敷設が積極的に進められなければならない、だから「国財を以て鉄道を作るか、又は人民の之を作る者に特別の保護を与えん」(全④三七〇頁)という、従来までの、私人の自由な経済活動を尊重する、という考えとはやや異なる見解が示されている。

保険業と銀行業については、諭吉が実際にも明治生命保険会社(明治一四年七月)と、横浜正金銀行(明治一三年二月)の設立に携わっていたことに注意すべきである。いずれも大隈大蔵卿との密接な関係を抜きにしては不可能な事業であったが、ともかく諭吉は教科書に書いて事足れりとしていたわけではないのである。

また鉄道事業について諭吉は、右大臣岩倉具視を中心として進められていた私鉄日本鉄道(明治一四年八月設立・現在の東北本線)の企画に早くから関与していた。民間の鉄道事業者に特別な保護を与えるべきだとは、おそらくは設立準備中であったこの日本鉄道のことを意味している。社長に諭吉旧知の元熊本実学党員大《おお》田《た》黒《ぐろ》惟信《これのぶ》を迎えた日本鉄道は、利益の見込める区間の鉄道敷設に対して出資者を募《つの》り、先に私鉄として営業を開始する方法をとることになった。敷設自体の許認可権は国にあったため、統一規格での計画的路線延長が可能となり、その後明治二四年(一八九一)九月に上野青森間が全通をみ、さらに明治三九年(一九〇六)一一月に国有化された。

続く第五章には、「公共の事業の事」として、鉄道・電信・ガス・水道などについては、政府が統一した基準を設けて運営した方がかえって効率的である、との指摘がある。そして最終第六章では、こうした公共事業の原資とするために増税もやむを得ないとはいえ、それよりも先ずは外債を募ることでこれらの基盤の整備を行い、国内の経済が活性化してから返済していくことも可能である、とあるが、それは大隈重信大蔵卿に反対していた松方正義大蔵大輔《たいふ》が念頭に置かれていたのであろう。

この『民間経済録』第二編が政策提言なら、交詢社憲法草案発表の五カ月後に刊行された『時事小言』は、その解説書である。本書の事実上の主題は、交詢社案採用が日本にとって不可避の道であると示すことにあった。そしてその中心となる部分は、「早く政体を改革して立憲国会の政府と為」すことで、

政体一変、以て国を泰山の安に置て帝室を無窮に伝え、その事情期せずして自から英吉利《イギリス》の風に習い、東洋新に一大英国を出現して世界万国と富強を争い、他をして三舎《さんしゃ》を譲らしむるの愉快を見ること遠きにあらず。（全集第五巻一二八頁）

と主張するところにあった。経済大国となるためには交詢社案が提示している議院内閣制度に移行するのが最適の方法である、というわけである。

そしてさらに、『時事小言』は次のように続く。現在の政府は民権家を中心としているとはいえ、

担当者の出自はいわゆる藩閥である。彼らが中枢の地位を占めているため、大多数の日本人は自国の政治に参加することができない。その権力の根拠は維新への功労ということになっているが、しかし明治維新に貢献したことと、その後政権に居座り続けることとは、実はまったく別問題なのである。現政府が国民から信任されるかどうかは、選挙をしてみなければ分からない。できないとすれば、それは現政府の自信のなさの現れである、とよく読んでみると相当に過激なことが書いてある。

伊藤博文・井上毅ほか数名の政府要人は、この『時事小言』を諭吉からの挑戦と受け取ったはずである（渡辺俊一『井上毅と福沢諭吉』一四五頁参照）。

### 明治一四年の政変

読者は交詢社憲法草案や同時期に書かれた諭吉の二冊の著書に重きを置きすぎている、と感じられるかもしれない。たしかに私擬憲法は他にも多く存在し、家永三郎・江村栄一・松永昌三編の『新編明治前期の憲法構想』には、明治一三・一四年だけでも三一編もの憲法私案が採録されている。しかしそれらの多くは草稿に留まり、同時代に影響を与えなかったのに対して、交詢社案は『交詢雑誌』に発表された後、五月二〇日から六月四日にかけての『郵便報知新聞』に、逐条的な解説とともに、字句をやや修正した形で再掲されているのである。

他に新聞雑誌に発表された私擬憲法は、『中立正党政談』掲載の「大日本国憲法草案」（作者不詳）、『東京日日新聞』の「国憲意見」（福地源一郎）、『山陽新報』の「私草憲法」（推定永田一二《ながたかずじ》）、『愛岐日報』の「日本憲法見込案」（内藤魯一《ないとうろいち》）と「憲法草案」（村松愛蔵）、『東肥新報』の「相愛社員私擬憲法案」（作者不詳）、『東海暁鐘新報』の「各国対照私考国憲案」（作者不詳）があるが、『日日新聞』の福地案を除いて、世論の関心を惹《ひ》くことはなかった。色川大吉らによって高く評価されている「五日市憲法」（千葉卓三郎ら）や「日本国憲法」（植木枝盛《うえきえもり》）は、草稿のまま印刷されることはなかったので、当時は当人しか知らなかったのである。

それらに比して、交詢社案に対する一般の反響は大きかった。そればかりではなく、政府部内で諭吉を頼んでいた有力者にも懸念を生じさせたのである。その一人が鉄道事業で協力関係にあった岩倉具視である。七月六日、岩倉は交詢社案が議院内閣制度を採用していることについて三条らに対し懸念を表明している。このことは、岩倉を与党と考えていた諭吉にとって誤算であったようだ。

明治一三年まで、伊藤博文・井上馨・大隈重信の共同政権ともいうべきものは、岩倉の統括のもと、ほぼ同じ方向を向いているかに見えた。すなわち立法権と税権をもった国会を早期に開設することで、板垣退助の率いる立志社（自由党の前身）に政治参加の道を与える一方で、政府は従来通りに議会とは独立して上からの殖産興業政策を推進して富国強兵を実現する、という方向である。

**大隈重信**
（「歴代首相等写真」より）

すでに『国会論』で議院内閣制度を要求している諭吉については、官報に相当する新聞を担当させることで味方に引き入れることにして、その方針のもと諭吉は明治一三年の暮れに大隈邸に招かれ、伊藤・井上三名同席で、政府機関紙『公布日誌』の発行を依頼された。明治一四年一月、熟慮の上で井上に断りを入れようとしたところ、井上は近々議会を開く予定なので、どうか新聞発行を引き受けてほしい、とさらに頼み込み、諭吉はそれを受諾したのであった。

共同政権の盟友関係にひびが入るきっかけとなったのは、明治一四年三月、憲法制定の取り調べを担当していた岩倉に、大隈が「意見書」を提出したことがきっかけだった。意見書の内容を他の参議に明かさないよう岩倉に依頼していたため、大隈が議院内閣制度を唱える交詢社案と意見を同じくすると伊藤が知ったのは、岩倉自身によって交詢社案に懸念が表明されたのと同じ七月のことである。

七月末、北海道開拓使長官黒田清隆が、同郷の商人五代友厚《ごだいともあつ》に官有物を払い下げる件につき、大隈大蔵卿はその売却価格が安すぎるとして反対した。とはいえ天皇の裁可がくだったので引き下がるしかなく、大隈はその直後に発した天皇の東北北海道巡幸に従うことになった。八月、大隈不在の東京では、不当払い下げ反対運動が盛り上がった。その中心となったのが諭吉の門下生たちで、伊藤らは、大隈・福澤が結託して議院内閣制度を現政府に確約させるのが真の目的である、と解釈した。

九月になって『時事小言』が刊行され、直後の一〇月一日、諭吉はその新著を弟子の伊藤茂右衛門《いとうもえもん》に託して大隈に届けた。巡幸に随行していた大隈がその新著を受け取ったのは、福島まで戻ってきた四日のことである。一方天皇も筆頭参議もいない東京では、翌々六日、密かに閣議が開かれ、大隈の解任が決定された。その旗振り役は伊藤博文であったが、太政大臣三条実美《さんじょうさねとみ》・右大臣岩倉具視《いわくらともみ》といった公家の実力者もそれに賛同、さらに官有物払い下げ反対運動で攻撃を受けていた黒田清隆も加勢した。八日、旅先ではおそらく大隈を介してであろう、『時事小言』の天覧が認められている。翌九日、黒田は大隈の早期国会開設論に反対との趣意書を三条に提出した。

一〇月一一日午後二時頃三田に戻った伊藤茂右衛門は、諭吉や弟子の面々が緊張した面もちでいるのを見て驚いた。東京ではいつの間にか、大隈と福澤が三菱と組んで反乱を企てている、ということになっていたのである。夕刻、天皇は東京に還幸し、晩に黒田が三条に提出した趣意書を検討するための朝議を召集した。在京の参議がこぞって大隈を弾劾したことにより、多勢に無勢、九年後の国会開設と払い下げの中止（一二日）そして大隈の罷免《ひめん》（一三日）が相次いで決まったのである。また、大隈と井上馨の部下として働いていた多くの慶應出身の官僚も公職から追放された。

以上が明治一四年の政変の経過であるが、いわゆる北海道開拓使官有物払い下げ事件などというのはまったくの口実にすぎず、その本質は議院内閣制度の採否を巡っての争いであったことが分かる。岩倉具視や伊藤博文、また井上馨も、国会の開設自体についてはとくに反対してはいなかった。彼らが断固拒否したかったのは内閣を議会から選ぶことのほうで、その一点で公家・長州・薩摩は強く結びついたのである。

諭吉はといえば、たしかに大隈と共同歩調をとってはいたものの、議院内閣制度がそうまで危険視されているとは思ってもみなかったのであった。一〇月一四日に井上と伊藤に宛てて長文の手紙を書いているが、そこでは、国会開設に賛成していたのになぜ態度を変えたのか、と両人を強く批判はしているものの、政変の原因を議院内閣制度と結びつけて理解してはいない。

# 第十二章　老余の半生

## 1　新聞を使って国力を盛大にしたい——明治一五年（一八八二）

### 『時事新報』の創刊

明治一四年の政変の勝者は伊藤博文ただ一人である。筆頭参議大蔵卿の座から引きずり下ろされた大隈重信や、官僚となっていた多くの弟子たちを免官とされた福澤諭吉が敗者であるのは言うまでもない。しかし勝者であるはずの井上馨外務卿は、片腕と頼んでいた中上川彦次郎《なかみがわひこじろう》公信局長を失い、大隈罷免運動では急先鋒《きゅうせんぽう》の役を果たした北海道開拓使長官の黒田清隆もまた、官有物払い下げを中止とされ、本人も依願退職に追い込まれているのである。地位が盤石《ばんじゃく》となったのを見計らって、明治一五年三月、伊藤は憲法調査のためヨーロッパに旅立った。

この政変での他の役者たちを見渡しても、明治四年以来太政大臣の任にあった三条実美は、以後その職が形骸化してしまったため、いるのかいないのか分からなくなった。また、公家としては異例の実務家であった右大臣岩倉具視は、憲法制定の責任者となったものの、さしたる成果も出せないまま明治一六年七月に死去している。岩倉の後任となったのは、その翌八月に帰国した伊藤であった。

このようにして閣内に残った者は皆、もはや伊藤の言いなりであった。かつて大久保が占めていた地位を伊藤はとうとう手にしたわけだが、彼は大久保とは違って、権力をかさに自己の主張を押し通すようなことはしなかった。どのようにすれば相手は自分になびくかをじっくりと考え、それから行動に移すという彼の注意深い性格のお陰で、以後の政治は安定的に推移することとなった。だがそれはまだしばらく先の話、まずは明治一五年春に戻って物語を続けよう。

明治一四年一〇月、大隈とともに大蔵省を去った諭吉の弟子は矢野文雄・森下岩楠《もりしたいわくす》の二人であったが、その他にも統計院に勤めていた犬養毅・尾崎行雄・牛場卓蔵《うしばたくぞう》らが職を失った。彼ら慶應義塾出身官僚の後を埋めたのは、明治一〇年に設立されたばかりの東京大学の卒業生たちである。なお、逐《お》われた諭吉の弟子のうち中上川・牛場・森下らは明治一五年三月一日創刊の『時事新報』で編集に携わり、矢野・犬養・尾崎らは、同年三月一六日に大隈とともに立憲改進党を立ち上げている。『時事新報』は不偏不党を唱えてはいたものの、政府は改進党との協力関係を疑ったはずである。

伊藤を中心とする政府がプロイセン流超然主義内閣を基本とする立憲体制の準備を進めるのと同時に、すでに九年前に下野していた板垣退助も政変の直後に自由党を発足させていて、フランス急進主義の影響のもと、一院制議会と君臣相愛の政治を標榜していた。かつて尊王派として活動していた人々の多くはこちらに加わっていたが、それは、かつて実学派であった人々が改進党の与党になったのと対照をなしている。

『時事新報』は、もとはといえば伊藤・井上・大隈らの申し出によって準備を進めていた新聞であった。すでに諭吉は編集部の確保や印刷機械の購入の他、将来の新聞社を支える人材を養成するため、水戸出身者を入学させていた（明治一四年五月）。彼ら四名の給費生、高橋義雄《たかはしよしお》・渡辺治・石河幹明《いしかわみきあき》・井坂直幹《いさかなおもと》のうち、石河を除く三名は翌年創刊されたばかりの『時事新報』に参加している。

**『時事大勢論』**

『時事新報』が創刊されてから、諭吉の言論は一旦は紙上に掲げられ、後日単行本として出版されるようになる。そもそも無署名である社説の抜き刷りとでもいうべきものであるから、諭吉はあくまで立案者にすぎないという体裁をとっている。政権内の同志者大隈を失ったため、新聞紙条例による取り締まりにいっそうの注意が必要とされたためであろう。

この形式で出された最初の著作が四月に刊行された『時事大勢論』（全⑤二三三頁）であるが、諭吉はそこで、維新以来一五年の政治の移りゆきを西南戦争を画期として二分し、最初の一〇年を掃除破壊の時代、そしてその後を建置経営の時代と位置づける。掃除破壊はうまくいったが、次の時代はなかなか思うように進んでいない、というのが諭吉による評価である。

その理由は、まず第一に、府県会が設置されたのに国会の開設が延期されたため、国政に関心をもつ政治活動家が不満を抱いていること、第二に、廃藩置県と地租改正によって収税制度が変革されたのに、その配分について民意が十分に汲み上げられていないこと、第三に、学校教育が行き渡って知恵のある若者が増加しながら、彼らが活躍する場があまりないこと、の三点である。要するに立憲体制への移行が遅れているがゆえに不満が鬱積《うっせき》している、と言いたいわけで、これは従来までの見解と同じである。前年の夏には諭吉がめざす建置経営の時代まであと少しというところまで来ていたのだから、この『時事大勢論』にはその悔しさがいくらかにじみ出ているようである。

## 『帝室論』と「藩閥寡人政府論」

また、五月に刊行された『帝室論』(全⑤二五七頁)は、三月に『東京日日新聞』の福地源一郎らが結んだ立憲帝政党に対する危機感が書かせた論説である。福地が作ったとはいえ、帝政党はときの政権が背後から操る官権党であった。そのこと自体は来るべき議会政治に対処するため政府がとる行動として許容の範囲内であるが、諭吉が帝政党に危うさを感じたのは、その政党名が天皇の政治責任を惹起《じゃっき》する可能性があることだった。天皇制度を維持したいのなら、現実の政治との隔絶は必須の要件なのである。

そこでこの『帝室論』の冒頭を現代語にするなら、おおむね以下のようになる。すなわち、天皇は政治結社の外にある、国内で政治活動をする者は、天皇の尊厳や神聖を濫用《らんよう》してはならないのであって、日本の歴史において天皇の尊厳神聖を用いて人民を抑圧した者はなく、また人民が団結して天皇に敵対したこともない、と。以下本論は、天皇の非政治性を唱えるとしてもその権威を貶《おとし》めることにはつながらず、かえって高める結果となることを、懇切丁寧《こんせつていねい》に説明している。

この『帝室論』は、明治一四年五月から六月にかけて『郵便報知新聞』に掲載された交詢社憲法草案の解説「私考憲法草案」のうち、天皇と内閣に関する条文についての記述を敷衍《ふえん》したものである。諭吉は議院内閣制度を採用して軍事を含む内政外交の全責任を首相に負わせることが、ひいては天皇の権威を守ることにもなると確信していた。七年後に制定されることになる大日本帝国憲法では、統帥権（軍事指揮権）が直接天皇にあるとされたため、第二次世界大戦終結時にその戦争責任が問われることになったのだが、交詢社案が採用されていれば、そのような事態は避けられたはずであった。そうした状況を予測して、天皇の責任をあらかじめ回避したこの『帝室論』は、近代の天皇制度論として屈指の秀作であると私は思う。

さらに五月一七日から六月一七日まで、時事新報には、政変後の政府は人材に乏しく、諸問題に有効な手だてをとっていない、という長編論説「藩閥《はんばつ》寡人《かじん》政府論」（全⑧一一一頁）が連載されていたが、途中で世論が沸騰してしまい、六月九日から一三日まで発禁の憂き目にあってしまった。この論説は長さと内容からいって単行本化が望まれたものだが、結局刊行されないまま、四〇年後の大正版全集まで日の目を見ることはなかった。

**清国との戦争に反対した『兵論』**

事件は国内ばかりで起こるのではない。何の予兆もなく勃発するのが外交事案の興味深いところで、明治一五年（一八八二）の夏の諭吉は朝鮮問題に翻弄《ほんろう》されている。その時の対清国・朝鮮への対応について、高橋義雄・渡辺治らより三年遅れて入社し、以後大正一一年（一九二二）まで時事新報社に在籍した石河幹明が、大著『福澤諭吉伝』（昭和七年［一九三二］刊）に、『時事新報』は創刊当初から対清国・朝鮮強硬論を唱えた、と書いたため、拙著『福沢諭吉の真実』（平成一六年［二〇〇四］刊）が出されるまで、あたかもそれが事実であるかのように思われてきた。

前著の記述を繰り返すことはしないが、結論だけ述べるならば、それはまったくの出鱈目《でたらめ》である。むしろ「亜細亜との和戦は我栄辱に関するなきの説」(全⑳一四五頁)にもあったように、アジアの諸国とことを構えるのは西欧との関係に悪い影響を与えるので避けるべきだ、と諭吉は考えていたのである。そのため明治一五年七月に朝鮮で起こった軍隊の反乱事件、壬午軍乱《じんごぐんらん》に清国が介入したことをきっかけにして書かれた『兵論』(一一月刊・全⑤二九三頁)もその延長上にある。

日朝修好条規によって朝鮮国が開国したのは、明治九年(一八七六)二月のことであった。以後朝鮮政府は日本の支援によって軍隊の近代化を進めていたのだが、西洋式軍隊ばかりが優遇されていることに不満をもった旧軍が、国王高宗《こうそう》の父大院君《たいいんくん》を押し立てて蜂起したのであった。事態の収拾に窮した国王が清国に援軍を求めたことにより、清国軍は朝鮮領内に越境し、反乱軍を鎮圧したうえ大院君を拉致して清国領内の天津《てんしん》に幽閉してしまったのである。

当然に日本国内では反清国感情が高まった。朝鮮国はせっかく日本を範として近代化を推進しているのに、清国はそれを妨害したうえ、朝鮮を事実上の支配下に置いた、というのである。この年の九月には、清国軍と一戦交えるべきだ、という主張が主に自由党系新聞の紙面をにぎわせていたが、諭吉の『時事新報』は、ここは自重して賠償金だけを要求するほうがよい、という穏健な論調であった。

その理由はまず第一に、日本人軍事顧問が殺害されたとはいえ、それは反乱軍のしたことで、朝鮮政府や清国軍とは無関係である、ということ、また第二に、清国軍は朝鮮政府の要請によって出動したのであるから、その清国軍と朝鮮領内で戦うことは、西洋諸国から日本による侵略の疑いをかけられかねないこと、第三に、諭吉の算定によると清国の軍事力は日本の約二倍であり、正面から戦ったとしても勝利するのは困難であること、の三点であった。

このような対清国・朝鮮融和論が創刊時の『時事新報』の論調であったことを、石河幹明は故意に隠蔽《いんぺい》している。意図的であるとする根拠は、大正版と昭和版の正続全集を編むにあたって、石河が諭吉の直筆原稿が残存している「朝鮮政略備考」（八月五日から一四日掲載）、「大院君の政略」（八月一五・一六日掲載）、「出兵の要」（八月一八日掲載）、「朝鮮の事に関して新聞紙を論ず」（八月一九日掲載）などを、わざわざ非収録としているからである（現行版全集には所収）。その中で諭吉は、「朝鮮国の人民を日本国人に比較すれば、身幹壮大にして食料も多く膂力《りょりょく》強きが如し。我輩は之を見て羨《うらや》ましきことと思」（全⑧二七八頁）う、とか、「朝鮮は今日正に詩賦《しふ》文章の国にして、政府の力も人民の力も悉皆《しっかい》文に用ひて余す所なし」（全⑧二七八頁）とか、朝鮮の人と文化を高く評価しつつ、無遠慮な介入に懸念を表明しているのである（いずれも「朝鮮政略備考」より）。

おそらく前年六月に初めて慶應義塾に入学した朝鮮人留学生に取材して書いたのであろうが、朝鮮を高く位置づけるこうした諸論説は、三〇年後の日韓併合を歴史の必然と考える石河にとって、全集に採録するには不適切と感ぜられたと推測できる。

**牛場卓蔵・井上角五郎の朝鮮行と留学生の本格的受け入れ**

この時期の諭吉は新聞社にばかり関わっていたわけではない。無類の子供好きであった彼は、息子娘たちの将来についても最善の教育を施そうと心を砕いていた。長男一太郎と次男捨次郎《すてじろう》は東京大学予備門（現・教養学部）に入学した

**金玉均**
（『写真で知る韓国の独立運動』上，より）

のだが、どうにも教育方法がよくないと感ぜられたので、時の文部大輔《たいふ》田中不二麿《ふじまろ》に、「このままでおくならば東京大学は少年の健康屠殺場《とさつば》と命名してよろしい」（自伝「品行家風」の章「少年の健康屠殺場」の節）、などと苦情を申し立てた。勉強ばかりの毎日が辛かったのであろうか、結局学風が合わないということで、明治一五年には二人とも退学して慶應義塾に移り、さらに翌年六月にアメリカ留学へと旅だった。九番目の末子となる四男大四郎が生まれたのはその直後の七月のことで、約二〇歳年上の長男と次男は、帰国する五年後までこの弟の姿を目にしたことがなかったのである。

明治一六年（一八八三）は、朝鮮からの留学生が多数入学した時期でもあった。当時の朝鮮では親清国派の事大党《じだいとう》が政権を握っていたとはいえ、金玉均《きんぎょくきん》や朴泳孝《ぼくえいこう》らが率いる独立党も依然として勢力を有していて、彼らに共鳴する人々の子弟が近代化の方法を学ぶために続々来日していたのである。一方日本からも牛場卓蔵・井上角五郎らの弟子が朝鮮に向かい、独立党の人々とともに産業の育成に取り組んだ。彼らの支援によって朝鮮初の新聞『漢城旬報』が創刊されたのは同年一一月で、同紙は後にハングル文字による最初の新聞『漢城周報』へと発展することになる。

海外からの学生が増加するのは喜ばしいことであるが、国内で教育制度が整うにつれて、私学が置かれた状況は厳しいものとなった。慶應義塾自体の苦境は先にも書いた通りだが、諭吉の肝いりで創設された中津市学校も、旧藩校進脩館《しんしゅうかん》を改組した形で開学された片端《かたは》中学校が文部省の認可校とされたために生徒数が激減し、明治一六年に廃校となった。また、明治一七年一月制定の「中学校通則」では、中学校の教員には師範学校または大学の卒業生を宛てるのが望ましいとされたため、それまで多数の教員を輩出していた慶應としては、以後出身者を教職に就けることが難しくなった。このような時期に大隈重信と小《お》野《の》梓《あずさ》が創立した東京専門学校（現・早稲田大学）もまた、明治一五年の発足当初から苦難の連続であった。政権を追い出された人物の周りに集まるのは政府に不満をもつ人々ということになり、入学者の多くは卒業後に政界や言論界を目指すことになった。

### 『全国徴兵論』

明治一四年政変の前あたりから頭角を顕してきた熊本出身の官僚井上毅《いのうえこわし》は、伊藤博文の懐刀であった。彼はもともと儒学一辺倒を標榜する熊本学校党員で、議院内閣制度は国家の安定的な発展を阻害する、という信念のもと、その導入を図る大隈重信や福澤諭吉のもとから若者を遠ざけるにはどのようにすればよいか、について真剣に考えたのである。

すでに私学を正規の教育課程から外す、という方向は定まっていたものの、私学から東京大学への進学は依然可能であったため、自由主義勢力の官界への流入を完全に止めることはできないでいた。そうした現状に焦燥感を抱いていた井上毅らによって考案された次なる手段が、私立学校としては慶應義塾にだけ認められていた兵役猶予の規定を削除する、という明治一六年一二月の改正徴兵令であった。その効果はてきめんで、それまで六百名近く在籍していた学生の総数は、一カ月で百名も減少してしまったのである。

国防の重要性は諭吉がつとに強調していたことだから、正面切って兵役猶予を再び認めよ、と要求するわけにはいかない。そこで『全国徴兵論』（明治一七年一月刊・全⑤三九一頁）では、官立学校在籍卒業者のみ兵役猶予とするのではなく、官私を問わず中等学校以上の在籍卒業者には、短期間の兵役義務を平等に課するべきだ、と主張したのであった。そうしなければ中等以上の教育に与っている私立学校はすべて廃校に追い込まれてしまう、と諭吉は危機感をあらわにしている。

結局諭吉の提言は受け入れられることはなかったが、いったん減少した学生数も数年後にはかえって千名にまで増加することになった。というのも、徴兵猶予の特典が失われても、平時に入営を命じられる可能性は低いことがはっきりしたためである。明治二九年（一八九六）には再び徴兵猶予が認められることになったが、そのことを理由とする学生数の増減は認められないようである。

### 「外交論」と『通俗外交論』

また明治一六年頃の諭吉は、幕末には彼自身も当事者の末端に連なっていた不平等条約について、その改正が必要であることを紙上で熱心に展開していた。単行本化はされなかった「外交論」（明治一六年九月二九日から一〇月四日まで掲載・草稿残存）は、国際社会を弱肉強食の自然界にたとえ、読者に、「我日本国はその食《は》む者の列に加わりて文明国人と共に良餌《りょうじ》を求めんか」（全⑨一九五頁）と問う部分があることから、安川寿之輔らからの批判を受けている。とはいえ文面を素直に読むならば、ここで諭吉は、良餌（植民地）を求めるべきだ、と言っているわけではなく、単に問題提起をしているだけである。

翌明治一七年（一八八四）六月に刊行された『通俗外交論』（全⑤四二一頁）では、主に治外法権の撤廃が問題とされている。条約改正の主眼はもともとは関税自主権の回復にあったわけだが、経済的な利害に関する事柄を相手国が簡単に認めるはずもなく、外国人による犯罪取り締まりを可能とする改正を先ずは求めようとしたのである。もちろんただ要求するばかりでは先方も応じないだろう、ということで、外国人の国内移動と不動産取得の自由を認めるべきだ、と提案している。

二二年前のヨーロッパ派遣で、諭吉は脆弱《ぜいじゃく》な防衛体制のうえに外国人に土地の所有を認めているオランダがなぜ大国に併呑《へいどん》されないのか不思議に思ったものだが、そこで得られた知見は、国際社会において、文明国は文明国を理由なしに攻撃してはならない、という厳格な取り決めがある、ということであった。日本が文明政治の六条件を守るかぎり、文明国から戦争を仕掛けられる可能性は低いから、軍事力はそれに見合うだけ準備すればよい、というのが諭吉の考えなのである。

## 2　朝鮮の国をその人民の手に——明治一八年（一八八五）

**甲申政変**

先にも記したように、明治一五年七月に勃発した壬午軍乱《じんごぐんらん》の鎮圧において清国が中心的役割を果たしたため、朝鮮政府は清国に従属する立場をとらざるをえなくなった。朝鮮の攘夷派とでもいうべき大院君《たいいんくん》が除かれたことは、朝鮮の近代化にとって好ましい結果をもたらすはずであったが、軍乱後清国軍が漢城（現・ソウル）に駐屯することになったため、日本を範として近代化を推進しようとする金玉均・朴泳孝・徐光範《じょこうはん》ら独立党の活動は制限されることになり、そのことが明治一七年（一八八四）一二月の甲申政変《こうしんせいへん》を引き起こした。

すなわち、そのままでは清国の属国となってしまうことに危機感をもった金らは、日本公使館との連携によって当時の政府の交代を図ろうとしたのである。クーデターは一二月四日の郵政局開局の祝宴に政府要人が集まることを狙って実行に移された。計画ではまず郵政局近くの安国洞《あんこくどう》の別宮に放火し、混乱に乗じて王宮を占拠して新政権を樹立するというものであった。ところが実際には漢城駐在の清国軍が介入したため政権の転換には失敗し、金・朴らは日本への政治亡命を余儀なくされた。

国内での自由民権運動には直接の支援を行わなかった諭吉であったが、朝鮮独立党の政権転覆の計画については早い段階から関与していた。それというのも金玉均は壬午軍乱直前の明治一五年六月に諭吉と面会し、留学生の受け入れなど慶應義塾の支援を受ける手はずを整えたからである。また諭吉は、済物浦《さいもっぽ》条約による日本への賠償金五〇万円の返済についても、井上馨外務卿を紹介し、朝鮮政府への銀行からの融資に便宜を図っている。

このように諭吉は独立党の活動を注意深く見守っていたので、甲申政変の失敗とその後の独立党関係者の大量処刑に深く胸を痛めたのであった。平和的な政権交替をめざす者こそが報国の士であるとする諭吉の立場からいえば、武装蜂起である甲申政変を支援したのには疑問の余地がある。とはいえ独立党は朝鮮国内に混乱を引き起こすのが目的であったわけではなく、政権内部の権力の交替を目指す活動をしていたにすぎないということで、諭吉はそれをテロリズムとは考えなかったのであろう。

ところが最初の流血に比して事大党の報復はあまりに過酷であった。

その凄惨な弾圧の様子を、『時事新報』特派員として漢城に駐在していた今泉秀太郎（郡司の息子）が逐一報告してきていて、諭吉の朝鮮・清国政府への反感はいやがうえにも高まった。明治一八年初めに書かれたそうした論説のうち「脱亜論」（明治一八年三月一六日掲載）がとくに有名となっているが、その三週間ほど前の「朝鮮独立党の処刑（後編）」（二月二六日掲載）では、当時の朝鮮国を「妖魔悪鬼の地獄国」（全⑩二二五頁）とまで批判している。

## 「朝鮮独立党の処刑」と「脱亜論」

第二次世界大戦後になって、「脱亜論」中の、「支那人が卑屈にして恥を知らざれば」（全⑩二四〇頁）とか、「朝鮮国に人を刑するの惨酷《ざんこく》あれば」とかいった記述がことさらに取り上げられることになったが、そうした表現は一般的な差別意識に根ざすものではなく、この甲申政変の過酷な事後処理に対する批判にすぎなかったのである。こうした時事的な部分を除いてしまえば、「脱亜論」は、半開の国々は西洋文明を取り入れて自ら近代化していくべきだ、という『文明論之概略』の主張と少しも変わらない。

諭吉は、国民国家として独立しかつ自国民の生活水準の向上に勉める国を尊重し、そうはしない国を軽くみる。彼の対外観は、その政府による自国民の文明化への意欲と、心身を国に捧げる報国の士の働きぶりによって評価されているのである。金玉均ら朝鮮の独立党を積極的に支援したのも、彼らが真の報国心をもつ有為の人材であり、一方清国に操縦されていた李氏朝鮮王国は、打倒されるべき君主専制国家であると見なしたからであった。

その後も、同年の八月一三日には、「朝鮮人民のためにその国の滅亡を賀す」（全⑩三七九頁）という過激な題名をもつ社説が掲載され、治安妨害のかどで発禁とされたのであったが、諭吉はその論説を撤回することはなかった。そこで彼が主眼としたのは、朝鮮の人民にとって専制君主が支配する朝鮮国など滅亡したほうがよい、あんな政府ではあまりに民衆がかわいそうだ、ということなのである。

甲申政変が失敗して亡命者が次々に来日していたこの時期、諭吉はまとまった形で女性論・家族論を執筆するようになる。この主題について私は専門外

### 女性論が書かれるまで

なので、主に西澤直子の研究を参考にして書き進めることにする。

諭吉の家族論として最初に確認できるのは、明治三年（一八七〇）に帰省したおり、その帰り際に郷里に残した「中津留別の書」（全⑳四九頁）である。そこで彼は、人間の自由を束縛するのはどのような状況でも許されるものではない、従来の儒教道徳にもとづく家庭内の上下関係もまた間違っていて、とくに夫の妻に対する抑圧は何としても是正しなければならない、と主張している。

諭吉がこのような発想をそもそもどこで得たかについては、自伝の「初めてアメリカに渡る」の章「女尊男卑の風俗に驚く」の節に鮮やかに描き出されている。オランダ人医師ヘルファー家に招待された諭吉らが目にしたのは、てきぱきと夫に指図して饗応《きょうおう》を進行させるヘルファー夫人の姿であった。目から鱗《うろこ》が落ちるとはこのことで、以来諭吉は日本での女性の扱いがいかに不当であるかを知り、その地位向上を図りたいと考えた、とまで自伝には書かれていないが、おそらくそういうこと

であろう。また、メーア・アイランド海軍工廠《こうしょう》ではマクドーガル大佐の官舎にも招かれて、二人の令嬢を紹介されている。アメリカの中産階級がどのように子供を育てているのか、ホームステイのような環境におかれてその様子を知ることができて、諭吉は純粋に、いいな、と感じたようである。

諭吉が参考にした海外の女性論は、主にJ・S・ミルの『女性の隷従』（一八六九年刊）である。翌年の版を諭吉は所持していたのだが、「中津留別の書」執筆までにそれを読み終えていたのかはわからない。その後諭吉の女性論・家族論は『学問のすすめ』を書き進めるうちにに整理され、明治一八年（一八八五）になって、まとまった形での最初の女性論が書かれることになったのである。

### 『日本婦人論』後編と『男女交際論』

六月四日から一二日まで連載された「日本婦人論」（全⑤四四五頁・原稿残存）は当初は刊行されず、明治版全集に初収録となっている。発表直後に出版されたのは、七月七日から一七日まで連載された後編である。両者を読み比べても内容に際立った差は見られないから、女性論なのに女性に読みにくい漢語調では何なので平仮名まじり文とした、という後編の最初の部分に書かれていることが書き換えの主な理由であろう。

そこでは、人類の半分は女性なのであるから、彼女らを抑圧しつづけることは平等の観点から正しくないことだ、ということから説き起こし、女性に責任ある仕事に就く権利と財産をもつ権利を与えることは、経済発展の見地からも有益である、というふうに結ばれている。

七月に刊行された『日本婦人論』後編（全⑤四七五頁）は大きな反響を呼んだ。長男一太郎への手紙（一〇月二日付）でも、自分の婦人論は日本人の心を動かしたので、髪型や洋服の着用、さらには結婚の様式にも影響を与えると思う、とある。

　女性の権利拡大を唱えた『日本婦人論』後編に続いて出された家庭論が、『男女交際論』（明治一九年六月刊・全⑤五七九頁）であった。そこには男女間には情感の交と肉体の交があり、情交は肉交に離れて独立すべきもので、これからの男女間は「貞」か「淫」かではなく、幅広く交際して互いに学び合い、知識を増大させると同時に道徳性を高めなければならない、とある。『男女交際論』掲載のすぐ後、六月二三日から二六日まで連載された「男女交際余論」（全⑪四五頁）は、清潔な男女交際のためのパーティ開催マニュアルである。

　この余論は公式には大正版全集初収録ということになっているが、実際には本論と合わせた偽版が、確認できるだけでも三種類出回っている。つまり明治一九年の初出当時にそれだけの要望があった、ということで、それより前の偽版は『学問のすすめ』まで確認できないから、『男女交際論』はそれ以来のヒット作であるともいえる。

### 条約改正の中断と井上馨の罷免

　諭吉の書簡に、某年九月四日付寺島宗則《てらしまむねのり》宛の書簡として、「彼の人は明五日温泉より帰るよし。帰来の上、情を詳《つぶさ》にして屹《きっ》と御報知可申上候《ごほうちもうしあぐべくそうろう》」（書簡一三八七）という謎めいたものがある。この手紙の意味するところは何か、共通の知人の誰が温泉から戻ったのかと『時事新報』を調べると、明治二〇年（一八八七）九月七日付の雑報欄に、「大隈井上両伯の訪問。先日大隈伯が伊香保《いかほ》に入湯中、井上外務大臣も入湯の為め同所に赴きたるが、如何なる都合にや、井上伯は大隈伯の旅亭を訪ひ、大隈伯も答えとして井上伯の旅亭を訪ひたるよし」という記事と、翌八日の同欄に、「井上外務大臣は、一昨六日上州伊香保の温泉場より帰京し、昨日は午後三時頃より大山陸軍大臣の官邸を訪ひたるよし」という記事が見つかった。

一日の狂いはあるが、書簡二三八七はこの時のものと思われる。伊香保温泉に詰めていた記者からの通報によって、明治一四年の政変以来六年ぶりに、井上が大隈に詫《わ》びを入れる形で両者の和解が果たされ、さらに井上が戻ってくるのをいち早く知った諭吉が、寺島を通して井上に何事かを進言しようとしている、ということである。その中身は分からないが、諭吉の一五日付中上川宛書簡には、「寺島は中々勇気にて、既に本月十一日、伊藤を促して面談、公然たる反対論を持出したり」とあることから、全体として伊藤博文に反対する動きであったことが分かる。

伊藤博文が初代の内閣総理大臣に就任したのは、前々年の明治一八年（一八八五）一二月二二日のことであった。文久二年（一八六二）一二月一二日の英国公使館焼き討ちに加わったうえ、直後の一二月二一日に国学者塙二郎《はなわじろう》（保己一《ほきいち》の息子）を暗殺した事件の主犯が首班に、従犯の山尾庸三《やまおようぞう》が内閣法制局長官、やはり公使館焼き討ちの一味の一人の井上馨が外務大臣という陣容の内閣であった。

内閣官制は敷かれたものの、外交上の懸案である条約改正は一向に進捗《しんちょく》しなかった。相手国としては日本の内政に変化が見られないかぎり改正の必要を認めない、とするのは当然のことで、袋小路に入り込んだ政府は、七月二九日に条約改正交渉無期延期を各国全権委員に通知した。この事態に責任を感じた井上外相は辞意を表明、伊藤は後任として在野の有力者ではあるものの、立憲改進党党首として西洋諸国に太いパイプをもつ大隈重信を推すことに決め、その旨を大隈に申し入れた。

一方条約改正をあきらめたともとれる政府の表明に憤激した有志者たちは、続々上京して条約改正の促進を要求する集会を開催した。六年前の明治一四年政変直前の状況の再現である。伊藤に対して強い立場を得た大隈は、入閣するかわりに早期の議院内閣制度の導入を求めた。当時の伊藤は大日本帝国憲法を起草している最中であったから、大隈はその憲法が交詢社案に近いものとなるよう働きかけたのである。九月初めの伊香保温泉での大隈井上会談は、両者がどこまで歩み寄れるかのぎりぎりの調整であった。

諭吉としては井上の後任として大隈が入閣し、かつ憲法が交詢社案に近いものとなるのが最善であったが、それができないとしても破談だけは避けたかった。大隈が政府に入るだけでも西洋諸国の印象がよくなって、交渉がいくらかでも進む可能性があったからである。帰京してきた井上に、寺島を介して働きかけようとしたのは、そういうことであったと思われる。

また、中上川宛書簡にある、寺島の伊藤への反対論とは、議院内閣制度の採用について、大隈との間にある程度の取り決めをすることで彼を閣内に迎えた方が有益だ、という進言であったと推測できる。もちろん伊藤は譲ることはなく、自ら外相を兼務して条約改正交渉の中止を改めて明言し、作成中の憲法草案に英国流の立憲君主制の思想を盛り込むことについても拒絶した。

## 3　大学部を開設し、新聞の権限を委譲する——明治二五年（一八九二）

明治二二年（一八八九）二月、大日本帝国憲法が発布された。諭吉や大隈重信の提言はほとんど受け入れられることはなく、わずかに臣民の「権利」という表現が採用されたのみである。それより先、明治一九年（一八八六）三月に帝国大学令が発布されることにより、東京大学から改組された形で成立した帝大が、「国家須要の材」の養成にあたることになった。帝大の初代総長は慶應義塾出身の渡辺《わたなべ》洪基《こうき》である。

### 慶應義塾大学部の設置

この帝国大学は、旧東京大学から教官と施設を引き継いでいるため、単なる名称変更であるかのように捉えられがちであるが、それは違う。旧東大は国家が設置した一教育機関にすぎなかったのに対して、帝大は明確に最高学府として位置づけられていて、その入学資格は高等中学校卒業生に限られるようになった、ということもその一つである。この変更によって、慶應義塾から帝国大学への進学は不可能となり、諭吉ほか塾当局は教学と経営についての選択を迫られた。

その一つが、義塾の規模を縮小し、正規の中学校のカリキュラムに則った運営をすることで、私立中学校（当時は未認可）として存続を図ろうとする方向、そしてもう一つは、国家からの統制を離れて、自前で大学部を作る、という方向である。教育の水準からいえば、明治二一年の卒業生である池田成彬《しげあき》（後の大蔵大臣）は、米国ハーバード大学への留学に際して学科試験を免除されている（明治二三年)。いまさら水準を下げて、数多ある中等教育機関に甘んじることなど、諭吉のプライドが許すはずもなかった。帝大総長とはいえ渡辺洪基は俺の弟子ではないか、と。

すでに当時の引退年齢である五〇歳を過ぎていた諭吉は、大学部の設置に向けて自ら陣頭指揮を執った。そのとき諭吉に力を貸したのがハーバード大学出身でユニテリアン運動の指導者であったアーサー・ナップであった。ユニテリアン運動とは、キリスト教から派生した一派ではあるものの、三位一体の根本教義を否定して、イエスを宗教的指導者の一人と見なす人々が始めた運動である。父なる神は認めたうえでのことであるから、ユダヤ教やイスラム教とも調和的であり、それればかりか仏教なども唯一の信仰に包摂されるというこのユニテリアンの考えは、諭吉がもともともっていた宗教的確信とでもいうべきものにもっとも近かった。

ナップがその指導者として来日した明治二〇年(一八八七)一二月以来、諭吉はユニテリアン運動を強力に支援した。ナップはそのことに感謝して、諭吉とハーバード大学総長C・W・エリオットの間を取り持った。明治二二年(一八八九)四月のエリオット総長宛の手紙の中で、諭吉は、ハーバード出身者の派遣の依頼をするばかりか、さらに踏み込んで、将来的には慶應義塾を「ある意味ハーバードの日本分校とする」(書簡一三八四)という大胆な提案をしている。諭吉の手紙へのエリオットの返信は九月に出されているが、分校化については、両校の提携関係は自然に発展することでしょう、という控えめな断りを示すものであった(『慶應義塾大学部の誕生』四三頁)。

とはいえ、慶應義塾大学部は、エリオットからの推薦により、ハーバード出身のドロッパーズ(理財学）、ウィグモア（法学）の二名と、ブラウン大学出身のリスカム（文学）の計三名のアメリカ人教授を迎えたことで、明治二三年（一八九〇）一月二七日に正式に発足したのであった。

### 華族子弟の帝大入学について

明治二二年二月の大日本帝国憲法発布の後、その規定に基づいて第一回衆議院議員総選挙が執り行われたのは、翌明治二三年の七月になってからであった。貴族院と合わせて選出された国会議員約五五〇名のうち、慶應出身者の数は三〇名余りの多数にのぼった。一一月一七日、彼ら新議員が諭吉を築地の料亭に招いて同窓会を開いた。そこで諭吉は、君たちが常に自尊自重の大義を重んじて、同窓生間の親愛の情によって党派的な対立を乗り越え、帝国議会の波乱を静めることは、ただ同窓生個人の国家への忠を示すばかりではなく、間接的には、君たちの故郷である慶應義塾の国家への忠の評判をも高めることができる、と演説した（全⑫五三五頁）。

伊藤博文・井上毅らは、多くの慶應出身者が国会議員に選ばれたことに不安を感じたと思われる。有権者の多い衆議院については慶應出身議員はとくに脅威とは考えられなかったが、問題は衆議院と対等の勢力をもつ貴族院である。公爵は自動的に貴族院議員となったが、その他の爵位をもつ華族は互選であるうえ、さらに高額納税者にも議員の資格が与えられることになっていた。

華族は宮内省所轄の学習院で学ぶのが通例であったが、学習院は当初帝大への入学資格を認められていなかったため、より高度な学問の修得を希望する子弟は慶應義塾大学部を進学先とすると予想された。古くからの弟子で、諭吉にとって身近な華族出身の貴族院議員は、井伊直安《いいなおやす》（明治四年慶應入学）が挙げられる。直弼《なおすけ》の三男である彼は、議会開設六年後の明治二九年（一八九六）から大正九年

（一九二〇）まで四半世紀もの間、子爵《ししゃく》として政治に携わることになる。さらに爵位をもたない高額納税議員についても、徐々に慶應出身者が増加しそうな気配であった。

華族の子弟が学習院から慶應の大学部に進学するのを阻む手だては、早急にとられた。すなわち明治二五年、帝国大学は、学習院高等学科優等卒業生の法科・文科両大学（現在でいう学部のこと）への無試験入学を認めることとしたのである。その決定に関与した熊本出身で井上毅と親しい関係にあった木下広次法科大学教授の案文には、「当分試むべきこと」とある。実際にはその後五〇年間この制度は維持され、吉田茂（首相）・徳川家正（外交官）・三島由紀夫（作家）らは、この規定により帝大法学部へ無試験で進学している。

## 石河幹明と井伊大老暗殺犯関鉄之介は姻戚関係にあった

明治二四年（一八九一）五月一五日付の次男捨次郎宛書簡に、桜田門外で井伊直弼を殺害した犯人が靖国神社に合祀されていると聞いたが、それは奇妙なことだ、という一節がある。維新前に戦死・刑死したいわゆる志士たちが続々合祀されていた時期であるから、ふとしたきっかけで、たとえば交詢社（銀座六丁目）に立ち寄った井伊直安からそのことを聞いた可能性はある。ただ私としては、交詢社の隣にあった時事新報社の論説担当石《いし》河幹明《かわみきあき》から、その情報を得たと考えている。

先にも書いたように、『時事新報』は、明治一四年政変で下野した慶應系官僚と、給費生として入学させた水戸出身の若手記者を中心として創刊された。その後の展開についてはすでに『福沢諭吉の真実』と論文「誰が『尊王論』を書いたのか?」で述べたので、ここでは繰り返さない。要するに、明治二〇年に中上川彦次郎が山陽鉄道会社に転出した後、期待していた高橋義雄にも去られた諭吉は、箕浦勝人《みのうらかつんど》や日原昌造《ひはらしょうぞう》を主筆に招こうとしたが失敗、結局生え抜きとして力を蓄えてきた石河幹明に論説の実権を与えた、ということである。

石河幹明は、水戸藩諸生党の指導者、弘道館助教石河明善《めいぜん》の甥であった。諸生党とは、他藩の実学派とほぼ同じ考えをもちつつ、開幕以来の伝統的名分論から佐幕の立場を維持して、天狗党（尊王攘夷派）を弾圧していた勢力である。安政七年（一八六〇）の桜田門外の変の時点では未だ天狗党を称してはいなかったものの、井伊直弼を襲撃した一党がその一派であったことは、言うまでもない。襲撃を指揮したのは、先にも触れた関鉄之介である。

石河幹明は明治二二年（一八八九）一月六日に旧水戸藩士関恕《じょ》の娘さとと結婚しているが、新婦の父は鉄之介の実弟で、井伊暗殺後逃亡していた兄を匿《かくま》っていた人物である。簡単にいえば、『時事新報』論説担当石河幹明は、桜田門外の変の首謀者関鉄之介の姪と結婚していたのである。諭吉が鉄之介らの靖国合祀を石河から聞いたと推測するのは、この事実に基づいている。

佐幕派の流れを汲む家の出であるせいか、石河自身は井伊直弼について悪感情をもってはいなかったようである。現行版全集の「時事新報論集」には石河執筆の社説が大量に含まれているが、幕末政治に関する記述において、井伊をとくに悪く描いているわけではない。ただ、石河の社説は全般に日本人の尊王心を高く評価しすぎで、政治上の分析手法に生彩を欠き、内容が単調である。また、経済的な観念にも乏しく、諭吉自身の社説と比較して残念ながらその質は劣っているものが多い。

**『国会の前途・治安小言ほか』**　明治一五年（一八八二）三月の創刊以来、諭吉が『時事新報』紙上で行ってきたことは、文明政治の六条件の観点からいって、その時々に起こった事件はどのように評価され、またその問題の解決はいかにすれば得られるか、ということであった。試みに『文明論之概略』を聖書に見立てるとするなら、個々の社説は聖職者の説教になぞらえることができよう。とはいえ創刊一〇年にわたって精力的に仕事を続けてきた諭吉も、満年齢で五七歳を迎えた明治二五年には、さすがに疲れを見せるようになった。明治二一年（一八八八）一〇月刊行の『尊王論』（全⑥一頁）の後、明治二五年六月には『国会の前途・治安小言・国会難局の由来・地租論』（全⑥三一頁）が四年ぶりに出されているが、結局翌年の『実業論』（明治二六年四月刊）が、長編社説としては最後の出版となっている。

このうち「国会の前途」は明治二三年（一八九〇）一一月頃から明治二五年四月頃までの国会運営についての感想である。日本はアジア初の立憲君主国になったものの、西洋諸国からその中身ある実現を疑問視されているが、心配はいらない。江戸時代までの日本も、言われているほど専制的であったわけではなく、寄り合いと称する会議によって独裁を防いでいたし、名主・庄屋が民意をすくい上げることによって地方自治も機能していた。国会もその近代的拡大版であると考えれば、気負う必要もなく十分な成果が挙げられるはずである、という内容である。

また「地租論」は当時の課題とされていた地租軽減論への意見で、諭吉は明確に反対の立場をとっている。たしかに松方デフレ財政によって、事実上の増税になっていたのは事実である。しかし、議会で多数を占めていた民党が主張するような減税を行えば、それが国家財政に悪影響を与えるのは明白である。さらに民党は減税が民力休養につながると主張するが、地租を納めているのは少数の地主にすぎず、減税によって小作人の作料が減免されるかどうかは分からない。つまり減税によって地主だけが利益を受ける可能性がある。そこで、国家財政を好転させるのに必要なのは、むしろ冗員《じょういん》の整理、すなわち行政改革のほうである、と述べている。

『実業論』

社説欄掲載としては最後の著作となる『実業論』（全⑥一四三頁）では、明治維新から四半世紀も経過したのに、諸産業の成育が未だ十分でないことを憂え、その理由を解明しようとしている。そこで諭吉は、日本が経済発展を遂げられないでいる第一の理由として、官尊民卑という価値観によって、学卒者がなかなか産業界に入ってこない、という困った風潮を指摘している。誰かが企業を立ち上げなければ、各業界は育ちはしない。ただこの問題も、たとえば三菱の岩崎弥太郎が学卒者を積極的に用いて三菱財閥の基礎を固めた、という事例などから変わりつつある、とする。なお、三井財閥についても、時事新報社を退社後そちらの経営に参画した甥の中上川彦次郎や、愛弟子の朝吹英二・高橋義雄・日比翁助《ひびおうすけ》らによって、その後大発展を遂げることになる。

また実業が育たない第二の理由として、諭吉は政府による不適切な干渉を挙げている。これは大久保利通存命中に書かれた『分権論』（明治一〇年刊）でも指摘されていたことだが、要するに官僚が無用な保護干渉を行うために、自由な経済発展が阻害されているというのである。この『実業論』を一読すると、かつての『民間経済録』ではそれほど重大視されていなかった政府による干渉について、否定的な論調がより強められているように感ぜられる。

この二冊の単行本を出して後は、時々立案する社説が掲載されることはあっても、諭吉の長編論説が紙面を飾ることはなくなった。気鋭の論客が育っているというのに、いつまでも古い世代の福翁が社説欄を仕切るわけにはいかない、諭吉もそう自覚したのだろう。次の『福翁百話』(明治三〇年七月刊・全⑥一九五頁)以降の著作は、基本的に専用の欄に載せられている。

そうしたわけで、私は『福沢諭吉の真実』(九八頁)において、諭吉が日々の社説欄の差配から退いた時期を、ほぼ明治二五年(一八九二)四月と推測した。諭吉の事実上の引退を日清戦争より前とする点も含め、前著については安川寿之輔から反論書『福沢諭吉の戦争論と天皇制論』が刊行されたが、そこで安川から新たな見解が示されていなかったため、今もその考えに変わりはない。

## 4　師は師、弟子は弟子――明治三〇年(一八九七)

**金玉均の亡命、そして暗殺**　明治一七年(一八八四)一二月の甲申政変の失敗によって、朝鮮独立党はしばらく雌伏の時代に入った。幸いなことに指導者の金玉均や朴泳孝らは生き延びて、日本で亡命の日々を送ることになった。朝鮮は事大党の政権下に置かれたから、その政府は当然金らを犯罪者と見なして、日本にその身柄の引き渡しを求めた。対応に苦慮した日本政府は、明治一九年八月、金を小笠原諸島父島に軟禁することにした。

諭吉は明治一九年八月一一日付『時事新報』に「金玉均氏」（全⑪七九頁）、同月二五日付に「小笠原島の金玉均氏」（全⑪八八頁）を寄せて、この日本政府の措置を強く批判した。諭吉はこの朝鮮の優れた革命家に不当な扱いをすることが、将来の日本と朝鮮の関係に悪影響を及ぼすと考えたのである。金は二年後に軟禁を解かれ、以後犬養毅《いぬかいつよし》をはじめとする慶應義塾関係者の庇護《ひご》のもとで、日本での生活を続けた。

明治二七年（一八九四）三月、金玉均は暗殺者洪鐘宇《こうどんう》によって上海におびき出され、二八日、ホテル東和洋行で殺害された。金は有名な親日家であったから、その事件が日本人に与えた衝撃は大きかった。諭吉は志半ばで倒れた金をはかなみ、彼の供養を主宰した。そして暗殺への関与が疑われた朝鮮政府への日本国内からの批判は当然に強まった。

**日清戦争との関わりについて**

そんな折り、朝鮮全羅道古阜郡《ぜんらどうこふぐん》で、生活に困窮した農民たちが蜂起した（五月八日）。その中には新興宗教である東学に帰依していた者がいたため、東学党の乱と呼ばれることがあるが、実際には東学党が農民を組織化した事実はなかったようである。

一〇年前に甲申政変が起こったとき、一触即発の事態に立ち至った漢城の日清両軍を引き離すため、明治一八年（一八八五）四月に日本と清国との間に天津条約が結ばれていた。それは、いずれかの軍が朝鮮領内に入ったときには、もう一方の国の軍も進入してよい、ということが取り決められていた。五月三一日、農民軍は全羅道の首府全州を占領、朝鮮軍では事態の収拾は不可能と悟った朝鮮政府は、清国公使袁世凱《えんせいがい》に清国軍の派遣を要請した。

大鳥圭介
(『近世名士写真』其 2，より)

この時の日本は第二次伊藤博文内閣で、農商務大臣榎本武揚・外務大臣陸奥宗光・外務次官林董《はやしただす》、そして駐朝鮮公使大鳥圭介《おおとりけいすけ》という陣容であった。五稜郭組の榎本・大鳥と諭吉とは、ともに幕臣であった三五年も前からのつき合いで、とりわけ榎本は福澤錦《きん》の幼なじみであるうえ、かつては従兄妹の関係にあった可能性が高い。さらに、外務実務のトップとなっていた林は、二年前まで外相を務めていた榎本の妻たつの実の叔父、諭吉にとっては次男捨次郎の妻きくの実父でもあった。

天津条約に基づき日本も派兵を決定、帰国していた大鳥公使が海軍陸戦隊を率いて仁川《じんせん》に上陸したのは六月九日のことであった。農民戦争自体は六月中には平定されたため、漢城ではほぼ無傷の清国軍と日本軍が対峙することになった。朝鮮に平和が戻ったのだから両軍とも撤兵するのが筋であるが、日本としては、ここで退いて朝鮮が清国の事実上の支配下に置かれるのを、むざむざ見ているわけにもいかない。日本は清国に対して朝鮮の内政改革を共同して支援することを提案、清国がそれを拒否したことによって、両国の緊張は高まった。そして七月二五日に豊島沖で両海軍が交戦し、日清戦争が開始された。

従来の研究では、諭吉が戦争期間中、日々『時事新報』に社説を寄せたかのように書かれている。だが、本書巻末の年度別の掲載論説数一覧を見れば分かるように、現行版全集に収められた同時期の社説のほとんどは、昭和版続全集（昭和八年［一九三三］から翌年刊）に初収録されたものである。現在は有名になっている「日清の戦争は文野の戦争なり」（七月二九日付・全⑭四九一頁）もその一つであるが、石河幹明が執筆したと推測できるこの社説に諭吉が関与したかどうかは分からない。開戦直後の諭吉の動静としては、八月に軍資義捐金《ぐんしぎえんきん》募集運動を行った、という事実が知られているだけである。

日清戦争当時の論説担当石河にとっては戦争がすべてであったが、諭吉にとってそれは関心事のごく一部にすぎなかった。明治二七年（一八九四）の諭吉が熱心に取り組んでいたのは、医学者北里柴三郎を助けて、設立されたばかりの私立伝染病研究所の運営を円滑に進めることであった。諭吉による北里支援は、慶應義塾における医学教育とも関わることがらである。

## 北里柴三郎を助ける

医学校適塾の出身者であった諭吉は、すでに明治六年（一八七三）一〇月、慶應義塾内に松山棟庵《とうあん》を所長とする医学所を設けていた。この時点では医学教育にはとくに国家の規制はなかったが、翌明治七年、文部省で医学教育を担当していた旧友長与専斎《ながよせんさい》起草の「医制」によって、医師養成の水準上昇が図られることになった。医師の開業免許試験が開始されたのはこの時である。医師の能力が高められるのはよいのだが、養成する側としては教育により手間と費用がかかるということである。そうしたわけで入学者の減少に直面した慶應義塾医学所は、明治一三年（一八八〇）六月に廃校とされた。

慶應義塾に医学校を併設するという野心を、諭吉は捨ててはいなかった。明治二六年（一八九三）一一月一四日付紙面に掲載された演説「人生の楽事」（全⑭一九五頁）で、優秀な学者に場所を提供し

北里柴三郎
（『北里柴三郎伝』より）

て、自由な研究をさせるのが自分の夢だ、と述べている。この時諭吉の念頭にあったのが、前年の明治二五年（一八九二）、東大医学部出身ながら教授と対立したため新たな受け入れ先を探していた北里柴三郎に、私費を投じて小さな研究所を提供した記憶であった。

諭吉の供した施設では北里の研究はとうていまかないきれず、演説直後の明治二六年一一月三〇日、北里は諭吉も後援していた大日本私立衛生会伝染病研究所の所長となった。後の東京大学伝染病研究所（現・医科学研究所）である。こうしたことに恩義を感じていた北里は、大正九年（一九二〇）一一月設立の慶應義塾大学医学部で初代学部長に就任している。

### 日清戦争中に『福翁百話』を準備

明治二七年（一八九四）一二月、諭吉はめでたく還暦を迎えた。戦争中のことで祝賀会を開くのにははばかられ、その祝宴は一年先延ばしされることになった。石河の伝記によると、この時期の諭吉は戦争関連社説の執筆をほぼ毎日していたことになっているのだが、先にも少し触れたように、それは相当に怪しい伝説というべきものである。

本書巻末の大正版全集所収論説・演説一覧と年度別の掲載論説数一覧からも分かるように、明治二七・二八両年掲載分は戦争とは無関係なものも含めて二二編にすぎず、しかもそのうち五編には石河起筆との注記がある。また、直筆草稿残存社説一覧の通り、この両年分としてさらに一〇編（大正版非収録）が発見されている。大正版所収分二二編をすべて諭吉の立案と見なした場合、合計三二編となるが、その数は明治二七・二八両年掲載分社説総数約七百編の五パーセントに満たないのである。

実際の諭吉は『実業論』（明治二六年五月刊）を出してから、『福翁百話』（全⑥一九五頁）の準備をしていたらしい。そのことは、明治二六年六月一〇日の演説「信用のはなし」が、『福翁百話』第四九話の「事業に信用の必要」と対応しているのを始め、それ以降の演説と各話に密接な関係があることから分かる。『福翁百話』は、明治二六年六月から明治二九年二月にかけて企画執筆され、紙上に連載された後、明治三〇年（一八九七）七月に出版されたということができる。

この、主に戦争中に執筆された『福翁百話』の各話に、諭吉のいわゆる侵略的絶対主義をうかがわせるようなものは、安川寿之輔作成のリスト（『福沢諭吉のアジア認識』巻末所収）によれば、一つもない。もちろん演説で戦争に触れることもあるが、私の知る、「軍資醵集《きょしゅう》相談会に於ける演説」（明治二七年八月一日・全⑲七一七頁）と、「福澤先生の演説」（明治二八年一月二二日・全⑮二八頁）、そして「交詢社大会演説大意」（同年四月二一日・全⑮一四一頁）の三つに、戦争を煽り立てるような内容は含まれてはいないようである。また、諭吉の生前に刊行された批判書、たとえば渡辺修二郎の『学商福澤諭吉』（明治三三年刊）の骨子は、拝金宗徒としての諭吉を非難するに尽きていて、戦争賛美やアジア蔑視を指摘しまた問題視することはないのである。

### 疑わしい長編社説「外戦始末論」

現行版全集に入れられた日清戦争開戦以降の社説の大半は、社説一二四六編を収めた昭和版続全集の「付記」で自ら述べているように、石河の執筆によるものである（『福沢諭吉の真実』七五頁）。そればかりか石河が書いたとしか思えない社説は、大正版所収二二四編のうち石河執筆とは注記されていない二一〇編中にもすでにある。その最たるものが「外戦始末論」（明治二八年二月一日から七日まで連載・全⑮四〇頁）で、戦争の勝利のために今後重い軍事負担が国民に課せられるとしても、維新まで各大名は参勤交代という行軍を行っていたのだから、それを思えば造兵は簡単なはずである、と主張している直筆原稿非残存の社説である。

この社説は、前近代の軍事負担と近代のそれを同列に論じているところに見立て違いがある。簡単にいえば、近代的軍隊にかかる経費は、旧藩兵などとは比較にならないほど大きいのである。現に「外戦始末論」の掲載とほぼ同時の、明治二八年一月二二日の演説（全⑮二八頁）で、諭吉は参勤交代に触れることなく、科学技術が日清戦争の勝利をもたらした、という意味のことを述べている。加えて、「外戦始末論」が諭吉にとって重要な社説であったとしたら、彼が本作について言及することがなかったのは奇妙なことのように感ぜられる。

このように大正版全集には怪しい論説が含まれている一方で、編纂者の石河幹明は諭吉の論説・演説集『修業立志編』（明治三一年四月刊）を全集非収録としたうえに、その所載全四二編中九編までを、大正版・昭和版正続全集の「時事論集」から排除しているのである（これらは現行版全集にも非収録）。全集編纂にあたってのこうした石河の態度を、前著において私は不誠実としたのであった。

**石河は蘇峰を、蘇峰は諭吉をライバル視す**

このようなことを石河幹明が行った理由については、私なりの考えがある。『福沢諭吉の真実』（一四七頁）にも書いたことだが、石河の署名著作は『福

徳富蘇峰
（『徳富蘇峰集』より）

澤諭吉伝』全四巻がほとんど唯一のものである。しかも、そのうち諭吉の東洋政略と日清戦争との関わりについて扱っている第三巻は、私の見るところ、全体が石河起筆の社説によって立論されている。そのため、アジア進出に積極的だった福澤諭吉のイメージなどというものは、『福澤諭吉伝』（昭和七年）と続全集（昭和八・九年）が刊行されるまで、まったくなかったのである。それまで国家膨張論の代表者といえば、『時事新報』のライバル紙『国民新聞』主宰の徳富蘇峰《とくとみそほう》だった。

石河と同世代の蘇峰は、熊本実学党の指導者徳富一敬《いっけい》の息子である。一敬と、諭吉が幕末に交流していた大田黒惟信《おおたぐろこれのぶ》や牛島五一郎《うしじまごいちろう》とは親しい関係にあった。思うに蘇峰にとっての諭吉は、著作活動をあまりしなかった父一敬の代わりのような存在なのである。

蘇峰は明治一五年（一八八二）の夏に、慶應義塾生で従兄弟の江口高邦《えぐちたかくに》の紹介により、諭吉と面会している。『時事新報』創刊半年後、壬午《じんご》軍乱が起こった時期のことで、『蘇峰自伝』には、「予は平生福澤翁の立言に余り多く感心せず、特《こと》に当時翁が官民調和論を唱へ、姑息《こそく》の妥協論を主張するかの如くに考へられて、頗《すこぶ》る不満であつた」（一八八頁）とある。そして実際にもその三年後、蘇峰は思想上の父・天保老人福澤諭吉を、倒すべき最大の敵とすることで論壇へのデビューを果たしたのだった。

一方、諭吉の部下としての石河は、時事新報社の南百メートルの場所に社屋を構えていた同世代の蘇峰について、密かに自らのライバルと見なしていたようだ。だが、あくまで諭吉の影にすぎない石河は、蘇峰と敵対するにも、諭吉の名前を借りてでなければ、相手にもされないような存在なのであった。そのことをよく知っていた石河は、『国民新聞』圧倒のため、自らの持論でもある蘇峰に輪をかけたようなアジア積極策を、日清戦争以後の『時事新報』紙上で提唱しようとしたのではなかろうか。

さらに私の考えでは、石河の蘇峰への片思いは二〇世紀にまで持ち越されたのであった。約四〇年を経て、石河は満州事変（昭和六年）後の時局に適合的な伝記と続全集を編纂し、そこで国家膨張論者としての福澤諭吉像を強く打ち出すことで、未だ存命中であった国民的思想家徳富蘇峰に一矢報いんとしたかのようだ。ただ、悲しいかな、石河の眼差しは蘇峰に向いていたとしても、蘇峰の目は諭吉本人にしか向けられてはいなかったのである。

**時事新報社の内紛、総編集伊藤の退社**

さて、日清戦争中の『時事新報』紙面を統括したのは、総編集伊藤欽亮《きんりょう》であった。慶應義塾の卒業生には珍しく長州の出身者であった伊藤は、その人脈を生かしつつ記者たちに積極的な取材を命じ、優れた報道機関として『時事新報』の名を高めた。明治二二年（一八八九）に入社した柳荘太郎《やなぎそうたろう》は、

私の入社した二十二年頃には、まだそれ程ではなかつたが、その後伊藤君は段々福澤先生に重用されて、新聞社に関する内外の事柄は総て伊藤君に話をされた。営業上の月末勘定などの事も、会計

主任の坂田実君は勿論《もちろん》之に参与しては居たけれども、伊藤君にも報告をし相談するといふ訳で、伊藤君の地位は段々重きを加へ、遂《つい》に二十三四年以後は殆《ほとん》ど伊藤内閣と云つてもよい程の全盛時代に入つたのである。

（『伊藤欽亮論集』下巻「付録」八二頁）

と回想している。石河執筆社説の論調も、伊藤が主宰する編集会議で決められていたのである。

明治二八年（一八九五）一二月一二日、九人の実子や多数の弟子の手によって、諭吉の還暦祝賀の会が催された。諭吉が携わった事業のうち、慶應義塾・時事新報社・交詢社の三つはすでに安定した軌道にのり、将来にわたって盤石《ばんじゃく》の体制が敷かれているかに見えた。日本のベンジャミン・フランクリンとしては、憲法起草委員になれなかったことだけが心残りだったのではないか、などと想像するのであるが、それはもちろん私の空想にすぎない。

諭吉が翌年から始めたことは、自らの人生に始末をつけるための活動であった。人生訓と処世訓を合体させた連作『福翁百話』の紙上発表もそうであるし、署名入りで出した著作を全て集めて『福澤全集』（明治版）刊行へ向けての準備を始めたのも、明治二九年からであった。ところがそのように、手がけていた事業からの完全な引退に向けて動き始めている、となると、重石《おもし》が外された格好の慶應義塾と時事新報社で内部の葛藤《かっとう》が生じてしまったのである。

新聞社の内紛は、永らく空席となっていた社長職を、七月に次男捨次郎が占めることになって発生した。総編集伊藤欽亮としては、中上川彦次郎の退社以来九年もの間紙面を統括してきたという自負があったから、自分が社長職に就けるのではないかと期待していたのかもしれない。しかし、時事新報社は諭吉が私費で設立した個人会社であるから、経営は骨肉に譲る以外になかったのである。諭吉は伊藤の能力を高く評価していたので慰留に務めたが、結局彼は明治二九年末に退社してしまった。その後二五年もの間続く時事新報社の福澤捨次郎・石河幹明体制はこの時始まったのである。

## ハーバード大学との提携計画の頓挫

慶應義塾の内紛は、同じ明治二九年（一八九六）の一〇月に始まった。それは不振の大学部の存廃を巡っての対立であった。大学部は設立から六年を経過していたが、その累積赤字にたまりかねた中上川をはじめとする評議員が諭吉に廃止を進言したのである。それを聞いた諭吉は激怒した。現状では大学部を維持することができないからといって、安易に撤退を考えるのではなく、どのようにすれば経営が成り立つかを考えよ、と諭吉は塾長の小幡篤次郎に命じた。諭吉のこの決断により、大学部の存続は決定し、同時に幼稚舎・普通部・大学部という一貫教育への模索が始まったのであった。

一貫教育完成のための募金運動が展開されていた明治三〇年（一八九七）八月、塾長の小幡が突如評議員会に辞職願を提出した。評議員会はそれを受理し、塾頭の諭吉に塾長の兼務就任を乞うた。諭吉はその申し出を受け入れて、六三歳にして義塾の改革にあたることになった。

従来の研究では、翌年四月までの八カ月間に諭吉がしたことは、カリキュラムを整理して義塾の中心に大学部を据え、その卒業生のみを塾員と位置づけることによって出身者の団結心を強化する、という主に精神面の改革として捉えられてきた。ところが、近年土屋博政により、ナップから米国ユニテリアン協会の会長G・バチュラーに宛てられた書簡（明治三〇年一〇月一日付）が見いだされて、諭吉が構想していた慶應の改革がもっと根本的なものであったことが判明した（『ユニテリアンと福澤諭吉』一五九頁）。

ハーバード大学神学部はユニテリアンが作った学部であった。そこでナップはエリオット総長とバチュラー会長との両方に働きかけることで、懸案となっていた慶應とハーバードの本格的提携を実現させようとしていたのである。具体的には、日本のユニテリアン運動の拠点となっていた先進学院《せんしんがくいん》（芝園橋）を慶應義塾に併合することでハーバードの神学部との関係を強め、慶應を「ある意味ハーバードの日本分校とする」（諭吉のエリオット宛英文書簡・明治三一年四月）方向から、慶應大学部の授与する学位をハーバードの学位と同等にまで引き上げることにあったようだ。

ナップの手紙には、計画実現のあかつきには慶應の評議員会にハーバードから人材が派遣されることを諭吉が了承した旨の記述がある。それを最初に諭吉から明かされたときの小幡篤次郎塾長ほか評議員たちの懊悩《おうのう》は、それまで自分たちだけで慶應義塾を運営してきたという自負があっただけに、深いものがあったのではなかろうか。『慶應義塾百年史』はこの提携問題についていっさい触れておらず、明治三〇年八月一三日、大学部の拡大に消極的だった小幡は、林毅陸《はやしきろく》・管学応《かんがくおう》・川合貞一《かわいていいち》ら少壮教員の突き上げに遭って辞職した、とされてきた（中巻［前］一九九頁以降）。私としてはこの記述に釈然としないものがあったので、このナップの手紙の出現により、小幡の辞職をハーバードとの提携を進める諭吉への抗議であったとの解釈が可能となって、ようやく腑に落ちたのであった。

ナップの申し出に対するハーバード大学側の回答は残されていない。ただ事実として提携がなされなかったことと、明治三〇年一一月に諭吉がユニテリアン運動の支援から完全に手を引いたうえ、ナップ本人とも絶交してしまったことから、ハーバードは慶應との関係強化に積極的ではなかったという推測が可能である。

# 終章　東京芝三田慶應義塾

## 1　自伝と女性論で掉尾《ちょうび》を飾る——明治三一年（一八九八）

### 『福翁自伝』とその後の奥平壱岐

石河幹明は『福翁自伝』（明治三二年六月刊・全⑦一頁）の初版序に、諭吉が「一昨年の秋、ある外国人の需《もと》めに応じて維新前後の実歴談を述べたる折、風《ふ》と思い立ち、幼時より老後に至る経歴の概略を速記者に口授して筆記せし」めた、と書いている。諭吉は明治三〇年九月までは「福澤全集緒言」の執筆と、学制改革の骨子をまとめるのに忙しく、また一一月二日から一九日まで家族を伴って京阪山陽地方を旅行しているから、自伝の口述を弟子矢野由次郎《やのよしじろう》を相手にして開始したのは、帰京後の一一月末頃であったのかもしれない。

この自伝が、近代文学上の傑作であることは言うをまたない。ただ、従来までの研究で過度に重要視されてきた、幼少時の迷信嫌いや伝統的学問（儒学）への反発心が真実であるかどうかについては、いささか疑問の余地がある。これらについては、諭吉も参考にしていた『フランクリン自伝』に類似のエピソードを指摘することができ、どうやら科学者としての自己の輪郭を明瞭に示すために、やや大仰に語ったと推測できるからである。

この自伝について、今さら私が何かを付け加えるべきことはもはやほとんどない。とはいえ、『福翁自伝』の読者がそれを読み終わったときに、知りたいと思うであろう疑問点については、応えたいと思う。それはすなわち、自伝の前半部で悪役として生彩を放っていた奥平壱岐《おくだいらいき》は、その後どうしてしまったのか、ということである。

自伝には諭吉が江戸に到着したとき、壱岐が家老として着任しているところまでが語られている。その後壱岐は下士水島六兵衛らの讒言《ざんげん》によって家老を解任され、三年後の慶應二年（一八六六）に勝海舟の仲介によって薩摩藩に仕官を果たし、さらに翌年九月に伊予松山藩に転籍して四国に向かっている。脱藩して名前も中金正衡《なかがねまさひら》と改めたので、奥平壱岐名での追究はできなくなるわけである。

薩摩藩との人脈を保ったまま明治維新を迎えられたことは、落魄《らくはく》してしまった壱岐にとって、それでも幸いなことであった。彼は土佐の後藤象二郎が率いていた左院（立法諮問機関）の下級職員に採用され、ともかくも明治政府の末端に連なることができたからである。壱岐より一五歳ほど年少の後藤は、元土佐藩の家老職（七百石取）であった。公職にありついたとはいえ、かつて中津藩で後藤と同じ七百石取りの家老職に就いていた身としては、それなりの悲哀があったのではなかろうか。

壱岐の最初の著作は、明治四年（一八七一）刊の『大倭語学手引草《おおやまとごがくてびきぐさ》』という言語学を主題とする和装本である。その後設立された左院に入って壱岐に与えられた仕事は、どうやら西洋の政治制度の取り調べであったようだ。国立国会図書館の近代デジタルライブラリーには、『通俗西洋政治談』（明治六年四月刊）など中金正衡の著作が一〇冊所蔵されていて、インターネットに接続できる環境があれば、容易に閲覧が可能である。

明治八年（一八七五）に左院が廃止されてからは衛生部門に移ったらしく、内務省衛生局長長与専斎《ながよせんさい》が序文を寄せている『伝染病予防法心得書演解』（明治一三年一一月刊）は、諭吉の膝元である慶應義塾出版社から出されている。出版社の仕事を手伝っていた中津出身の弟子飯田平作が、維新後も壱岐と交流していて、その縁で持ち込まれた原稿を、諭吉に無断で刊行したのだという。壱岐の最後の著書は明治一六年（一八八三）一二月刊の『衛生法意』であるが、五〇歳代後半となっていた彼は、翌一七年五月に亡くなっている。その墓は四谷《よつや》笹寺《ささてら》にある。

中金正衡すなわち奥平壱岐の著作一一冊は、現在はもちろんのこと当時にあってさえも人々に読まれることはなかった。左院在職時のものは諭吉の著作と主題を同じくしているのであるが、諭吉の本と比べると、壱岐の著作は比較にならないほどつまらない。才能の差とはこういうものなのか、と嫌でも感じさせられてしまうのであるが、それでも壱岐は現在に何の痕跡も残さずに消滅してしまったわけではない、ということは書き留めておく価値があろう。「経済」や「権利」など、諭吉が翻訳した概念で、現代まで使われている語彙《ごい》は多数あるが、壱岐の作った言葉も、たった一つだけ、今の私たちが日常的に使っているのである。すなわち「形容詞」という言葉がそれで、その語彙は『大倭語学手引草』で初めて使われているそうである。

## 脳卒中の発作を発症す

明治三一年(一八九八)四月、諭吉は小幡の辞任以来九カ月の間兼務していた塾長の座を鎌田栄吉に引き継ぎ、『福翁自伝』の仕上げにとりかかった。その完成は同年五月のことで、七月一日から『時事新報』への連載が開始された。翌八月、諭吉はまとまった作品としては生涯最後のものとなる『女大学評論、新女大学』(明治三二年一一月刊・全⑥四六一頁)を書き始めた。執筆完了は脳卒中の発作発症の数日前で、諭吉の女性論が未完結とならずに済んだのは幸いであった。

石河幹明が編纂した昭和版続全集の「時事論集」では、日清戦争後の諭吉は、清国から割譲された新領土台湾の統治の方法について、政府に弾圧政策を採用するよう要求していたことになっている。しかし調べてみると、『福翁百話』(明治三〇年七月刊)以後の署名著作において、台湾の統治について触れた文章は一つも存在しないのである。実際の諭吉は、戦争中に百話の中の「女子教育と女権(三十五)」あたりを書くうちに、女性の権利拡大の必要をますます感じ、『福澤先生浮世談《うきよだん》』(明治三一年三月刊・全⑥四三七頁)でひとしきり持論を述べたが、それでも十分だとは思われず、自伝の仕事が終わったので、旧来の女大学の批判と新たな女性論を世に問おうとした、ということになろう。

諭吉の女性論は、家事や育児を女性特有の仕事と見なしたうえで、その仕事に高い評価を与えることにより、女性の地位向上を図るものである。この時注意しなければならないのは、ここで読者として想定されているのが、高級紙『時事新報』を購読している家庭の「奥様」方にとどまり、そもそも家内で肉体労働に従事している「女中」や「下女」は、地位向上を図られるべき女性の中に含まれていない、ということである。こうした側面についてはすでに多くの批判があるが、この問題について関心のある読者は、西澤直子や篠塚英子《しのづかえいこ》の研究に当たってほしい。

九月中旬に『女大学評論、新女大学』を書き終えた諭吉は、九月二八日に開かれる予定の長与専斎還暦祝賀会での挨拶《あいさつ》文の準備を始めた。この「奉祝長与専斎先生還暦」(全⑯四八七頁)という文章は翌二九日付の紙面に掲載されているが、このときすでに脳卒中の発作を発症していた諭吉は、意識が戻らない状態に陥っていた。その発作を引き起こした遠因としては、時事新報社社長となった次男捨次郎の赤痢発病についての心労があったと考えられる。

九月二二日、諭吉は妻と二人の娘を伴って歌舞伎座に芝居見物に出かけた。その日の夜、同じ三田の塾構内に住んでいた捨次郎が、ひどい下痢になってしまったのである。翌日診察した医師は腸カタルと判断してその処方をしたが、二四日の午後になって腹痛を発し、ことの重大さに気付いた諭吉は、北里柴三郎の来診を仰いだ。診断は赤痢ということで、捨次郎は北東に一キロほどの所にあった伝染病研究所(芝区愛宕町)に入院することになった。諭吉が主治医として松山棟庵《とうあん》を北里に推薦したことで、夜になって松山が来訪した。翌二五日、研究所から三田の福澤邸に数回電話がかかってきて、病状についての報告を受けた。

こうした事実の詳細は、諭吉自身の「次男捨次郎赤痢病状記録」に記されている。ここには発病からの病状が日録形式で書かれているが、その最後の部分は、「今は見舞も苦しからずとのことに付き、即時母と妹さとと出張見舞《しゅっちょうみまい》」(全⑲三六四頁)となっている。この「今」とは、明治三一年(一八九八)九月二六日午後一時頃のことで、この文を書いた直後に諭吉は強い頭痛に見舞われ、夕刻になって意識を失ったのである。それが重い脳卒中の発作の始まりで、いかにも子煩悩《こぼんのう》の諭吉らしいと言うべきか、愛息の病状を案ずる日録の記述が事実上の絶筆になってしまった。

## 2　新世紀まさに開かんとす——明治三四年(一九〇一)

**脳卒中の発作からの生還**

発症翌日の九月二七日に診察した帝大の招聘《しょうへい》教師ベルツは、諭吉の容態を見て、「彼のキャリアもこれで終わりだ」とつぶやいた。翌二八日に至るも意識の回復は十分ではなかったが、スープなど流動性の高い食品によって栄養補給は可能な状態となった。このまま良くなっていくかに見えた一〇月五日になって再び症状が悪化、危篤状態に陥ったのであった。危篤を脱したのは一〇月九日のことで、下旬には病状も安定してきたようだ。約一カ月後の一一月一四日には初めて戸外に出ている。また、一二月一二日には、芝紅葉館で開かれた慶應義塾同窓会主催の病気快癒《かいゆ》祝賀会に出席したが、この会は諭吉の数え六五歳の誕生会も兼ねていた。このように肉体が快復してきたのは確かであるが、精神についてはどうかといえば、かつての諭吉が戻ってきたというような奇跡があった、という定説ははなはだ疑わしい。それは親族の願望ばかりではなく、あくまで主宰者としての諭吉の残映に依頼したい時事新報社や、学制改革を経て再建途上の慶應義塾にとって、諭吉の精神が滅びたということを認めるわけにはいかない、というそれぞれの事情もあった。

## 次の世代・次の世紀へ

明治三一年（一八九八）七月一日に連載が開始された『福翁自伝』は、途中発病を挟んで、翌明治三二年二月一六日に終結した。続いて『女大学評論、新女大学』の連載は四月一日から七月二三日までである。この二つの連載の間に当たる三月二二日に、『時事新報』は諭吉の奇跡的な快復ぶりについて報じている。新聞社の首脳が読者にどのような印象を抱かせたかったかは明らかであろう。

また、慶應義塾についても、実子・弟子たちが協力して福澤精神の綱領「修身要領」二九カ条を定めるべく動き始めたのは、明治三二年の秋であった。山口県豊浦《とよのうら》に隠棲していた日原昌造《ひはらしょうぞう》が諭吉の希望によって上京してきて、まず基調となる「独立自尊」という言葉を選び、それに賛同した福澤一太郎と捨次郎・小幡篤次郎・石河幹明・鎌田栄吉・門野幾之進《かどのいくのしん》・土屋元作が全体の条文を練り上げていった。この「修身要領」（全㉑三五三頁）は全体として諭吉の思想の骨子をよく伝えたもので、それゆえにというべきか、一部の人々から「教育勅語」（明治二三年一〇月発布）の精神と矛盾するのではないか、という批判を浴びることになった。とはいえ、鎌田栄吉や北川礼弼《きたがわれいすけ》が、明治三三年二月に発表された「修身要領」を手に各地で演説会を開いたおかげで、卒業生からの寄付金も集まり、また入学志願者も増加したのである。

翌明治三四年（一九〇一）は、二〇世紀の最初の年であった。その頃になると脳卒中の後遺症である失語症は十分には癒《い》えてはいないものの、意識は清明で、来訪者との簡単な意思の疎通は可能になっていたようである。ところが、新年の会もつつがなく終わった一月二五日の午後八時、諭吉は突如重篤な発作に襲われてしまい、今度は意識を回復することもなく、九日後の二月三日午後一〇時五〇分に息を引き取った。数えで六八歳、満年齢にすると六六歳一カ月の生涯であった。

# 参考文献

## ○福澤諭吉本人について

### 著作

福澤諭吉『修業立志編』（時事新報社、一八九八年）全集非収録
一八九八年から一九三六年まで、慶應義塾で教科書として使われていた演説・論説集。収録四二編中九編は現在までのいかなる全集・選集・著作集にも収められていない。再刊が望まれる。
福澤諭吉『福澤全集』全五巻（ジャパン・タイムス、一八九八年）通称明治版
福澤諭吉『福澤全集』全七巻（時事新報社、一九二五～二六年）通称大正版
福澤諭吉『続福澤全集』全一〇巻（岩波書店、一九三三～三四年）通称昭和版
福澤諭吉『福澤諭吉全集』全二一巻別巻一巻（岩波書店、一九五八～六四年・別巻七一年）通称現行版
福澤諭吉『福澤諭吉選集』全一四巻（岩波書店、一九八〇～八一年）
福澤諭吉『福澤諭吉著作集』全一二巻（慶應義塾大学出版会、二〇〇二～〇三年）

### 書簡集

福澤諭吉『福澤諭吉書簡集』全九巻（岩波書店、二〇〇一～〇三年）

## 伝記

田中王堂『福澤諭吉』（実業之世界社、一九一五年）
石河幹明『福澤諭吉伝』全四巻（岩波書店、一九三二年・新装版一九九四年）
慶應義塾の依頼により編纂された伝記だが、満州事変直後の刊行のため、戦時局への迎合が見られる。とりわけ第三巻は石河が執筆した時事新報社説により構成されていて、内容の信憑性に疑問がある。
小泉信三『福沢諭吉』（岩波書店、一九六六年・新装版一九九四年）
鹿野政直『福沢諭吉』（清水書院、一九六七年）
遠山茂樹『福沢諭吉――思想と政治との関連』（東京大学出版会、一九七〇年・新装版二〇〇七年）
石河の伝記を下敷きとしているため、明治一四年政変以後を扱っている後半部約四割は、石河の言論活動の紹介ともいうべきものである。遠山が批判する侵略論者福澤とは、事実上石河幹明のことである。
会田倉吉『福沢諭吉』（吉川弘文館、一九七四年・新装版一九八五年）
ひろたまさき『福沢諭吉』（朝日新聞社、一九七六年）
富田正文『考証福澤諭吉』全二巻（岩波書店、一九九二年）
石河の愛弟子である富田が書いた、参照するに価する優れた考証文献。ただし、師匠の影を踏まない限りにおいて、という制約があるため、福澤の記憶違いは指摘しても、石河の間違いは不問にふしている。
北岡伸一『独立自尊――福沢諭吉の挑戦』（講談社、二〇〇二年）

## 研究書

渡辺修二郎（焉用氏）『学商福澤諭吉』（大学館、一九〇〇年）
高橋誠一郎『福澤諭吉――人と学説』（実業之日本社、一九四七年）

安川寿之輔『日本近代教育の思想構造――福沢諭吉の教育思想研究』（新評論、一九七〇年）
今永清二『福沢諭吉の思想形成』（勁草書房、一九七九年）
山口一夫『福澤諭吉の西航巡歴』（福澤諭吉協会、一九八〇年）
平川祐弘『進歩がまだ希望であった頃――フランクリンと福澤諭吉』（新潮社、一九八四年）
丸山真男『文明論之概略を読む』全三巻（岩波書店、一九八六年）
山口一夫『福澤諭吉の亜米利加体験』（福澤諭吉協会、一九八六年）
長尾正憲『福沢屋諭吉の研究』（思文閣出版、一九八八年）
山口一夫『福澤諭吉の亜欧見聞』（福澤諭吉協会、一九九二年）
松沢弘陽『近代日本の形成と西洋経験』（岩波書店、一九九三年）
中崎昌雄『福澤諭吉と写真屋の娘』（大阪大学出版会、一九九六年）
杵淵信雄『福沢諭吉と朝鮮』（彩流社、一九九七年）
坂本多加雄『新しい福沢諭吉』（講談社、一九九七年）
西川俊作『福沢諭吉の横顔』（慶應義塾大学出版会、一九九八年）
白井堯子『福沢諭吉と宣教師たち――知られざる明治期の日英関係』（未来社、一九九九年）
西部　邁『福澤諭吉――その武士道と愛国心』（文藝春秋、一九九九年）
安川寿之輔『福沢諭吉のアジア認識――近代日本史像をとらえ返す』（高文研、二〇〇〇年）
飯田　鼎『福澤諭吉研究――福澤諭吉と幕末維新の群像』（御茶の水書房、二〇〇一年）
井田進也『歴史とテクスト――西鶴から諭吉まで』（光芒社、二〇〇一年）
小泉　仰『福澤諭吉の宗教観』（慶應義塾大学出版会、二〇〇二年）
小久保明浩『塾の水脈』（武蔵野美術大学出版局、二〇〇四年）

平山　洋『福沢諭吉の真実』（文藝春秋、二〇〇四年）
渡辺俊一『井上毅と福沢諭吉』（日本図書センター、二〇〇四年）
土屋博政『ユニテリアンと福澤諭吉』（慶應義塾大学出版会、二〇〇四年）
河北展生編著『「福翁自伝」の研究』（慶應義塾大学出版会、二〇〇六年）
安川寿之輔『福沢諭吉の戦争論と天皇制論――新たな福沢美化論を批判する』（高文研、二〇〇六年）
礫川全次『知られざる福沢諭吉――下級武士から成り上がった男』（平凡社、二〇〇六年）
安西敏三『福澤諭吉と自由主義』（慶應義塾大学出版会、二〇〇七年）

## 研究論文

小泉信三「福澤先生の国家及び社会観」『小泉信三全集』第二一巻（文藝春秋、一九六八年・初出一九三四年）
稲葉倉吉「福澤先生の著学問のすすめ初篇と経始概略に就いて」『豊前郷土史論集』（国書刊行会、一九八〇年・原本一九四一年）
遠山茂樹「日清戦争と福沢諭吉」『遠山茂樹著作集』第五巻（岩波書店、一九九二年・初出一九五一年）
伊藤弥之助「咸臨丸の渡米と福澤諭吉」『三田評論』六八一号（慶應義塾、一九六九年）
松沢弘陽「さまざまな西洋見聞」『西洋見聞録』日本思想大系六六（岩波書店、一九七四年）松沢［一九九三］再録
小久保明浩「『鶯栖園《おうすいえん》遺稿《いこう》』と福沢諭吉の書翰」『福澤諭吉年鑑』二六（福澤諭吉協会、一九九九年）
東田全義「ワンダーベルトと云ふ原書」『福澤手帖』一一三号（福澤諭吉協会、二〇〇二年）
クレイグ、アルバート（Craig, Albert）'Fukuzawa Yukichi and Shinmon Berihente'『近代日本研究』第一九巻（慶應義塾福澤研究センター、二〇〇三年）

西澤直子「日本婦人論・男女交際論解説」『福澤諭吉著作集』第一〇巻（慶應義塾大学出版会、二〇〇三年）
平山　洋「誰が『尊王論』を書いたのか？」『国際関係・比較文化研究』第五巻第二号（静岡県立大学、二〇〇七年）
松沢弘陽「福澤諭吉ロンドンで英国『社中』の『建白』を読む」『福澤手帖』一三二号（福澤諭吉協会、二〇〇七年）

その他の資料
慶應義塾『福澤先生哀悼録』（みすず書房、二〇〇五年・原本一九〇一年）
丸山信編『福沢諭吉門下』（日外アソシエーツ、一九九五年）

○福澤諭吉以外の人物について

著作・日記・書簡
伊藤欽亮『伊藤欽亮論集』全二巻（ダイヤモンド社、一九二九年）
白石照山『照山白石先生遺稿』（遺稿編纂会、一九三〇年）
頼　山陽『頼山陽全集』全八巻（遺蹟顕彰会、一九三一〜三三年）
佐久間象山『象山全集』全五巻（信濃毎日新聞社、一九三四年）
野本雪岩他『野本雪岩真城狷庵先生遺稿』（後凋閣、一九三八年）
関鉄之介『西海転蓬日録』『日記二』日本史籍協会叢書別編9（東京大学出版会、一九七三年）
大村益次郎『大村益次郎文書』（マツノ書店、一九七七年）

慶應義塾図書館編『木村摂津守喜毅日記』（塙書房、一九七七年）
勝　海舟『勝海舟全集』全二二巻別巻一巻（講談社、一九七二～九四年）
緒方洪庵『緒方洪庵のてがみ』全五巻（菜根出版、一九八〇～九六年）
勝　海舟『新訂海舟座談』（岩波書店、一九八三年）
寺島宗則研究会編『寺島宗則関係資料集』全二巻（示人社、一九八七）
勝　海舟『勝海舟関係資料』全五冊（江戸東京博物館、二〇〇一～〇六年）
榎本隆充編『榎本武揚未公開書簡集』（新人物往来社、二〇〇三年）

## 伝　記

フランクリン、ベンジャミン『フランクリン自伝』（岩波書店、一九五七年・原本一七九〇年）
武谷祐之『南柯一夢』『九州文化史研究所紀要』第一〇・一一・一四号（九州大学、一九六三～六九年・執筆一八九三年）
渡辺重石丸『鶯栖園遺稿』全二冊（慶應義塾福澤研究センター所蔵複写、執筆一八九九年カ）
小川清介『老いのくりごと』日本都市生活史料集成第四巻（学習研究社、一九七八年・執筆一九〇〇年）
寺島宗則『寺島宗則自叙伝』日本外交史人物叢書第一一巻（ゆまに書房、二〇〇二年・執筆一九〇七年）
杉　亨二『杉亨二自叙伝』（出版者不明、一九一八年）
小野精一『野本白岩遺芳』（出版者不明、一九二三年）
徳富蘇峰『蘇峰自伝』（中央公論社、一九三五年）
今泉みね『名ごりの夢――蘭医桂川家に生れて』（平凡社、一九六三年・原本一九四一年）
緒方富雄『緒方洪庵伝』（岩波書店、一九七七年・初版一九四二年）

前田　愛『成島柳北』（朝日新聞社、一九九〇年・原本一九七六年）
土居良三『軍艦奉行木村摂津守』（中央公論社、一九九四年）
火野葦平『中津隊――増田宋太郎伝記』（玉井闘志、二〇〇三年）

**研究書・研究論文**

阿部隆一「福澤百助の学風」『福澤諭吉全集』（現行版）第二巻付録（岩波書店、一九五九年）
今泉源吉『蘭学の家桂川の人々』全三巻（篠崎書林、一九六五年）
佐藤一郎「福沢百助著『杲育堂詩稿』」（一）～（五）『史学』五〇～五五号（慶應義塾大学、一九八〇～八六年）
西川俊作「福沢百助・黒沢庄右衛門と奥平昌高」『国民経済雑誌』一五六（三）（神戸大学、一九八七年）
相蘇一弘『大塩平八郎書簡の研究』全三巻（清文堂出版、二〇〇三年）
野口武彦『大江戸曲者列伝――幕末の巻』（新潮社、二〇〇六年）

○時代と事件について

**研究書・研究論文**

広池千九郎『中津歴史』全二巻（防長史料出版社、一九七六年・原本一八九一年）
下毛郡教育会編『下毛郡誌』（名著出版、一九七二年・原本一九二七年）
尾佐竹猛『明治秘史疑獄難獄』（批評社、一九九八年・原本一九二九年）
赤松文二郎『扇城遺聞――郡誌後材』（名著出版、一九七四年・原本一九三二年）
山崎有信『豊前人物志』（美夜古文化懇話会、一九七三年・原本一九三九年）

黒屋直房『中津藩史』（碧雲荘、一九四〇年）
慶應義塾編『慶應義塾百年史』全六巻（慶應義塾、一九五八〜六九年）
清岡暎一編『慶應義塾大学部の誕生』（慶應義塾、一九八三年）
川嶌眞人『中津藩蘭学の光芒——豊前中津医学史散歩』（西日本臨床医学研究所、一九九一年）
篠塚英子『女性と家族——近代化の実像』（読売新聞社、一九九五年）
松崎欣一『三田演説会と慶應義塾系演説会』（慶應義塾大学出版会、一九九八年）
家近良樹『孝明天皇と「一会桑」——幕末・維新の新視点』（文藝春秋、二〇〇二年）
坂野潤治『明治デモクラシー』（岩波書店、二〇〇五年）
黄民基『唯今戦争始め候。明治十年のスクープ合戦』（洋泉社、二〇〇六年）
坂野潤治「日本近代史の中の交詢社私擬憲法案」『近代日本研究』第二二巻（慶應義塾福澤研究センター、二〇〇六年）

### その他の資料

山室信一・中野目徹校注『明六雑誌』上（岩波書店、一九九九年・原本一八七四年）
細川家編『改訂肥後藩国事史料』全一〇巻（国書刊行会、一九七三〜七四年・原本一九三二年）
家永三郎・松永昌三・江村栄一編『新編明治前期の憲法構想』（福村出版、二〇〇五年）

# あとがき

福澤諭吉の伝記執筆の依頼が出版社からあったのは、二〇〇四年一〇月である。快諾後すぐさま資料調査を開始して、二〇〇五年九月二九日に本文を書き始め、二〇〇七年一二月二一日に入稿した。

書き進めるうちに分かったことは、明治維新前に関し、『福翁自伝』には意図的な虚偽は少ないものの、交流が確認できる、福澤楽（祖母）・野本真城（儒者）・渡辺重石丸（中津尊王派）・水島六兵衛（同）・橋本左内（一橋派）・大鳥圭介（砲術家）・小栗忠順（外国奉行）・大田黒惟信（熊本実学党）らに触れていないこと、さらに、万延元年（一八六〇）五月から文久元年（一八六一）一二月までと、元治元年（一八六四）一〇月から慶應三年（一八六七）一月までの二つの時期について、言及がないことである。

この期間の福澤の動向は謎に包まれている。どうやら元治年間以降については、徳川慶喜を頂点とし大鳥・小栗・大田黒らを与党とする実学派（公武合体派）の人々と連携して、長州の久坂玄瑞や高杉晋作を始め、中津の渡辺・水島らを含む尊王攘夷派に対抗する活動に従事していたらしい。

また維新後についても、自伝には明治六年の征韓論以後に権力を掌握した大久保利通および後継の伊藤博文との緊張関係が語られていないため、明治一四年政変までの言論活動の意義が矮小化されている。さらに自伝の口述を進めていた明治三一年（一八九八）前半は第三次伊藤内閣時だったためか、過去への語り口に一定の配慮がなされている。たとえば、福澤は国学者塙二郎の暗殺犯が伊藤だと知っていたにもかかわらず、「何者かに首を切られ」とぼかしたり、本当は重大事だった明治一四年政変について、反逆者の疑いをかけられたことを、「大笑いな珍事」と軽い調子で述べている。

重要な事柄が省略されていたり、または軽く扱われていたりするため、『福翁自伝』は全体として幕末維新明朗時代劇の様相を呈している。その影響なのか、現在よく読まれている伝記は講談調が多いが、そこで描かれる福澤像は実相からかけ離れたものである。また石河幹明の『福澤諭吉伝』が示し、遠山茂樹の『福沢諭吉』へと引き継がれた〈侵略的絶対主義者福澤〉という像も依然有力とされており、現行版全集の「時事新報論集」を信じる限り、その思想を整合的に理解するのは困難である。

こうした従来の見方に対し、本書において私が提示した福澤像は、〈文明政治の六条件を日本に広めようとした伝道者〉というものである。署名著作と、本書巻末のリストにある大正版全集所収論説と直筆草稿残存社説だけを読むならば、それ以外の姿は浮かび上がってはこないのではないか。なお私の研究論文その他は、有志者の運営によるウェブサイト「平山洋氏の仕事」上で公開されている。

本書を書き上げることができたのも、多くの人々の協力があってこそである。ここで、浅見雅男・穴山恵大・今泉俊一・今泉太郎・川嶌眞人・小泉仰・西川俊作・西澤直子・西野浩平・野本肇・馬場紘二・松沢弘陽・吉田俊純・和田武士の各氏、および担当編集者の田引勝二氏に深く感謝の意を表する。もとより、完成した本書に含まれるすべての欠陥の責任は、私にある。

二〇〇八年三月一七日

平山　洋

# 福澤諭吉略年譜

（齢は数え、明治五年までの暦数は太陰暦表記である）

| 和暦 | 西暦 | 齢 | 関係事項 | 一般事項 |
| --- | --- | --- | --- | --- |
| 天保五 | 一八三四 | 1 | 12・12（西暦一八三五年1・10）大阪玉江橋北詰中津藩蔵屋敷に誕生。 | 4月百助藩財政再建のため金策後、一家で帰郷。藩札下落止む。 |
| 七 | 一八三六 | 3 | 6・18父百助が病死し、母子六人中津に帰る。兄三之助、一一歳で家督を相続。 | 5月徳川斉昭、常陸助川に砲台を築く。飢饉により奥羽地方の死者一〇万人におよぶ。 |
| 一一 | 一八四〇 | 7 | 家風が中津の風に合わない。幼少時に叔父の中村術平の養子となり、中村姓を名乗る。 | 中津藩天保子年の改革。藩財政再建のため儒者野本真城率いる改革党が家禄削減を求めるも、保守党の反対にあって頓挫。 |
| 弘化三 | 一八四六 | 13 | 母の代理で中津下正路の回船問屋大阪屋に借金返済の使いに行く。 | 閏5月米海軍ビッドル、浦賀に来航する。7月幕府砲術家高島秋帆らを処罰。 |
| 四 | 一八四七 | 14 | 三之助の上司服部五郎兵衛に漢書の素読を習う。秣村に開設された野本真城塾に通学する。 | 2月幕府、彦根・会津両藩にも相模・房州の警備を命ず。 |

| | | | | |
|---|---|---|---|---|
| 嘉永元 | 一八四八 | 15 | 真城が四日市の郷校に移ったのを機に、城下の塾（手島物斎または橋本塩岩）に通学する。 | 2月パリの二月革命、全欧に波及。2月マルクス、エンゲルス「共産党宣言」刊。 |
| 二 | 一八四九 | 16 | 留守居町の白石照山塾に入門する。母の手伝いとして障子貼り・下駄の鼻緒立て・畳表の付け替え・桶のたが入れなど様々な内職に励む。 | 3月米軍艦ブレブル号来航。閏4月英軍艦マリナー号、江戸湾を測量。年末、老中阿部正弘沿岸諸藩に海防を通達す。 |
| 三 | 一八五〇 | 17 | この頃、白石塾で学んでいた二人の僧からあんま術を学ぶ。 | この年、野本真城「海防論」を著す。7月中津藩江戸屋敷、信州松代藩士佐久間象山を軍事顧問として採用する。 |
| 四 | 一八五一 | 18 | 北斜向かいの橋本家（現・福澤諭吉旧居）に引っ越す。 | 3月野本真城、江戸に赴いて蟄居謹慎中の徳川斉昭に面会を求める。 |
| 五 | 一八五二 | 19 | 6・18祖母楽死去。 | 6・14帆足万里死去。この年、中津藩の上士が生活困窮を藩庁に上訴する一方、下士は城門警備の仕事を解くよう運動し、藩内抗争が起こる（御固番事件）。 |
| 六 | 一八五三 | 20 | 12・18師白石照山、御固番事件を扇動したという理 | 6・3、浦賀にペリーが来航す |

| | | | | |
|---|---|---|---|---|
| | | | 由により中津を追放される。 | る。7・3幕府、徳川斉昭に海防参与を命じる。 |
| 安政 元 | 一八五四 | 21 | 2月兄三之助とともに長崎に出る。中津藩家老の子奥平壱岐を頼って桶屋町光永寺に寄寓。5月大井手町砲術家山本物次郎の食客となる。9月頃大村益次郎と面識をもつ（推測）。 | 3月日米和親条約が締結される。3月長崎に露プチャーチン三度目の来航。閏7月長崎に英国東インド艦隊スターリング来航。11・5安政の南海大地震。 |
| 二 | 一八五五 | 22 | 2月壱岐の父与兵衛、密かに諭吉の中津召還を謀る。それを機に江戸に出ることにし、同月中旬長崎を出立、半月後大阪に到着。3・9大阪蔵屋敷詰の兄三之助に諭されて大阪に留まることにし、緒方洪庵の適塾に入門する。 | 1・16江川英龍死去。1月幕府洋学所を設置。大村益次郎、宇和島に帰還。7月長崎海軍伝習所開設。10・2安政の江戸大地震。水戸藩藤田東湖圧死。この年、薩摩藩蒸気船製作。 |
| 三 | 一八五六 | 23 | 1月兄三之助、リューマチスにかかる。3月腸チフスにかかり、四月に全快。5月病後の保養方々兄弟そろって中津に帰る。8月再び大阪に出て適塾に通学。9・3兄三之助が中津で病死したとの連絡を受けて、9・10頃大阪を発って帰省する。福澤家の家督を継ぎ、五〇日の喪に服する。10月頃奥平壱岐から『ペル築城書』を借りて書写する。母の許しを得 | 2月洋学所を蕃書調所と改称。7・3野本真城死去。7月蘭理事官クルチウス、列国との通商条約締結を幕府に勧告。7月アメリカの総領事ハリスが下田に来る。10・6松平春嶽、徳川慶勝・蜂須賀斉裕らに書簡を送り、 |

| | | | | |
|---|---|---|---|---|
| | | | て大阪再遊と決し、家財道具を売り払って家の借金の始末をする。**11月**緒方洪庵より『ペル築城書』の翻訳を命じられ、同時に適塾内塾生となる。 | 将軍継嗣に一橋慶喜を推すことの協力を求める。10・17幕府、老中堀田正睦を外国事務取扱・海防月番専任とする。10・20幕府、外国貿易取調掛を設置。10・20二宮尊徳死去。11・1広瀬淡窓死去。この年、吉田松陰が松下村塾を開く。 |
| 四 | 一八五七 | 24 | **3月**福岡藩主から拝借した科学書ワンダーベルトを書写し、電信機の製造を試みる。秋、適塾塾長となる。 | 1・18蕃書調所開業。6・17老中首座阿部正弘死去。7・23徳川斉昭海防参与を辞任。 |
| 五 | 一八五八 | 25 | **2・25**稲田桃林で花見の帰り、道頓堀火災の消火活動に従事。**3・23**橋本左内と面会（推測）。**4月初**江戸家老着任途中の奥平壱岐と面会（推測）。**8月**江戸藩邸内蘭学塾教師への就任要請があったため、コレラが流行中の中津に戻り、母に暇乞いをする。**9月下旬**適塾生岡本周吉（古川節蔵）を伴って、**10月中旬**江戸に着く。中津藩鉄砲洲中屋敷内に塾を開設（慶應義塾の始まり）。**11月**大村益次郎と面会する。『ペル築城書』の翻訳を再開する。 | 4・23井伊直弼、大老に就任。6・19日米修好通商条約調印。6・24徳川斉昭・徳川慶勝登城して、慶喜の将軍継嗣を井伊大老に進言。6・25徳川家茂が将軍に内定。7・6将軍家定死去。8・8発喪。同日、戊午の密勅。9月以降一橋派活動家の逮捕相次ぐ（安政の大獄）。 |

| | | | | |
|---|---|---|---|---|
| 六 | 一八五九 | 26 | 2月『ペル築城書』の翻訳完成する。春、通詞森山多吉郎の所で英語を学ぶ。福地源一郎と一緒になる。6月開港した横浜で英語が共通語となっているのを確認。11月軍艦奉行木村喜毅の従僕として咸臨丸に乗船することが決まる。 | 5・26英総領事オールコック着任。6月五カ国条約により横浜・長崎・函館の三港を開く。8・27徳川斉昭に国元永蟄居ほか10月までに安島帯刀・茅根伊予之介・橋本左内・頼三樹三郎・吉田松陰ら処刑。10・17江戸城本丸炎上。 |
| 万延元 | 一八六〇 | 27 | 1・17咸臨丸浦賀を出発。2・26（西暦3・17）サンフランシスコ着。閏3・19（西暦5・8）同港を発して途中ハワイに寄港し、5・5に帰国する。8月翻訳『増訂華英通語』刊行。11月幕府外国奉行支配翻訳方に雇われる。この頃鉄砲洲から新銭座に転居する。 | 1・18アメリカとの修好通商条約批准交換のため、新見正興の一行ポーハタン号に乗りアメリカに渡る。3・3桜田門外で大老井伊直弼暗殺される。10月岡本周吉（古川節蔵）訳『万国政表』刊行。11月小栗忠順外国奉行に就任。12・5米通訳官ヒュースケン暗殺。 |
| 文久元 | 一八六一 | 28 | 12月中津藩士島津文三郎夫妻の仲人で、同藩士江戸定府土岐太郎八の次女錦と結婚する。12・22幕府遣欧使節の随員となり江戸を出発。途中長崎で山本物 | 2・3露海軍軍人、対馬に強制上陸。3・23幕府、諸外国に開港の七年延期を要請。4月アメ |

| | | | | |
|---|---|---|---|---|
| | | | 次郎・長与専斎と再会する。 | リカ南北戦争始まる。11月『ジャパン・ヘラルド』紙創刊。 |
| 二 | 一八六二 | 29 | 1・1（西暦1・30）長崎を発し、インド洋から紅海を経てスエズ地峡を汽車で越え、地中海を渡ってマルセイユに着く。フランス・イギリス・オランダ・プロイセン・ロシア・ポルトガルの諸国を歴訪し、12・11帰朝。 | 12・24遣欧使節三〇数名出発。1・15老中安藤信正が、坂下門外で襲われる。8月文久の幕政改革により一橋派復権。8・21生麦事件。8月緒方洪庵、将軍の侍医となる。12・12長州藩尊攘派英公使館を焼き討ちする。 |
| 三 | 一八六三 | 30 | この頃から塾生に英語を教え始める。5月英艦隊の攻撃に備えて青山に立ち退く手はずを整える。6・10恩師緒方洪庵死去。通夜の席での大村益次郎の攘夷論転向に驚く。秋、新銭座から再び鉄砲洲の中津藩中屋敷に越す。10・12長男一太郎が生まれる。 | 2月将軍家茂上洛。5・9幕府生麦事件の償金を支払う。5・12伊藤博文・井上馨ら長州藩士五名、英留学に出発。6月マクドーガル大佐率いる米軍艦、攘夷の報復として長州藩砲台を砲撃占拠。7月薩英戦争により鹿児島城下炎上。 |
| 元治元 | 一八六四 | 31 | 3・23中津に向け出発。6・26小幡篤次郎ら六名の青年を連れて江戸に帰着。8月長州征伐への塾生の協力を断る。10・6幕府外国方翻訳局に禄高一五〇 | 1・15将軍家茂入京。参与会議召集。3・9参与会議解散。3月天狗党の乱。7・11佐久間象 |

| | | | | |
|---|---|---|---|---|
| | | | 俵で出仕。10・19脇屋卯三郎処刑。外交情報メモを焼き捨てる。この年、写本『西洋事情』執筆。英字新聞を翻訳して諸藩の留守居役に販売し、塾の経費にあてる。 | 山暗殺。7・19蛤御門の変。8月長州征伐発動。四カ国連合艦隊下関砲撃。9・22幕府下関事件の償金交付を約す。 |
| 慶應元 | 一八六五 | 32 | 9・21次男捨次郎生まれる。「唐人往来」「海岸防御論」執筆。 | 1月高杉晋作ら蜂起し、長州藩論再び反幕府となる。5月長州再征。閏5月将軍家茂上京参内して長州藩再征を奏上。 |
| 二 | 一八六六 | 33 | 軍事技術の研究から教養教育を重視する場へ塾の転換を図る。3月～6月『西洋事情』初編を執筆、10月刊行、爆発的な売れ行きを示す。7月「長州再征に関する建白書」執筆、9月提出。11月将軍による君主制が望ましい体制であるという見解を示す。 | 1・21坂本龍馬により薩長同盟締結。6月第二次長州征伐戦闘開始、彦根藩兵ら幕府軍敗退。7・18広島・岡山・徳島三藩主共同で征長の非を上奏。7・20将軍家茂死去。12・5徳川慶喜、将軍就任。12・25孝明天皇崩御。 |
| 三 | 一八六七 | 34 | 1・23幕府の軍艦受取委員の随員として再び渡米、東部諸州を見て、6・27帰朝。7月訪米中の不都合を理由に謹慎を命じられる。3月『雷銃操法』巻之一刊。10月『西洋旅案内』刊。10月末謹慎解除。11月『条約十一国記』刊。12月『西洋衣食住』刊。 | 1・9明治天皇践祚。5・21土佐藩と薩摩藩薩土密約を結ぶ。10・13岩倉具視、倒幕の密勅伝達。10・14徳川慶喜、大政奉還。11月江戸鉄砲洲、外国人居留地 |

| 年号 | 西暦 | 年齢 | 事項 | 一般事項 |
|---|---|---|---|---|
| | | | 12・25新銭座に新塾の施設を購入する。 | となる。11・15坂本龍馬暗殺。12・9王政復古。12・25庄内藩兵三田薩摩屋敷を焼き討ち。 |
| 明治元 | 一八六八 | 35 | 4月新銭座に移った新塾を慶應義塾と命名する。4月長女里が生まれる。この頃『西洋事情』外編『雷銃操法』巻之二刊。6月新政府への出仕を辞退。7月奥羽越列藩同盟、『兵士懐中便覧』を所属兵士に配布（推測）8月旧幕府から正式に依願退職。9月『窮理図解』『慶應義塾の記・中元祝酒之記』刊。 | 1・3鳥羽伏見の戦い、戊辰戦争開始。2月薩長軍東下。3・14五箇条の誓文発布。4月江戸城明け渡し。慶喜は水戸へ退去。5・3奥羽越列藩同盟成立。5・15上野戦争。8月榎本武揚ら旧幕府軍艦を率いて脱走。9・8明治改元。12月榎本ら五稜郭に布陣。 |
| 二 | 一八六九 | 36 | 1月『洋兵明鑑』『掌中万国一覧』刊。2月『英国議事院談』刊。4月『清英交際始末』刊。9月榎本武揚の助命のため奔走する。10月『世界国尽』刊。11月福澤屋諭吉の名で書物問屋組合に加入する。 | 1・5横井小楠暗殺。3月明治天皇、東京に到着。5月出版条例発布。5月函館戦争終結。6月東京九段に招魂社を設置する。9月大村益次郎暗殺未遂（11月死亡）。12月東京横浜間に電信開通。 |
| 三 | 一八七〇 | 37 | 5月発疹チフスにかかる。7月次女房が生まれる。 | 2月大学規則・中小学規則を定 |

| | | | | |
|---|---|---|---|---|
| | | | 10月仙台藩大童信太夫の赦免に動く。10月『西洋事情』二編刊。10・28中津の母を迎えに東京を発する。11月三田の島原藩邸の借り受けに成功。 | める。2月常備兵編成規則を各藩に達する。6月東京府下に小学六校開設の旨布達。9月藩政改革の要項が示される。10月岩崎弥太郎、土佐開成商社を設立。 |
| 四 | 一八七一 | 38 | 3月慶應義塾を新銭座から三田に移す。4月『啓蒙手習之文』刊。 | 1・9参議広沢真臣暗殺。7・14廃藩置県。10・8岩倉使節団出発。 |
| 五 | 一八七二 | 39 | 2月『学問のすすめ』初編刊。4月関西方面の学校視察を行い、中津に帰省して市学校を検分。夏秋、『童蒙をしえ草』刊。7月奥平一家とともに帰郷。9月『かたわ娘』刊。 | 2・15土地の売買自由化。5月師範学校設置。6月『郵便報知新聞』創刊。8月学制発布。9・12新橋横浜間鉄道開通。11・9太陽暦へ改暦の詔書。 |
| 六 | 一八七三 | 40 | 1月『改暦弁』刊。6月『帳合之法』初編刊。7月『日本地図草紙』刊。8月三女俊が生まれる。秋、『文字之教』刊。10月慶應義塾医学所設置。11月『学問のすすめ』二編以降刊行開始。 | 1・10徴兵令発布。3月藩債処分のため新旧公債証書発行条例定める。5月遣欧副使大久保利通帰国。7月木戸孝允帰国。9月大使岩倉具視帰国。10・24征韓論破裂し、西郷隆盛ら下野。 |
| 七 | 一八七四 | 41 | 1月慶應義塾幼稚舎設置。2月『民間雑誌』発刊。 | 1・17民選議院設立建白。2月 |

| | | | | |
|---|---|---|---|---|
| | | | 5・8母順死去。6月『帳合之法』二編刊。12月長沼村の代表小川武平の来訪を受ける。この年、月刊『学問のすすめ』二編から一三編まで刊。 | 佐賀の乱。3月『明六雑誌』創刊。4・10板垣退助、土佐に立志社設立。5月地方官会議開催の詔書。5月台湾出兵決定。6月西郷隆盛、鹿児島に私学校設立。 |
| 八 | 一八七五 | 42 | 3月『学問のすすめ』一四編刊。5・1三田演説館開館。6月『民間雑誌』廃刊。8月『文明論之概略』刊。 | 6月地方官会議開催、讒謗律・新聞紙条例発布。7月三井銀行設立。8月新島襄、同志社を創立。9月朝鮮江華島事件。 |
| 九 | 一八七六 | 43 | 3月四女滝が生まれる。4月『学者安心論』刊。5月一太郎・捨次郎を連れて京阪旅行。9月『家庭叢談』発刊。11月『学問のすすめ』一七編。『分権論』執筆。 | 2月日朝修好条規締結。3月木戸孝允、参議辞任。3月廃刀令。9月元老院に憲法起草を命じる。10月熊本神風連の乱、秋月の乱、萩の乱。12・3前原一誠処刑。 |
| 一〇 | 一八七七 | 44 | 4月『家庭叢談』を『民間雑誌』と改題し週刊紙とする。5月『旧藩情』執筆。10月『丁丑公論』執筆。11月『分権論』刊。12月『民間経済録』初編刊。 | 2月西南戦争勃発。2月流言の新聞掲載禁止。4月増田宋太郎ら、大分県庁・中津支庁を襲撃。4月東京大学設立。5月木戸孝允死去。9月西南戦争終結。 |
| 一一 | 一八七八 | 45 | 1月『福澤文集』一編刊。3・1『民間雑誌』を日 | 2月寺島宗則外務卿、関税自主 |

| | | | | |
|---|---|---|---|---|
| | | | 刊にする。5月『民間雑誌』廃刊。5月『通貨論』刊。9月『通俗民権論』『通俗国権論』刊。12月芝区から東京府会議員に選出される。 | 権回復を条約改正方針とする。4月第二回地方官会議開催。5月大久保利通暗殺。6月大槻磐渓死去。9月公立学校開設の権限を地方官に委議。9月愛国社再興。 |
| 一二 | 一八七九 | 46 | 1・15東京学士会院初代院長に就任。3月五女光が生まれる。3月『通俗国権論』二編刊。7月『国会論』執筆、藤田茂吉・箕浦勝人名で『郵便報知新聞』に掲載。8月『福澤文集』二編『民情一新』『国会論』刊。9・2交詢社設立準備会開催。 | 1月東京学士会院設立。3月府県会初開催。4月琉球藩を沖縄県とする。6月東京招魂社を靖国神社と改称する。9月学制を廃して教育令を制定。11月井上馨外務卿、法権・税権の部分的回復を方針とする。この年、国会開設請願運動起こる。 |
| 一三 | 一八八〇 | 47 | 1・25交詢社発足式。1・28東京府会議員辞職。8月『民間経済録』二編刊。11・23慶應義塾維持法案発表。12月大隈重信・伊藤博文・井上馨と会見し、政府の機関新聞発行引き受けを依頼される。 | 2月府県会議員、国会開設問題を討議。2月横浜正金銀行開業。3月愛国社、国会期成同盟に改称。4月集会条例制定。5月大隈参議、外債募集を提案。7月井上外務卿、各国に条約改正方 |

| | | | | |
|---|---|---|---|---|
| | | | | 針を伝える。 |
| 一四 | 一八八一 | 48 | 1月井上馨より国会開設への協力を依頼される。2月東京学士院会院を辞退。7月三男三八が生まれる。9月『時事小言』刊。10月明治一四年の政変で弟子たちが政府を放逐される。10月「明治辛巳紀事」執筆。 | 4月交詢社憲法草案、慶應義塾社中により起草。6月朝鮮人留学生二名慶應義塾に入学。7月明治天皇東北・北海道巡幸。8月北海道開拓使官有物払下げ反対運動発生。10・12明治一四年の政変。 |
| 一五 | 一八八二 | 49 | 3・1『時事新報』発刊。5月『時事大勢論』『帝室論』刊。11月『徳育如何』『兵論』刊。 | 1月軍人勅諭発布。3月伊藤博文、憲法取り調べのため渡欧。3月立憲改進党結成。3月立憲帝政党結成。6月日本銀行条例制定。7月朝鮮壬午事変。10月東京専門学校（現・早稲田大学）創立。 |
| 一六 | 一八八三 | 50 | 2月『学問之独立』刊。6・12一太郎・捨次郎米留学。7月四男大四郎生まれる。 | 7・20岩倉具視死去。9月立憲帝政党解散。12・28徴兵令改正。 |
| 一七 | 一八八四 | 51 | 1月『全国徴兵論』刊。6月『通俗外交論』刊。 | 7・7華族令発布。10・29自由党解散。12・4朝鮮甲申政変。 |
| 一八 | 一八八五 | 52 | 3・16「脱亜論」発表。6月「日本婦人論」発表。 | 1・9井上馨大使、漢城条約調 |

| | | | | |
|---|---|---|---|---|
| | | | 8月『日本婦人論』後編刊。12月『品行論』『士人処世論』刊。 | 印。4月天津条約締結。9月日本郵船会社設立。12月内閣官制、第一次伊藤博文内閣。 |
| 一九 | 一八八六 | 53 | 3・10関西旅行に出発。4・4帰着。6月『男女交際論』刊。 | 3月帝国大学令公布。5月第一回条約改正会議。10月徳富蘇峰『将来之日本』。 |
| 二〇 | 一八八七 | 54 | 10月慶應義塾学事改革、小泉信吉塾長となる。 | 2月徳富蘇峰『国民之友』創刊。7月横浜正金銀行条例公布。12月保安条例公布。 |
| 二一 | 一八八八 | 55 | 3月『日本男子論』刊。10月『尊王論』刊。11・4一太郎捨次郎帰国。 | 2月大隈重信、外相に就任。4月市町村制公布。4月枢密院設置、黒田清隆内閣。 |
| 二二 | 一八八九 | 56 | 1月慶應義塾大学部設置準備開始。4月慶應義塾とハーバード大学の提携を図る。9月京阪地方を旅行。10月帰京。 | 2月大日本帝国憲法発布。2月森有礼暗殺。10月大隈重信暗殺未遂。12月第一次山県有朋内閣。 |
| 二三 | 一八九〇 | 57 | 1・27慶應義塾大学部が設置され、文学・法律・理財の三科を置く。 | 7・1第一回衆議院議員選挙。9月立憲自由党結成。10・30教育勅語発布。11・25第一回帝国議会召集。 |
| 二四 | 一八九一 | 58 | 11月『瘠我慢の説』脱稿非公表。 | 2月三条実美死去。5月第一次 |

| | | | | |
|---|---|---|---|---|
| | | | | 松方正義内閣。5月露皇太子、大津で暗殺未遂。 |
| 二五 | 一八九二 | 59 | 4月京阪地方に旅行。5月帰京。6月『国会の前途・治安小言・国会難局の由来・地租論』刊。11月北里柴三郎のために伝染病研究所の設立に尽力。 | 2月第二回総選挙。3月品川内相、選挙干渉の責任をとって辞任。4月条約改正案調査委員に伊藤枢密院議長ら任命。8月第二次伊藤博文内閣。 |
| 二六 | 一八九三 | 60 | 5月『実業論』刊。9・15北里の土筆が丘養生園開設。 | 2月衆議院、内閣弾劾上奏案可決。6月寺島宗則死去。7月外国人内地雑居許可。 |
| 二七 | 一八九四 | 61 | 2月一太郎・捨次郎を伴い中津に墓参。3月帰京。8月国民に軍資醸出を呼びかける。 | 3月第三回総選挙。3月金玉均、上海で暗殺。8月清国に対して宣戦布告。 |
| 二八 | 一八九五 | 62 | 3月妻、三女俊とともに、俊の夫の赴任先広島に旅行。12・12一年遅れの還暦の祝賀会を開催する。 | 4・17日清講和条約調印。露仏独の三国干渉。5・10講和発効、遼東半島還付。10月台湾平定。 |
| 二九 | 一八九六 | 63 | 4月伊勢に家族旅行。11月上信越地方に家族旅行。 | 6・15三陸大津波。9月第二次松方正義内閣。 |
| 三〇 | 一八九七 | 64 | 7月『福翁百話』刊。8月慶應義塾基本金募集。小幡の辞職を受け、塾長を兼務。11月京阪山陽地方に | 1月西周死去。8月後藤象二郎死去。10月金本位制実施。11月 |

| | | | | |
|---|---|---|---|---|
| | | | 家族旅行。『福翁自伝』口述開始。12月『福澤全集緒言』刊。 | 大隈外相兼農商務相辞職。12月箕作麟祥死去。 |
| 三一 | 一八九八 | 65 | 1月『福澤全集』刊行開始。2月『福澤先生浮世談』刊。4月『修業立志編』刊。塾長兼務終わる。5・11『福翁自伝』脱稿。9月『女大学評論、新女大学』脱稿。9・26脳卒中の発作を起こす。 | 1月第三次伊藤内閣。2月ドイツ膠州湾を租借。3月ロシア大連を租借。4月米西戦争。ハワイ・フィリピン米領となる。6月憲政会結成。6月第一次大隈内閣。11月第二次山県内閣。 |
| 三二 | 一八九九 | 66 | 6月『福翁自伝』刊。11月『女大学評論、新女大学』刊。 | 1月勝海舟死去。7月外国人内地雑居実施。8月私立学校令公布。 |
| 三三 | 一九〇〇 | 67 | 2月門下生に編纂させた「修身要領」を発表。 | 5月北清事変勃発。8月黒田清隆没。9月伊藤博文、政友会を組織しその総裁となる。10月第四次伊藤内閣。 |
| 三四 | 一九〇一 | 68 | 1・25脳卒中の発作再発。2・3午後一〇時五〇分死去。2・8葬儀。法名は大観院独立自尊居士。現在の墓所は麻布善福寺。4月『福翁百余話』刊。『明治十年丁丑公論・瘠我慢の説』刊。 | |

# 人名索引

## あ 行

## か　行

## さ　行

た　行

な　行

## ま　行

や　行



ら　行



わ　行

# 大正版『福澤全集』「時事論集」所収論説・演説一覧

凡例

1．掲載年月日（／は掲載期間）・表題（大正版・現行版で異なる時は個別）・所在・平山判定による推定起草者等の順で表示する。

2．大正版に非収録となっている論説・演説集『修業立志編』（註１）（1898-04）に掲載されているものは，所在を（修3-015頁）のように表示し，これで，「『修業立志編』の３番目の論説で，15頁から掲載されている」ことを示す。

3．自筆草稿が慶應義塾福澤研究センターに所蔵されている20編は，その旨注記した（**丸ゴチック表示**）。

4．大正版には石河が起筆したと明記されている論説が14編あるが，それも注記した（細ゴチック表示）。

5．起筆者の推定は暫定的なもので，今後変更される可能性もある。福澤以外とした場合には註に根拠を示している場合がある。

| | 掲載年月日 | 表題 | 大正版所在 | 現行版等所在 | 起草者 |
|---|---|---|---|---|---|
| 番外 | 1879-07-29/08-14 | 國会論（郵便報知新聞社説） | 大⑧374頁 | 現⑤063頁 | 福澤（自認） |
| 1 | 1882-03-01 | 時事新報發兌之趣旨 | 大⑧001頁 | —— | 中上川（推定）（註２） |
| | | 本紙發兌之趣旨 | —— | 現⑧005頁 | |
| 2 | 1882-03-11 | 朝鮮の交際を論ず | 大⑧411頁 | 現⑧028頁 | 福澤（推定） |
| 3 | 1882-03-13 | 僧侶論（演説） | 大⑨467頁 | 現⑧031頁 | 福澤（署名入） |
| 4 | 1882-03-13/16 | 通貨論 | 大⑨001頁 | 現⑧034頁 | 福澤（推定） |
| 5 | 1882-03-22 | 物理學の要用 | 大⑩001頁 | —— | 福澤（推定） |
| | | 物理學之要用 | —— | 現⑧049頁 | |
| 6 | 1882-03-23 | 経世の學亦講究す可し | 大⑨261頁 | 現⑧052頁 | 福澤（推定） |
| 7 | 1882-03-25, 27 | 遺傳之能力 | 大⑩005頁 | 現⑧056頁 | 福澤（推定） |
| 8 | 1882-03-27 | 故社員の一言今尚ほ精神（寄書） | 大⑩365頁 | —— | 福澤（推定） |
| | | 故社員の一言今尚精神 | —— | 現⑧062頁 | |

| | | | | | |
|---|---|---|---|---|---|
| 9 | 1882-03-28 | 圧制も亦愉快なる哉 | 大⑧415頁 | 現⑧064頁 | 福澤(推定) |
| 10 | 1882-05-17/06-17 | 藩閥寡人政府論 | 大⑧008頁 | 現⑧111頁 | 福澤(推定) |
| 11 | 1882-06-13 | 藩閥寡人政府論に就て | 大⑧069頁 | —— | 福澤(推定) |
| | | 時事新報發行解停 | —— | 現⑧160頁 | |
| 12 | 1882-06-23/07-08 | 時勢問答 | 大⑧073頁 | 現⑧180頁 | 福澤(推定) |
| 13 | 1882-07-19/29 | 局外窺見 | 大⑧098頁 | 現⑧216頁 | 福澤(自筆草稿あり) |
| 14 | 1882-12-07/12 | 東洋の政略果して如何 | 大⑧418頁 | —— | 波多野(推定，註3，福澤の自筆草稿あり) |
| | | 東洋の政略果して如何せん | —— | 現⑧427頁 | |
| 15 | 1882-12-18, 19 | 急変論 | 大⑨266頁 | 現⑧458頁 | 福澤(推定) |
| 16 | 1882-12-20, 21 | 徳育余論 | 大⑨273頁 | 現⑧465頁 | 福澤(推定) |
| 17 | 1883-01-11/13 | 牛場君朝鮮に行く | 大⑧439頁 | —— | 福澤(推定) |
| | | 牛場卓造君朝鮮に行く | —— | 現⑧497頁 | |
| 18 | 1883-01-25 | 米國我馬関償金を返す | 大⑧451頁 | 現⑧519頁 | 福澤(推定) |
| 19 | 1883-01-26/27 | 売薬論 | 大⑩012頁 | 現⑧523頁 | 福澤(推定) |
| 20 | 1883-01-31 | 通俗売薬論 | 大⑩020頁 | —— | 福澤(推定) |
| | | 売薬論 | —— | 現⑧530頁 | |
| 21 | 1883-02-14/03-24 | 開國論 | 大⑧455頁 | 現⑧541頁 | 福澤(推定) |
| 22 | 1883-02-27 | 正直は藝に非ず | 大⑩061頁 | —— | 福澤(推定) |
| | | 正直は藝にあらず | —— | 現⑧558頁 | |
| 23 | 1883-03-01 | 時事新報の一周年 | 大⑩371頁 | —— | 中上川(推定) |
| | | 時事新報の一周年日 | —— | 現⑧561頁 | |
| 24 | 1883-04-16/21 | 文明進退論 | 大⑧125頁 | —— | 4-20のみ直筆草稿あり |
| | 1883-04-16 | 西洋諸国の文明は其実物に就て之を見よ | —— | 現⑧596頁 | 福澤(推定) |
| | 1883-04-17 | 文明開化の進歩は次第に其速力を増す | —— | 現⑧599頁 | 福澤(推定) |
| | 1883-04-19 | 人事は有形の文明に由て左右す可し | —— | 現⑧602頁 | 福澤(推定) |

| | | | | | |
|---|---|---|---|---|---|
| 24続 | 1883-04-20 | 文明の利器果して廃す可きや | —— | 現⑧605頁 | 福澤(自筆草稿あり) |
| | 1883-04-21 | 政治の熱心を誘導する其法なきに非ず | —— | 現⑧608頁 | 福澤(推定) |
| 25 | 1883-04-30/05-19 | 攻防論 | 大⑧141頁 | 現⑧622頁 | 福澤(自筆草稿あり) |
| 26 | 1883-05-10 | 道徳の議論は軽躁に判断す可らず | 大⑨349頁 | 現⑧652頁 | 福澤(推定) |
| 27 | 1883-05-26 | 儒教主義の成跡甚だ恐る可し | 大⑨280頁 | 現⑧662頁 | 福澤(推定) |
| 28 | 1883-05-31 | 社会の秩序は紊乱の中に却て燦然たるものを見る可し | 大⑩159頁 | 現⑧666頁 | 福澤(推定) |
| 29 | 1883-07-05 | 壮年輩の失敗(演説) | 大⑨537頁 | —— | 福澤(署名入,渡辺筆記) |
| | | 青年輩の失敗 | —— | 現⑨082頁 | |
| 30 | 1883-09-10,11 | 通俗医術論 | 大⑩026頁 | 現⑨166頁 | 福澤(推定) |
| 31 | 1883-09-13/17 | 士族の授産は養蚕製糸を第一とす | 大⑨014頁 | 現⑨172頁 | 福澤(推定) |
| 32 | 1883-09-29/10-04 | 外交論 | 大⑧472頁 | 現⑨192頁 | 渡辺(推定,註4,福澤の自筆草稿あり) |
| 33 | 1883-10-08 | 婦女孝行論 | 大⑨353頁 | 現⑨207頁 | 中上川(推定) |
| 34 | 1883-10-13 | 思想精密,鄙事多能 | 大⑩065頁 | —— | 渡辺(推定) |
| | | 思想精密にして鄙事に多能なる可し | —— | 現⑨210頁 | |
| 35 | 1883-10-18 | 婦女孝行余論 | 大⑨357頁 | 現⑨219頁 | 中上川(推定) |
| 36 | 1883-10-30/31 | 西洋人と日本國 | 大⑧487頁 | —— | 高橋(推定) |
| | 1883-10-30 | 日本の用終れり | —— | 現⑨237頁 | |
| | 1883-10-31 | 西洋人の日本を疎外するは内外両因あり | —— | 現⑨241頁 | |
| 37 | 1883-11-07 | 西洋人と日本國に就て | 大⑧495頁 | —— | 福澤(推定) |
| | | 時事新報解停 | —— | 現⑨244頁 | |
| 38 | 1883-11-19/21 | 儒教主義 | 大⑨361頁 | 現⑨268頁 | 中上川(推定) |
| 39 | 1883-11-22/29 | 徳教之説 | 大⑨373頁 | 現⑨277頁 | 福澤(自筆草稿あり) |

| | | | | | |
|---|---|---|---|---|---|
| 40 | 1883-12-07, 08 | 政事と教育 | 大⑨284頁 | —— | 福澤(自筆草稿あり) |
| | | 政事と教育と分離す可し | —— | 現⑨308頁 | |
| 41 | 83-12-18, 19 | 学生処世の方向(演説) | 大⑨542頁 | 現⑨328頁 | 福澤(署名入) |
| 42 | 1884-01-28 | 衛生上の注意(演説) | 大⑩371頁 | —— | 福澤(署名入) |
| | | 衛生上の注意 | —— | 現⑨370頁 | |
| 43 | 1884-02-20, 21 | 内地雑居の喜憂 | 大⑧502頁 | 現⑨401頁 | 中上川(推定) |
| 44 | 1884-03-26 | 血統論(演説) | 大⑩033頁 | 現⑨445頁 | 福澤(推定) |
| 45 | 1884-04-24 | 経世に高尚論は無用なり | 大⑧164頁 | 現⑨469頁 | 福澤(推定) |
| 46 | 1884-05-19/22 | 開鎖論 | 大⑧510頁 | 現⑨489頁 | 渡辺(推定) |
| 47 | 1884-09-08 | 清朝の秦檜胡澹庵 | 大⑧528頁 | 現⑩033頁 | 渡辺(推定) |
| 48 | 1884-10-02, 03 | 宗旨宣布の方便 | 大⑨470頁 | 現⑩052頁 | 福澤(推定) |
| 49 | 1884-10-24/30 | 貧富論 | 大⑩162頁 | 現⑩080頁 | 福澤(自筆草稿あり) |
| 50 | 1884-12-01/06 | 通俗道徳論 | 大⑨395頁 | 現⑩113頁 | 福澤(推定) |
| 51 | 1885-01-02 | 前途春如海 | 大⑧532頁 | 現⑩176頁 | 中上川(推定) |
| 52 | 1885-03-09 | 國交際の主義は修身論に異なり | 大⑧536頁 | 現⑩234頁 | 福澤(推定) |
| 53 | 1885-03-26, 27 | 兵備拡張論の根拠 | 大⑧613頁 | 現⑩242頁 | 福澤(推定) |
| 54 | 1885-04-07 | 杉田茂卿先生の祭典に付(演説) | 大⑩377頁 | —— | 福澤(署名入) |
| | | 明治十八年四月四日梅里　杉田茂卿先生の祭典に付演説 | —— | 現⑩250頁 | |
| 55 | 1885-04-29/05-02 | 銭の國たる可し | 大⑨029頁 | —— | 福澤(推定) |
| | 1885-04-29 | 西洋の文明開化は銭に在り | —— | 現⑩269頁 | |
| | 1885-05-01 | 日本は尚未だ銭の國に非ず | —— | 現⑩272頁 | |
| | 1885-05-02 | 日本をして銭の國たらしむるに法あり | —— | 現⑩275頁 | |
| 56 | 1885-06-01, 02 | 改革と滅亡と択む所を知れ | 大⑨478頁 | 現⑩289頁 | 高橋(推定) |
| 57 | 1885-06-19, 20 | 老壮論 | 大⑩189頁 | 現⑩299頁 | 渡辺(推定) |

| | | | | | |
|---|---|---|---|---|---|
| 58 | 1885-07-21 | 経世上に宗教の功徳を論じて併せて布教法の意見を述ぶ(演説) | 大⑨487頁 | 現⑩326頁 | 福澤(署名入) |
| 59 | 1885-07-31 | 慶應義塾暑中休業に付き(演説) | 大⑨548頁 | 現⑩353頁 | 福澤(自筆草稿あり) |
| 60 | 1885-08-01/06 | 立身論 | 大⑩381頁 | 現⑩357頁 | 福澤(推定) |
| 61 | 1885-09-05 | コレラの用心 | 大⑩037頁 | 現⑩415頁 | 福澤(推定) |
| 62 | 1885-09-17, 18 | 教法の盛衰は世の不景気に係はる筈なし | 大⑨494頁 | 現⑩427頁 | 福澤(推定) |
| 63 | 1885-09-22 | 英吉利法律学校開校式(演説) | 大⑩401頁 | 現⑩434頁 | 福澤(署名入) |
| 64 | 1885-09-25, 26 | 拝借論 | 大⑨040頁 | 現⑩439頁 | 福澤(推定) |
| 65 | 1885-11-17 | 封建の時代に取る可きものあり | 大⑨435頁 | 現⑩461頁 | 福澤(推定) |
| 66 | 85-11-18, 19 | 錦衣何ぞ必ずしも故郷に限らん | 大⑩068頁 | 現⑩464頁 | 福澤(推定) |
| 67 | 1885-12-03/08 | 外債論 | 大⑨047頁 | 現⑩470頁 | 福澤(推定) |
| 68 | 1886-01-08/12 | 日本工商の前途如何 | 大⑨063頁 | 現⑩523頁 | 福澤(推定) |
| 69 | 1886-01-22/26 | 節倹論 | 大⑨078頁 | 現⑩538頁 | 福澤(推定) |
| 70 | 1886-02-02 | 学生諸氏に告ぐ(演説) | 大⑨554頁 | —— | 福澤(署名入) |
| | | 慶應義塾学生諸氏に告ぐ | —— | 現⑩549頁 | |
| | | 学問の要は実学にあり | —— | 修11-071頁 | |
| 71 | 1886-02-18 | 余が洋学に志したる由縁(演説) | 大⑩076頁 | —— | 福澤(署名入) |
| | | 成学即身実業の説,学生諸氏に告ぐ | —— | 現⑩554頁 | |
| | | 成学即ち実業家の説 | —— | 修13-086頁 | |
| 72 | 1886-02-20/23 | 國役は國民平等に負担す可し | 大⑧620頁 | 現⑩557頁 | 福澤(推定) |
| 73 | 1886-03-02 | 文明を買ふには銭を要す | 大⑨092頁 | 現⑩571頁 | 福澤(推定) |
| 74 | 1886-03-04 | 徳行論(演説) | 大⑨560頁 | 現⑩577頁 | 福澤(署名入) |
| | | | —— | 修24-155頁 | |
| 75 | 1886-06-23/26 | 男女交際余論 | 大⑩196頁 | 現⑪045頁 | 福澤(推定) |
| 76 | 1886-08-11 | 金玉均氏 | 大⑧540頁 | 現⑪079頁 | 福澤(推定) |

| | | | | | |
|---|---|---|---|---|---|
| 77 | 1886-08-25 | 小笠原島の金玉均氏 | 大⑧544頁 | 現⑪088頁 | 福澤(推定) |
| 78 | 1886-09-15 | 世界は甚だ広し | 大⑩080頁 | —— | 福澤(推定) |
| | | 世界甚だ広し独立の士人不平を鳴らす勿れ | —— | 現⑪102頁 | |
| 79 | 1886-09-29/10-01 | 学者と町人 | 大⑩089頁 | —— | 福澤(推定) |
| | 1886-09-29 | 学問の所得を活用するは何れの地位に於てす可きや | —— | 現⑪112頁 | |
| | 1886-09-30 | 今の学者は商売に適するものなり | —— | 現⑪115頁 | |
| | 1886-10-01 | 素町人の地位取て代はる可し | —— | 現⑪118頁 | |
| 80 | 1886-12-01, 02 | 婚姻早晩論 | 大⑩196頁 | 現⑪153頁 | 福澤(推定) |
| 81 | 1886-12-31 | 歳末論 | 大⑩408頁 | —— | 福澤(推定) |
| | | 歳末の一言学者後進生に呈す | —— | 現⑪166頁 | |
| 82 | 1887-01-15/24 | 社会の形勢学者の方向(演説) | 大⑩218頁 | —— | 福澤(署名入) |
| | | 社会の形勢学者の方向，慶應義塾学生に告ぐ | —— | 現⑪183頁 | |
| 83 | 1887-04-18 | 交詢社の特色(演説) | 大⑩250頁 | —— | 福澤(署名入) |
| | | 交詢社の特色 | —— | 現⑪240頁 | |
| 84 | 1887-04-20/23 | 日本人と西洋人と内外表裏の別 | 大⑩255頁 | 現⑪243頁 | 福澤(推定) |
| 85 | 1887-05-04 | 富貴浮雲の如し(演説) | 大⑨563頁 | —— | 福澤(署名入) |
| | | 明治二十年四月二十三日慶應義塾演説館にて学生諸氏に告ぐ | —— | 現⑪254頁 | |
| | | 恃むべきは唯自家の才力あるのみ | —— | 修10-065頁 | |
| 86 | 1887-05-27 | 流言亦以て道徳城を堅くするに足る可し | 大⑨438頁 | 現⑪264頁 | 渡辺(推定) |
| 87 | 1887-06-18/21 | 節倹と奢侈 | 大⑨095頁 | 現⑪275頁 | 高橋(推定) |
| 88 | 1887-07-14/16 | 教育の経済 | 大⑨299頁 | 現⑪305頁 | 福澤(推定) |
| 89 | 1887-08-15/17 | 政略 | 大⑧168頁 | 現⑪332頁 | 福澤(自筆草稿あり) |
| 90 | 1887-10-06/12 | 私権論 | 大⑧178頁 | 現⑪375頁 | 福澤(推定) |
| 91 | 1887-10-28 | 御用商人 | 大⑨107頁 | 現⑪392頁 | 福澤(推定) |

| | | | | | |
|---|---|---|---|---|---|
| 92 | 1887-11-03 | 芝居論 | 大⑩404頁 | 現⑪395頁 | 高橋（推定） |
| 93 | 1887-12-05/12-09 | 経済小言 | 大⑨110頁 | 現⑪402頁 | 福澤（推定） |
| 94 | 1888-01-05/09 | 施政邇言 | 大⑧197頁 | 現⑪423頁 | 石河（推定） |
| 95 | 1888-02-09/23 | 徳教の本は私徳に在り | 大⑨442頁 | —— | 福澤（推定） |
| | 1888-02-09 | 徳教の主義は各その独立に任す可し | —— | 現⑪436頁 | |
| | 1888-02-10 | 徳風の衰えたるは一時の変相たるに過ぎず | —— | 現⑪439頁 | |
| | 1888-02-11 | 徳教の要は其実施に在り | —— | 現⑪441頁 | |
| | 1888-02-13 | 徳風を正に帰せしむるの法は其実例を示すに在り | —— | 現⑪444頁 | |
| | | | —— | 修27-172頁 | |
| | 1888-02-23 | 私徳固くして楽事多し | —— | 現⑪447頁 | |
| | | | —— | 修25-162頁 | |
| 96 | 1888-03-17 | 西洋学と古学流（演説） | 大⑨567頁 | —— | 福澤（署名入） |
| | | 慶應義塾学生に告ぐ | —— | 現⑪461頁 | |
| | | 物理学の必要 | —— | 修15-101頁 | |
| 97 | 1888-04-22 | 智慧の貸借（演説） | 大⑩100頁 | —— | 福澤（署名入） |
| | | 明治二十一年四月十五日交詢社会堂に於ける交詢社第九回大会演説 | —— | 現⑲695頁 | |
| 98 | 1888-05-17 | 博士会議 | 大⑨312頁 | 現⑪485頁 | 福澤（推定） |
| 99 | 1888-05-24/26 | 公共の教育 | 大⑨316頁 | 現⑪488頁 | 福澤（推定） |
| 100 | 1888-06-05 | 一身の広告（演説） | 大⑨570頁 | —— | 福澤（署名入） |
| | | 六月二日府下三田慶應義塾演説，慶應義塾学生に告ぐ | —— | 現⑪496頁 | |
| | | 先づ鄙事に多能なるべし | —— | 修12-081頁 | |
| 101 | 1888-06-12 | 医説 | 大⑩042頁 | 現⑪502頁 | 福澤（推定） |
| 102 | 1888-07-19,20 | 金利の説 | 大⑨125頁 | 現⑪523頁 | 福澤（推定） |
| 103 | 1889-01-30 | 徳教は目より入りて耳より入らず | 大⑨459頁 | 現⑫009頁 | 福澤（推定） |
| | | | —— | 修26-167頁 | |
| 104 | 1889-01-30 | 一國の徳風は一身より起る | 大⑨462頁 | 現⑫011頁 | 福澤（推定） |

| | | | | | |
|---|---|---|---|---|---|
| 105 | 1889-02-12/22 | 日本國会縁起 | 大⑧212頁 | 現⑫021頁 | 福澤(推定) |
| 106 | 1889-03-01 | ドクトル・セメンズを弔す(演説) | 大⑩410頁 | 現⑫054頁 | 福澤(署名入) |
| 107 | 1889-03-06, 07 | 貧富痴愚の説 | 大⑨327頁 | 現⑫062頁 | 福澤(推定) |
| 108 | 1889-03-30 | 市川団十郎 | 大⑨464頁 | 現⑫084頁 | 福澤(推定) |
| 109 | 1889-04-22, 23 | 慶應義塾学生に告ぐ(演説) | 大⑨574頁 | 現⑫097頁 | 福澤(署名入) |
| 110 | 1889-04-24 | 知識交換(演説) | 大⑨102頁 | —— | 福澤(署名入) |
| | | 明治二十二年四月二十一日交詢社大会に於て演説 | —— | 現⑫102頁 | |
| 111 | 1889-04-26/05-06 | 國会準備の実手段 | 大⑧246頁 | 現⑫104頁 | 福澤(推定) |
| 112 | 1889-05-07 | 洋学の命脈(演説) | 大⑩415頁 | —— | 福澤(署名入) |
| | | 一昨五日植半楼に開きし慶應義塾旧友会の席上に於ける福澤先生演説の筆記 | —— | 現⑫130頁 | |
| | | 慶應義塾の懐旧談 | —— | 修6-031頁 | |
| 113 | 1889-05-11 | 宗教雑話(演説) | 大⑨502頁 | —— | 福澤(推定) |
| | | 宗旨雑話 | —— | 現⑫134頁 | |
| 114 | 1889-05-14 | 疑心と惑溺 | 大⑩268頁 | —— | 福澤(推定) |
| | | 疑心と惑溺と | —— | 現⑫137頁 | |
| 115 | 1889-05-19 | 華族の教育(演説) | 大⑨333頁 | 現⑫139頁 | 福澤(署名入) |
| 116 | 1889-05-23 | 日本國の功労 | 大⑩420頁 | 現⑫145頁 | 福澤(推定) |
| 117 | 1889-06-15 | 智と情と | 大⑩272頁 | 現⑫161頁 | 福澤(推定) |
| 118 | 1889-06-24 | 市参事会員辞職始末 | 大⑩423頁 | —— | 菊池(推定) |
| | | 福澤先生名誉職市参事会員辞職の始末 | —— | 現⑫165頁 | |
| 119 | 1889-06-26 | 官尊民卑売言葉に買言葉 | 大⑧276頁 | 現⑫171頁 | 福澤(推定) |
| 120 | 1889-07-05, 06 | 寺門をして其本色に還らしむ可し | 大⑨505頁 | 現⑫176頁 | 福澤(推定) |
| 121 | 1889-07-09 | 漫に大望を抱く勿れ | 大⑩105頁 | 現⑫185頁 | 福澤(推定) |
| 122 | 1889-07-10/15 | 富豪維持の説 | 大⑩109頁 | 現⑫188頁 | 福澤(推定) |

| | | | | | |
|---|---|---|---|---|---|
| 123 | 1889-08-05 | 文明教育論 | 大⑨338頁 | 現⑫218頁 | 福澤(推定) |
| | | | —— | 修19-120頁 | |
| 124 | 1889-08-23 | 東京三百年祭 | 大⑩430頁 | 現⑫230頁 | 福澤(推定) |
| 125 | 1889-12-02/07 | 条約改正始末 | 大⑧547頁 | 現⑫297頁 | 福澤(推定) |
| 126 | 1890-01-02 | 運の説 | 大⑩125頁 | 現⑫329頁 | 福澤(推定) |
| 127 | 1890-02-26/03-03 | 少壮生の始末を如何せん | 大⑩276頁 | 現⑫372頁 | 石河(推定) |
| 128 | 1890-03-05 | 実業家の学術思想 | 大⑩434頁 | 現⑫388頁 | 福澤(推定) |
| | | | —— | 修32-202頁 | |
| 129 | 1890-03-18 | 読倫理教科書 | 大⑨420頁 | 現⑫397頁 | 福澤(推定) |
| 130 | 1890-04-04 | 洋学の先人へ贈位 | 大⑩293頁 | 現⑫409頁 | 福澤(推定) |
| 131 | 1890-04-23/25 | 米商論 | 大⑨134頁 | 現⑫415頁 | 福澤(推定) |
| 132 | 1890-04-30 | 世務諮詢(演説) | 大⑩125頁 | —— | 福澤(署名入) |
| | | 明治二十三年四月二十七日交詢社大会 | —— | 現⑫424頁 | |
| 133 | 1890-05-29/06-04 | 財政始末 | 大⑨145頁 | 現⑫426頁 | 福澤(推定) |
| 134 | 1890-07-01/08 | 安寧策 | 大⑧279頁 | 現⑫450頁 | 石河(推定) |
| 135 | 1890-07-21 | 学林中の松梅(演説) | 大⑨580頁 | —— | 福澤(署名入) |
| | | 学林中の松梅 | —— | 現⑫474頁 | |
| 136 | 1890-08-27/09-01 | 尚商立國論 | 大⑨165頁 | 現⑫484頁 | 福澤(自筆草稿あり) |
| 137 | 1890-10-16 | 塾政の自治(演説) | 大⑨585頁 | —— | 福澤(署名入) |
| | | 塾政の自治 | —— | 現⑫522頁 | |
| 138 | 1890-10-30 | 精神の健康(演説) | 大⑨587頁 | —— | 福澤(署名入) |
| | | 十月二十五日慶應義塾演説筆記 | —— | 現⑫528頁 | |
| 139 | 1890-11-17 | 学生の心得(演説) | 大⑨590頁 | —— | 福澤(署名入) |
| | | 十一月八日慶應義塾演説筆記 | —— | 現⑫532頁 | |
| 140 | 1890-11-19 | 同窓の旧情(演説) | 大⑩437頁 | —— | 福澤(署名入) |
| | | 同窓の旧情 | —— | 現⑫535頁 | |
| 141 | 1890-12-01 | 孝行の易行道(演説) | 大⑨594頁 | —— | 福澤(署名入) |
| | | 十一月二十二日慶應義塾演説 | —— | 現⑫542頁 | |

| | | | | | |
|---|---|---|---|---|---|
| 142 | 1891-03-25 | 同情相憐 | 大⑩440頁 | 現⑬042頁 | 福澤(推定) |
| 143 | 1891-04-14 | 文明の偽筆 | 大⑩045頁 | —— | 福澤(推定) |
| | | 文明の偽筆は無筆者の能くする所に非ず | —— | 現⑬055頁 | |
| 144 | 1891-04-27/05-21 | 貧富論 | 大⑩296頁 | 現⑬069頁 | 福澤(推定) |
| 145 | 1891-07-10 | 後進生の心掛 | 大⑩130頁 | —— | 福澤(推定) |
| | | 後進生の家を成すは正に今日に在り | —— | 現⑬155頁 | |
| 146 | 1891-07-15 | 老生の故事を学べ(演説) | 大⑨597頁 | —— | 福澤(署名入) |
| | | 明治二十四年七月十一日慶應義塾演説大意 | —— | 現⑬158頁 | |
| | | 金銭は独立の基本なり | —— | 修5-024頁 | |
| 147 | 1891-08-02 | 独立の大義(演説) | 大⑨602頁 | —— | 福澤(署名入) |
| | | 明治二十四年七月二十三日慶應義塾の卒業生に告ぐ | —— | 現⑬166頁 | |
| | | 独立の大義を忘るゝ勿れ | —— | 修2-009頁 | |
| 148 | 1891-08-11 | 徳に在て財に在らず | 大⑨512頁 | —— | 福澤(推定) |
| | | 寺門の患は徳に在て財に在らず | —— | 現⑬171頁 | |
| 149 | 1891-08-12 | 文明男子の生計 | 大⑩134頁 | —— | 福澤(推定) |
| | | 文明男子の生計を如何せん | —— | 現⑬174頁 | |
| 150 | 1891-08-13 | 紳士流の漫遊旅行 | 大⑩447頁 | —— | 福澤(推定) |
| | | 紳士流の漫遊旅行狂するが如し | —— | 現⑬177頁 | |
| 151 | 1891-08-14 | 旅館の主人 | 大⑩450頁 | —— | 福澤(推定) |
| | | 旅館の主人も亦狂して窮する者歟 | —— | 現⑬180頁 | |
| 152 | 1891-09-11 | 子弟教育費 | 大⑨342頁 | 現⑬186頁 | 福澤(推定) |
| 153 | 1891-10-20 | 独立自由(演説) | 大⑨605頁 | —— | 福澤(署名入) |
| | | 明治二十四年十月十日慶應義塾演説筆記 | —— | 現⑬205頁 | |
| | | 須く他人を助けて独立せしむべし | —— | 修3-015頁 | |
| 154 | 1891-11-01 | 地震は建築法の大試験 | 大⑩047頁 | 現⑬218頁 | 福澤(自筆草稿あり) |
| 155 | 1891-11-07 | 震災善後の法 | 大⑨517頁 | 現⑬222頁 | 福澤(推定) |
| 156 | 1891-12-09 | 医薬分業行はれ難し | 大⑩050頁 | 現⑬236頁 | 福澤(自筆草稿あり) |

| | | | | | |
|---|---|---|---|---|---|
| 157 | 1892-02-20 | 唯其病是れ憂ふ(演説) | 大⑨609頁 | —— | 福澤(署名入) |
| | | 明治二十五年二月十三日慶應義塾演説筆記 | —— | 現⑬306頁 | |
| | | 父母は唯其病是れ憂ふ | —— | 修35-219頁 | |
| 158 | 1892-03-09 | 貴顕紳士の夫人内室 | 大⑩340頁 | —— | 石河(推定) |
| | | 貴顕紳士の婦人内室 | —— | 現⑬308頁 | |
| 159 | 1892-03-10 | 借家の説 | 大⑩343頁 | 現⑬310頁 | 福澤(推定) |
| 160 | 1892-03-18 | 政論に酔ふ勿れ(演説) | 大⑨612頁 | —— | 福澤(署名入) |
| | | 明治二十五年三月十二日慶應義塾演説筆記 | —— | 現⑬323頁 | |
| | | 須く政論の上戸となるべし | —— | 修16-108頁 | |
| 161 | 1892-04-02 | 下女の炊くを見たり(演説) | 大⑨614頁 | —— | 福澤(署名入) |
| | | 明治二十五年三月二十六日慶應義塾演説筆記 | —— | 現⑬332頁 | |
| | | 衛生の要は消化の如何にあり | —— | 修36-224頁 | |
| 162 | 1892-04-26 | 社会の教育(演説) | 大⑩138頁 | —— | 福澤(自筆草稿あり) |
| | | 明治二十五年四月二十四日交詢社第十三回大会に於て演説 | —— | 現⑬354頁 | |
| 163 | 1892-05-31/06-05 | 小康策 | 大⑧305頁 | 現⑬373頁 | 福澤(推定) |
| 164 | 1892-07-07 | 先づ僧心の非を正す可し | 大⑨520頁 | —— | 福澤(推定) |
| | | 仏法の盛衰は僧侶の心如何に在り | —— | 現⑬403頁 | |
| 165 | 1892-07-19, 20 | 一大英断を要す | 大⑧319頁 | 現⑬412頁 | 石河(推定, 註5) |
| 166 | 1892-09-28/30 | 資本の要用 | 大⑨182頁 | 現⑬512頁 | 福澤(自筆草稿あり) |
| 167 | 92-10-28, 29 | 縁の下の力持(演説) | 大⑨617頁 | —— | 福澤(自筆草稿あり) |
| | | 明治二十五年十月二十三日慶應義塾演説筆記 | —— | 現⑬554頁 | |
| | | 小心翼々以て大功を帰すべし | —— | 修9-054頁 | |
| 168 | 1892-11-10 | 女子教育 | 大⑨345頁 | 現⑬564頁 | 石河(推定) |
| 169 | 92-11-15, 16 | 商業倶楽部演説(演説) | 大⑨624頁 | —— | 福澤(署名入) |
| | | 明治二十五年十一月五日慶應義塾商業倶楽部の演説筆記 | —— | 現⑬566頁 | |

| | | | | | |
|---|---|---|---|---|---|
| 170 | 1892-11-24 | 人間万事小児の戯(演説) | 大⑨631頁 | —— | 福澤(署名入) |
| | | 明治二十五年十一月十二日慶應義塾演説筆記 | —— | 現⑬572頁 | |
| | | 人間万事児戯の如し | —— | 修8-048頁 | |
| 171 | 1892-12-16/18 | 富豪の要用 | 大⑨192頁 | 現⑬588頁 | 福澤(推定) |
| 172 | 1893-01-04 | 寿命の大小 | 大⑩454頁 | 現⑬620頁 | 福澤(推定) |
| | | | —— | 修37-230頁 | |
| 173 | 1893-01-19/22 | 銀貨下落 | 大⑨203頁 | 現⑬632頁 | 福澤(自筆草稿あり) |
| 174 | 1893-03-14 | 社会の人心は其尚ぶ所に赴く | 大⑩346頁 | 現⑭009頁 | 福澤(推定) |
| | | | —— | 修34-213頁 | |
| 175 | 1893-03-23 | 体育の目的を忘るる勿れ | 大⑨634頁 | 現⑭018頁 | 福澤(推定) |
| | | | —— | 修40-246頁 | |
| 176 | 1893-04-25 | 先進と後進 | 大⑩141頁 | 現⑭034頁 | 福澤(推定) |
| | | | —— | 修29-186頁 | |
| 177 | 1893-05-02 | 老生得意の奇話(演説) | 大⑧567頁 | —— | 福澤(署名入) |
| | | 明治二十六年四月三十日東京帝国ホテル交詢社大会の演説 | —— | 現⑭038頁 | |
| 178 | 1893-05-23 | 朝鮮防穀談判の落着 | 大⑧572頁 | —— | 石河(大正版に明記) |
| | | 朝鮮談判の落着,大石公使の挙動 | —— | 現⑭061頁 | |
| 179 | 1893-06-09 | 新旧両主義 | 大⑩144頁 | 現⑭071頁 | 福澤(推定) |
| | | | —— | 修30-190頁 | |
| 180 | 1893-06-27 | 士流の本分を忘る可らず | 大⑨642頁 | 現⑭082頁 | 福澤(推定) |
| | | | —— | 修22-147頁 | |
| 181 | 1893-10-06 | 無学の弊恐る可し | 大⑩457頁 | 現⑭147頁 | 石河(推定) |
| | | | —— | 修31-195頁 | |
| 182 | 1893-11-01 | 銅像開被に就て(演説) | 大⑩461頁 | 現⑭179頁 | 福澤(署名入) |
| | | | —— | 修7-039頁 | |
| 183 | 1893-11-14 | 人生の楽事(演説) | 大⑨637頁 | 現⑭195頁 | 福澤(署名入) |
| | | | —— | 修17-111頁 | |
| 184 | 1893-12-15 | 星議員の除名 | 大⑧327頁 | —— | 福澤(推定) |
| | | 星議員除名 | —— | 現⑭229頁 | |
| 185 | 1894-01-16/17 | 日本外交の進歩 | 大⑧578頁 | 現⑭261頁 | 石河(大正版に明記) |

| | | | | | |
|---|---|---|---|---|---|
| 186 | 1894-03-01/15 | 維新以来政界の大勢 | 大⑧330頁 | 現⑭289頁 | 石河（推定） |
| 187 | 1894-03-29 | 新聞記者に告ぐ | 大⑩466頁 | 現⑭327頁 | 石河（推定） |
| 188 | 1894-04-07 | 国民の体格，配偶の選択 | 大⑩349頁 | 現⑭336頁 | 石河（推定） |
| | | 国民の体格と配偶の選択 | —— | 修39-239頁 | |
| 189 | 1894-07-22 | 支那政府の長州征伐 | 大⑧632頁 | 現⑭472頁 | 石河（大正版に明記） |
| 190 | 1894-07-29 | 大に軍費を醵出せん | 大⑧638頁 | 現⑭492頁 | 石河（推定） |
| 191 | 1894-08-14 | 軍資の義捐 | 大⑧641頁 | —— | 石河（推定） |
| | | 軍資の義捐を祈る | —— | 現⑭512頁 | |
| 192 | 1894-08-14 | 私金義捐に就て | 大⑩469頁 | 現⑭514頁 | 福澤（署名入） |
| 193 | 1894-08-28, 29 | 日本臣民の覚悟 | 大⑧643頁 | 現⑭545頁 | 石河（推定） |
| 194 | 1894-09-08 | 富豪大家何を苦んで商売せざる | 大⑨217頁 | 現⑭557頁 | 石河（推定） |
| 195 | 1895-01-24 | 日本男子の学問（演説） | 大⑩473頁 | —— | 福澤（署名入） |
| | | 福澤先生の演説 | —— | 現⑮028頁 | |
| 196 | 1895-02-01/07 | 外戦始末論 | 大⑧650頁 | 現⑮040頁 | 石河（推定） |
| 197 | 1895-02-19/22 | 日本銀行論 | 大⑨221頁 | 現⑮065頁 | 福澤（推定） |
| 198 | 1895-03-26 | 兇漢小山六之助 | 大⑧676頁 | 現⑮106頁 | 石河（推定） |
| 199 | 1895-03-28 | 私の小義侠に酔ふて公の大事を誤る勿れ | 大⑧680頁 | 現⑮110頁 | 福澤（推定） |
| 200 | 1895-04-23 | 知識の膨張（演説） | 大⑩146頁 | —— | 福澤（署名入） |
| | | 明治二十八年四月二十一日交詢社大会演説大意 | —— | 現⑮141頁 | |
| 201 | 1895-06-01 | 唯堪忍す可し | 大⑧684頁 | 現⑮175頁 | 福澤（書簡で言及） |
| 202 | 1895-06-14 | 朝鮮問題 | 大⑧589頁 | 現⑮188頁 | 石河（推定） |
| 203 | 1895-07-07 | 道徳の進歩 | 大⑨424頁 | 現⑮222頁 | 石河（大正版に明記） |
| 204 | 1895-07-09 | 道徳の標準 | 大⑨428頁 | 現⑮226頁 | 石河（大正版に明記） |
| 205 | 1895-07-10 | 忠義の意味 | 大⑨431頁 | 現⑮228頁 | 石河（大正版に明記） |

| | | | | | |
|---|---|---|---|---|---|
| 206 | 1895-12-14 | 還暦寿莚の演説(演説) | 大⑩478頁 | —— | 福澤(署名入) |
| | | 還暦寿莚の演説 | —— | 現⑮333頁 | |
| 207 | 1896-03-11 | 福澤氏古銭配分の記 | 大⑩485頁 | 現⑮394頁 | **福澤(自筆草稿あり)** |
| 208 | 1896-05-14 | 種痘の発明(演説) | 大⑩057頁 | —— | 福澤(署名入) |
| | | 種痘発明 | —— | 現⑮427頁 | |
| 209 | 1896-08-19 | 美味は飽き易し | 大⑩149頁 | —— | 福澤(推定) |
| | | 集会と飲食 | —— | 現⑮493頁 | |
| 210 | 1896-11-03 | 気品の源泉智徳の模範(演説) | 大⑩489頁 | —— | **福澤(自筆草稿あり)** |
| | | 気品の源泉智徳の模範 | —— | 現⑮531頁 | |
| 211 | 1897-01-01 | 学生の帰省を送る(演説) | 大⑨645頁 | 現⑮571頁 | **福澤(自筆草稿あり)** |
| 212 | 1897-02-21 | 幣制改革 | 大⑨235頁 | 現⑮602頁 | 福澤(推定) |
| 213 | 1897-05-11 | 日米の交際 | 大⑧596頁 | 現⑮657頁 | 石河(大正版に明記) |
| 214 | 1897-06-25 | 対外前途の困難 | 大⑧603頁 | 現⑯019頁 | 石河(大正版に明記) |
| 215 | 1897-09-21 | 学事改革の趣旨(演説) | 大⑨650頁 | —— | 福澤(署名入) |
| | | 明治三十年九月十八日慶應義塾演説館にて学事改革の旨を本塾の学生に告ぐ | —— | 現⑯105頁 | |
| 216 | 1897-10-05 | 開國同化は日本の国体に差支なし | 大⑩353頁 | 現⑯127頁 | 石河(推定) |
| 217 | 1897-10-27 | 文明先輩の功労忘る可らず | 大⑩359頁 | 現⑯143頁 | 石河(大正版に明記) |
| 218 | 1897-12-05 | 本願寺の処分 | 大⑨524頁 | 現⑯167頁 | 石河(大正版に明記) |
| 219 | 1897-12-07 | 血脈と法脈との分離 | 大⑨527頁 | 現⑯169頁 | 石河(大正版に明記) |
| 220 | 1897-12-08 | 法運万歳の道なきに非ず | 大⑨530頁 | 現⑯172頁 | 石河(大正版に明記) |
| 221 | 1898-04-26 | 間違の進歩(演説) | 大⑩151頁 | —— | 福澤(署名入) |
| | | 交詢社大会席上に於ける演説 | —— | 現⑯319頁 | |
| 222 | 1898-08-21 | 官有鉄道論 | 大⑨248頁 | 現⑯456頁 | 石河(大正版に明記) |
| 223 | 1898-09-29 | 奉祝長与専斎先生還暦 | 大⑩494頁 | 現⑯487頁 | 福澤(署名入) |

| | | | | | |
|---|---|---|---|---|---|
| 224 | 1900-05-16 | 恩賜に就ての所感 | 大⑩498頁 | —— | 石河（大正版に明記） |
| | | 今回の恩賜に付き福澤先生の所感 | —— | 現⑯600頁 | |

註(1)『修業立志編』には17編の演説と25編の論説が収められているが，論説のうちの9編は現在までのいかなる全集や著作集にも採録されていない。その9編の表題を以下に掲げる。

掲載日不明　独立の精神　修1-001頁
掲載日不明　一新独立して主義議論の独立を見る可し　修4-020頁
掲載日不明　人生の快楽何れの辺に在りや　修20-138頁
1897-07-31　活発なる楽を楽しむ可し　修21-144頁
掲載日不明　礼儀作法は忽にす可からず　修23-152頁
掲載日不明　忠孝論　修28-178頁
掲載日不明　衛生の進歩　修38-234頁
掲載日不明　心養　修41-249頁
掲載日不明　英国の学風　修42-253頁

これらは，国立国会図書館近代デジタルライブラリーで閲覧が可能である。これらが削除されたことのもつ意味については，拙論「なぜ『修業立志編』は『福澤全集』に収録されていないのか？」石毛忠編『伝統と革新——日本思想史の探求』（ぺりかん社，2004年）所収，を参照のこと。

(2) 現行版⑧9頁に「我輩」とは別に「福沢先生」が登場。中上川が主筆として執筆したと考えられる。

(3) この論説には福沢の自筆草稿が残されている。ただし浄書であるので，別人の下書きがあったと推定。表現と語彙からは波多野にもっとも近い。

(4) この論説にも福澤の自筆草稿が残されているが，註(3)と同じ理由で渡辺の下書きを書き換えたものと推定。

(5) この時期以降石河起筆の論説が目立って増加してくる。この論説は『福澤諭吉伝』で重要視されているが，「恐る可き」「の沙汰」「赤心」「申す迄もなく」という石河が多用する表現や語彙があるため，起筆者が石河自身であることははっきりしている。

# 福澤諭吉直筆草稿残存社説一覧

凡例

1．この資料は，2007年11月までに発見されている福澤諭吉直筆の時事新報社説を，時系列順に配列したものである。

2．作成にあたり，慶應義塾福澤研究センター編「マイクロフィルム版福澤関係文書収録文献目録（第4分冊）福澤諭吉関係資料（二）」（雄松堂出版，1995年3月初版・1998年2月改訂再版）と福澤諭吉協会編『福澤諭吉年鑑』を参考にした。

3．これらの社説草稿はすべて現存していて，筆跡は福澤のものと確認されている。現行版（1958～71年・81編）の所在と，それらが大正版（1925～26年・20編）・昭和版（1933～34年・22編）に採録済の場合は，その所在も示してある。

4．大正版（1925～26年）と昭和版（1933～34年）に重複して採録された社説はない。また，この両版に掲載された社説は，すべて現行版所収となっている。

5．『福澤諭吉年鑑』所収の社説11編は，現行版全集の刊行（1971年）以後の新発見資料である。これらを読むには年鑑にあたる必要がある。

| 掲載年月日 | 表　　題 | 現行版等所在 | 大正版，昭和版等所在 |
|---|---|---|---|
| 1882-04-01 | 立憲帝政党を論ず | 現⑧068頁 | —— |
| 1882-07-19 | 局外窺見 | 現⑧216頁 | 大⑧098頁 |
| 1882-08-05 | 朝鮮政略備考 | 現⑧275頁 | —— |
| 1882-08-14 | 懸直論を恐る | 現㉑405頁 | —— |
| 1882-08-15 | 大院君の政略 | 現⑧285頁 | —— |
| 1882-08-18 | 出兵の要 | 現⑧290頁 | —— |
| 1882-08-19 | 朝鮮の事に関して新聞紙を論ず | 現⑧294頁 | —— |
| 1882-08-26 | 兵を用るは強大にして速なるを貴ぶ | 現⑳240頁 | —— |
| 1882-11-16 | 極端論 | 現⑧390頁 | 昭①133頁 |
| 1882-12-06 | 尚自省せざる者あり | 現⑧424頁 | —— |
| 1882-12-07 | 東洋の政略果して如何せん | 現⑧427頁 | 大⑧418頁 |
| 1883-03-08 | 漢学の主義其無効なるを知らざる乎 | 現⑧570頁 | —— |
| 1883-04-20 | 文明の利器果して廃す可きや | 現⑧605頁 | 大⑧125頁 |

| | | | |
|---|---|---|---|
| 1883-04-30 | 破壊極りて破壊を止むるの日ある可し（攻防論） | 現⑧622頁 | 大⑨141頁 |
| 1883-06-02 | 日本の資本を朝鮮に移用するも危険ある事なし | 現⑨007頁 | 昭①251頁 |
| 1883-06-18 | 不虞に備豫するの大義忘る可らず | 現⑨036頁 | —— |
| 1883-06-20 | 国財論 | 現⑨039頁 | 昭①349頁 |
| 1883-07-03 | 国財余論 | 現⑨077頁 | 昭①369頁 |
| 1883-07-23 | 文明の風を導くには取捨する所あるを要す | 現⑨094頁 | 昭①487頁 |
| 1883-07-28 | 世態論時事新報に呈す | 現⑨100頁 | 昭①274頁 |
| 1883-09-29 | 外交論 | 現⑨192頁 | 大⑧472頁 |
| 1883-10-16 | 商人に告るの文 | 現⑨216頁 | —— |
| 1883-11-22 | 徳教之説 | 現⑨277頁 | 大⑨373頁 |
| 1883-12-07 | 政事と教育と分離す可し | 現⑨308頁 | 大⑨284頁 |
| 1884-02-07 | 私立学校廃す可らず | 現⑨391頁 | —— |
| 1884-04-18 | 海外に日本品売弘の説 | 現㉑406頁 | —— |
| 1884-07-30 | 兵役遁れしむ可らず | 現⑨570頁 | —— |
| 1884-10-24 | 貧富論 | 現⑩080頁 | 大⑩080頁 |
| 1884-12-30 | 国民の私に軍費を醵集するの説 | 現⑩162頁 | 昭①649頁 |
| 1885-01-20 | 支那の談判は速ならん事を祈る | 福澤年鑑18 | —— |
| 1885-06-04 | 日本婦人論 | 現⑤447頁 | 明治版所収 |
| 1885-07-31 | 慶應義塾暑中休業に付き演説 | 現⑩353頁 | 大⑨548頁 |
| 1886-02-24 | 教育の方向如何 | 現⑩567頁 | —— |
| 1886-06-21 | 米麦作を断念す可し（前編） | 現⑪040頁 | —— |
| 1887-08-04 | 条約改正会議延長 | 現⑪325頁 | —— |
| 1887-08-15 | 政略 | 現⑪332頁 | 大⑧168頁 |
| 1887-08-29 | 社会上の問題にも売薬主義を廃す可し | 福澤年鑑03 | —— |
| 1887-11-27 | 読ジャパンメール新聞 | 現⑪400頁 | —— |
| 1888-02-24 | 東京米商会所 | 現別003頁 | —— |
| 1888-02-25 | 紡績所の糸を如何せん | 現⑪450頁 | —— |
| 1888-03-12 | 欧州治安策現 | 現⑪460頁 | —— |
| 1888-05-01 | 内閣総理大臣の更迭 | 現⑪477頁 | 昭②521頁 |

| | | | |
|---|---|---|---|
| 1888-05-03 | 枢密院の効用 | 現別005頁 | —— |
| 1888-08-19 | 炭坑視察 | 福澤年鑑21 | —— |
| 1888-10-05 | 相場所営業の延期 | 現別007頁 | —— |
| 1890-01-03 | 華族の財産 | 現⑳364頁 | —— |
| 1890-01-25 | 政府且つ切迫することを休めよ | 福澤年鑑03 | —— |
| 1890-02-06 | 富籤法の利用 | 現⑫364頁 | —— |
| 1890-03-23 | 救急の一策 | 現⑫400頁 | —— |
| 1890-03-24 | 世の中を賑やかにする事 | 現⑫403頁 | —— |
| 1890-08-11 | コレラ防ぎの寄附 | 現⑫482頁 | —— |
| 1890-08-27 | 尚商立国論 | 現⑫489頁 | 大⑨165頁 |
| 1890-09-11 | 相場所営業の延期 | 福澤年鑑16 | —— |
| 1890-09-20 | 壮士を如何せん | 福澤年鑑21 | —— |
| 1890-11-01 | 諸株式の下落 | 現⑫530頁 | —— |
| 1891-09-23 | 三菱社 | 現⑬189頁 | 昭③302頁 |
| 1891-09-24 | 又三菱社 | 現⑬191頁 | 昭③305頁 |
| 1891-10-21 | 私立銀行始末 | 現⑬208頁 | —— |
| 1891-10-30 | 大地震 | 現⑬213頁 | 昭③208頁 |
| 1891-11-01 | 自身は建築法の大試験 | 現⑬218頁 | 大⑩047頁 |
| 1891-11-13 | 救済の勅令 | 現⑬228頁 | 昭③215頁 |
| 1891-12-09 | 医薬分業行はれ難し | 現⑬236頁 | 大⑩50頁 |
| 1891-12-25 | 震災地方は今正に災害の最中なり | 福澤年鑑16 | —— |
| 1891-12-26 | 金銭談 | 福澤年鑑16 | —— |
| 1892-01-01 | 明治二十五年一月一日 | 現⑬269頁 | —— |
| 1892-01-21 | 震災地方民の難渋 | 福澤年鑑16 | —— |
| 1892-02-11 | 自由改進両政社の首領告発せらる | 現⑬300頁 | 昭③377頁 |
| 1892-04-26 | 明治二十五年四月二十四日交詢社第十三回大会に於て演説 | 現⑬354頁 | 大⑩138頁 |
| 1892-05-18 | 停会の後を如何せん | 現⑬367頁 | 昭③405頁 |
| 1892-06-08 | 震災費事後承諾 | 現⑬390頁 | 昭③416頁 |
| 1892-06-11 | 追加予算案 | 福澤年鑑16 | —— |
| 1892-09-28 | 資本の用法 | 現⑬512頁 | 大⑨182頁 |

| | | | |
|---|---|---|---|
| 1892-10-20 | 教育の説 | 福澤年鑑16 | —— |
| 1892-10-28 | 明治二十五年十月二十三日慶應義塾演説筆記 | 現⑬554頁 | 大⑨617頁 |
| 1893-01-20 | 銀貨下落 | 現⑬632頁 | 大⑨203頁 |
| 1893-03-17 | 司法大臣 | 現⑭015頁 | —— |
| 1893-04-18 | 朝鮮の政情 | 現⑭029頁 | 昭③646頁 |
| 1893-07-27 | 株熱の余症恐る可し | 現別009頁 | —— |
| 1893-12-30 | 又もや十四日間の停会 | 現⑭241頁 | 昭③726頁 |
| 1894-06-03 | 衆議院又々解散 | 現⑭388頁 | —— |
| 1894-06-06 | 計画の密ならんよりも着手の迅速を願ふ | 現⑭393頁 | 昭④137頁 |
| 1894-06-22 | 国立銀行 | 現⑭419頁 | —— |
| 1894-07-04 | 兵力を用るの必要 | 現⑭434頁 | —— |
| 1894-07-05 | 土地は併呑す可らず国事は改革す可し | 現⑭436頁 | —— |
| 1894-07-06 | 改革の着手は猶予す可らず | 現⑭439頁 | 昭④067頁 |
| 1894-09-07 | 朝鮮の改革に因循す可らず | 現⑭555頁 | 昭④097頁 |
| 1894-11-14 | 財政の急用 | 現⑭637頁 | 昭④282頁 |
| 1895-04-06 | 長崎造船所 | 現⑮124頁 | —— |
| 1895-08-21 | 勤倹は中人以上の事に非ず | 現⑮274頁 | 昭④579頁 |
| 1896-03-11 | 福澤氏古銭配分の記 | 現⑮394頁 | 大⑩485頁 |
| 1896-11-03 | 気品の源泉智徳の模範（演説） | 現⑮531頁 | 大⑩489頁 |
| 1897-01-01 | 学生の帰省を送る | 現⑮571頁 | 大⑨645頁 |

# 年度別の「時事論集」掲載論説数一覧

凡例

1．大正版・昭和版「時事論集」は各年に掲載された「編数」,「単行本日数」とは後に単行本化された論説の「掲載日数」であるため，厳密には対応しない。

2．1896年以降単行本化された著作は「社説欄」以外の掲載のため丸括弧付とした。もちろん1898年９月の脳卒中発症後発表されたものも執筆はそれ以前である。

| 西暦 | 単行本日数 | 大正版 | 昭和版 |
|---|---|---|---|
| 1882年 | 40 | 17 | 33 |
| 1883年 | 8 | 24 | 56 |
| 1884年 | 12 | 9 | 57 |
| 1885年 | 39 | 17 | 58 |
| 1886年 | 8 | 14 | 42 |
| 1887年 | 0 | 12 | 34 |
| 1888年 | 19 | 8 | 24 |
| 1889年 | 0 | 24 | 52 |
| 1890年 | 12 | 16 | 34 |
| 1891年 | 0 | 15 | 69 |
| 1892年 | 22 | 14 | 82 |
| 1893年 | 15 | 14 | 65 |
| 1894年 | 0 | 10 | 139 |
| 1895年 | 0 | 12 | 123 |
| 1896年 | (74) | 4 | 96 |
| 1897年 | (39) | 10 | 102 |
| 1898年 | (57) | 3 | 103 |
| 1899年 | (51) | 0 | 31 |
| 1900年 | (５) | 1 | 38 |
| 1901年 | (19) | 0 | 8 |

《著者紹介》

平山　洋（ひらやま・よう）

1961年　神奈川県生まれ。
1986年　慶應義塾大学文学部哲学科卒業。
1992年　東北大学大学院文学研究科博士課程修了。博士（文学）。
現　在　静岡県立大学国際関係学部助教。
著　書　『大西祝とその時代』日本図書センター，1989年。
　　　　『西田哲学の再構築』ミネルヴァ書房，1997年。
　　　　『福沢諭吉の真実』文藝春秋，2004年。

ミネルヴァ日本評伝選
福《ふく》澤《ざわ》諭《ゆ》吉《きち》
――文明の政治には六つの要訣あり――

2008年5月10日　初版第1刷発行　〈検印省略〉

定価はカバーに
表示しています

著　者　平　山　　洋
発行者　杉　田　啓　三
印刷者　江　戸　宏　介

発行所　株式会社　ミネルヴァ書房
607-8494 京都市山科区日ノ岡堤谷町1
電話（075）581-5191（代表）
振替口座 01020-0-8076番


共同印刷工業・新生製本

ISBN978-4-623-05166-3
Printed in Japan

# 刊行のことば

歴史を動かすものは人間であり、興趣に富んだ人間の動きを通じて、世の移り変わりを考えるのは、歴史に接する醍醐味である。

しかし過去の歴史学を顧みるとき、人間不在という批判さえ見られたように、歴史における人間のすがたが、必ずしも十分に描かれてきたとはいえない。二十一世紀を迎えた今、歴史の中の人物像を蘇生させようとの要請はいよいよ強く、またそのための条件もしだいに熟してきている。

この「ミネルヴァ日本評伝選」は、正確な史実に基づいて書かれるのはいうまでもないが、単に経歴の羅列にとどまらず、歴史を動かしてきたすぐれた個性をいきいきとよみがえらせたいと考える。そのためには、対象とした人物とじっくりと対話し、ときにはきびしく対決していくことも必要になるだろう。

今日の歴史学が直面している困難の一つに、研究の過度の細分化、瑣末化が挙げられる。それは緻密さを求めるが故に陥った弊害といえるが、その結果として、歴史の大きな見通しが失われ、歴史学を通しての社会への働きかけの途が閉ざされ、人々の歴史への関心を弱める危険性がある。今こそ歴史が何のためにあるのかという、基本的な課題に応える必要があろう。評伝という興味ある方法を通じて、解決の手がかりを見出せないだろうかというのも、この企画の一つのねらいである。

狭義の歴史学の研究者だけでなく、多くの分野ですぐれた業績をあげている著者たちを迎えて、従来見られなかった規模の大きな人物史の叢書として、「ミネルヴァ日本評伝選」の刊行を開始したい。

平成十五年（二〇〇三）九月

ミネルヴァ書房

平頼綱　細川重男
竹崎季長　堀本一繁
西行　光田和伸
藤原定家　赤瀬信吾
*京極為兼　今谷明
*兼好　島内裕子
重源　横内裕人
運慶　根立研介
法然　今堀太逸
慈円　大隅和雄
明恵　西山厚
親鸞　末木文美士
恵信尼・覚信尼　西口順子
道元　船岡誠
叡尊　細川涼一
*忍性　松尾剛次
*日蓮　佐藤弘夫
一遍　蒲池勢至
夢窓疎石　田中博美
*宗峰妙超　竹貫元勝

## 南北朝・室町

後醍醐天皇　上横手雅敬
護良親王　新井孝重
北畠親房　岡野友彦
楠正成　兵藤裕己
*新田義貞　山本隆志
光厳天皇　深津睦夫
足利尊氏　市沢哲
佐々木道誉　下坂守
円観・文観　田中貴子
足利義満　川嶋将生
足利義教　横井清
大内義弘　平瀬直樹
伏見宮貞成親王　松薗斉
山名宗全　山本隆志
日野富子　脇田晴子
世阿弥　西野春雄
雪舟等楊　河合正朝
宗祇　鶴崎裕雄
*満済　森茂暁
一休宗純　原田正俊

## 戦国・織豊

北条早雲　家永遵嗣
毛利元就　岸田裕之
*今川義元　小和田哲男
*武田信玄　笹本正治
真田氏三代　笹本正治
三好長慶　仁木宏
*上杉謙信　矢田俊文
吉田兼倶　西山克
山科言継　松薗斉
雪村周継　赤澤英二
織田信長　三鬼清一郎
豊臣秀吉　藤井讓治
*北政所おね　田端泰子
*淀殿　福田千鶴
前田利家　東四柳史明
黒田如水　小和田哲男
蒲生氏郷　藤田達生
細川ガラシャ　田端泰子
伊達政宗　伊藤喜良
*支倉常長　田中英道
ルイス・フロイス　エンゲルベルト・ヨリッセン
*長谷川等伯　宮島新一
顕如　神田千里

## 江戸

徳川家康　笠谷和比古
徳川吉宗　横田冬彦
*後水尾天皇　久保貴子
光格天皇　藤田覚
崇伝　杣田善雄
春日局　福田千鶴
池田光政　倉地克直
シャクシャイン　岩崎奈緒子
*田沼意次　藤田覚
二宮尊徳　小林惟司
末次平蔵　岡美穂子
高田屋嘉兵衛　生田美智子
林羅山　鈴木健一
中江藤樹　辻本雅史
山崎闇斎　澤井啓一
*北村季吟　島内景二
貝原益軒　辻本雅史
ケンペル　ボダルト・ベイリー
荻生徂徠　柴田純
雨森芳洲　上田正昭
前野良沢　松田清
平賀源内　石上敏
杉田玄白　吉田忠
上田秋成　佐藤深雪
木村蒹葭堂　有坂道子
*大田南畝　沓掛良彦
菅江真澄　赤坂憲雄
*鶴屋南北　諏訪春雄
良寛　阿部龍一
山東京伝　佐藤至子
*滝沢馬琴　高田衛
平田篤胤　川喜田八潮
シーボルト　宮坂正英
本阿弥光悦　岡佳子
小堀遠州　中村利則
尾形光琳・乾山　河野元昭
*二代目市川團十郎　田口章子
与謝蕪村　佐々木丞平
伊藤若冲　狩野博幸
鈴木春信　小林忠
円山応挙　佐々木正子
*佐竹曙山　成瀬不二雄
葛飾北斎　岸文和
酒井抱一　玉蟲敏子
孝明天皇　青山忠正
*和宮　辻ミチ子

徳川慶喜　大庭邦彦
*古賀謹一郎　小野寺龍太
*月　性　海原　徹
*吉田松陰　海原　徹
*高杉晋作　海原　徹
オールコック　佐野真由子
アーネスト・サトウ　奈良岡聰智
冷泉為恭　中部義隆

## 近代

*明治天皇　伊藤之雄
大正天皇　フレッド・ディキンソン
昭憲皇太后・貞明皇后　小田部雄次
大久保利通　三谷太一郎
山県有朋　鳥海　靖
木戸孝允　落合弘樹
*松方正義　室山義正
北垣国道　小林丈広
大隈重信　五百旗頭薫

伊藤博文　坂本一登
井上　毅　大石　眞
*桂　太郎　小林道彦
*乃木希典　佐々木英昭
林　董　君塚直隆
児玉源太郎　小林道彦
*高宗・閔妃　木村　幹
山本権兵衛　室山義正
高橋是清　鈴木俊夫
小村寿太郎　簑原俊洋
犬養　毅　小林惟司
加藤高明　櫻井良樹
加藤友三郎・寛治　麻田貞雄
田中義一　黒沢文貴
平沼騏一郎　堀田慎一郎
宇垣一成　北岡伸一
宮崎滔天　榎本泰子
*浜口雄幸　川田　稔
幣原喜重郎　西田敏宏
関　一　玉井金五
広田弘毅　井上寿一
安重根　上垣外憲一
グルー　廣部　泉

東條英機　牛村　圭
蒋介石　劉　岸偉
石原莞爾　山室信一
木戸幸一　波多野澄雄
五代友厚　田付茉莉子
大倉喜八郎　村上勝彦
安田善次郎　由井常彦
渋沢栄一　武田晴人
山辺丈夫　宮本又郎
武藤山治　阿部武司・桑原哲也
小林一三　橋爪紳也
大倉恒吉　石川健次郎
大原孫三郎　猪木武徳
河竹黙阿弥　今尾哲也
イザベラ・バード　加納孝代
林　忠正　木々康子
森　鷗外　小堀桂一郎
二葉亭四迷　ヨコタ村上孝之
巌谷小波　千葉信胤
樋口一葉　佐伯順子
島崎藤村　十川信介
泉　鏡花　東郷克美

有島武郎　亀井俊介
永井荷風　川本三郎
北原白秋　平石典子
菊池　寛　山本芳明
宮澤賢治　千葉一幹
正岡子規　夏石番矢
P・クローデル　内藤　高
高浜虚子　坪内稔典
与謝野晶子　佐伯順子
*種田山頭火　村上　護
斎藤茂吉　品田悦一
*高村光太郎　湯原かの子
萩原朔太郎　エリス俊子
原阿佐緒　秋山佐和子
*狩野芳崖・高橋由一　古田　亮
竹内栖鳳　北澤憲昭
黒田清輝　高階秀爾
中村不折　石川九楊
横山大観　高階秀爾
*橋本関雪　西原大輔
小出楢重　芳賀　徹

土田麦僊　天野一夫
岸田劉生　北澤憲昭
松旭斎天勝　川添　裕
中山みき　鎌田東二
ニコライ　中村健之介
出口なお・王仁三郎　川村邦光
島地黙雷　阪本是丸
*新島　襄　太田雄三
嘉納治五郎　クリストファー・スピルマン
*澤柳政太郎　新田義之
河口慧海　高山龍三
大谷光瑞　白須淨眞
*久米邦武　髙田誠二
フェノロサ　伊藤　豊
三宅雪嶺　長妻三佐雄
内村鑑三　新保祐司
*岡倉天心　木下長宏
志賀重昂　中野目徹
徳富蘇峰　杉原志啓
竹越與三郎　西田　毅
内藤湖南・桑原隲蔵　礪波　護
岩村　透　今橋映子

西田幾多郎　大橋良介
喜田貞吉　中村生雄
上田　敏　及川　茂
柳田国男　鶴見太郎
厨川白村　張　競
大川周明　山内昌之
折口信夫　斎藤英喜
九鬼周造　粕谷一希
辰野　隆　金沢公子
シュタイン　瀧井一博
＊福澤諭吉　平山　洋
福地桜痴　山田俊治
中江兆民　田島正樹
田口卯吉　鈴木栄樹
陸　羯南　松田宏一郎
宮武外骨　山口昌男
＊吉野作造　田澤晴子
野間清治　佐藤卓己
山川　均　米原　謙
北　一輝　岡本幸治
杉　亨二　速水　融

北里柴三郎　福田眞人
田辺朔郎　秋元せき
＊南方熊楠　飯倉照平
寺田寅彦　金森　修
石原　純　金子　務
J・コンドル　鈴木博之
辰野金吾　河上真理・清水重敦
小川治兵衛　尼崎博正

## 現代

昭和天皇　御厨　貴
高松宮宣仁親王　後藤致人
＊李方子　小田部雄次
吉田　茂　中西　寛
マッカーサー　柴山　太
重光　葵　武田知己
池田勇人　中村隆英

和田博雄　庄司俊作
朴正煕　木村　幹
竹下　登　真渕　勝
＊松永安左エ門　橘川武郎
鮎川義介　井口治夫
出光佐三　橘川武郎
松下幸之助　米倉誠一郎
渋沢敬三　井上　潤
本田宗一郎　伊丹敬之
井深　大　武田　徹
幸田家の人々　金井景子
＊正宗白鳥　大嶋　仁
大佛次郎　福島行一
＊川端康成　大久保喬樹
薩摩治郎八　小林　茂
松本清張　杉原志啓
安部公房　成田龍一
三島由紀夫　島内景二

R・H・ブライス　菅原克也
金素雲　林　容澤
柳　宗悦　熊倉功夫
バーナード・リーチ　鈴木禎宏
イサム・ノグチ　酒井忠康
川端龍子　岡部昌幸
藤田嗣治　林　洋子
＊井上有一　海上雅臣
手塚治虫　竹内オサム
山田耕筰　後藤暢子
武満　徹　船山　隆
力道山　岡村正史
美空ひばり　朝倉喬司
植村直巳　湯川　豊
＊西田天香　宮田昌明
安倍能成　中根隆行
G・サンソム　牧野陽子

和辻哲郎　小坂国継
青木正児　井波律子
矢代幸雄　稲賀繁美
石田幹之助　岡本さえ
＊平泉　澄　若井敏明
島田謹二　小林信行
前嶋信次　杉田英明
竹山道雄　平川祐弘
保田與重郎　谷崎昭男
佐々木惣一　松尾尊兊
＊瀧川幸辰　伊藤孝夫
矢内原忠雄　等松春夫
福本和夫　伊藤　晃
フランク・ロイド・ライト　大久保美春
大宅壮一　有馬　学
清水幾太郎　竹内　洋

＊は既刊
二〇〇八年五月現在